MARTIN MICHAUD

Durch die Tore des Todes

**VICTOR LESSARD ERMITTELT
THRILLER**

Aus dem kanadischen Französisch
von Reiner Pfleiderer und Sabine Reinhardus

HOFFMANN UND CAMPE

Die Originalausgabe erschien 2014 unter dem Titel *Violence à l'origine*
bei Les Éditions Goélette, Saint-Bruno-de-Montarville, Québec.

Der Verlag dankt dem Canada Council for the Arts
für die Förderung der Übersetzung.

1. Auflage 2021
Copyright © 2014,
Les Éditions Goélette, Martin Michaud
Für die deutschsprachige Ausgabe
Copyright © 2021
Hoffmann und Campe Verlag, Hamburg
www.hoffmann-und-campe.de
Umschlaggestaltung und Motiv:
© Hauptmann & Kompanie Werbeagentur, Zürich
Satz: Pinkuin Satz und Datentechnik, Berlin
Gesetzt aus der Berling LT Std Roman
Druck und Bindung: GGP Media GmbH, Pößneck
Printed in Germany
ISBN 978-3-455-01079-4

Ein Unternehmen der
GANSKE VERLAGSGRUPPE

An die Meinen,
verzeiht mir die vielen versäumten Stunden,
aus denen Worte wurden.

Der Perverse sucht das Wahre und erhebt einen Anspruch
darauf, jenseits der vielfältigen Formen der Täuschung.
Er ist auf der Jagd nach der Wahrheit, immer auf
der Seite der Realität, des Begehrens und des Genusses.

LUCIE CANTIN

Wir müssen unser Dasein so weit, als es irgend geht, annehmen;
alles, auch das Unerhörte, muss darin möglich sein.

RAINER MARIA RILKE,
Briefe an einen jungen Dichter

Es gibt nur eine Welt, und diese ist falsch, grausam,
widersprüchlich, verführerisch, ohne Sinn. Eine so beschaffene
Welt ist die wahre Welt. Wir haben Lüge nötig, um über
diese Realität, diese Wahrheit zum Sieg zu kommen.

FRIEDRICH NIETZSCHE,
Die Geburt der Tragödie

MAXIME

Am Nachmittag hatte heftiger Schneefall eingesetzt. Maxime trabte auf dem Heimweg die mit weißen Flocken bestäubte Rue Rachel entlang. Zwischen seiner Schule und der Wohnungstür lagen nur ein paar Hundert Meter. Um ihm klarzumachen, warum er niemals mit Fremden sprechen durfte, hatte seine Mama ihm mehrmals eine entsetzliche Geschichte erzählt: Sie handelte von einem kleinen Jungen, der die Fratze des Teufels sah, als er in das Auto eines Unbekannten einstieg. Aber als ihn der Mann im roten Mantel und mit dem langen weißen Bart ansprach, hellte die Miene des Jungen sich auf. Der Weihnachtsmann! Er nahm die Hand des Fremden, ohne auch nur zu ahnen, dass er soeben die Fratze des Teufels gesehen hatte. Dann verschwanden die beiden Gestalten im dichten Schneegestöber. Das geschah am 18. Dezember 1981. Maxime war sechs Jahre alt, und seine Mama sollte ihn nie wiedersehen.

48.

UNTER DER ERDE

Die Waffe in der Hand, richtete Victor Lessard den Lichtstrahl seiner Taschenlampe in die Dunkelheit und tastete sich mit vorsichtigen Schritten in den Kanalisationsschacht hinein. Der Lichtstrahl glitt über die Betonwände mit den Ablagerungen und ließ das schlammige Wasser im Schacht aufblitzen. Ein ekelhafter Geruch stieg ihm in die Nase; er verzog das Gesicht und biss in die Zitrone, die zwischen seinen Zähnen klemmte. Er war noch nie in einen Abwasserkanal hinuntergestiegen und hatte Angst vor den Ratten, die sich hier vermutlich herumtrieben.

Jacinthe Taillons ungeduldige Stimme knisterte in seinem Hörer.

»Na und? Kannst du was sehen?«

Das Donnergrollen im Hintergrund deutete er als böses Omen. Ein Gewitter braute sich zusammen.

Victor spuckte den Zitronenschnitz aus.

»Bis jetzt noch nicht.«

Jacinthe leitete die Operation von oben und wartete dort auf Verstärkung ihres Teams und die Arbeiter, die für die Instandhaltung des Tunnels zuständig waren.

»Hey, Lessard … pass da unten bloß auf deine neuen Sneaker auf. Du weißt schon, du würdest ja noch in den einzigen Hundehaufen in der Wüste reintreten.«

Das etwas bemühte Lachen seiner Partnerin bohrte sich in sein Ohr. Offenbar ein gutgemeinter Versuch, die angespannte Stimmung etwas zu lockern. Ihre Bemerkung spielte auf die roten Converse aus Leder an, die er vor zehn Tagen zu seinem Geburtstag geschenkt bekommen hatte. Victor sah lieber gar nicht erst hin: Das schmutzige Abwasser stand ihm bis zu den Waden.

Seit er die gezückte Waffe in der Hand hielt, hatte sich sein Puls beschleunigt, und das flaue Gefühl in seinem Magen wurde merklich stärker. Und er wusste auch, woran das lag: Es war die Angst. Eine Angst, die sich mit dem Adrenalin in seinen Venen zu einem explosiven Gebräu mischte. Er ließ den Lichtstrahl über die Betonwände wandern: Die Kalkablagerungen hatten sich zu Stalaktiten geformt. Während er sich langsam vorwärtsbewegte, zeigte sich ihm im Lichtkreis der Taschenlampe stets das gleiche Bild: bräunliche Pfützen auf dem Boden des Abwasserkanals und ansonsten nur schwarze Leere. Er blieb stehen, atmete tief ein und hielt die Luft an.

Dass jede Leere letztlich immer etwas enthielt, wusste er. Sobald man die Lider schloss und Bilder vor dem inneren Auge auftauchten, wurden die Schatten in der Dunkelheit deutlicher. Vor allen Dingen aber war ihm klar, dass diese Bilder, wenn man sie zuließ, einen mit Haut und Haaren zu verschlingen drohten.

Jacinthes Stimme holte ihn in die Wirklichkeit zurück.

»Hey, hast du ihn gefunden, oder was?«

»Nein. Und brüll nicht so rum, Jacinthe. Mir platzt gleich das Trommelfell.«

»Okay, okay. Stell dich nicht so an, Weichei.«

Victor ging langsam weiter, als der Lichtstrahl seiner Taschenlampe plötzlich aufflackerte. Er stieß die Lampe zweimal gegen den Lauf seiner Waffe, und besorgt fiel ihm ein, dass er die Batterien seit langer Zeit nicht ausgewechselt hatte. Vor ihm, in Sichtweite, bog der Kanal nach links ab, weiter konnte er nicht sehen. Als er nur noch ein paar Schritte entfernt war, hörte er Trappeln und nahm undeutlich eine Bewegung wahr. Er zuckte zusammen und schrie leise auf.

»Lessard? Was quiekst du denn?«

Sein Herz pochte heftig.

»Irgendwas ist gerade zwischen meinen Beinen durchgehuscht.«

Den Finger am Abzug, ließ er den Lichtstrahl über das Wasser am Boden wandern, bereit, den Nager in der Luft zu zerfetzen. Es war jedoch nichts zu sehen.

Wieder vernahm er die gepresste Stimme seiner Kollegin.

»Was war das denn?«

»Weiß ich nicht. Wahrscheinlich eine widerliche Ratte.«

Schwer atmend legte Victor die restlichen Meter bis zur Kurve zurück und hielt dort abrupt inne. Hier war der Gestank noch durchdringender: Der Dunst nach fauligem Fleisch und Exkrementen schlug ihm entgegen.

Ein heftiger Hustenanfall schüttelte ihn. Die Nase in die Armbeuge gepresst ging er weiter und unterdrückte einen Anfall von Übelkeit. Jacinthe fragte ihn unaufhörlich, was los sei, aber er nahm ihre Stimme nur noch als ein fernes Rauschen wahr. Seine Zweifel waren schlagartig verflogen. Er wusste jetzt, was ihn erwartete. Und er fürchtete es mehr als alles andere.

Obwohl es Victor nicht gelang, eine innere Stimme auszublenden, die ihm befahl umzukehren, und obwohl ihm klar war, dass ihn jeder Schritt der Welt der Schatten näher brachte, wagte er sich weiter vor. Bis das, was er erwartet hatte, schließlich im Lichtkegel seiner Lampe vor ihm auftauchte.

Die menschliche Gestalt saß unmittelbar vor ihm auf dem Boden, mit dem Rücken gegen die Betonwand gelehnt, Hüfte und Gesäß im Wasser. Von den steif ausgestreckten Beinen der Leiche ragten nur noch zwei Schuhspitzen aus dem Wasser hervor. Victor richtete den Lichtstrahl auf die Schuhe und ließ ihn dann langsam nach oben wandern, bis zum Oberkörper des Toten. Erst als er die Brust der Leiche sah, fiel ihm auf, dass irgendwas nicht stimmte. Der Brustkorb hob und senkte sich leicht. Das Opfer atmete noch! Victor wich zurück und wäre um ein Haar rücklings umgekippt.

Er konnte sich gerade noch an der Mauer abstützen, aber seine Taschenlampe rutschte ihm aus der Hand, fiel in die Dunkelheit und erlosch, als sie ins Wasser eintauchte.

Es war mit einem Mal so dunkel, als hätte jemand ein blickdichtes Tuch über seine Augen gezogen.

»Lessard, was machst du eigentlich da unten? Du zerrst an meinen Nerven!«

Victor setzte den Ohrhörer ab und legte ihn über die Schulter. Er musste unbedingt diese überlebenswichtige Lampe wiederfinden, Jacinthes Fragen konnten erst mal warten. Er schob die Glock zwischen Hüfte und Gürtel, hockte sich nieder und tastete blind im schlammigen Wasser umher. Währenddessen, jedenfalls solange ihn keine Ratte biss, überstürzten sich die Gedanken in seinem Kopf.

Schließlich stießen seine Finger gegen etwas Festes. Er schloss die Hand um die Taschenlampe, fischte sie aus dem Wasser, schickte ein Stoßgebet zum Himmel und schüttelte sie. Dann schob er den Schalter mehrmals nach oben. Nichts. Wütend schlug er das Metallgehäuse gegen seinen Schenkel.

»Verdammt! Du lässt mich jetzt nicht einfach im Stich.«

Victor seufzte erleichtert auf, als der Lichtstrahl aufblitzte. Vorsichtig ging er näher an das Opfer heran und bemerkte, dass er in der Aufregung nicht auf das merkwürdige leise Rumoren geachtet hatte, das jetzt ganz deutlich an sein Ohr drang. Erst als er unmittelbar vor dem Toten stand, begriff er die Ursache des Geräusches: Eine ganze Rattenkolonie hatte sich über den Toten hergemacht und bedeckte seinen Körper wie eine zweite Haut. Das erklärte auch, warum er zuerst geglaubt hatte, der Tote atme noch.

Obwohl er Jacinthe mitteilen wollte, welchen Fund er gemacht hatte, zog ihn der widerwärtige Anblick derart in seinen

Bann, dass er kein einziges der vielen Worte herausbrachte, die durch sein Hirn rasten.

Der Kopf der Leiche – offenbar ein Mann – war am Nacken abgetrennt worden. Victor schrie auf, versuchte, seinen Ekel zu überwinden und schlug die Taschenlampe gegen die Betonwand, um die Ratten zu verscheuchen, die in der durch die Enthauptung entstandenen Öffnung wimmelten. Sie ließen sich aber nicht weiter davon stören und benagten gierig den Toten, rissen Fleischfetzen ab und verschlangen sie auf der Stelle.

Der Ohrhörer spuckte Jacinthes weit entfernt klingende Stimme aus, während Victor mit dem Lauf der Glock herumfuchtelte, um ein paar Ratten zu vertreiben, bis er schließlich die Schulter des Toten so lange genug von den Tieren befreien konnte, dass er die mit Abzeichen geschmückte Paradeuniform des Toten erkannte. Victor stöpselte den Hörer in sein Ohr und unterbrach seine Kollegin, die ihn mit einer Litanei an Vorwürfen überschüttete.

»Jacinthe?«

»Was zum Teufel treibst du da unten? Mit wem hast du …«

Er schnitt ihr kurzerhand das Wort ab.

»Hier liegt die Leiche des Commandant. Die Ratten fressen ihn gerade.«

Jacinthe schwieg einen Augenblick.

»Bist du sicher, dass es nicht der Weihnachtsmann ist?«, fragte sie dann.

Paradeuniform und Enthauptung ließen keinerlei Zweifel an der Identität des Toten. Genau das wollte er Jacinthe gerade mitteilen, als ihn eine Welle der Übelkeit überkam und sein Magen sich von neuem verknotete. Diesmal konnte er sich nicht zurückhalten. Er wandte sich ab, um den Tatort nicht zu verunreinigen und erbrach sich ins Wasser.

Als er nach der Zigarettenpackung in seiner Tasche tastete, fiel der Strahl seiner Taschenlampe auf die Betonwand. Er kniff die Augen zusammen, aber sein erster Eindruck hatte ihn nicht getäuscht. Es stand tatsächlich dort.

»Scheiße«.

»Wo liegt das Problem? Los, erzähl schon, Lessard.«

Dicht neben dem Toten schmückte ein gigantisches Graffiti die Betonmauer des Tunnels. Es war rechteckig und ungefähr zwei Meter breit. Ein Skelett mit smaragdgrünen Augen fixierte darauf einen Mann mit weißem Rauschebart und roter Weihnachtsmannmütze, der an ein mit Lichtern bestecktes Metallkreuz genagelt war. Einen Augenblick lang starrte Victor mit offenem Mund auf das Machwerk. Makaber, verstörend und dennoch irgendwie ergreifend. Ohne auf die Stimmen seiner Kollegen zu hören, betrachtete der Polizist die Wandmalerei einige Sekunden lang. Dann wirbelte er herum und jagte so schnell in Richtung Ausgang davon, dass mit jedem Schritt eine Wolke aus Gischt aufsprühte.

»Sie sind am Mont Royal, Jacinthe.«

Das Unbehagen
in der Kultur

Die Schicksalsfrage der Menschheit scheint mir zu sein, ob und
in welchem Maße es ihrer Kulturentwicklung gelingen wird,
der Störung des Zusammenlebens durch den menschlichen
Aggressions- und Selbstvernichtungstrieb Herr zu werden. (…)
Die Menschen haben es jetzt in der Beherrschung der Natur-
kräfte so weit gebracht, dass sie es mit deren Hilfe leicht haben,
einander bis auf den letzten Mann auszurotten.

SIGMUND FREUD

49.

DAS SCHWARZE ZIMMER

»Nein! Ich will es aus Ihrem eigenen Mund hören!«

»Die Angst ist das reinste und aufrichtigste Gefühl. Sie lässt sich mit nichts anderem vergleichen. Im Leid und im Schmerz zeigen sich die edelsten Eigenschaften des Menschen. Sind Sie jetzt zufrieden? Möchten Sie noch mehr darüber hören?«

»Nein, nicht nötig.«

»Wie Sie wollen. Sie entscheiden selbst, wann Sie ein neues Kapitel aufschlagen.«

»Und das heißt?«

»Das heißt gar nichts.«

»Halten Sie sich vielleicht für etwas Besseres? Warum sind Sie Lehrer geworden?«

»Und warum sind Sie ein Versager?«

»Man sagt Ihnen nach, Sie hätten im Unterricht Alkohol getrunken, den Sie in Milchpackungen umgefüllt haben. Ganz schön jämmerlich, finden Sie nicht?«

»Die Leute reden viel, wenn der Tag lang ist. Und sobald etwas ihr Verständnis übersteigt, greifen sie gern auf Hilfskonstruktionen zurück. Aber bleiben wir beim Thema. Ich gestehe offen, dass die Symbolik, die Sie eingesetzt haben, mich beeindruckt hat. Eine gelungene Verschleierungstaktik.«

»Der Vorschlag, ihnen einen Orientierungspunkt anzubieten, etwas Absehbares, stammt von Ihnen. Sie sagten, ich solle ihnen das geben, was sie erwarten und eine Art Mechanismus bedienen …«

»Jedenfalls haben Sie es geschafft, dass sie Ihnen aus der Hand fressen. Aber Sie haben meine Frage noch nicht beantwortet: Sind Sie der Ansicht, manche Menschen hätten den Tod verdient?«

»Ich versuche, nicht darüber nachzudenken.«

»Na los … Sie halten es doch für gerechtfertigt, sobald ein triftiger Grund vorliegt?«

»Ja, das denke ich.«

»Sind Sie der Meinung, dass der Wunsch, etwas Gutes zu bewirken, eine solche Rechtfertigung wäre? Und dass jemand, der etwas Abscheuliches im Dienst der guten Sache oder höherer Interessen wegen begeht, kein Monster ist?«

»Ich weiß, wer ich bin. Hören Sie …«

»Nein, jetzt hören Sie mir zu! Glauben Sie wirklich, Sie würden sich von den anderen unterscheiden? Halten Sie sich allen Ernstes für etwas Besonderes? Meinen Sie, die Kriminellen in Handschellen, deren Fotos die Titelseiten schmücken, seien Gesindel, mit dem Sie nichts gemein haben? Falls Sie das denken, irren Sie sich. Diese Leute haben dieselbe Eingangstür benutzt wie Sie, und was sie anschließend gesehen haben, hat Sie daran gehindert umzukehren. Inzwischen wissen Sie es selbst am besten: Wer einmal im schwarzen Zimmer war, für den gibt es keinen Weg zurück. Wenn Sie das nächste Mal eine Zeitung aufschlagen, sehen Sie sich die Fotos genau an. Denken Sie tatsächlich, Sie würden dort den Teufel in Menschengestalt sehen oder die Fratze des Bösen? Aber nein, natürlich nicht! Wenn Sie die Fotos aufmerksam betrachten, werden Sie auf den Gesichtern nichts anderes sehen als Erleichterung. Die Erleichterung eines Menschen, der den Kampf gegen seine Urinstinkte aufgegeben hat.«

»So wie Sie?«

»Man erzählt sich vieles. Und verschweigt ebenso vieles. Jeder strickt an seiner eigenen Legende, aber wir sind eben allesamt notorische Lügner. Wir heben bestimmte Erinnerungen hervor, schmücken sie aus, verleihen ihnen mehr Glanz. Langweilige und unbedeutende Ereignisse verwandeln sich mit einem Mal in strahlende, unvergessliche Momente, weil die Erinnerung im Lauf der Zeit die Wirklichkeit vergrößert. Vor allem aber ist in jedem von uns jenes schwarze Zimmer, in unserem tiefsten Inneren, in den Eingeweiden unseres Bewusstseins, und dort, hinter doppelt gesicherten Türen, sperren wir sie ein: Unsere Arrangements, unsere Lügen, unsere Halbwahrheiten. Denn sie könnten uns ja daran hindern, vorwärtszukommen, oder uns dazu zwingen, so sehr wir ihnen auch auszuweichen versuchen, unserem wahren Selbst ins Auge zu sehen, in seiner ganzen umfassenden, prächtigen Scheußlichkeit und Reinheit ...«

ERSTER TAG

(MONTAG, 15. JULI)

2.

WEISSE
FARBFÄCHER

Schon an der Eingangstür des Hobbymarktes schlug Victor ein Schwall eiskalter Luft der Klimaanlage entgegen. Er trat ein und begrüßte den Angestellten. Der Mann mit dem zerfurchten Gesicht und den blutunterlaufenen Augen erkannte ihn sofort und erwiderte das Lächeln. Das war ein Vorteil der kleinen Läden des Viertels: Die Auswahl war zwar begrenzt, aber man wurde persönlich bedient. Die beiden Männer hatten sich vor rund zwei Monaten kennengelernt und gemeinsam eine Zigarette auf dem Bürgersteig vor der Auslage geraucht. Der Polizist lief den Gang entlang und blieb vor dem Verkaufsständer mit den Farbfächern stehen.

Während er sie durchblätterte, trat der Angestellte zu ihm und eröffnete das Gespräch mit seinem Lieblingsthema.

»Bei der Luftfeuchtigkeit wird es heute Nachmittag bestimmt 40 Grad heiß.«

Montréal erlebte gerade eine der schlimmsten Hitzewellen der letzten Jahrzehnte. Ohne sich umzudrehen erwiderte Victor:

»Anscheinend soll es die ganze Woche über so bleiben.«

Der Mann lachte auf.

»Im Sommer zu heiß, im Winter zu kalt ... es gibt immer was zu meckern, stimmt's? Und Sie wollen renovieren?«

»Wir haben uns in Terrebonne eine Maisonette-Wohnung gekauft. Ein neuer Anstrich könnte nicht schaden.«

»Suchen Sie eine bestimmte Farbe?«

Victor lächelte verschmitzt und zwinkerte dem Angestellten zu.

»Das dürfte nicht allzu schwierig werden. Wir streichen nämlich alles weiß.«

»Theoretisch klingt das einfach, aber in der Praxis hängt es ganz davon ab …«

Der Sergeant-Détective runzelte die Stirn.

»Wovon hängt es ab?«

Der Angestellte pustete sich eine Strähne aus der Stirn.

»Na ja, es gibt sehr viele verschiedene Weißtöne.«

Victor tippte auf das erste beste weiße Farbmuster und las die Artikelbezeichnung:

»*Polar Bear 1875*. Genau das Richtige.«

»In Ordnung. Und wie viel brauchen Sie?«

In Victors Augen trat ein Ausdruck leiser Verzweiflung.

»Wie viel benötige ich denn, Ihrer Meinung nach?«

»Für welches Zimmer?«

»Na, für alle Zimmer.«

Der Angestellte schmunzelte nachsichtig.

»Also, erst mal muss ich natürlich wissen, wie viel Quadratmeter das sind.«

Der Polizist machte ein finsteres Gesicht.

»Ein ganz normales Apartment eben. Drei Zimmer, Arbeitsraum und so.«

»Und wie soll ich den Farbverbrauch berechnen, wenn ich nicht weiß, wie viel Wandfläche gestrichen werden soll?«

Darauf wusste Victor auch keine Antwort. Der andere fuhr fort:

»Streichen Sie auch die Decken?«

Der Sergeant-Détective nickte.

»Dann brauchen Sie auch Deckenfarbe, nicht wahr?«

Victor fischte das Handy aus der Tasche und las die Textnachricht, die gerade eingetroffen war. Dann tippte er: »In 30 min da.«

»Ich muss los, aber ich werde einfach meine Freundin bitten, Ihnen die genauen Abmessungen telefonisch durchzugeben. Und Sie machen dann alles genau so, als würden Sie Ihre eigene Wohnung streichen, einverstanden?«

Was für Victor der reinste Hindernis-Parcours war, würde Nadja im Handumdrehen regeln. Er fragte sich ohnehin, aus welchem Grund sie ausgerechnet ihn gebeten hatte, die Farbe zu kaufen. Woher der plötzliche Vertrauensbeweis? Bei handwerklichen Tätigkeiten war ihm seine Liebste nämlich haushoch überlegen. Noch dazu besaß sie drei Werkzeugkästen, während er selbst bloß einen Hammer, ein Maßband, das nicht mehr von selbst aufrollte, und ein paar altersschwache Schraubenzieher sein Eigen nannte. Es war keine Überraschung, dass sie bereits die Renovierung der Küche übernommen hatte und die nötigen Handwerker organisierte.

Der Angestellte kratzte sich am Kopf.

»Ähh … okay.«

»Ich komme dann heute Abend nach der Arbeit vorbei und hole alles ab.«

»Brauchen Sie noch Pinsel oder Farbroller?«

Victor war bereits an der Ladentür. Er blieb stehen und warf einen Blick über die Schulter.

»Eine Grundausrüstung wäre prima. Wir sind ja keine Profis.«

Ohne die Antwort abzuwarten, trat er hinaus in die glühende Sonne. Die Hitze stand kompakt vor ihm wie eine Wand.

Victor ging über den Parkplatz am Place Versailles, Standort des Dezernats für Kapitalverbrechen und von den Polizisten kurz als »Versailles« bezeichnet. Nur das geübte Auge hätte sein leichtes Humpeln erkannt – die Folge eines Unfalls bei einer früheren Ermittlung. Die frisch angezündete Zigarette zwischen seinen Lippen zitterte. Kurz vor der gläsernen Eingangstür nahm er einen letzten Zug und trat sie mit den abgenutzten Profilsohlen seiner blauen Sportschuhe aus. Im Gehen zog er ein Fläschchen Purell aus der Tasche, gab ein wenig Gel in seine Hand und rieb sich Hände und Wangen damit ein. Der desinfizierende, leicht alkoholische Geruch stieg ihm in die Nase und prickelte auf seiner Haut.

Victor durchquerte die Ladenpassage des Einkaufszentrums und blieb nur stehen, um sich einen koffeinfreien Kaffee zu gönnen und Kaugummi zu kaufen. Im leeren Aufzug riss er das Päckchen auf und schob sich zwei Kaugummistreifen in den Mund. Der Spiegel warf sein athletisches, einen Meter neunzig großes Abbild zurück: stoppelkurze Haare, grüne Augen, Dreitagebart, energisches Kinn. Die Adern an seinen muskulösen Oberarmen zeichneten sich deutlich ab, und er trug ein dunkelblaues Poloshirt und Jeans.

Auf dem Weg zu seinem Schreibtisch stopfte er sich vier weitere Kaugummis in den Mund, und sobald er aufhörte zu kauen, beulte sich seine Wange unnatürlich aus. Unterwegs kam er an dem noch leeren Arbeitsplatz von Gilles Lemaire vorbei. Auf dem Schreibtisch stand ein wackelig aussehender Turm aus Kaffeepappbechern. Lemaire, von seinen Kollegen nur »der Gnom« genannt, hielt geradezu manisch auf Ordnung und Sauberkeit und würde bei seiner Rückkehr aus den Ferien wahrscheinlich außer sich vor Entsetzen sein, wenn er das »Kunstwerk« seiner Kollegen vorfand.

Victor drehte eine Runde durch das Großraumbüro und sah auf seine Uhr. Loïc Blouin-Dubois und Jacinthe Taillon glänzten durch Abwesenheit. Überhaupt fand er es seltsam, dass noch niemand hier war. Dabei hatte ihm seine Partnerin doch vor dreißig Minuten geschrieben, sie warte auf ihn, um mit ihm gemeinsam den Abschlussbericht der letzten Ermittlung durchzugehen.

Vor einigen Wochen hatte eine Fünfunddreißigjährige namens Patricia Chávez ihren Mann mit einer Blankwaffe getötet.

Am Tatort hatten Jacinthe und Victor mit den Technikern der Spurensicherung vermutet, dass rund fünfzigmal auf das Opfer eingestochen worden sein musste, aber die Laboranalyse hatte gezeigt, dass die Anzahl der Verletzungen noch weit höher lag; Jacob Berger, der Gerichtsmediziner, hatte am Ende zweifelsfrei hundertachtzehn »mit einem Küchenmesser ausgeübte« Stichverletzungen festgestellt, und zwar hauptsächlich am Hals des Opfers.

Obwohl der Sergent-Détective Patricia Chávez alle Möglichkeiten offengelassen hatte, ihre Tat zu erklären, hatte sie die Fakten zwar nicht bestritten, jede weitere Aussage jedoch verweigert und unentwegt wiederholt, er könne ihre Motive ohnehin nicht verstehen. Kurz vor Ende der Vernehmung hatte sich Victor vorgebeugt und etwas ins Ohr der Tatverdächtigen geflüstert. Sie hatte daraufhin genickt. Und obwohl Jacinthe ihn anschließend mit Fragen nur so löcherte, verriet er ihr nicht, was er damals zu Chávez gesagt hatte.

»Das betrifft nur sie und mich«, hatte er geantwortet, und mehr war nicht aus ihm herauszukriegen.

Aufgrund der Zeugenaussagen von Familie und Nachbarn hatten die beiden Beamten ermittelt, dass es zwischen dem Ehepaar regelmäßig zu Streitigkeiten gekommen war. Keine der Aussagen hatte allerdings auch nur ansatzweise darauf hingedeutet, dass dabei körperliche Gewalt im Spiel gewesen war.

Das Ehepaar hatte einen sechsjährigen Sohn, der schlief, während sein Vater getötet worden war. Am Abend nach dem Mord hatte Victor den Jungen zum ersten Mal getroffen und war ihm während der darauffolgenden Ermittlung mehrmals begegnet. Victor, der einzige Überlebende einer Familientragödie, bei der sein Vater, seine Mutter und seine beiden Brüder getötet hatte, bevor er sich selbst das Leben nahm, hatte sofort großes Mitgefühl mit dem Kleinen empfunden. Er wusste nur zu genau, dass der Junge, während er heranwuchs, nicht nur mit dem Verlust des Vaters zurechtkommen musste, sondern auch in dem Wissen, dass ein Elternteil ein Monster war.

Der Junge wurde zuerst im Krankenhaus beobachtet und anschließend der Obhut des Jugendamtes übergeben. Im besten Fall würde er nach einer Beobachtungsphase und dem abschließenden Gutachten des Jugendamtes bei einem Mitglied der Familie leben. Für Victor hatte es diese Möglichkeit damals nicht gegeben.

Der Polizist steuerte auf den Besprechungsraum zu. Die Tür war geschlossen, aber vielleicht wartete Jacinthe ja hier auf ihn. Er öffnete die Tür, doch es brannte kein Licht. Er knipste es an, um festzustellen, ob seine Kollegin das Dossier von Chávez vielleicht für ihn auf den Tisch gelegt hatte. Licht erstrahlte, gleichzeitig brandeten Hochrufe auf, und mit einem Mal geriet sein Herzschlag völlig aus dem Takt.

3.

EIN PROBLEM

»Herzlichen Glückwunsch!«

Lächelnd bauten sich Jacinthe, Nadja und Loïc vor Victor auf, der wie angewurzelt in der Tür stehen geblieben war. Er brauchte einen Augenblick, um zu begreifen, was er vor sich sah: Auf dem Tisch lag eine viereckige eingepackte Schachtel, rote Luftballons schwebten neben der Plexiglastafel, an die sie Fotografien und Unterlagen der laufenden Ermittlungen hefteten.

»Ihr habt mich vielleicht erschreckt! Und außerdem hab ich heute gar nicht Geburtstag!«

Jacinthe fuhr sich durch das kurz geschnittene Haar.

»Du Unschuldslamm! Das ist doch das Geniale! An deinem Geburtstag können wir dich ja wohl kaum überraschen!«

Victor musste unwillkürlich lächeln. Inzwischen hatte er sich an den Sarkasmus seiner Partnerin gewöhnt. Und während der langen Auszeit, die sie genommen hatte, um eine Motorradtour durch Kanada und die Vereinigten Staaten zu machen, hatte sie ihm tatsächlich gefehlt. Jacinthe war nicht nur besonders grob, sondern ihr brannten auch schnell mal die Sicherungen durch. Und seit sie mit ihrer Diät begonnen und inzwischen schon rund fünfzehn Kilo abgenommen hatte, ging sie noch häufiger als früher in die Luft.

Kopfschüttelnd musterte Victor nacheinander seine Kollegen.

»Ihr ... ihr habt wirklich ein Rad ab!«

Mit eisernem Griff packte Jacinthe ihn bei der Schulter, zog ihn an sich und drückte ihm knallende Küsse auf die Wangen.

31

»Alles Gute, Lessard!«

»Danke, Jacinthe.«

»Ach, und übrigens, dein Fünfzigster rückt näher.«

»Immer mit der Ruhe, ich bin schließlich erst knapp Mitte vierzig.«

Loïc, der sein langes blondes Haar zu einem Pferdeschwanz gebunden hatte, löste die verschränkten Arme und reichte Victor die Hand, der sie herzlich schüttelte.

»Alles Gute, Chef.«

»Danke, Kid.«

Loïc hörte auf zu kauen und blies eine gewaltige Kaugummiblase, die mit saftigem Ploppgeräusch zerplatzte und als Fetzen an seiner Nase kleben blieb. Obwohl er sehr jung wirkte, war er beinahe dreißig Jahre alt. Er hatte vorher als verdeckter Ermittler im Sitten- und Drogendezernat gearbeitet und eine Weile gebraucht, bis er seinen Platz im Team gefunden hatte; Seite an Seite mit seinem Partner Gilles Lemaire hatte sich Loïc inzwischen zu einem wertvollen Mitarbeiter der Abteilung gemausert.

Victor tauschte einen verschwörerischen Blick mit Nadja Fernandez, seiner Freundin.

»Alles Gute, mein Schatz.«

Das Haar, schwarz wie Ebenholz, fiel ihr in lässigen Wellen über die Schultern, und der kupferfarbene Teint verriet ihre südamerikanischen Wurzeln. Als sie ihn verführerisch anlächelte, blitzte eine Reihe perlweißer Zähne auf. Nadja war zwölf Jahre jünger als er, und ihre Schönheit verschlug ihm den Atem.

Im vergangenen Jahr hatte es in der Beziehung ziemlich gekriselt, denn Victor hatte Nadjas Bruder wegen einer finsteren Geschichte, die seinen Sohn Martin betraf, die Nase gebrochen. Aber inzwischen war die Sache beigelegt. Natürlich hatten sie im Lauf der Zeit die Fehler am anderen kennengelernt, die anfangs nicht so deutlich gewesen waren, aber sie waren verliebter als je zuvor.

»Jetzt verstehe ich auch, warum du mich heute Morgen in das Eisenwarengeschäft geschickt hast.«

Victor nahm seine lachende Freundin in den Arm und küsste sie. Es war eine schöne Überraschung, dass sie ebenfalls mit von der Partie war. Eigentlich hätte sie im 11. Revier sein sollen, wo sie nach wie vor als Ermittlerin für Commandant Tanguay arbeitete, mit dem Victor in der Vergangenheit schon mehrfach aneinandergeraten war. So leise, dass niemand sonst es hörte, flüsterte sie in sein Ohr:

»Dein neues Parfüm riecht einfach toll, Schatz. Fast wie eine Mischung aus Tabak und Purell.«

Victor senkte den Blick. Bei jedem Rückfall und ganz gleich, welche Vorsichtsmaßnahmen er traf, Nadja wusste immer Bescheid, wenn er heimlich geraucht hatte. Die Akupunktur hatte anfangs recht gut gewirkt, aber seine Angstattacken hatten ihn allmählich wieder zur Zigarette greifen lassen. Seit einigen Monaten rauchte er phasenweise, hatte sich aber geschworen, es einmal mit den elektronischen Zigaretten zu versuchen, die sie ihm geschenkt hatte.

Jacinthe hatte unterdessen angefangen, gleichmäßig in die Hände zu klatschen, was gleichzeitig begeistert und entnervend klang.

»Na schön! Und jetzt setz dich mal, es ist Zeit fürs Geschenk.«

Als er Platz genommen hatte, nahm sie eine auf dem Stuhl liegende Plastiktüte, holte eine rechteckige Schachtel heraus und legte sie auf den Tisch vor ihn. Die Schachtel war sorgfältig in Geschenkpapier eingepackt. Neugierig hob er sie an, prüfte das Gewicht, hielt sie ans Ohr, schüttelte sie und lauschte. Er musterte seine Freunde gespannt.

Nadja legte ihm eine Hand auf den Arm.

»Jacinthe hat sich darum gekümmert …«

Victor zog den Kopf zwischen die Schultern und schnitt eine Grimasse.

»Komisch, ich krieg plötzlich Angst. Ich hab echt keine Ahnung, warum …«

Ein Faustschlag landete auf seiner Schulter, ausgeführt von seiner Teamkollegin.

»He, lass den Quatsch.«

Gelächter. Victor riss das Papier auf, ohne weiter Zeit zu verschwenden. An einer Seite der Schachtel stand der Name eines Sportschuhherstellers. Als er den Deckel anhob, schien ein Leuchten vom Inhalt der Schachtel auszugehen und sich auf seinem Gesicht auszubreiten.

»Waaas? Ein Paar Converse?«

Er nahm die Schuhe in die Hände und drehte sie bewundernd.

»Und auch noch aus rotem Leder! Die sind ja wunderschön.«

Jacinthe, zufrieden mit der Wirkung des Geschenkes, warf sich stolz in die Brust.

»Freut mich, dass sie dir gefallen.«

»Und das Geschenk hast wirklich du gekauft, Jacinthe?«

Sie zwinkerte Nadja zu.

»Na ja, das ist nicht ganz allein auf meinem Mist gewachsen, wir haben alle zusammengelegt.«

»Wow. Danke! Ich bin total überwältigt.«

»Keine Ursache. Die Karte kriegst du später, die hab ich im Auto vergessen.«

Vornübergebeugt zog Victor seine Sportschuhe aus und schlüpfte in die neuen Converse.

»Größe 12 … Passen wie angegossen.«

Gerührt stand er auf und bedankte sich erneut bei seinen Kollegen. Nachdem er alle umarmt hatte, frotzelten sie ein bisschen herum, und dann verkündete Jacinthe den nächsten Programmteil.

»Los, auf geht's! Wir haben einen Tisch bei Cora bestellt, neben dem Stadion.«

»Echt?«

»Und ob, Monsieur! Du hast VIP-Status. *Very Important Penis!*«

Wieder brach Gelächter aus. Victor griff nach der eckigen Schachtel, die er beim Eintreten auf dem Tisch liegen sehen hatte.

»Was ist das hier eigentlich?«

»Weiß ich nicht. Kid hat es mitgebracht.«

Loïc schob den Stuhl zurück und stand langsam auf, während er die Nachrichten auf seinem Handy überprüfte.

»Das war heute Morgen in der Post.«

Jacinthe verdrehte die Augen und schüttelte den Kopf.

»Das kannst du noch früh genug offnen, Lessard. Komm schon, ich hab Kohldampf.«

Aber die Neugier hatte bereits die Oberhand gewonnen. Mit dem Autoschlüssel zerriss Victor das Klebeband am Deckel.

»Warte mal, das ist ja interessant. Da steht kein Name drauf.«

Jacinthe hielt bereits ihren Rucksack in der Hand.

»Ich sage doch ständig, dass wir Pakete nicht selbst öffnen sollen. Irgendwann ist noch mal eine Bombe drin, Anthrax oder eine noch schlimmere Schweinerei.«

Loïc hielt Nadja die Tür auf.

»Das wäre eine komische Verpackung für Anthrax. Ich finde, es sieht eher aus wie ein Basketball.«

In der Schachtel lag etwas Rundes, eingepackt in Luftpolsterfolie. Victor nahm es heraus und nickte zustimmend.

»Ein Basketball? Dafür ist es aber ganz schön schwer … Fang mal!«

Loïc streckte die Hände aus, als Victor zum Wurf ausholte. Ein Handy klingelte. Jacinthe zog sich in eine Ecke des Raumes zurück, um den Anruf entgegenzunehmen. Nachdem Victor den Klebestreifen von der Folie abgezogen hatte, entfernte er sie und bemerkte, dass sich in der Verpackung ein Schild befand. Das Erste, was ihm auffiel, war das Wort »Ukraine«, das in Türkis auf dem geprägten Papier stand.

Nadja war an der Tür stehen geblieben und warf ihm jetzt einen fragenden Blick zu.

»Was ist es denn?«

Victor wickelte die Folie komplett ab und hielt das Objekt über seinen Kopf.

»Ein Globus!«

Loïc schob die Daumen in den Gürtel und zog sich die zerlöcherten Jeans hoch.

»Das hat Gilles im Internet bestellt, als Deko für seinen Schreibtisch.«

Jacinthe hatte inzwischen das Gespräch beendet und kam mit ernstem Gesicht zu ihnen zurück.

»Mir ist jedenfalls der Appetit vergangen.«

Wenn Victor eines genau wusste, dann, dass etwas Wichtiges geschehen sein musste. Obwohl seine Partnerin Protein-Diät hielt, gab es nicht viel, was ihr den Appetit verderben konnte.

»Was ist los?«

»Wir haben ein Problem.«

Nadja trat in den Flur hinaus.

»Ich lasse euch lieber allein.«

»Nein, bleib hier, Nadja. Das betrifft dich auch. Gerade hat Nadeau vom 38. Revier angerufen. Ein Pärchen hat in einem Container mit Bäckereiabfall einen Kopf gefunden.«

Victor runzelte die Stirn.

»Und wo?«

»In einer Seitenstraße der Rue Duluth.«

Er hob die Schultern. Das klang ebenso finster wie tragisch, aber als Polizist musste man auf alles gefasst sein.

»Und was genau ist das Problem?«, fragte er.

»Das Opfer wurde bereits identifiziert.«

»Und wer ist es?«

Jacinthe blickte sie der Reihe nach an.

»Tanguay. Commandant Maurice Tanguay.«

4.

DIE MÜLLTAUCHER

Die pralle Sonne spiegelte sich auf den Motorhauben der Einsatzfahrzeuge, die die Kreuzung zwischen dem Boulevard Saint-Laurent und der Avenue Duluth absperrten. Und an der Ecke der Rue Saint-Dominique und Napoléon bot sich genau der gleiche Anblick. Absperrbänder hinderten die Fußgänger daran, auf dem Bürgersteig weiterzugehen. Im flackernden Warnlicht schirmten die Polizisten den gesicherten Bereich vor Schaulustigen ab. Falls es sich nicht bereits herumgesprochen hatte, würde das Gerücht sich in Windeseile verbreiten: In einem Abfallcontainer hatte man einen Kopf entdeckt. Deutlich mehr Polizeibeamte als sonst waren zum Einsatz abkommandiert worden. Das war immer dann der Fall, wenn ein Polizist getötet worden war. Die Polizei ist eine Gemeinschaft. Wird einer von ihnen im Dienst getötet, rückt das Rudel zusammen und schließt die Reihen.

Auf dem Straßenabschnitt, in dem sich der Container befand, wimmelte es nur so von Technikern der Spurensicherung. Noch bevor Jacinthe und Victor dort ankamen, hatten sie die Schachtel mit dem Kopf in Eis gelagert und ins Labor des Gerichtsmediziners Jacob Berger in die Rue Parthenais bringen lassen. Berger, mit dem die beiden Ermittler häufig zusammenarbeiteten, war bereits mit der Autopsie beschäftigt.

Eine junge Frau saß an der Bürgersteigkante und beantwortete seit kurzem die Fragen des Sergent-Détective. Sie war ungefähr zwanzig Jahre alt, trug weinrote ziemlich abgewetzte Doc

Martens, einen schwarzen Taftrock und ein Hemd in den Farben des Vereinigten Königreiches.

»Mein Freund und ich gehen kein Risiko ein, Fleisch und Milchprodukte rühren wir nicht an. Normalerweise ist der Container hier einer der besten Plätze. Bäckereiabfall ist am saubersten. Alles, was sie tagsüber nicht verkaufen, packen sie in eine Tüte. Sonst nichts. Sie wissen, dass wir vorbeikommen.«

Eine Laufmasche in ihren roten Strumpfhosen gab den Blick auf ein Stück ihres Knies frei; offenbar hatte sie geweint, ihre mit Khôl umrandeten Augen waren schwarz verschmiert, und als sie sich die Augen wischte, hatte sie die restliche Schminke über ihr bleiches Gesicht verteilt.

»Die Eigentümer der Bäckerei sind Portugiesen … Sie lassen uns die Brioches, Kuchen, und manchmal ist sogar frisches Brot in der Tüte. Das schmeckt super. Als ich die Schachtel gesehen habe, dachte ich erst, da sei ein Kuchen drin.«

Den makabren Fund hatte das junge Pärchen im Container hinter der Bäckerei gemacht, in der Rue Duluth. Jacinthe befragte den jungen Mann, während Victor sich mit seiner Freundin unterhielt.

»Weißt du noch, ob du Fliegen bemerkt hast, als du die Schachtel geöffnet hast?«

Er hatte ihr eine Zigarette angeboten, die jetzt zwischen den Fingern der jungen Frau zitterte, als sie sie an den Mund führte. Sie nahm einen Zug.

»Nein«, erwiderte sie mit erstickter Stimme, »weder im Container noch in der Schachtel. Wenn Fliegen dran sind, lassen wir die Hände davon.«

Sie starrte auf den Boden zwischen ihren Stiefelspitzen, öffnete den Mund, als wollte sie etwas sagen, und klappte ihn dann wieder zu. In ihren weit aufgerissenen Augen schimmerten Tränen. Beruhigend legte ihr Victor eine Hand auf den Arm.

»Lass dir Zeit, Miranda. Kein Problem.«

Sie holte tief Luft.

»Am schlimmsten ist, dass ich es zuerst nicht mal so besonders eklig fand. Ich habe ganz instinktiv reagiert, noch bevor ich überhaupt kapiert habe, was ich da sehe. Ich wusste, dass irgendwas nicht stimmt, aber erst nachdem ich die Schachtel wieder zugemacht habe, wurde mir klar, was da drin ist.«

Schweigend wartete Victor, bis sie weitersprach. Miranda trat die Zigarette mit dem Schuh aus. Dann hob sie den Kopf und sah ihm direkt in die Augen.

»Allein der Gedanke, dass ein Mensch einem anderen so was antut. Ich ... ich kann es einfach nicht fassen, nicht verstehen. Ich habe immer gedacht, Leute, die so verrückt sind, würden nur im Film vorkommen, nicht in meiner Welt. Nicht direkt vor meiner Nase. Wenn ich mir vorstelle, es könnte jemand gewesen sein, dem ich schon auf der Straße begegnet bin, wird mir richtig schlecht.«

Victor nickte. Miranda erinnerte ihn an Charlotte, seine Tochter. Am liebsten hätte er sie in den Arm genommen und getröstet, ihr gesagt, dass einer, der zu dicht am Abgrund stand, Gefahr lief abzustürzen; er hätte ihr leise von den alten Gesetzen der Welt erzählt, die so ungerecht und erbarmungslos waren, hätte ihr zugeraunt, dass nichts existierte, dass alles existierte. Victor wusste, wie gerade jene Bilder, die man angestrengt zu vergessen suchte, immer wieder aufs Neue auftauchten, beschmutzt von der Zeit und den Erinnerungen. Im Unterschied zu der jungen Frau hatte sich Victor jedoch längst an diese Bilder gewöhnt.

»Weißt du, Miranda, niemand dürfte je so etwas sehen wie das, was ihr beide in dieser Schachtel entdeckt habt. Und jetzt möchte ich, dass du zusammen mit deinem Freund nach Hause gehst. Vergesst alles, was ihr erlebt habt und versucht, auf andere Gedanken zu kommen.«

Sie starrte vor sich hin und nickte. In der Straße waren Motorengeräusche zu hören, Autotüren fielen zu. Weitere Einsatzfahrzeuge waren eingetroffen.

»Außerdem möchte ich dir ein Versprechen abnehmen«, fuhr Victor fort.

»Ein Versprechen?«

»Ja. Sobald du wieder an diese furchtbaren Bilder denken musst, stellst du dir stattdessen einfach ein Flusspferd vor. Versprich mir das.«

Sie musterte ihn fragend mit zusammengeschobenen Brauen, wurde aber nicht recht schlau aus seiner Miene. Dann lächelte sie zaghaft.

»Ein Flusspferd?«

Mit aufgeblasenen Backen und ausgebreiteten Armen verdeutlichte Victor, was er meinte.

»Ja, genau, ein Flusspferd.«

Miranda lächelte über das ganze Gesicht.

»In Ordnung.«

»Versprochen?«

Sie nickte bekräftigend. Er reichte ihr seine Visitenkarte und bedachte sie zum Abschied mit einem väterlich besorgten Blick.

»Wenn dir noch was einfällt, rufst du mich sofort an, egal zu welcher Uhrzeit.«

Victor erhob sich und reichte ihr die Hand, um ihr beim Aufstehen zu helfen. Miranda bedankte sich, drehte sich um und ging in Richtung Bäckerei davon. Der Polizist schob sich die Ray-Ban auf die Nase und sah ihr nach, als sie zu ihrem Freund hinüberging, der bereits auf sie wartete, an die Mauer gelehnt und die Hände in den Taschen. Jacinthe hatte offenbar erheblich weniger Zeit für ihre Befragung gebraucht. Jetzt musste er seine Partnerin nur noch finden.

Zuerst hielt er in der Nähe des Streifenwagens Ausschau nach ihr und dann am Tatort, konnte sie aber nirgends entdecken.

Blitzlichter flackerten durch die schmale Straße, als die Spurensicherung Aufnahmen des Müllcontainers und der direkten Umgebung machte. Rings um den Container waren an allen Objekten, bei denen es sich möglicherweise um Indizien handelte, nummerierte Markierungskegel platziert, unter anderem an zwei Dosen Farbspray, einer alten Socke, einer Kopfhörerverpackung sowie gebrauchten Batterien.

Victor umrundete das Gebäude und steuerte auf den Eingang der Bäckerei zu. An der Tür blieb er stehen und grinste spöttisch. An der Ladentheke deutete Jacinthe auf die kleinen Törtchen, die in einer Kühlvitrine lagen. Hinter der gläsernen Theke war der Besitzer des Ladens bereits eifrig damit beschäftigt, alles, was sie auswählte, in einer Schachtel anzuordnen. Als Victor näher kam, bezahlte sie gerade.

»Und deine Diät?«

Auf frischer Tat ertappt wich Jacinthe einen Schritt zurück, war aber gleich wieder obenauf und musterte ihn angriffslustig.

»Die sind natürlich für Lucie!«

Jacinthes Freundin, vegetarisch und asketisch lebend, war ein ebenso sanftmütiges wie geduldiges Wesen und arbeitete als Bibliothekarin in der Stadtbücherei. Victor hielt sich zwar mit einem Kommentar zurück, ließ sich aber nicht zum Narren halten: Lucie machte sich nichts aus Süßigkeiten.

Seine Teamkollegin beugte sich zu ihm vor und schnupperte bedeutungsvoll.

»Und selbst? Wieder heimlich gequalmt?«

»Das war ich nicht«, log er. »Miranda hat eine geraucht.«

Jacinthe grinste.

»Miranda? Ihr habt euch ja schnell angefreundet … Ich wette, du hast ihr deinen berühmten Flusspferdtrick verraten.«

Victor überging den Spott.

»Und wie war's mit ihrem Freund?«

»Na ja, der typische kleine Anarcho-Hipster vom Plateau. Hat mich total zugetextet. Solche Leute ertrag ich einfach nicht! Verdammt, was für Scheißtypen.«

Mit gesenkter Stimme fuhr sie fort: »Wir suchen uns das Essen doch nicht im Abfall zusammen, weil wir kein Geld haben, Mann. Nein, damit wollen wir zeigen, dass der beschissene Kapitalismus einfach versagt hat.«

Sie lachte etwas gekünstelt.

»Hast du eigentlich gewusst, dass es schon eine Bezeichnung für dieses Herumwühlen im Abfall gibt? Das nennt sich nämlich …«

Sie zog ihr Notizbuch aus der Tasche und fing auf der Suche nach dem Eintrag an zu blättern. Victor konnte helfen.

»Dumpster diving«, sagte er.

»Ach, du kennst das? Hm, wer so was macht, muss schon richtig scharf auf Ärger sein, oder?«

Victor zuckte die Schultern und verkniff sich die Antwort. Dass er die Idee ganz interessant fand, führte doch nur zu endlosen Diskussionen.

»Und sonst? Hast du den Besitzer der Bäckerei befragt?«

Sie nickte und rollte mit den Augen. Natürlich hatte sie sich den vorgenommen.

»Erst den Besitzer, dann seine Frau. Sie wohnen direkt über dem Laden. Er hat den Sack mit Abfall zwischen 23 Uhr und Mitternacht in den Müll geworfen und nichts Ungewöhnliches bemerkt. Anschließend hat er sich noch einen Film im Fernsehen angesehen und sich danach ins Bett gelegt. So gegen 1 Uhr morgens.«

»Welchen Film?«

Jacinthe zog einen verächtlichen Flunsch.

»*Der Knüller*, von Woody Allen. Hab ich schon überprüft, der lief gestern Abend tatsächlich im Kabelfernsehen. Am Morgen, als er den Laden öffnen wollte, hat er gehört, wie die beiden in der Straße herumschrien.«

»Wann war das?«

»Gegen 6 Uhr. Und während Monsieur Lessard Liebesbriefe an sein Schätzchen schreiben musste, habe ich Zeit genug gehabt, um auch gleich noch die Angestellten der Bäckerei zu befragen.«

Das Handy in Victors Tasche vibrierte. Nadjas Name stand auf dem Display. Widerstrebend ließ er die Nachricht in seine Sprachbox eingehen.

»Und weiter?«

»Das gleiche Lied: Nichts gesehen und nichts gehört.«

»Wer hat Tanguay erkannt?«

»Brown, von der Spurensicherung, er war als einer der Ersten hier. Der hat schon in Tanguays Abteilung gearbeitet. Was ist mit dir? Irgendwas Neues?«

»Sein Kopf hat mindestens 24 Stunden lang in dem Container gelegen.«

»Woher willst du das wissen?«

»Als Miranda die Schachtel geöffnet hat, waren keine Fliegen drin. Weißt du, was das bedeutet?«

Jacinthe zögerte.

»Hilf mir auf die Sprünge …«

»Soweit ich mich erinnere, hat Élaine Segato mir damals bei den Ermittlungen gegen den König der Fliegen erklärt, dass sich Fliegen schon nach wenigen Minuten über einen Kadaver hermachen, wenn er sich an der freien Luft befindet. Ist er jedoch mehr oder weniger hermetisch abgeschlossen gelagert, wie in der Schachtel und dem Container, kann es bis zu vierundzwanzig Stunden dauern, bevor Fliegen kommen.«

»Wenn mich mein Gedächtnis nicht im Stich lässt, war Élaine Segato doch diese Anthropologin, mit der du was hattest, oder?«

»Ich dachte, wir hätten uns darauf verständigt, solche Themen in Zukunft zu vermeiden? Und nebenbei bemerkt war Élaine Entomologin.«

Jacinthe grinste anzüglich.

»War ja nicht persönlich gemeint, Schätzchen. Und denk immer schön dran, dass Tante Jacinthe dir ein Paar tolle rote Converse zum Geburtstag geschenkt hat.«

»Und jetzt auch noch emotionale Erpressung?«

»Auf jeden Fall! Da kenne ich nichts.«

Sie wischte sich mit dem Daumen den Schweiß von der Lippe und fuhr fort: »Wenn das eine Folge von *CSI* wäre, würde ich dich jetzt fragen, ob nicht vielleicht das junge Pärchen selbst den Kopf in den Container gelegt hat.«

»Aber das ist eben nicht *CSI*. Das junge Mädchen hatte jedenfalls einen Schock, und diese Bilder werden sie für den Rest ihres Lebens verfolgen. Außerdem, welches Motiv sollten sie denn haben?«

»Was weiß ich. Sich ein Alibi verschaffen oder so?«

Schulterzuckend winkte Victor ab.

»Blödsinn. Neuigkeiten von Kid?«

Der Sergent-Détective hatte Loïc und einige Streifenpolizisten beauftragt, sich in der Nachbarschaft umzuhören, während er mit Jacinthe das Pärchen befragte. Er hoffte, dass sich dadurch Zeugen fanden, jemand, der irgendetwas Ungewöhnliches bemerkt hatte.

»Ich hab eben mit ihm gesprochen. Im Moment noch nichts. Er beschafft sich gerade die Aufzeichnungen der Überwachungskameras aus den Geschäften ringsum, aber meiner Ansicht nach wird das nicht viel bringen.«

»Warum nicht?«

»Keine davon war in der Seitenstraße.«

Jacinthe warf einen Blick über Victors Schulter und kniff dann die Augen zusammen.

»Aufgepasst, gleich gibt's Ärger.«

5.

GRANT EMERSON

Das von der Vergangenheit gezeichnete Gesicht des hochgewachsenen Mannes, der die Rue Notre-Dame Ouest im Viertel Saint-Henri heraufkam, wirkte älter als das eines Achtundsechzigjährigen. Eine erloschene Zigarre zwischen den Lippen lief Grant Emerson gesenkten Hauptes voran, vielleicht lag es an der Last seiner Phantome, dass er sich so gebeugt hielt. Sein Anzug, eine unförmige Hose und die Jacke mit durchgescheuerten Ellenbogen, hatte zwar schon bessere Tage gesehen, aber der Krawattenknoten war tadellos gebunden. Unter seinem Arm klemmte ein Stapel in Plastik eingeschweißter Werbezettel. Während die Sonnenstrahlen auf seinen Rücken brannten, stapfte er langsam voran, den schweren Rucksack über die Schulter geschlungen, und in den schrägen Schaufensterscheiben der Geschäfte spiegelte sich sein verzerrtes Abbild wider.

An einem Telefonmast blieb er stehen, holte einen Hefter aus seinem Rucksack und tackerte den Zettel an jeder Ecke fest. Anschließend trat Grant zurück und musterte kritisch sein Werk. Auf dem Zettel war das Schwarz-Weiß-Foto einer lächelnden jungen Frau zu sehen und darunter stand auf Englisch und Französisch:

Der SPVM, Service de police de la Ville de Montréal, bittet um die Mithilfe der Einwohner. Seit dem 15. Februar wird Myriam Cummings vermisst, 21 Jahre alt, weiß, 1,60 groß, Gewicht 45 kg; sie spricht sowohl französisch als auch eng-

lisch. Sie hat lange braune Haare und dunkelbraune Augen.
Die Vermisste trug zuletzt einen schwarzen Wollmantel,
Jeans, grüne Schuhe und eine Umhängetasche aus Leder.
Möglicherweise hält sie sich noch im Raum Montréal auf.
Falls Sie diese junge Frau sehen, rufen Sie bitte schnellst-
möglich die Nummer 911 an.

Unzählige Male hatte Grant schon darüber nachgedacht, was
sich an jenen Tagen unmittelbar vor dem Verschwinden Myriams zugetragen hatte und war irgendwann zu dem Schluss gekommen, dass er selbst ein Großteil der Verantwortung dafür
trug. Nach jener schwierigen Phase, in der Myriam seine Gegenwart in ihrem Leben zunehmend schlechter ertrug und nach
den darauffolgenden Monaten, als er wieder leise Hoffnung auf
Versöhnung schöpfte, war sie plötzlich verschwunden. Grant
machte sich Vorwürfe, zu starrsinnig, zu unnachgiebig gewesen
zu sein; er konnte ja nicht ahnen, dass sein Verhalten dabei überhaupt keine Rolle gespielt hatte. Ein böses Schicksal, das jahrelang anderswo sein Unwesen getrieben hatte, verfolgte sie von
neuem.

Myriam ... er träumte oft von ihr, und in seinen Träumen erschien sie ihm noch kleiner und zerbrechlicher als in Wirklichkeit.

Grant nahm seine alte Nikon aus dem Rucksack und stellte
sie geschickt ein. Digitalkameras kamen für ihn nicht infrage.
Wie konnte sich jemand, der seine Negative nicht selbst entwickelte, überhaupt als Fotograf bezeichnen? Er kniff ein Auge
zu, und im Sucher erschien die Anzeige, die er soeben am Mast
befestigt hatte. Gerade als er im Begriff war, den Auslöser zu
betätigen, traf ihn Myriams Lächeln wie ein Faustschlag in den
Magen und zwang ihn innezuhalten.

Um sich seine Brötchen zu verdienen, hatte Grant früher als
Kriminalfotograf gearbeitet. Einer der besten, wie es hieß, so gut,

46

dass er während der großen Zeit der Zeitschrift *Allô Police* beinahe zu einer Legende geworden wäre. Aber eben nur beinahe, denn aus einer ganzen Reihe von Gründen hatte er damals angefangen, mehr zu trinken, als gut für ihn war, und Kokain zu schnupfen – und er hatte Anik kennengelernt.

Grant schüttelte sich aus seiner Erstarrung, stellte erneut den Sucher ein, machte ein Bild der Anzeige und hielt in seinem Notizbuch genau fest, wo sich der Telefonmast befand. In den vergangenen Wochen hatte er mehrere Viertel der Stadt durchstreift und die Suchmeldung überall in Montréal aufgehängt.

Er strich sich über den zerzausten Bart. Die vielen Zigarren hatten im Lauf der Zeit einen gelben Halbkreis in den weißen Haaren hinterlassen. Für die wenigen Passanten, die vorbeikamen, war er bloß ein Abgestürzter, einer der vielen armen Schlucker, die mit ihrem Leben nicht zurechtkamen und die Straßen von Montréal bevölkerten.

Erst in diesem Augenblick wurde ihm bewusst, dass ihn jemand beobachtete. Eine junge Frau auf der gegenüberliegenden Straßenseite sah voller Mitgefühl zu ihm herüber. Geblendet von der grellen Sonne hob Grant die linke Hand und stieß sie Richtung Himmel, als wollte er dem Feuerball dort oben einen Schlag versetzen.

Diese junge Frau, ihr Gesicht … ohne zu zögern, stürzte er auf sie zu und schwenkte aufgeregt die Arme.

»Myriam! Bist du's, Myriam?«

Alles andere vergessend und wie von Sinnen lief Grant über die Straße. Dort stand Myriam, seine kleine Myriam, direkt vor ihm. Ein Auto streifte ihn leicht, hupte, ein anderes konnte ihn gerade noch rechtzeitig umkurven, aber immerhin kam er heil auf der anderen Straßenseite an. Die junge Frau, die er gesehen hatte, eilte auf ihn zu und hielt ihn stützend am Arm. Sein Atem ging schwer und laut.

»Monsieur … Monsieur, ist alles in Ordnung mit Ihnen?«

Grant legte seine zitternden Hände an die Wangen der jungen Frau und sah ihr in die Augen.

»Geht es Ihnen besser, Monsieur?«

Er musterte sie wie betäubt.

»Sie wären beinahe angefahren worden! Monsieur? Monsieur?«

Mit einem Schlag war er wieder zurück in der Wirklichkeit; er nickte zustimmend und lächelte angestrengt.

Als er sich zum Gehen wandte, verspürte er plötzlich das Bedürfnis, das Missverständnis aufzuklären.

»Entschuldige, meine Schöne … Ich habe dich mit jemandem verwechselt.«

In ein Selbstgespräch versunken, ging Grant die Rue Greene entlang und stieß die Tür zum Greenspot auf, einem rund um die Uhr geöffneten Schnellimbiss. Einige Stammgäste saßen an den langen Tischen, an deren Ende antiquierte Juke-Boxen prangten. Grant nahm an der Theke auf einem mit rotem Skai bezogenen Aluminiumbarhocker Platz und legte die Anzeige neben sich. Eigentlich hatte er zwar Lust auf einen Whiskey, entschied aber, dass es dafür noch zu früh war, und bestellte sich eine Cola, zwei Hot-dogs und eine Portion Pommes frites.

Der Kellner stellte die Dose und ein Glas mit Eiswürfeln vor ihm ab und schob einen Bierdeckel darunter. Grant schenkte sich ein und nahm einige Schlucke. Gedankenverloren kaute er auf seiner erloschenen Zigarre herum. Seit Myriam verschwunden war, hatte sich ein fester Tagesablauf bei ihm eingebürgert: Er brach früh am Morgen auf, lief bis zum Nachmittag durch die Straßen und hängte seine Suchanzeigen auf. Anschließend ging er kurz in ein Bistro oder eine Bar, wo er finster vor sich hin brütete. Dann kehrte er nach Hause zurück und rauchte seine spuckefeuchten Zigarrenstummel.

Auch der heutige Tag war nach genau demselben Muster verlaufen. Draußen war es noch warm, und an die Wand des Restaurants gelehnt, zündete sich Grant eine Zigarre an und betrachtete die Straße, die sich langsam belebte, während grüne Neonschrift die einsetzende Dunkelheit erhellte. Hin und wieder verschwand sein verwittertes Gesicht hinter einer Rauchwolke, während er mit der Fußspitze in dem achtlos weggeworfenen Papier auf dem Bürgersteig stocherte.

Einer plötzlichen Eingebung folgend wechselte er dann die Straßenseite und ging die Rue Greene hinunter Richtung Marché Atwater. Der Kirchturm mit der Uhr hob sich vor dem nächtlichen Himmel ab. An der Stelle, wo die Straße sich verzweigte, befand sich ein kleiner, um diese Tageszeit verlassener Park. Grant setzte sich auf eine Bank und verstaute seinen Rucksack unter der Sitzfläche. Anschließend nahm er die Pistole, die in seinem Gürtel steckte und legte sie neben sich.

Die Ellbogen auf die Schenkel gestützt, legte er das Gesicht in die Hände. Dann bedeckte er die Augen mit einer Hand, und seine Schultern bebten. Lange Zeit schluchzte er stumm vor sich hin, während Fragen auf ihn einstürmten.

Myriam … Wo würde er sie finden?

Grant Emerson war nicht gläubig, aber jetzt wandte er sich an Gott und verfluchte ihn inbrünstig, drängte ihn, ihm ein Zeichen zu geben. Schließlich nahm er die Pistole und steckte den Lauf in seinen Mund. Zitternd näherte sich sein Zeigefinger dem Abzug.

War das wirklich alles, was die Menschheit ihm zu bieten hatte?

6.
GIPFELTREFFEN

Auf den vielsagenden Blick seiner Partnerin hin, drehte sich Victor um und setzte die Sonnenbrille ab. Ein mittelgroßer Mann kam gemeinsam mit Commandant Rozon, dem Verantwortlichen für Öffentlichkeitsarbeit, auf sie zugesteuert. Er war hager und sehnig, trug ein weißes mit Auszeichnungen geschmücktes Kurzarmhemd und eine dunkelblaue Krawatte mit Nadel. Der Sergent-Détective erkannte ihn sofort: Marc Piché, Leiter des SPVM. Da das Opfer zur Führungsspitze der Polizei gehörte, überraschte es Victor nicht sonderlich, dass der Chef höchstpersönlich, der lange im Feld gearbeitet hatte, den Schauplatz des Verbrechens in Augenschein nahm. Piché ergriff das Wort.

»Lessard, Taillon.«

Sie schüttelten sich zur Begrüßung die Hand. Die beiden Ermittler trafen zum ersten Mal mit Piché zusammen, der schon allein durch seine Erscheinung Eindruck machte. Victor musterte ihn unauffällig: weiße akkurat gescheitelte Haare, Brille mit schwarzer Fassung, energisches frisch rasiertes Kinn. Piché war der Inbegriff des Polizisten und entsprach exakt dem Bild, das sich die Öffentlichkeit von einem Polizeichef machte: Er wirkte beruhigend, streng und porentief sauber.

Piché sah Jacinthe und Victor nacheinander an und erklärte:

»Ich habe schon von Ihnen gehört, wollte die Untersuchung des Falles aber persönlich mit Ihnen besprechen.«

Obgleich er einen höflichen Ton angeschlagen hatte, war am

durchdringenden Blick des Polizeichefs unschwer zu erkennen, dass er nicht die geringste Infragestellung seiner Autorität dulden würde. Commandant Rozon war ein wenig zurückgetreten und starrte vor sich hin, ohne Interesse an der Unterhaltung zu bekunden. Jacinthe, neben Victor, trat von einem Fuß auf den anderen, demonstrativ um Gelassenheit bemüht.

Der Polizeichef legte dem Sergent-Détective eine Hand auf den Rücken.

»Gehen wir ein paar Schritte, Lessard.«

Die beiden Männer liefen die Rue Duluth hinauf Richtung Boulevard Saint-Laurent. Das Rauschen des dichten Verkehrs auf der Zentralachse war gedämpft zu hören.

»Ich will Ihnen nicht verschweigen, dass diese Ermittlung von besonderer Bedeutung ist, Victor.«

Piché hob den Kopf und lächelte ihn kurz an.

»Ich darf Sie doch Victor nennen?«

»Selbstverständlich, Monsieur.«

Es klingelte leise. Der Sergent-Détective warf einen unauffälligen Blick auf das Display seines Handys.

»Muss dich DRINGEND sprechen.«

Besorgt schob er das Handy in die Tasche. Nadja ließ nicht locker. Das war ungewöhnlich.

»Wie gesagt, eine ganz besondere Ermittlung. Maurice Tanguay war nicht einfach nur ein Bürger, sondern insbesondere und vor allem anderen Polizist. Ihnen ist sicherlich klar, was das bedeutet?«

»Absolut. Der Mord eines Polizisten darf nicht ungestraft bleiben. Wir werden nichts unversucht lassen, um den oder die Schuldigen zu fassen.«

»Aller Augen sind auf uns gerichtet. Wir müssen schnell reagieren und zeigen, dass wir die Situation im Griff haben. Worüber werden die Medien Ihrer Ansicht nach in den nächsten Stunden berichten? Über den Mord an einem einfachen Bürger oder an einem hochrangigen Beamten des SPVM? Meinen Sie, die Medien werden sich zurückhalten und keinen Zusammenhang zwischen seinem Tod und den Funktionen, die er ausübte, herstellen? Sie werden es als eine Art Abrechnung darstellen, nahelegen, dass die Tat mit einer laufenden Ermittlung zusammenhängt oder irgendwas in der Art. Wir sprechen hier von einem Mann, der während seiner gesamten Laufbahn immer wieder mit Banden und kriminellen Organisationen aneinandergeraten ist.«

Piché straffte sich und blickte Victor an, der ihn um etliche Zentimeter überragte.

»Einer der Unseren ist gefallen. Und wenn ein Polizist in dieser Stadt ermordet wird, ist das System in seiner Gesamtheit bedroht. Jeder Tag, der vergeht, ohne dass wir den Schuldigen gefasst haben, ist ein Tag, an dem das Chaos den Sieg über die Ordnung davonträgt. Das können wir uns einfach nicht erlauben. Wir müssen das Gleichgewicht herstellen, um jeden Preis.«

Victor nickte zustimmend, und Piché fuhr fort:

»Ihnen wird mit Sicherheit nicht entgangen sein, dass in diesem Fall die Art, wie das Verbrechen verübt wurde, ebenso bedeutsam ist wie die eigentliche Tat.«

Der Polizeichef sah ihn durchdringend an.

»Man hat ihn enthauptet, Victor. Ihnen ist gewiss klar, dass die Enthauptung eines Commandant des SPVM eine unmissverständliche Botschaft ist. Es ist ein Angriff auf unsere Autorität.«

Insgeheim hielt der Sergent-Détective die Tatsache, dass ebendieser Kopf in einen Abfallcontainer in einer kleinen Seitenstraße geworfen worden war zwar für eine weitaus unmissverständlichere Botschaft, aber das behielt er für sich. Selbst wenn er die Hypothese, das Verbrechen sei ein Angriff auf die Polizei als Repräsentant für Recht und Ordnung, durchaus in Betracht zog, hielt er die Schlussfolgerung des Polizeichefs in jedem Fall für voreilig.

An der Kreuzung zum Boulevard zog Victor Piché am Arm zurück, der um ein Haar mit einem jungen Mädchen, das auf Rollschuhen angesaust kam, zusammengeprallt wäre.

»Sie haben Zugriff auf alle Ermittlungsakten der Fälle, mit denen Maurice beschäftigt war. Sollte der Mord an ihm etwas mit seiner Funktion zu tun haben, finden Sie dort vielleicht eine Spur.«

Die Hände in den Taschen beobachtete Piché einen Augenblick lang sinnierend den dichten Verkehr und wandte sich dann wieder dem Sergent-Détective zu.

»Mir ist bekannt, dass Sie eine Weile unter Maurice im 11. Revier gearbeitet haben und Ihre Lebensgefährtin nach wie vor dort in Dienst ist.«

Victor richtete sich mit einem Ruck auf, plötzlich auf der Hut. Ihm war zwar klar, dass er sich wahrscheinlich über seine ziemlich schwierige Beziehung zu Tanguay würde äußern müssen, aber was Nadja damit zu tun hatte, begriff er nicht so recht.

»Das ist richtig, Monsieur. Ich verstehe trotzdem nicht ganz …«

Mit einer kurzen Handbewegung brachte ihn Piché zum Schweigen.

»Nadja Fernandez ist die dienstälteste Ermittlerin im 11. Revier. Sie kennt nahezu alle Fälle und wird mit Ihnen zusammenarbeiten. Ich werde Frau Fernandez von ihren laufenden Ermittlungen abziehen und für die Zusammenarbeit mit Ihnen in diesem Fall freistellen. Ich habe bereits mit ihr gesprochen und sie hat eingewilligt. Haben Sie damit ein Problem, Sergent?«

Plötzlich begriff Victor, warum seine Liebste die ganze Zeit verzweifelt versuchte, ihn anzurufen.

»Nein, Monsieur. Natürlich nicht.«

Unversehens trat Piché an ihn heran und platzierte drei Finger auf seiner Brust. Sein Gesicht war nur wenige Zentimeter entfernt.

»Ich kenne Ihre Akte auswendig, Lessard. Sie neigen zu Alleingängen. Ich weiß, dass Sie sich in der Vergangenheit schon häufig Ärger eingehandelt haben, und was Ihre Ermittlungsmethoden betrifft, da habe ich so meine Bedenken.«

Die Züge des Polizeichefs entspannten sich. Er senkte den Arm und trat zurück.

»Davon einmal abgesehen, schätze ich Paul Delaney sehr. Und Paul hält große Stücke auf Sie. Ich habe daher auch seinen Vorschlag unterstützt, dass Sie während seiner Abwesenheit die Abteilung leiten sollten.«

Im vergangenen Jahr war die Frau seines Vorgesetzten im Dezernat Kapitalverbrechen an Krebs erkrankt. Nach einer langen und schweren Behandlung und mehreren komplizierten Operationen hatte sich ihr Gesundheitszustand schließlich gebessert. Inzwischen ging es ihr so gut, dass Delaney, nach den Ergebnissen der letzten Blutuntersuchung, eine sechswöchige Reise nach Italien organisiert hatte, von der die beiden immer geträumt hatten. Und während dieser Reise wollten sie ein neues Kapitel ihrer gemeinsamen Geschichte schreiben: Sie würden sich in Venedig noch einmal das Ja-Wort geben.

»Außerdem ist Delaney offenbar nicht der Einzige, der Ihnen ein geradezu unerschütterliches Vertrauen entgegenbringt. Ted Rutherford schwört ebenfalls, Sie seien einer der Besten unserer Zunft.«

Als Victor den Namen des alten Mannes hörte, hellte sich seine Miene auf.

»Ich wusste nicht, dass Sie Ted kennen.«

»Er war mein Lehrer an der Polizeischule. Ich habe gehört, Sie betrachten ihn als eine Art Ersatzvater. Wie geht es ihm?«

Dass Victor zur Polizei gekommen war, lag an Rutherford, der damals als erster Streifenpolizist am Tatort des Dramas erschien, bei dem Victor seine Familie verloren hatte. Einige Jahre später überzeugte Ted seine damalige Sekretärin und deren Mann,

Victor zu adoptieren. Und als Victor in den Polizeidienst trat, wurde Rutherford sein Mentor und Partner. Seit dem Tod seiner Adoptiveltern waren Ted und sein Lebensgefährte Albert Corneau Victors Familie.

Die Miene des Sergent-Détective verdüsterte sich.

»Er ist im Krankenhaus.«

Der Polizeichef kratzte sich verlegen am Kopf und strich das Haar rasch wieder glatt.

»Das wusste ich nicht. Etwas Ernstes?«

»Eine Lungenentzündung. Ich hoffe, er kann bald wieder nach Hause.«

Victors Kehle war plötzlich wie zugeschnürt, und er senkte den Blick. Piché versicherte, das hoffe er auch, und ließ ihm einen Moment lang Zeit, sich zu sammeln.

»Aufgrund der Art des Verbrechens und der Identität des Opfers müssen wir mit dem größten Medienrummel seit Magnotta rechnen. Von Ihnen wird nicht erwartet, dass Sie persönlich mit der Presse reden. Darum kümmert sich meine Abteilung unter Leitung von Commandant Rozon, den Sie gerade gesehen haben. Sie sollen sich uneingeschränkt und mit Ihrer gesamten Energie auf die Ermittlung konzentrieren. Gehen Sie unbürokratisch vor, der ganze Papierkram soll Sie nicht aufhalten. Ich brauche Resultate. Falls Sie etwas benötigen oder sich Probleme ergeben, rufen Sie mich an.«

Die Sonne brannte unerträglich heiß. Victor suchte Schutz im Schatten eines Baumes, und der Polizeichef folgte ihm, ohne dabei seinen Monolog zu unterbrechen.

»Haben wir es hier mit einem Verrückten zu tun, einem, der es nur auf Polizisten abgesehen hat? Oder deutet die Tat eher auf ein Bandenverbrechen oder die Mafia hin? Aber ich muss Ihnen ja nicht sagen, wie Sie Ihre Arbeit erledigen, Victor. Lassen Sie Ihre Kontakte spielen, sprechen Sie mit Informanten und bringen Sie mir den Dreckskerl so schnell wie möglich.«

»Ja, Monsieur.«

Piché legte die Hände hinter dem Rücken zusammen, und seine Miene verfinsterte sich.

»Mir ist zu Ohren gekommen, dass es zwischen Ihnen und Commandant Tanguay Differenzen gab. Ich hoffe, Ihre Ermittlungen werden dadurch nicht behindert.«

Victor öffnete den Mund, um zu protestieren, aber der Polizeichef ließ ihn nicht zu Wort kommen.

»Maurice konnte manchmal sehr stur sein, aber je besser man ihn kennenlernte, desto sympathischer war er. Es ist auch nicht leicht, zuerst die Frau zu verlieren und dann allein ein behindertes Kind großzuziehen.«

»Ich wusste nicht, dass er ein behindertes Kind hatte.«

Sichtlich enttäuscht schüttelte Piché den Kopf.

»Da kennt man sich nun seit fünfundzwanzig Jahren … Maurice war sehr engagiert. Haben Sie gewusst, dass er im Verwaltungsrat einer Organisation saß, die sich um in Schwierigkeiten geratene Jugendliche kümmerte?«

Was Piché ihm hier schilderte, passte so gar nicht zu dem Bild, das Victor sich von Tanguay gemacht hatte. Hatte er sich in Bezug auf seinen früheren Chef so gründlich getäuscht?

»Nein, das war mir nicht bekannt, Monsieur.«

Der Polizeichef wirkte, als tauchte er aus tiefen Abgründen auf, als er jetzt erneut den Sergent-Détective musterte.

»Ich will eine Verhaftung, ich will ordnungsgemäße Verhöre, und der in der Öffentlichkeit sichtbare Teil der Ermittlungen muss absolut unanfechtbar sein.«

Die Stimme des Polizeichefs senkte sich zu einem verschwörerisch anmutenden Flüstern.

»Ich war immer der Ansicht, dass ein guter Polizist seinem eigenen Moralkodex folgen muss. Ich habe meinen Männern weitgehende Freiheit gelassen, um erfolgreich zu operieren. Damit Sie mich recht verstehen: Ich will damit keineswegs sagen, dass der Zweck alle Mittel heiligt. Ich toleriere aber gelegentliche Grauzonen.«

Victor spürte, wie sich sein Magen zusammenschnürte.

»Ich bin nicht sicher, ob ich Sie da richtig verstehe, Monsieur.«

Piché musterte den Sergent-Détective einen Augenblick zu lange; Victor hatte den Eindruck, dass die Tür, die sich gerade einen Spaltbreit geöffnet hatte, wieder ins Schloss gefallen war.

»Vorsicht, ich schlage Ihnen hier kein Selbstbedienungsbüfett vor, bei dem sich jeder nach Belieben etwas herauspicken kann, Sergent. Ich biete Ihnen allenfalls einen gewissen Spielraum, eine gewisse Ellbogenfreiheit. Im Gegenzug bitte ich Sie lediglich darum, auf Ihr eigenes Urteil zu vertrauen.«

Victor öffnete den Mund zu einer Antwort, aber der Polizeichef kam ihm zuvor.

»Finden Sie dieses Schwein, das Maurice Tanguay ermordet hat. Für einen fünfundzwanzigjährigen jungen Mann im Rollstuhl bricht soeben die Welt zusammen. Nichts kann seinen Vater wieder lebendig machen, aber unsere Arbeit besteht darin, dass wir zumindest versuchen, seinen Schmerz zu lindern und alles dafür tun, damit derjenige, der dieses scheußliche Verbrechen verübt hat so schnell wie möglich festgenommen wird.«

Ohne Abschiedsgruß drehte Marc Piché sich um und marschierte zur Bäckerei zurück. Victor folgte ihm mit den Augen und tastete dabei nach der Zigarettenpackung in seiner Hosentasche. Er war wie vor den Kopf gestoßen und hatte keine Ahnung, was er von dem letzten Teil ihres Gesprächs halten sollte.

Nadja ging schon beim ersten Klingelton dran. Noch bevor er etwas sagen konnte, platzte sie mit ängstlicher Stimme heraus:

»Es wäre mir wirklich lieber gewesen, wir hätten miteinander sprechen können, bevor ich ihm antworte, aber Piché hat mir keine Wahl gelassen. Wenn du es für eine schlechte Idee hältst, kann ich ihn immer noch anrufen und die Sache abblasen.«

Victor beschwichtigte seine Liebste. Er freute sich darauf, wieder mit ihr zusammenzuarbeiten.

»Überhaupt nicht, ganz im Gegenteil! Ich finde, das ist eine prima Idee.«

»Bestimmt? Du bist für das Dezernat verantwortlich, daher dachte ich …«

»Ich versuche doch schon seit einiger Zeit, dich zurück ins Kapitalverbrechen zu locken. Komm, wann es dir passt. Du wirst mit Loïc zusammenarbeiten.«

Victor fuhr sich mit der Hand durchs Haar und setzte einen Fuß auf den gewaltigen Pflanzkübel aus Beton, der sich auf dem Bürgersteig der Rue Duluth breitmachte. Den Ellbogen auf den Schenkel gestützt und das Kinn in der Hand blickte er nachdenklich auf die Straße und rauchte. Rechts neben ihm lieh sich gerade eine Jugendliche ein BIXI-Fahrrad, dessen Chromteile in der Sonne schimmerten. Victor dachte an Commandant Tanguay und versuchte, sich dessen Gesicht vorzustellen, sah jedoch nur das Gesicht eines jungen Mannes im Rollstuhl vor sich. Er musste ungefähr so alt sein wie Victors eigener Sohn Martin. Tanguay hatte nie ein Wort über ihn verloren. Hätte ein Gespräch über ihre Söhne etwas an ihrer Beziehung zueinander geändert?

Schulterzuckend zog Victor ein letztes Mal an der Zigarette. Er nahm den Fuß von dem Pflanzkübel, drückte die Kippe in der Erde aus und bemerkte dabei eine Spraydose zwischen zwei Farnsträuchern. Er hob den Blick und musterte die Wand aus weiß getünchtem Backstein vor sich. Sie war mit Graffiti übersät, und eines davon erweckte seine Aufmerksamkeit.

Verwundert wandte Victor sich um. Die Spraydose am Tatort neben dem Abfallcontainer kam ihm in den Sinn, als er aus dem Augenwinkel eine Bewegung erhaschte. Er zog das Handy aus der Tasche und ging mit langen Schritten zu dem gegenüberliegenden Wohngebäude hinüber.

MAXIME

Der Weihnachtsmann hatte Maxime versprochen, ihm Geschenke für seine Mama zu geben. Am Auto angekommen, erklärte er dem Jungen, das sei viel praktischer als ein Schlitten und Rentiere, um Geschenke in der Stadt zu verteilen. Maxime beugte sich vor und spähte im Kofferraum nach den Geschenken, doch plötzlich kitzelte ihn etwas im Gesicht, als der Mann zwei mit Betäubungsmittel getränkte Wattebäusche an die Nase des Jungen drückte. Dann wurde alles schwarz.

Beim Aufwachen lag Maxime in einem schönen weichen Bett, und im ganzen Zimmer waren in buntes Geschenkpapier eingewickelte Päckchen verteilt.

Geschenke!

Ein junger Mann mit einem grau melierten Bart – überhaupt nicht so alt wie der Weihnachtsmann, aber mit der gleichen Stimme und den gleichen Augen – kam in sein Zimmer herein. Es dauerte einen Augenblick, bis der Junge verstand, dass der Weihnachtsmann sich bequeme Kleidung angezogen und seinen traditionellen roten Mantel abgelegt hatte. Der Junge bemerkte allerdings nicht, dass auch der falsche weiße Bart verschwunden war, der während seiner Entführung am Kinn des Mannes geklebt hatte.

Als Maxime sich Sorgen wegen seiner Mama machte, tröstete ihn der Weihnachtsmann: Sie wisse Bescheid, dass er hier sei, und er würde sie bald wiedersehen. Das beruhigte den Jungen, und er fragte den Mann, warum er sich umgezogen habe. Der

Weihnachtsmann erklärte ihm, hier drinnen sei es viel zu warm für seinen dicken Weihnachtsmannmantel.

Der Junge schob die Brauen zusammen.

»Sind wir hier denn wirklich am Nordpol?«

Auf diese Frage hin brach der Weihnachtsmann in lautes Gelächter aus.

Als es Abend wurde, brachte er Maxime eine üppige Mahlzeit und Süßigkeiten. Anschließend nahm er ihn mit in den Keller. Dort waren zwei Jungen, ein bisschen älter als er selbst, an Eisenringe gekettet. Wegen der Knebel gaben sie nur Gurgellaute von sich und rissen entsetzt die Augen auf, als die beiden sich näherten.

Maxime nahm den Weihnachtsmann ins Verhör:

»Warum sind sie Gefangene?«

»Das ist ihre Strafe, mein Junge. Louis und Patrick waren nämlich ungezogen.«

In diesem Augenblick fand es Maxime sehr beruhigend, dass er selbst brav gewesen war und sich nichts vorzuwerfen hatte. Er konnte seine Geschenke in aller Ruhe auspacken.

7.

GRAFFITI

»Treten Sie bitte einen Schritt zurück, Monsieur Almeida. Noch ein bisschen, ein bisschen …«

Die Spraydose, die Victor in dem Pflanzkübel entdeckt hatte und das Graffiti an der Mauer daneben hatten die beiden Ermittler in das gegenüberliegende Juweliergeschäft geführt, denn die Überwachungskamera des Juweliers erfasste genau diesen Bereich. Der kleine Mann neben Victor schob geschickt die Maus hin und her, rief mit einem Klick den Bildschirm auf und ließ die Szene wiederholt abspielen. »Stopp! Ja, dort, zeigen Sie mir noch mal den Teil.«

Sie befanden sich in einem fensterlosen Kabuff im hinteren Bereich des Geschäftes. An einer Wand stand ein mächtiger, bestimmt mehrere Tonnen schwerer Tresor. Victor drehte sich auf seinem Stuhl an dem mit Papierkram und Rechnungen übersäten Schreibtisch zu Jacinthe um, die hinter ihm und dem Juwelier stand.

»Was hältst du davon?«

Sie schüttelte ratlos den Kopf.

»Spielen Sie die Szene bitte noch mal ab.«

Victor deutete direkt auf den Bildschirm. Die Schwarz-Weiß-Aufnahme war verschwommen und abgehackt.

»Da! Was macht er denn da?«

In der Sequenz, die sie sich bereits zum x-ten Mal ansahen, erkannte man die Umrisse einer Gestalt, die soeben ein Graffiti an die Mauer sprühte. Höchstwahrscheinlich männlich, die Kapuze seines grauen Hoodies tief ins Gesicht gezogen, konnte es ein Mann oder ebenso gut ein Jugendlicher sein. Einen Augenblick lang drehte sich der Sprayer während der Aufzeichnung nach links, doch das spärliche Licht und der Schatten seiner Kapuze machten es unmöglich, ihn genauer zu erkennen.

Jacinthe beugte sich über den Rücken ihres Partners, um besser sehen zu können, und kniff die Augen zusammen.

»Das ist irgendwie undeutlich. Er geht aus dem Bereich der Überwachungskamera raus, und dann verlieren wir ihn aus den Augen.«

Victor fröstelte. Aus einer Klappe in der Decke strömte eiskalte Luft. Die Klimaanlage war bis zum Anschlag aufgedreht, und es konnte nicht mehr lange dauern, bis er zu einem Eisklotz erstarrte.

»Sieht fast so aus, als würde er sich bücken und was aufheben.«

Jacinthe verzog den Mund.

»Vielleicht den Behälter mit Tanguays Kopf.«

Der Sergent-Détective zuckte skeptisch die Schultern. Logischerweise hätte der Sprayer zuerst die Kiste in den Container befördert, bevor er sich seinem Graffiti widmete.

»Meiner Ansicht nach hebt er einen Rucksack auf. Oder er leiht sich ein BIXI.«

Jacinthe sah ihm in die Augen.

»Wir wissen noch nicht genau, ob das Graffiti überhaupt etwas mit unserem Fall zu tun hat, aber können wir uns darauf verständigen, dass der Sprayer zumindest ein wichtiger Zeuge ist?«

Sowohl der morbide Stil des Graffitis als auch die Tatsache, dass es in derselben Nacht entstanden war, in der man den Kopf gefunden hatte, machten es unumgänglich für sie, sich genauer damit zu beschäftigen.

»Ein wichtiger Zeuge, vielleicht sogar ein Verdächtiger. Mal sehen. Bisher haben wir jedenfalls bloß eine sehr grobe Beschreibung.«

»Vielleicht könnten Murray und seine Truppe das Bild ein bisschen aufbereiten. Die vollbringen manchmal wahre Wunder.«

Victor holte tief Luft. Dank ihrer Spezialsoftware gelang es den Fachleuten des SPVM womöglich tatsächlich, die Bilder zu reinigen und zu entpixeln, aber er hatte starke Zweifel, ob am Ende ein brauchbares Bild dabei herauskommen würde.

Almeida hob die Hand wie ein Schüler, der sich meldet, aber als die beiden Polizisten ihn nicht beachteten, schaltete er sich einfach unaufgefordert in die Unterhaltung ein.

»Vielleicht helfen Ihnen die städtischen Überwachungskameras weiter. Sie könnten seine Spur und seinen Weg hierher verfolgen. So hat man damals beim Bombenattentat in Boston die beiden jugendlichen Täter geschnappt.«

Almeida hatte langsam und mit leicht ausländischem Akzent gesprochen und jedes Wort sorgfältig artikuliert. Victor wandte sich ihm freundlich zu.

»Wir werden das auf jeden Fall überprüfen. Aber um ganz ehrlich zu sein, Monsieur Almeida, ich bin da nicht sehr optimistisch. Bürgermeister Coderre redet gern davon, dass er mehr Sicherheitskameras installieren will, aber in Wirklichkeit gibt es in Montréal deutlich weniger davon als in anderen Großstädten. Und der SPVM hat lediglich Zugriff auf rund zwanzig Kameras.«

Almeida nickte und wusste es offenbar zu schätzen, dass der Polizist sich die Zeit genommen hatte, seine Frage zu beantworten. Der Sergent-Détective blickte jetzt erneut auf den Bildschirm.

»Okay, also fassen wir mal zusammen: Um 3 Uhr 09 tritt unser Mann in den Bereich der Überwachungskamera und sprayt sein Graffiti. Um 3 Uhr 21 ist er damit fertig und verschwindet kurz darauf aus dem Kamerabild.«

Jacinthe deutete mit dem Kinn in Almeidas Richtung.

»Ist die Uhr an Ihrer Kamera zuverlässig?«

Almeida straffte sich ein wenig. Die Frage verletzte offenbar seinen Besitzerstolz.

»Selbstverständlich, Madame.«

Jacinthes Handy klingelte.

»Hallo, Kid … Ja, genau, ich hab dich angerufen … Wir sind in dem portugiesischen Juweliergeschäft in Saint-Laurent … Jaja, der ist hier. Wir überprüfen zusammen mit dem Inhaber die Videos seiner Überwachungskamera. Vielleicht gibt's einen Verdächtigen … So ein Typ, der um 3 Uhr morgens ein total abgedrehtes Graffiti gesprayt hat. Was?«

Jacinthe blickte Victor fragend an.

»Wie groß war der Junge ungefähr, deiner Schätzung nach?«

»So Pi mal Daumen würde ich sagen einen Meter achtzig.«

»Hast du das gehört? … Graues Sweatshirt mir Kapuze, enge schwarze Jeans und Armeestiefel … Nein, das Bild ist zu unscharf … An dem weißen Backsteingebäude schräg gegenüber vom Juwelier.« Sie nickte. »Ja, genau, an der BIXI-Station … Was möchtest du hören, Loïc? Dir wird wohl nichts anderes übrig bleiben, als von vorn anzufangen.«

Sie beendete das Gespräch. Ein leicht spöttisches Lächeln zeichnete sich auf ihrem Gesicht ab.

»Die waren schon fast fertig. Du kannst dir wahrscheinlich vorstellen, dass Kid nicht sehr begeistert davon war, weil er jetzt noch mal alle nach diesem Sprayer befragen darf.«

Victor hob hilflos die Hände. Die Befragung der Nachbarn am Tatort war zwar eine ziemlich undankbare Aufgabe, er selbst hatte das schon Dutzende Male übernommen, sie durfte aber auf keinen Fall ausgelassen werden. Eine große Zahl von Verbrechen wurde dank der Informationen aufgeklärt, die man in den Stunden nach der Tat in der Nachbarschaft sammelte.

Während der Juwelier Jacinthe den Weg zur Toilette zeigte, stand Victor auf und tigerte in dem winzigen Zimmer umher. Mit geschlossenen Augen fragte er sich, in welchem Zustand sich

Tanguays Kopf beim Abtransport wohl befunden haben mochte. War er gut erhalten oder hatte die Verwesung bereits eingesetzt? Seit er Polizist war, hatte er schon jede Menge Leichen gesehen. Misshandelte, ausgetrocknete, aufgeblähte und aufgeschlitzte Tote, Tote mit hervorquellenden inneren Organen, zerschmetterten Köpfen, durch Projektile herausgespritzten Hirnen, ausgerissenen Augen. Aber ein vom Körper abgetrennter Kopf? Niemals. Und er verspürte im Übrigen auch keinerlei Verlangen, diesen Kopf zu sehen. Hinterher verfolgten ihn die grausamen Anblicke der Toten immer und vergifteten seine Nächte. Er schlug die Augen auf und kehrte in die Wirklichkeit zurück. Der Juwelier betrat soeben das Büro.

»Tut mir leid, Monsieur Almeida, aber ich benötige eine Kopie der Aufzeichnungen.«

»Kein Problem, Monsieur.«

Almeida nahm vor dem Bildschirm Platz und tippte von neuem rasend schnell auf die Tastatur ein. Victor warf einen Blick auf die Uhr. Schon 13 Uhr. Sein Magen krampfte sich zusammen. Obwohl er seit heute Morgen nichts heruntergekriegt hatte, war das kein Hunger, sondern die Angst, die ihre Tentakel in seinem Inneren ausstreckte. Er ging den Flur entlang zum Ausgang, und während er das Geschäft durchquerte, setzte sich plötzlich eine Idee in seinem Kopf fest: ein Gläschen würde ihm bestimmt wieder auf die Beine helfen. Eine Versuchung, die ihn nicht zum ersten und wahrscheinlich auch nicht zum letzten Mal überkam. Er spielte kurz mit dem Gedanken, einen Angstlöser aus dem Pillendöschen in seiner Tasche einzuwerfen, aber als er die Tür öffnete und im Sonnenschein stand, entschied er, die Sache erst mal auf sich beruhen zu lassen.

8.

ZEREMONIE UND OPFER

Drinnen im Haus war es furchtbar kalt und düster. Der bezwingende, unheilvolle Chor des *Kyrie (Requiem)* von Ligeti durchdrang die Räume, hallte vom Marmorboden wider, wurde von den eichenverkleideten Wänden zurückgeworfen. Mitten aus der Eingangshalle führte die wuchtige Treppe in den ersten Stock, schwang sich im Halbrund um den Treppenabsatz und dann weiter in den zweiten Stock. Kein einziger Lichtstrahl fiel durch die schweren zugezogenen Samtvorhänge an den Fenstern. An jeder Stufe und hinter dem Geländer des Treppenabsatzes standen, wie bedrohliche Vogelscheuchen, stumme, reglose Gestalten, in schwarze Gewänder gekleidet und mit hochgeschlagenen Kapuzen.

Sie trugen Silikonmasken, die ihren Gesichtern im flackernden Lichtschimmer einen finsteren Ausdruck verliehen. Ihre Blicke richteten sich auf einen einzigen höher liegenden Punkt, dorthin, wo ein breites, mit schneeweißen Laken bezogenes Bett thronte, das an einen Altar erinnerte. Vor dem Bett lag der Kadaver einer jungen weißen Ziege in einem rot glänzenden Teich. Aus der aufgeschlitzten Kehle des Tieres sprudelte Blut. Etwas entfernt vom Bett flackerten an jeder der vier Ecken Kerzen in bronzefarbenen Kandelabern.

Vier junge, vollkommen nackte Mädchen ruhten Seite an Seite auf den weißen Laken und boten ihre jugendliche Schönheit den Blicken dar; ihre Reinheit und Unschuld wurden durch das schaurige Dekor und die bevorstehende Zeremonie noch gesteigert. Das erste junge Mädchen hatte lange braune Haare, das zweite blonde Locken; das dritte war rothaarig, mit auffallend weißer Haut und Sommersprossen und das vierte dunkelhäutig. Abwesend und wie berauscht fixierten die vier den vergoldeten, verschlungenen Deckenstuck.

Die gesamte sorgsam choreographierte Szene strebte jetzt ihrem Höhepunkt entgegen. Ein Mann mit einer einfachen Trommel schritt die Eingangshalle entlang, als drei gewaltige Gongschläge ertönten. Der Koloss, dessen muskelbepackter Körper schimmerte, war bis auf Slip und eine Silikonmaske nackt und hob jetzt den Klöppel hoch. Er wartete einen Augenblick lang, und schlug dann, wie auf ein geheimes Signal hin, langsam und kraftvoll, rhythmisch auf das Fell der Trommel ein. Im Takt der Trommel, die mit jedem Schlag ihre Kehle erzittern ließ, fingen die über die Treppe verteilten Gestalten gleichzeitig an, rhythmisch in die Hände zu klatschen; nach jedem Klatschen hielten sie einen Augenblick lang inne und stießen, wiederum alle zugleich, einen kurzen, kehligen Schrei aus.

Jetzt erschien ein zweiter Mann im Lichtkreis. Sein langes graues Haar wallte bis auf die Schultern, er trug eine Gesichtsmaske und ein langes weißes Gewand. Der Mann näherte sich langsam dem Bett. In der Hand hielt er einen goldenen, mit einer granatroten Flüssigkeit gefüllten Kelch, wie Wein, aber von zähflüssigerer Beschaffenheit: Das warme Blut der geopferten Ziege. Die jungen Frauen richteten sich wie ferngesteuert auf und hockten sich am Kopf des Bettes auf die Fersen. Nacheinander reichte der Mann ihnen den Kelch. Sie benetzten zuerst ihre Lippen, tranken dann nacheinander von der klebrigen Flüssigkeit und tauchten die Finger hinein. Nachdem die jungen Frauen den Kelch abgesetzt hatten, berührten sie einander, beschmierten sich mit Blut, zeichneten rote Motive auf ihre Gesichter und Körper.

Der Mann trat erst zu der Blonden, baute sich dann jedoch,

hingerissen, vor der Brünetten auf. Trommelschläge und Klatschen verstummten mit einem Mal. Er setzte mit zwei Händen den Kelch an den Mund und nahm einen tiefen Zug, der rote Spuren an seinen rissigen Lippen hinterließ. Dann platzierte er den Kelch auf dem Kopf der braunhaarigen jungen Frau und kippte ihn langsam und feierlich nach vorn. Ein zäher Blutfaden rann über ihr Haar und bahnte sich den Weg über ihr Gesicht und ihren Körper.

Nachdem der Weißgekleidete den Kelch geleert hatte, glich der Kopf des Mädchens einer sämigen roten Masse aus Haar und Blut. Er bellte einen Befehl, und die anderen Mädchen drängten sich um sie und leckten das Blut von ihrer Haut. Die Schreie und Trommelschläge setzten erneut ein, als der Mann den Kelch polternd zu Boden fallen ließ und sich mit einer Bewegung das weiße Gewand über den Kopf riss.

Vollkommen nackt trat er an das Bett, packte Hintern, zog Hüften zu sich heran und bot sein aufgerichtetes Geschlecht wie eine Opfergabe dar.

Kurze Zeit später, nachdem die gespenstischen Figuren auf der Treppe ebenfalls ihre Gewänder abgelegt hatten und bis auf die Masken nackt waren und die Orgie in einem wilden Durcheinander aus Körpern und feuchten Geschlechtern entfesselt dem Höhepunkt entgegenwogte, verließ eine der jungen Frauen unauffällig den Bettaltar und strebte zur Toilette im Erdgeschoss. In dem Aufruhr und der hemmungslosen Triebhaftigkeit war niemandem aufgefallen, dass sie das Blut aus dem Kelch nicht getrunken hatte.

9.
ZITRONENVIERTEL

Victor saugte gierig inhalierend an seiner Zigarette. Vor ihm rauschte der Verkehr auf dem Boulevard Saint-Laurent vorbei, kurze Lichtreflexe ließen die fahrenden Autos aufblitzen und erstrahlen. Die hübschen Mädchen, die durch sein Blickfeld liefen, bemerkte er überhaupt nicht. Obwohl er versuchte, an nichts zu denken, brach das Bild eines jungen Mannes im Rollstuhl immer wieder in seine Gedanken ein.

Wie alle Eltern hatte Victor es für selbstverständlich gehalten, dass seine Kinder gesund waren und bisher hatte ihm das Leben dieses besondere Privileg auch gewährt. Nichtsdestoweniger war ihm inzwischen bewusst, dass keineswegs alle so viel Glück hatten, denn eines der Kinder seiner Schwester Valérie – die biologische Tochter seiner Adoptiveltern – war an Leukämie erkrankt.

Sich um ein krankes Kind zu kümmern oder um eines, das eine Behinderung hatte, verdiente allen Respekt. Insbesondere wenn es sich dabei um ein alleinerziehendes Elternteil handelte.

Er trat die Kippe aus und ging zum Streifenwagen hinüber, in dem Jacinthe auf ihn wartete. Dabei überlegte er, welche Gesichtspunkte sie berücksichtigen mussten und zog, aus Angst, eines dieser Elemente zu vergessen, das Notizheft aus der Tasche und kritzelte etwas hinein.

Vor diesem Treffen mit Maurice Tanguays Sohn fürchtete er sich ein wenig. Aber er musste sich der Sache stellen und wusste, dass er ihr gewachsen war. Solchen Situationen war er immer gewachsen, selbst wenn das seinen Preis hatte und ihm die Begegnungen lange nachgingen.

Geschlossene Scheiben und brummender Motor. Victor hatte volles Verständnis dafür, dass seine Partnerin, die Hitze nur schlecht ertrug, die Klimaanlage im parkenden Auto laufen ließ. Sie saß am Steuer, eine Hand ans Ohr gelegt und knurrte irgendwas in ihr Handy. Obwohl er nicht genau verstehen konnte, was sie sagte, schätzte er, Lautstärke und Tonlage ihrer Stimme nach zu urteilen, dass sie ihre miese Laune gerade an ihrem Gesprächspartner ausließ.

Im kühlen Wagen tauschten Jacinthe und Victor anschließend ihren jeweiligen Eindruck über den Fall aus und versuchten, die nächsten Schritte zu planen.

Sie hielt ihm einen Plastikbeutel hin.

»Willst du was davon?«

Vom Beifahrersitz aus nahm er sich ein Stückchen Sellerie.

»Danke.«

Sie kauten einen Augenblick lang in einträchtigem Schweigen. Außer Sellerie enthielt der Beutel Karotten, Radieschen und geviertelte Zitronenschnitze. Seit Jacinthe auf Diät war, hatte sich der kleine Nachmittagssnack zu einem geheiligten Ritual entwickelt. Sie bestätigte jedem, der es hören wollte, wie wirkungsvoll Gemüse ihre Fressanfälle bekämpfte, aber Victor hatte festgestellt, dass ihre Laune nach diesen Snacks grundsätzlich noch mieser wurde.

Er schluckte den Sellerie herunter, der ihm beinahe in die falsche Kehle geriet und deutete auf den Plastikbeutel.

»Was ich dich schon lange mal fragen wollte: Was genau sollen eigentlich diese Zitronenschnitze? Bleibt das Gemüse dadurch länger frisch?«

»Die Zitrone? Na, ist doch klar! Die entgiften den Organismus. Versuch mal.«

Er hob abwehrend die Hände.

»Nein, besten Dank.«

»Echt nicht? Zitronen sind super. Ellen sagt ständig, dass sie Wunder vollbringen.«

»Und wer bitte ist Ellen?«

Leicht angesäuert über so viel Ignoranz seufzte Jacinthe auf.

»Na, wer wohl? Ellen DeGeneres natürlich, Mann!«

»Diese Fernsehmoderatorin?«

»Ellen DeGeneres gibt's ja wohl kaum dutzendweise, oder?«

Jacinthe nahm ein Zitronenviertel und biss kraftvoll hinein. Ihre sämtlichen Gesichtsmuskeln verzogen sich zu einer bemerkenswerten Grimasse. Nachdenklich kratzte sich Victor am Kopf.

»Ich glaube, es soll die Leber entgiften, wenn man Zitrone in warmem Wasser trinkt, hm?«

Jacinthe winkte ab.

»Äh, wie ekelhaft, warmes Wasser! Aber wenn Zitrone schon verdünnt so gut funktioniert, stell dir die Wirkung erst mal unverdünnt vor! Das hättest du jetzt nicht gedacht, stimmt's?«

Sie biss wieder in die Zitrone und verzog prompt das Gesicht. Der zwingenden Logik seiner Partnerin hatte Victor nichts entgegenzusetzen. Einen Moment lang saßen sie schweigend nebeneinander, dann nahm er sein Notizbuch, in das er ein paar Beobachtungen gekritzelt hatte.

»Wegen der Videoaufnahmen fragen wir am besten Murray und seine Truppe, ob sie uns ein paar Kopien ziehen können und dann lassen wir das Graffiti noch mal in der Sprayer-Szene rumgehen. Und vielleicht entdecken wir ja noch ein paar mehr. Unser Sprayer hat kein Tag hinterlassen, aber mit etwas Glück erkennt ihn jemand an seinem Graffiti oder seiner persönlichen Handschrift.«

Jacinthe machte einer Karotte mit drei Bissen den Garaus und erwiderte kauend:

»Das ist eine kleine Gemeinschaft, die kennen sich garantiert untereinander.«

Victor nickte zustimmend.

»Früher haben Banden mit Graffiti ihr Terrain markiert, aber das ist wohl vorbei. Jetzt verstehen sich Sprayer eher als urbane Künstler, die bei Projekten zusammenarbeiten.«

Jacinthe stopfte sich zwei Stangen Sellerie in den Mund und zog sie sofort wieder heraus.

»Da fällt mir gerade ein: Dieses Pärchen, das den Kopf im Container gefunden hat … du weißt schon, deine süße Miranda und ihr Typ … man müsste rauskriegen, ob die beiden auch Sprayer sind.«

Victor schüttelte den Kopf.

»Meiner Ansicht nach ist das Zeitverschwendung. Die waren beide viel kleiner als der Typ auf dem Video.«

Jacinthe lief rot an.

»Ich rufe sie trotzdem mal an. Ohne Maßband wissen wir ja gar nicht genau, ob der Sprayer wirklich so groß ist. Und zweitens hab ich ein komisches Gefühl bei diesen zwei bescheuerten Granola-Keksen vom Plateau.«

Victor ächzte leise und sparte sich die Antwort auf Jacinthes Gehetze.

»Ganz wie du willst … Übernimm du das. Außerdem sollten wir überprüfen, ob ein BIXI-Rad ausgeliehen wurde, sagen wir mal zwischen 2 Uhr 30 und 4 Uhr morgens. Und ob wir, falls das so ist, die Spur dann zu einem Benutzer des Dienstes zurückführen können.«

Jacinthe hörte auf zu kauen.

»Hab ich schon gecheckt. Ich warte auf die Ergebnisse. Und was noch?«

»Wir müssen uns die Videos von den Kameras ansehen, die Loïc besorgt hat, vielleicht sind Aufnahmen des Verdächtigen drauf.«

72

»Ohne mich, das ist die reinste Sklavenarbeit.«

»Ich wollte Murray und sein Team bitten, sich darum zu kümmern.«

»Eine sehr gute Idee.«

Jacinthe war in einen Zweikampf mit dem Plastikbeutel verstrickt, aus dem sie vergeblich die Luft herauszudrücken versuchte.

»Glaubst du eigentlich noch an Wunder?«

Victor nahm die DVD-Hülle, die er beim Einsteigen im Handschuhfach verstaut hatte, und drehte sie nachdenklich hin und her. Auf der DVD befanden sich die Aufnahmen, die der Juwelier für sie kopiert hatte.

»Ich frage mich, was das Graffiti bedeuten soll. Warum hält das Skelett in einer Hand eine Nikolausmütze und in der anderen ein Messer? Und wem droht er damit?«

Jacinthe hatte mittlerweile die Geduld mit dem widerspenstigen Plastikbeutel verloren und stopfte ihn zwischen ihren Sitz und die Handbremse.

»Nur keine voreiligen Schlüsse, mein Lieber. Warten wir erst mal ab, ob überhaupt ein Zusammenhang mit dem Mord besteht, ehe wir uns ins Hemd machen.«

Victor sinnierte schweigend und schüttelte sich dann.

»Wir müssen mit Berger sprechen und herausfinden, ob er Todeszeitpunkt und Todesursache inzwischen genau bestimmt hat. Und außerdem brauchen wir Tanguays Telefonaufzeichnungen und müssen verfolgen, wo und mit wem er zusammen war. Wo hat er die Nacht verbracht, wer hat ihn zum letzten Mal gesehen und so weiter.«

»Und wir müssen seinen Sohn befragen«, ergänzte Jacinthe. »Ich fasse es einfach nicht, dass ich nichts von seinem behinderten Sohn wusste.«

Der Sergent-Détective wandte den Kopf ab, und sein Blick verlor sich in der Straße. Er bedauerte, Maurice Tanguay so falsch beurteilt zu haben und empfand deswegen leise Schuldgefühle.

In der Hoffnung auf zusätzliche Informationen kehrten sie an den Tatort zurück. Jacinthe diskutierte mit einem Kollegen der Spurensicherung, Victor lief auf der Straße auf und ab und dachte nach. Vor der Sicherheitsabsperrung ging eine junge Frau entlang und schob einen Kinderwagen. Als er sie sah, sorglos durch den hellen Tag spazierend, musste er unweigerlich an das Leben denken, das er führte, abseits der Gesellschaft, auf der Jagd nach Schatten.

Victor schob die Hände in die Taschen seiner Jeans. Dieser Sprayer ging ihm nicht aus dem Kopf. Falls es sich dabei wirklich um den Mörder handeln sollte, war er offenbar ziemlich abgebrüht. Wer war schon so dreist, sich mit einem Karton unterm Arm, worin sich der Kopf eines Polizisten befand, tagsüber munter auf den Straßen einer geschäftigen Großstadt herumzutreiben? Und so tollkühn, sich in der Nähe des Ortes, wo er den Kopf deponiert hatte, auch noch seelenruhig die Zeit für ein Graffiti zu nehmen?

Mörder, denen es gelang, unentdeckt zu bleiben, vermieden es im Allgemeinen, auf sich aufmerksam zu machen und verhielten sich möglichst unauffällig. Sollte der Sprayer tatsächlich der Gesuchte sein, sprach vieles dafür, dass er entweder den ultimativen Nervenkitzel suchte oder total leichtsinnig war.

Hinter ihm erklang plötzlich eine bekannte sanfte Stimme.

»Wie geht's, Victor Lessard?«

Er drehte sich langsam um. Langes dunkles Haar, das bis auf die zarten Schultern fiel, eine weiße Bluse und enge Shorts. Virginie Tousignant kam langsam auf ihn zu. Victor schluckte, während die Augen der jungen Frau seinen Blick suchten und er sich darauf konzentrierte, ihre vollen Lippen, die ihn völlig durcheinanderbrachten, aus seinem Blickfeld auszublenden.

Ein Streifenpolizist, der eigentlich den Tatort abschirmen sollte, musste offenbar ebenfalls ihrem Charme erlegen sein. Victor lächelte, hob die Hand und erklärte in geschäftsmäßigem Ton:

»Sie befinden sich an einem Tatort, Mademoiselle Tousignant. Die Presse hat hier keinen Zutritt.«

Virginie arbeitete als Journalistin für die Zeitung *La Presse*. Sie hatten sich im vorigen Jahr im Rahmen einer Ermittlung kennengelernt, in die auch der Vater der jungen Frau verwickelt war. Obwohl sie nie eine Affäre gehabt hatten, konnten sie das Knistern, das zwischen ihnen immer wieder aufflackerte, einfach nicht unterdrücken.

Sie trat auf ihn zu und begrüßte ihn mit einem Kuss auf die Wange.

»Ich war zufällig in der Nähe und dachte, ich sag mal kurz Hallo.«

Victor lachte, um sein Unbehagen zu überspielen.

»Nur mal Hallo sagen? Tatsächlich?«

Sie zwinkerte ihm zu.

»Kannst du mir was zu der Sache sagen?«

»Ich? Nein, überhaupt nichts. In diesem Fall ist Commandant Rozon für die Kommunikation mit der Presse zuständig. Da müsstest du dich an ihn wenden.«

Sie lächelte und zeigte ihre makellosen Zähne.

»Und wie geht's Woodrow Wilson?«, erkundigte er sich.

Dass der Hund der Journalistin nach dem früheren amerikanischen Präsidenten benannt war, hatte den Polizisten nachhaltig beeindruckt.

»Gut, nehme ich an. Ehrlich gesagt habe ich ihn schon eine Weile nicht mehr gesehen. Eigentlich nicht mehr, seit ich mich von Jean-Bernard getrennt habe. Ist irgendwie nicht mein Ding, sich abwechselnd mit jemandem um einen Hund zu kümmern.«

Victor machte ein finsteres Gesicht.

»Oh. Tut mir leid. Wegen Jean-Bernard.«

»Ach wo. Früher oder später musste es ja so kommen. Und du? Wieder Single?«

Seine Antwort kam ihm selbst etwas überstürzt vor.

»Nein, ich ziehe bald mit meiner Freundin zusammen.«

Eine kurze, leicht peinliche Stille trat ein.

»Freut mich für dich«, sagte die Journalistin schließlich. »Wusstest du, dass ich im vergangenen Jahr einen Artikel über Commandant Tanguay für die Organisation Accueil Ici, Maintenant geschrieben habe? Ein faszinierender und charmanter Mann.«

»Was hast du denn so Faszinierendes erfahren?«

»Vieles. Zum Beispiel war er wahnsinnig verliebt in seine Frau, sie hatten aber Schwierigkeiten, Kinder zu bekommen. Ihr Sohn ist erst sehr spät geboren, und einige Jahre nach dem Tod seiner Mutter wurde er durch einen Unfall querschnittsgelähmt. Der Commandant hat ein Jahr lang nicht gearbeitet, um seiner Frau im Kampf gegen die Krankheit beizustehen. Ich könnte noch ewig weitererzählen … Als er mir seine Geschichte erzählte, war ich den Tränen nahe. Es lässt einen einfach nicht kalt, wenn man hört, wie jemand sich trotz allem bemüht, zuversichtlich zu bleiben, obwohl er und seine Familie wirklich viel Pech hatten. Immerhin ist er seit dem Jahr 2000 sehr aktiv in seiner Organisation. Man wird ihn aufrichtig vermissen.«

Wieder überkamen Victor Schuldgefühle, weil er Tanguay nur beruflich wahrgenommen hatte, ohne den Menschen dahinter zu sehen. Vielleicht, überlegte er, erklärten die privaten tragischen Umstände des Commandant auch zum Teil die schwierige Arbeitsbeziehung zwischen ihnen.

»Ja, mittlerweile habe ich auch davon gehört.«

Virginie musterte ihn und lächelte dann verschmitzt.

»Na gut, dann mach ich mich mal wieder aus dem Staub.«

Zögernd pustete sie sich eine Strähne aus der Stirn.

»Sag mal, Victor Lessard … Ist dir eigentlich klar, wie schnell ich bei dir schwach werden könnte?«

Damit drehte sie sich um und stiefelte davon, ohne ihm Zeit für eine Antwort zu lassen. Jacinthe, die das Zwiegespräch von weitem beobachtet hatte, gesellte sich grinsend zu ihm.

»Na? Kleiner Pausenflirt, mein Lieber?«

Er blickte seine Partnerin böse an und erwiderte knapp:

»Von was redest du eigentlich?«

Niemand konnte Jacinthe das Wasser reichen, wenn es darum ging, ihn mit irgendwelchen Andeutungen in Verlegenheit zu bringen. Er liebte Nadja und wollte sich auf keinen Fall in schwierige Situationen hineinmanövrieren.

Sein Handy klingelte. Nach einem Blick auf das Display sagte er:

»Jacob Berger.«

Da es zu riskant war, auf offener Straße den Lautsprecher des Handys einzuschalten, beugte sich seine Partnerin vor, um mitzuhören.

»Hallo, Jacob. Was gibt's Neues?«

»Ich hab da was gefunden, was dich interessieren dürfte.«

»Wo? In dem Karton?«

»Nein. Im Mund von Maurice Tanguay.«

Victor und Jacinthe tauschten einen überraschten Blick. Dann ließ Berger die Bombe platzen:

»Der Mörder hat einen kleinen Plastikbeutel auf die Zunge des Toten gelegt. In dem Beutel befand sich ein zusammengefaltetes Stück Papier mit einer am Computer geschriebenen Nachricht.«

»Und was steht drin?«

Victor hörte Papier knistern.

»Commandant Tanguay wurde verurteilt und am 13. Juli um 3 Uhr 25 hingerichtet.«

»Das ist alles?«

»Nein, es gibt noch was.«

»Und was?«

»Ein zweiter Satz: Tanguay war der Erste …«

Victor hörte, wie Berger einen Augenblick innehielt.

»Und?«

Berger räusperte sich:

»… und der Weihnachtsmann wird der Letzte sein.«

ACHTER TAG

(MONTAG, 22. JULI)

10.
STILLSTAND

Victor betrat den Konferenzraum und stellte seinen Pappbecher mit koffeinfreiem Kaffee auf dem Tisch ab. Jacinthe, ganz vertieft in die Akte vor sich, hob nicht mal den Kopf. Die Uhr an der beigefarbenen Wand zeigte 7 Uhr an. Victor war also, anders als gedacht, nicht der Erste heute Morgen, sondern seine Partnerin war noch früher auf den Beinen. Auf dem Tisch stapelten sich Mappen und Notizen. Der Polizist musterte die Plexiglastafel; ein Mitarbeiter hatte dort eine Reihe Fotos befestigt, auf denen der Gerichtsmediziner die Obduktion Maurice Tanguays dokumentierte. Daneben hingen einige Vergrößerungen des Graffiti. Jacinthe klappte lautstark ihre Akte zu und lehnte sich in ihrem Stuhl zurück.

»Mir reicht's allmählich, wir drehen uns nur im Kreis. Tanguays Körper ist unauffindbar, es gibt keine belastbare Spur und keinen Hinweis auf die Identität des nächsten Opfers. Unsere Ermittlungen sind einfach Schrott.«

Eine Woche war vergangen, seit das Pärchen den Kopf im Container entdeckt hatte. Victor deutete ein Lächeln an.

»Salut, Jacinthe. Schlecht geschlafen?«

Sie warf ihm einen Mörderblick zu.

»He, nerv mich nicht am frühen Morgen! Letzte Nacht war es viel zu warm.«

Er runzelte erstaunt die Stirn.

»Ich dachte, du hättest eine Klimaanlage in eurem Schlafzimmer installiert.«

Jacinthe verschränkte verdrossen die Arme.

»Die hat Lucie um 2 Uhr abgeschaltet, weil ihr so kalt war.«

Um ein Haar wäre Victor herausgeplatzt, aber seine entspannte Stimmung verflog bald. Jacinthe jammerte zu Recht, alles gehe den Bach runter. In der Stimme seiner Partnerin lag etwas Trauriges, und ihm selbst ging es ähnlich. Insgeheim waren sie beide davon überzeugt, dass ihnen bald eine Katastrophe blühte, gepaart mit der noch schrecklicheren Gewissheit, sie nicht aufhalten zu können. Victor zog sich einen Stuhl heran und ließ sich seiner Partnerin gegenüber nieder. Er griff nach der erstbesten Akte. Bevor er sie aufschlug, vergrub er einen Augenblick lang das Gesicht in den Händen.

Wo sollte er bloß anfangen?

Sie mussten sich nicht weiter verständigen. Sie waren beide aus demselben Grund hier: Alles noch mal von Anfang an durchgehen, jedes Element einzeln unter die Lupe nehmen und versuchen, einen Hinweis zu finden, der ihnen bisher entgangen war. Denn im Berufsalltag mussten sich Ermittler in Ermangelung einer Spur eben manchmal auch langsam vorantasten und darauf hoffen, dass der Nebel sich auflöste.

Im 11. Revier gingen Loïc und Nadja derweil die Dossiers durch, die Tanguay in den letzten Jahren bearbeitet hatte. Bisher erfolglos und ohne brauchbare Hinweise.

Die Tatsachen waren unmissverständlich und ließen sich nur auf eine Weise deuten: Sowohl die Nachricht im Mund des Opfers als auch das Graffiti in der Rue Duluth, unweit der Bäckerei, bezogen sich auf den Weihnachtsmann. Das war mit Sicherheit kein Zufall. Obwohl sie die Möglichkeit, dass Sprayer und Mörder Komplizen waren, nicht völlig ausschließen konnten, war es im Augenblick vernünftiger, davon auszugehen, dass es sich bei Mörder und Sprayer um ein und dieselbe Person handelte.

Murray und sein Team hatten die Aufnahmen des Sprayers bearbeitet. Aber wie Victor bereits befürchtet hatte, waren die erzeugten Bilder nicht scharf genug, um die Gesichtszüge genau zu erkennen. Nach Ansicht des Sergent-Détective hatte sich der Verdächtige auch keineswegs zufällig so platziert, dass die Überwachungskamera des Juweliers sein Gesicht unter der Kapuze nicht erfasste. Er hatte über den Standort der Kameras genau Bescheid gewusst und dafür gesorgt, sichtbar, aber nicht identifizierbar zu sein, während er das Graffiti an die Wand sprühte. Er hatte wohlüberlegt und absichtsvoll gehandelt. Aber warum? Um ihre Aufmerksamkeit zu erwecken oder um sich über sie lustig zu machen?

Zudem war es ihnen nicht gelungen, auf den anderen Überwachungskameras Spuren des Sprayers zu finden, und die Überprüfung der BIXI-Ausleihstation hatte ebenfalls keine Anhaltspunkte geliefert.

Die Nachricht im Munde Tanguays war eindeutig. Sie wies auf mindestens ein weiteres zukünftiges Opfer hin, nämlich den »Weihnachtsmann«. Das Ermittlerteam hatte bereits mehrere Stunden lang darüber diskutiert, ohne zu einer gemeinsamen Lösung zu kommen. Der Weihnachtsmann war eine fiktive Person. Im wortwörtlichen Sinne ergab sich daraus eine Frage, die zunächst geradezu banal schien: Warum jemanden töten, der überhaupt nicht existierte? Sie hatten auch lange überlegt, welcher Sinn sich hinter dieser Drohung verbergen mochte. Erste Möglichkeit: Sie war rein symbolisch zu verstehen. Sollte das der Fall sein, hatten die Ermittler das Geheimnis noch nicht gelüftet. Mangels einer besseren Hypothese hatten sie sich schließlich für die zweite Möglichkeit entschieden: Den Ausdruck im übertragenen Sinn zu verstehen. Der Name »Weihnachtsmann« könnte demnach der Spitzname oder das Pseudonym einer bestimmten Person sein.

So, wie die Nachricht formuliert war, konnte man so gut wie sicher von einem zweiten Anschlag des Mörders ausgehen, was das zukünftige Opfer selbst betraf, tappten sie völlig im Dunkeln, und dasselbe galt für alle weiteren mutmaßlich bedrohten Personen.

Eine ganze Reihe von Fragen war offen. Stand der Mord an Tanguay in Zusammenhang mit seiner Funktion? Würde der Mörder bei künftigen Anschlägen ausschließlich Polizisten im Visier haben oder auch Zivilisten? Statt im Verborgenen zu agieren, hatte er sie, ohne Not und zumindest teilweise, über sein weiteres Vorgehen informiert. Aus welchem Grund? Nach Victors Ansicht wollte er die Polizei dadurch bewusst herausfordern. Indem er ihnen mitteilte, dass es mindestens einen weiteren Toten geben würde, plante er möglicherweise, sie zusätzlich anzustacheln, wollte dafür sorgen, dass sie auf der Hut waren und ihre Betroffenheit wecken. Empfand der Täter ein berauschendes Gefühl der Macht, wenn er mit gezielten Hinweisen die Aufmerksamkeit der Polizei auf sich lenkte? Oder hatte er andere Motive für sein Verhalten? Vielleicht diente die Inszenierung nur dazu, seine wahren Beweggründe zu verschleiern? Letztlich waren sie keinen Schritt vorangekommen und verloren sich in Mutmaßungen. Zuerst der Mord an Tanguay, brutal, wie aus heiterem Himmel, und seither nichts.

Victor stützte die Ellbogen auf den Tisch und legte das Kinn in die verschränkten Finger. Jacinthe hatte sich wieder in ihre Akten vertieft.

Er schloss die Augen.

Sie hatten sich ebenfalls eingehend mit dem Graffiti beschäftigt, das gleichfalls eine Botschaft enthielt. Sie schien jedoch verrätselter und ambivalenter zu sein. Während die Nachricht in Tanguays Mund tatsächlich den Weihnachtsmann als ein mögliches – und vielleicht auch letztes – Opfer des Mörders beschrieb, hielt das Skelett auf dem Graffiti die Mütze des Weihnachtsmannes in der Hand und bedrohte einen Mann, der eine Kappe trug, mit einem Messer. Was bedeutete das? Auch dazu hatten sie jede Menge Hypothesen entwickelt. Stellte das

Skelett den Mörder dar? Und falls dem so war, handelte es sich bei dem Mann mit Kappe dann um sein nächstes Opfer?

Loïc hatte sich in der Sprayer-Szene umgehört. Diese Szene war zwar bunt und beileibe nicht einheitlich, aber die visuelle Handschrift eines Graffitis ließ sich gleichwohl zuordnen. Es gab Vorlieben: Manche zogen das illegale Sprayen vor und sprühten ihre Tags und Graffiti an verbotene Stellen wie Autobahnpfeiler oder kleine Seitenstraßen, während andere, mit dem Einverständnis der Hausbesitzer, richtige Fresken an das Mauerwerk malten. Loïc zufolge kannte keiner von ihnen den gesuchten Sprayer. Nur in einem waren sich alle einig: Es handelte sich mit Sicherheit nicht um einen Anfänger. Kam er vielleicht aus einer anderen Stadt? Jemand, der in Montréal nur auf der Durchreise war?

Ein Foto des Graffiti war in der Presse veröffentlicht worden, ohne den Bezug auf den Mord an Tanguay oder einen anderen Kontext offenzulegen. Diejenigen, die meinten, das Bild wiederzuerkennen oder Ähnlichkeit mit anderen Bildern festzustellen, wurden aufgefordert, mit dem SPVM Kontakt aufzunehmen. Bisher waren rund fünfzig Informationen eingegangen und überprüft worden, aber keine davon hatte die Ermittler weitergebracht.

Schließlich hatte noch ein letzter Hinweis am Tatort selbst zu lebhaften Diskussionen im Team geführt. Steckte ein tieferer Sinn, eine Botschaft darin, dass der Kopf des Opfers in einem Abfallcontainer entdeckt worden war?

Victor hatte die Brainstorming-Sitzung beendet, indem er seine eigene Theorie dazu vorstellte:

»Die wahre Bedeutung der Nachricht ist vielleicht ganz einfach und wörtlich zu verstehen.«

Loïc, der so angestrengt Kaugummi kaute, als könnte das alle entscheidenden Fragen lösen, hakte nach.

»Und was genau wäre diese Bedeutung?«

»Vielleicht wollte der Mörder uns damit einfach sagen, dass Tanguay ein Stück Dreck war.«

Victor schlug die Augen auf und kehrte wieder in die Realität des Konferenzraumes zurück. Jacinthe, an der anderen Seite des Tisches, hob den Kopf und musterte ihn erwartungsvoll. Sie hoffte unverkennbar darauf, dass die Früchte seines Nachdenkens sie irgendwie weiterbrachten, einen neuen Ansatz lieferten. Er zuckte nur die Schultern. Leider nichts.

Sie kaute auf den Lippen herum, wandte sich wieder ihrer Akte zu und nuschelte zwischen den Zähnen:

»Allmählich kotzt mich die Geschichte hier richtig an.«

Loïc hatte vorgeschlagen, dass »der Weihnachtsmann« auch auf jemanden hinweisen könne, der während der Adventszeit kostümiert in den Einkaufszentren arbeitete. Doch diese Spur hatte ebenfalls ins Leere geführt. Selbst wenn sie ihre Recherche auf diejenigen beschränkten, die im vergangenen Jahr in und um Montréal als Weihnachtsmann eingesetzt worden waren, kamen allein dafür schon mehrere Hundert Personen infrage. Sie waren auch dem Einfall nachgegangen, der Familienname eines potenziellen Opfers könne möglicherweise irgendwie auf das Begriffsfeld »Weihnachtsmann« verweisen, aber auch das mündete in eine Sackgasse. Allein in Montréal war der Personenkreis mit ähnlich klingenden Nachnamen unüberschaubar.

Die Vorgehensweise des Mörders, seine Inszenierung der Tat war auffällig ausgeklügelt. Möglicherweise war es nicht sein erster Mord. Daraufhin hatten sie die Datenbanken durchforstet und eine Reihe von Suchbegriffen eingegeben, etwa »Graffiti«, »Weihnachtsmann«, »Kopf«, »Enthauptung«, »Messer«, »Mütze« und »Container«, um nach ähnlichen Fällen zu suchen. Aber auch hier: Fehlanzeige.

Victor schlug die Akte mit dem Autopsie-Bericht Jacob Bergers auf und durchblätterte sie. Der Gerichtsmediziner bestätigte darin, dass Tanguays Kopf tiefgekühlt worden war, bevor er in den Karton gepackt wurde. Aus diesem Grund ließ sich der genaue Todeszeitpunkt nicht bestimmen.

»Ich könnte Hypothesen aufstellen«, schrieb er, »weiß aber nicht, wie nützlich sie sind. Das Einzige, was ich zurzeit bestätigen kann, ist, dass die Behauptung des Mörders, er habe das Opfer am 13. Juli um 3 Uhr 25 getötet, meinen Schlussfolgerungen nicht widerspricht. Meiner Ansicht nach sagt er wahrscheinlich die Wahrheit.« Warum machte der Mörder diese genaue Angabe? Aber so sehr sie sich auch das Hirn zermarterten, es fiel ihnen partout keine einleuchtende Erklärung ein.

Victor übersprang ein paar Absätze und las: »Der Schnitt ist glatt und wurde mit einer außerordentlich scharfen Klinge, beispielsweise von einem japanischen Schwert, ausgeführt«, merkte Berger an. Und noch eine Beobachtung des Gerichtsmediziners ließ den Sergent-Détective stutzen: »Der kleine Plastikbeutel im Mund des Opfers entspricht der Größe jener Beutel, in die man Kokain vor dem Weiterverkauf abpackt.« Laut toxikologischem Bericht waren weder Drogen noch andere verdächtige Substanzen in Tanguays Leiche entdeckt worden.

Victor richtete den Blick auf seine Partnerin und räusperte sich. Er hatte Lust auf einen Szenenwechsel, irgendwo anders zu sein, egal wo. Nichtsdestoweniger sagte er, beinahe gegen seinen Willen:

»Ich stelle mir immer wieder dieselbe Frage: Warum war der Kopf tiefgekühlt?«

Jacinthe fegte die Frage ungeduldig beiseite.

»Haben wir doch längst geklärt, oder? Weil der Mörder den Kopf dann wo und wann er wollte loswerden konnte, ohne sich um Geruch oder Verwesungszustand zu scheren.«

Victor stand auf und tigerte im Raum hin und her. Jacinthe hatte ja recht, aber irgendwo war da trotzdem ein Haken. Sie hatten auch überlegt, ob der Täter den Kopf tiefgekühlt hatte, um sich einfacher bewegen zu können, beispielsweise wenn er in öffentlichen Verkehrsmitteln unterwegs war. Plötzlich kam ihm das Bild eines Sprayers mit einem Karton auf den Knien in den Sinn. Was für eine grauenhafte Vorstellung! Eine anonyme Person in der Menge, jemand, der vollkommen harmlos wirkt und den Kopf eines Toten mit sich herumschleppt.

Victor schloss die Augen, sah erneut die Seitenstraße vor sich, in der sie das Graffiti entdeckt hatten und versuchte, sich die letzten Stunden Tanguays vorzustellen. Der Mörder hatte es nicht eilig gehabt, sondern sich die Zeit genommen, ein komplexes Graffiti an die Mauer zu sprühen. Wohnte er möglicherweise in dieser Gegend? War Tanguay in einem Apartment ermordet worden, das in der Nähe lag?

Er schlug die Augen auf und massierte sich die Schläfen mit den Daumen. Sein Handy vibrierte. Er las die Textnachricht von Virginie Tousignant und schüttelte widerspenstig den Kopf. Er war kaum hier angekommen, und schon hatte er Lust auf eine Zigarette.

»War cool, dich wiederzusehen. Müssen irgendwann mal Kaffee trinken:)«

MAXIME

Der Weihnachtsmann hatte Maxime anvertraut, dass seine Mama sehr krank sei und ihn deshalb gebeten habe, eine Weile auf Maxime aufzupassen. Jedes Mal, wenn Maxime nach ihr fragte, versicherte ihm der Weihnachtsmann, es würde ihr bestimmt bald wieder besser gehen, und dann könne er zurück nach Hause. In den ersten Tagen war der Weihnachtsmann sehr nett zu Maxime. Der Junge durfte alles essen, was er wollte, und mit den neuen Spielzeugen spielen, solange es ihm Spaß machte. Jeden Morgen erteilte ihm der Weihnachtsmann Unterricht in Französisch und Mathematik. Und dabei redete er die ganze Zeit und sagte Dinge, von denen Maxime anschließend nicht genau wusste, ob er sie verstanden hatte. Solange der Weihnachtsmann abwesend war, musste Maxime in seinem Zimmer bleiben. Die Tür war abgeschlossen, und es gab auch kein Fenster, aber er durfte fernsehen. Louis und Patrick sah Maxime kaum. Der Weihnachtsmann hatte ihm erklärt, er kümmere sich um die beiden aus demselben Grund, aus dem er auch Maxime aufgenommen habe.

»Ihre Eltern sind krank, genau wie deine Mama …«

Mit dem Unterschied, dass die beiden Jungen, jedes Mal wenn Maxime sie sah, gefesselt waren.

»Was haben sie gemacht?«

»Sie waren unartig und haben mir nicht gehorcht.«

11.

TAGESABLAUF

»Hör endlich auf, hier im Kreis rumzulaufen, das nervt ...«

Nachdem er eine Zigarette auf dem Parkplatz geraucht hatte, war Victor zurückgekommen und drehte seither Runden im Besprechungsraum. Achselzuckend blieb er vor der Plexiglastafel stehen, legte die Hände auf dem Rücken übereinander und vertiefte sich erneut in die Aufnahmen der Autopsie. Der wächserne, gummiartig wirkende Kopf glich den Masken, die man im Kino für Spezialeffekte einsetzte. Lider und Augäpfel waren blau angelaufen und die Schnittränder dunkelbraun verfärbt.

Mehr war nicht von Maurice Tanguay übrig geblieben.

Ermittlungen sind nichts anderes als ein Prozess, in dem fortwährend bestimmte Annahmen ausgeschlossen werden. Auf Grundlage der bekannten Elemente legt man fest, unter welchen Umständen sich die Tat abgespielt haben muss und stellt dann Arbeitshypothesen auf, zieht Möglichkeiten in Betracht. Und während man im Verlauf der Ermittlungen allmählich die unwahrscheinlichen Annahmen verwirft, zeichnet sich nach und nach die Wahrheit in der Summe der wahrscheinlichen Annahmen ab. Wie war Tanguay dorthin gelangt, wo man ihn gefunden hatte? Welche Ereignisse im Vorfeld hatten zu seiner Enthauptung geführt?

Am Freitag hatte er einen ganz normalen Arbeitstag im 11. Revier verbracht. Gegen 19 Uhr war er auf einem Wohltätigkeitsdinner zugunsten der Organisation Acceuil Ici, Maintenant eingetroffen. Die AIM bot in Not geratenen Jugendlichen Notfallunterkünfte, psychologische und soziale Hilfe an und unterstützte sie außerdem bei der Suche nach Arbeit. Daneben offerierte sie ein breites Freizeitprogramm für alle, die zwischen zwölf und zweiundzwanzig Jahre alt waren. Tanguay war Mitglied des Verwaltungsrates der Organisation und zeitweise auch als ehrenamtlicher Mitarbeiter tätig.

»Lessard?«

Jacinthes Stimme riss ihn aus seinen Gedanken. Er drehte sich um und bemerkte, dass sie ihn beobachtete.

»Ja?«

»Woran hast du gerade gedacht?«

Er antwortete mit einer Gegenfrage:

»Was hat Tanguay zwischen dem Abendessen und seinem Todeszeitpunkt gemacht? Davon hängt alles ab … Was haben wir übersehen?«

Sie hatten den Tagesablauf des Commandant bis in alle Einzelheiten rekonstruiert, aber dieser Zeitabschnitt war nach wie vor unklar.

Ihren Nachforschungen zufolge war Tanguay tatsächlich nie mehr in seine Wohnung zurückgekehrt. Sein Auto war in der Rue Sherbrooke gefunden worden, ein paar Ecken vom Sitz des AIM entfernt, wo man ihn zum letzten Mal gesehen hatte. Während des Wochenendes hatte man einen Bußgeldbescheid unter die Scheibenwischer des Fahrzeugs geklemmt.

»Wir haben uns praktisch jeden Zeugen vorgeknöpft, keine Ahnung, was wir noch machen sollen. Damit haben wir mehr oder weniger die ganze letzte Woche verbracht.«

Gemeinsam mit Loïc und Nadja hatten Jacinthe und Victor die rund einhundertzwanzig geladenen Gäste des Wohltätigkeitsdinners befragt. Sie hatten so viele Personen gesehen, die ihnen häufig dasselbe erzählten, dass zum Schluss in ihren Köpfen alles leicht durcheinandergeriet. Abgesehen davon hatte der ganze Aufwand die Ermittlungen keinen Deut vorangebracht.

Tanguay hatte offenbar zugleich mit jedem und mit niemandem gesprochen. Das Persönlichkeitsbild Tanguays, das sich aus der Befragung dieser Gruppe ergab, entsprach jedoch dem, was der Leiter des SPVM bereits über ihn gesagt hatte: Während Maurice Tanguay sich in seinem Arbeitsumfeld eher distanziert und abweisend verhalten und persönliche Kontakte gescheut hatte, trat er privat vollkommen anders auf und war ein allseits geschätzter Gentleman. Ein Phänomen, das Victor nicht zum ersten Mal erlebte. Außerhalb der Polizeiarbeit und den düsteren Umständen einer Ermittlung kamen manche eben besser mit dem Leben zurecht als andere.

Noch in Dienstuniform hatte Tanguay das Dinner am Freitagabend kurz nach 21 Uhr allein verlassen. Danach hatte ihn niemand mehr gesehen. Ausgehend von diesen Aussagen hatte das Team eine Liste der möglichen Verdächtigen erstellt und deren Vergangenheit durchforstet. Niemand aus dieser Gruppe hatte sich etwas zuschulden kommen lassen oder wirkte verdächtig, weder die Gäste noch das Personal.

Victor fuhr sich mit der Hand durchs Haar. Er spürte deutlich, dass er sich an irgendeiner Einzelheit störte, bekam sie aber einfach nicht zu fassen.

»Trotzdem komisch, wie er sich nach dem Essen einfach in Luft aufgelöst haben soll, ohne dass jemand irgendwas bemerkt hätte.«

Tanguay wohnte allein, und niemandem schien aufgefallen zu sein, dass er das ganze Wochenende über nicht zu Hause war. Seine Handydaten verzeichneten in diesem Zeitraum tatsächlich weder eingehende noch abgehende Anrufe. Jacinthe lachte auf. Es klang sarkastisch und desillusioniert.

»Das ist das sogenannte globale Dorf, mein Lieber. Alle sind vernetzt, aber wir wechseln kein Wort mehr miteinander. Wir leben in einer wunderbaren Welt!«

Unterstützt von der Spurensicherung hatten die Ermittler

Tanguays Wohnung durchkämmt und nicht den geringsten Hinweis auf Spuren eines Kampfes, Diebstahls oder Einbruchs gefunden. Und auch das versprühte Luminol förderte nicht einen einzigen Blutspritzer zutage. Der Rechner zeigte lediglich Tanguays ausgeprägte Neigung zu pornographischen Webseiten, weiter nichts. Eine Vorliebe, die niemanden bei einem allein lebenden Junggesellen verwunderte. Einige Daten waren offenbar gelöscht worden, und die IT-Abteilung beschäftigte sich damit, sie wiederherzustellen. Das musste nicht zwangsläufig etwas bedeuten: Welcher Privatmann räumte schließlich nicht hin und wieder seinen Computer auf?

Die Überprüfung der Bankkonten bestätigte, dass Tanguay zwischen seinem Aufbruch vom Benefizessen und seinem vermutlichen Todeszeitpunkt weder Geld abgehoben noch etwas mit seiner Kreditkarte bezahlt hatte. Was also war in diesem Zeitabschnitt geschehen? Hatte er zufällig einen Bekannten getroffen? War er gefangen gehalten worden, bevor er getötet wurde? Hatte man ihn gefoltert?

Victor griff nach dem Pappbecher auf dem Tisch. Während er einen Schluck des inzwischen kalt gewordenen Kaffees trank, fiel sein Blick auf eine schon einige Tage alte Zeitung, die quer über dem Arbeitstisch ausgebreitet lag. Der Titel des Leitartikels war nicht gerade zimperlich: »Grausiger Fund: Kopf eines hochrangigen Polizeibeamten im Müll entdeckt.«

»Hast du in der Spurensicherung noch mal wegen der Fingerabdrücke nachgehakt?«

Die Abdrücke auf der Sprühdose, die man in der Nähe des Containers gefunden hatte, stimmten mit den Fingerabdrücken, die Victor auf dem Pflanzkübel entdeckt hatte, so weit überein, dass sie aller Wahrscheinlichkeit nach von ein und derselben Person stammten. Ähnliche Abdrücke fanden sich außerdem auch auf dem Container.

»Klar, Schätzchen. Gestern Abend noch erledigt, kurz vor

meinem Abflug hier. Bisher konnten sie noch nicht zugeordnet werden. Und jetzt behaupte bloß nicht, ich hätte nichts gesagt: Unser Sprayer ist nicht aktenkundig.«

Leider hatte Jacinthe absolut recht: Die Fingerabdrücke waren nutzlos, wenn der Verdächtige nicht bereits wegen eines anderen Deliktes polizeilich erfasst worden war. Da es die Spraydosenmarke, die er benutzt hatte, in jedem Bau- oder Supermarkt zu kaufen gab, hatten sie diese Spur nicht zu einem bestimmten Geschäft zurückverfolgen können.

»Ach so, und dann hat da noch der kleine Simon angerufen. Er hat mir richtig leidgetan.«

Victor blickte zu Boden. Insgeheim hatte er zwar so etwas erwartet, aber die Nachricht setzte ihm trotzdem zu.

Nachdem man den Kopf des Commandant Tanguay entdeckt hatte, suchten die beiden Ermittler am nächsten Tag seinen Sohn auf. Der Fünfundzwanzigjährige wohnte in einer eigenen, behindertengerechten Wohnung, unweit des Kanals Lachine. Seit einem Motorradunfall vor einigen Jahren waren seine Beine gelähmt. Er träumte von einem eigenen Segelschiff, das er allein bedienen und mit dem er selbstständig segeln konnte, und Victor zweifelte keinen Augenblick lang daran, dass er seinen Traum auch verwirklichen würde. Simon Tanguay machte großen Eindruck auf ihn: Trotz seiner Trauer bewahrte er Würde und hatte den Sergent-Détective mit einem offenen, ebenso intelligenten wie lebhaften Blick angesehen. Sehr beherrscht in seinem Kummer, sprach er mit resignierter und eintöniger Stimme.

Die großen Augen des jungen Mannes hatten sich im Lauf der Unterhaltung, als einige der hässlichen Details ans Licht kamen, allmählich vor Entsetzen geweitet. Seitdem sie ihn besucht hatten, rief Simon regelmäßig an: Jedes Mal schwieg er einen Augenblick lang und legte dann wieder auf.

Jacinthe räusperte sich, um Victor aus seinen melancholischen Gedanken aufzuscheuchen. Sie blickte ostentativ auf ihre Armbanduhr und erklärte betont beiläufig:

»Wann wolltest du dich noch mal mit Yves Gagné treffen?«

Gagné arbeitete als Informant. Er versorgte den Sergent-Détective gelegentlich mit Nachrichten und hatte ein Treffen vorgeschlagen.

»Heute Mittag.«

»Bist du sicher, dass du allein hingehen willst?«

Obwohl er wusste, dass Jacinthes Vorschlag gut gemeint war, empfand Victor ihre Frage wie eine Ohrfeige.

»Ich versteh ja, dass du dir Sorgen machst, aber das ist echt überflüssig.«

»Ich hab volles Vertrauen zu dir, daran liegt's bestimmt nicht. Aber manchmal ist es eben besser, wenn man sich seinen bösen Geistern nicht allein stellt.«

»Es gibt keine bösen Geister mehr, Jacinthe. Ich habe seit acht Jahren keinen Tropfen Alkohol getrunken. Du kannst also ganz ruhig sein.«

Um 11 Uhr 30 betrat Victor eine Zweigstelle der Société des alcools du Québec, kurz SAQ, am Place de Versailles. Seit mehreren Jahren hatte er keinen Fuß mehr in eine der Geschäftsfilialen gesetzt. Etwas verloren irrte er zwischen den Regalen umher, bis er fand, wonach er gesucht hatte. Er musterte die Auswahl an Whiskey-Sorten, entschied sich schließlich für einen zehn Jahre alten Bushmills Single Malt und steuerte zur Kasse hinüber. Kurz darauf, im nächsten Gang zwischen den Verkaufsregalen, wurde ihm unversehens klar, welche Einzelheit es war, die ihn vorhin im Besprechungsraum so stutzig gemacht hatte, ohne dass er sie genauer hätte bestimmen können: Es war wirklich sonderbar, dass ein Mann wie Tanguay ein ganzes Wochenende lang keinen Anruf erhielt. Diese Überlegung führte ihn zu der Frage, ob Tanguay möglicherweise ein zweites Prepaid-

Handy besaß, und falls dem so war, warum. Der Angestellte an der Kasse tippte auf ein paar Tasten. Ganz in Gedanken verloren zog Victor automatisch seine Kreditkarte durch das Lesegerät. Und als er seinen vierstelligen Geheimcode eingab, ließ ein Sonnenstrahl, der durch die Whiskeyflasche auf der Theke fiel, die bernsteinfarbene Flüssigkeit im Glas golden aufschimmern. Victor schluckte. Das Bild warf ihn auf sich selbst zurück, in den Grenzbereich früherer Leiden, war wie die Rückkehr in eine längst verdrängte Schattenwelt. Die Versuchung starb zuletzt. Er würde sich niemals damit abfinden können, dass er nicht mehr trinken durfte.

12.
HINWEIS

Victor klopfte an die Eingangstür der Wohnung, an der Ecke der Rue Moreau und Ontario Est. Der Immobilienaufschwung des Viertels Hochelaga-Maisonneuve war an dieser heruntergekommenen Gegend spurlos vorübergegangen. Als sich nichts rührte, klopfte der Polizist erneut. Abgeplatzter Lack blieb an seinen Fingerknöcheln haften, und er rieb ihn am Oberschenkel ab. Hinter dem schmutzstarrenden Vorhang an der Glastür nahm er einen Schatten im Korridor wahr.

Eine dunkle Stimme ertönte hinter der Tür.

»Ja?«

»Yves? Ich bin's, Victor Lessard.«

Ein Sicherheitsschloss schnappte auf und gleich darauf ein zweites. Die Tür öffnete sich einen Spaltbreit, und ein bleiches, von roten Flecken entstelltes Gesicht war halb zu sehen. Ein blaues unruhig zuckendes Auge musterte ihn misstrauisch.

»Hast du's mitgebracht?«

Victor nahm die braune Papiertüte unter seinem Arm und schwenkte sie in der sonnenwarmen Luft. Die Tür öffnete sich. Yves Gagné, mit schweißüberströmtem, von feuerrotem Haar umkränztem Schädel, in Hemd und Unterhose, stand einen Augenblick lang reglos da und musterte ihn von Kopf bis Fuß. Nach kurzem Zögern ergriff er die Papiertüte, die der Sergent-Détective ihm entgegenhielt. Er zwinkerte nervös und trat schließlich beiseite.

»Komm rein, Lessard.«

Die Wohnung war völlig verwahrlost. Es war so heiß wie im Backofen, da trotz der Hitze alle Fenster geschlossen waren. Als sie den Flur entlanggingen, sah Victor flüchtig einen Stapel Pornomagazine auf dem Wohnzimmersofa liegen, mit zerknüllten Papiertaschentüchern darauf.

Während die Flipflops leise klatschend gegen seine Fersen schlugen, ging Gagné voran in die Küche. Der Sergent-Détective ließ den Blick kurz durch den Raum wandern. Vergilbte Zeitschriftenstöße wucherten in einer Ecke, auf der Küchentheke stapelten sich Türme von schmutzigem Geschirr, und in der Spüle dümpelten ein paar Töpfe im bräunlichen Abwaschwasser. Victor trat an den Herd. Reste einer angebrannten Mahlzeit trockneten auf dem Boden einer Pfanne vor sich hin. Der Polizist nahm den danebenliegenden Holzlöffel, kratzte probeweise an der schwarzen Kruste und legte das Utensil dann wieder neben dem Herd ab.

»Nachher musst du mir unbedingt noch dein Soßenrezept für Spaghetti verraten.«

Gagné zog sich einen Stuhl heran und pflanzte sich hinein. Ein von Kippen überquellender Aschenbecher fungierte als zentraler Tischschmuck. Dann deutete er einladend auf Victors Mitbringsel.

»Bedien dich, ich geb einen aus.«

Er bleckte lächelnd die tabakgelben Zähne, die in diesem Leben nicht mehr zu retten waren und bedeutete dem Sergent-Détective, sich zu setzen. Victor nahm Platz und musterte sein Gegenüber durchdringend. Yves Gagné wickelte die Flasche aus der Verpackung und entkorkte sie. Er sog einen Moment lang den Alkoholdunst ein, warf den Kopf zurück und nahm einen langen Zug aus der Flasche. Innerhalb einer Sekunde trat ein beinahe lustvoller Ausdruck auf sein verbrauchtes Gesicht.

Er hielt Victor die Flasche hin.

»Willst du was?«

»Ich hab schon vor Ewigkeiten aufgehört.«

Gagné zuckte die Schultern. Victor zog eine Packung Zigaretten aus der Hosentasche, zündete zwei gleichzeitig an und reichte Gagné eine davon.

»Warum bist du hier, Lessard?«

»Deine Nachricht hat mich neugierig gemacht. Hast du Informationen über Tanguay?«

Yves Gagné hatte vierzehn Jahre lang als Ermittler in der Abteilung organisiertes Verbrechen innerhalb des SPVM gearbeitet, und Victor war ihm gelegentlich bei Sitzungen oder auf Schulungen begegnet. Ein netter Kerl, der auf seinem Handy Fotos von seinem Haus, seiner Frau oder seinen Kindern zeigte und ein geordnetes und sorgloses Dasein führte. Beruflich hatte er sich einen Namen als fähiger und besonders gründlicher Ermittler gemacht. Bis im Jahr 2009 sein Leben plötzlich auf den Kopf gestellt wurde.

Gagné stieß eine Rauchwolke aus und pulte mit dem Daumennagel zwischen den Zähnen herum.

»Kann schon sein.«

Die Medien hatten damals mehrfach über die Affäre berichtet, und sie hatte unzählige Diskussionen in den Büros des SPVM ausgelöst. Gagné, den man verdächtigte, geheime Dossiers aus der Datenbank des Centre de renseignements policiers du Québec (CRPQ) geschleust zu haben, war schließlich zu einer Gefängnisstrafe verurteilt worden.

Victor hustete kurz.

»Was willst du dafür? Ich sag's dir gleich, Yves: Falls du an Geld denkst, vergiss es. Dann verschwenden wir hier beide nur unsere Zeit.«

Als das Verfahren gegen ihn eingeleitet wurde, hatte der ehemalige Polizist angefangen zu trinken und war bis zu seiner Verurteilung völlig abgestürzt. Während seiner Zeit im Gefängnis versuchte er, sein Leben wieder in den Griff zu bekommen, bis er erfuhr, dass ein Kollege eine Affäre mit seiner Frau angefangen hatte.

Eine Rauchwolke schwebte über den Tisch. Gagné machte eine ungeduldige Handbewegung.

»Das klären wir später, einverstanden?«

Victor musterte ihn. Der andere erwiderte den Blick reglos und knirschte mit den Zähnen.

»Ich bin ganz Ohr.«

Mit gesenktem Kopf und verschränkten Händen saß Yves Gagné einen Moment lang schweigend und in sich gekehrt da, als würde er sich sammeln, um einen Psalm vorzutragen. Dann hob er den Blick und sah den Sergent-Détective an.

»Maurice Tanguay hat mich reingelegt.«

Auf Victors Gesicht malte sich Erstaunen. Er zog ein letztes Mal an der Zigarette, streckte den Arm aus und drückte die Kippe im Aschenbecher aus. Gagné tat es ihm nach.

»Was soll das heißen?«

Gagné hielt einen Augenblick inne. Was er zu erzählen hatte, weckte schmerzliche Erinnerungen.

»Ich habe immer behauptet, die Recherchen, mit denen ich beschäftigt war, wären im Rahmen meiner beruflichen Tätigkeit erforderlich gewesen, aber das entsprach nicht der Wahrheit. Ich habe für jemanden gearbeitet.«

»Tanguay hat dich dafür bezahlt, dass du ihm Informationen aus der Datenbank beschaffst?«

Gagné nickte.

»Tanguay hat mich mehrmals dafür eingespannt.«

Victor überlegte schweigend. Die Erklärung seines ehemaligen Kollegen überraschte ihn und in seinem Kopf überstürzten sich die Fragen.

»Aber warum? Er hätte doch selbst recherchieren können. Er hatte auch Zugang zur Datenbank, genau wie du und ich.«

»Du vergisst, dass ich in der Abteilung organisiertes Verbrechen gearbeitet habe. Jede Suchanfrage hinterlässt Spuren im System. Bestimmt wären einige Leute stutzig geworden, wenn Tanguay selbst in der Datenbank zu Personen recherchiert hätte, die nichts mit den Fällen zu tun haben, für die er verantwortlich war?«

Victor gab keine Antwort, er dachte intensiv nach.

»Nein, Tanguay war eben vorsichtig«, fuhr Gagné fort. »Im organisierten Verbrechen hatte ich den größeren Handlungsspielraum. Das hat er ausgenutzt, um sich die Hände nicht schmutzig zu machen. Und falls doch jemand etwas davon spitzkriegte, wären Suchanfragen und umfangreiche Recherchen zu einer großen Personenanzahl bei meiner Arbeit ja nichts besonders Auffälliges gewesen.«

Der Sergent-Détective schob das Kinn vor.

»So normal auch wieder nicht, denn irgendjemand hat ja euren Deal herausgefunden und du bist im Gefängnis gelandet.«

»Deswegen sage ich doch, Tanguay hat mich reingelegt. Als der Innendienst mich festgenommen hat, hatte ich so ungefähr zehn Recherchen für Tanguay durchgeführt. Und normalerweise, da sind wir uns wahrscheinlich einig, wäre das niemandem weiter aufgefallen, richtig?«

»Du meinst, jemand hat ihnen einen Hinweis gegeben?«

»Mit Sicherheit! Ich war sehr vorsichtig, ich kenne das System in- und auswendig und weiß, wie ich meine Spuren verwische. Die Leute vom Innendienst wussten ganz genau, wo und nach was sie suchen mussten, das gebe ich dir schwarz auf weiß.«

»Und du glaubst, Tanguay hätte ihnen …«

»Wer denn sonst?«

»Aber warum hast du während der Ermittlung kein Wort davon gesagt?«

»Weil er mir versprochen hatte, dass er sich um mich kümmert, wenn ich die Klappe halte. Er würde mir die besten Anwälte bezahlen und mir nachher Geld geben.«

»Und wie ging es dann weiter?«

»Zuerst hat er mir ein bisschen Geld gegeben, um einen Teil der Anwaltskosten zu bezahlen, aber dann … Als es brenzlig wurde, ist er abgetaucht, und ich habe nie wieder von ihm gehört.«

»Warum hast du ihn denn nicht angezeigt?«

Gagné murmelte voll unterdrückter Wut:

»Weil er mir gedroht hat, sich an Suzie und den Kindern zu rächen.«

Gagnés Blick verschleierte sich, und in seinen Augen standen Tränen. Er setzte die Flasche an den Mund, nahm einen Schluck Whiskey und wischte sich mit dem Handrücken über den Mund.

»Ich war in der Zwickmühle, verstehst du.«

Victor schüttelte den Kopf: Irgendetwas war faul an der Geschichte. Gagné hatte ihm nicht alles erzählt.

»Aber warum? Warum solltest du das Bauernopfer sein? Das ergibt doch keinen Sinn. In Freiheit warst du ihm doch viel nützlicher als hinter Gittern.«

Gagné ließ sich gegen die Stuhllehne zurücksinken.

»Keine Ahnung. Seit Jahren zerbreche ich mir schon den Kopf darüber, aber ich verstehe immer noch nicht, was da eigentlich passiert ist.«

Der Sergent-Détective erhob sich, fest überzeugt, dass sein Gegenüber nicht mit der ganzen Wahrheit herausgerückt war.

»Ich habe genug gehört, Yves.«

Victor hatte sich aufgerichtet und überragte Gagné jetzt mit seiner ganzen Länge. Er beugte sich vor, den erhobenen Zeigefinger auf Gagnés Brust gerichtet. Überrascht zog der andere den Kopf zwischen die Schultern.

»Ich verschwende hier nur meine Zeit. Bisher wurde es noch nicht in der Öffentlichkeit bekannt gegeben, aber derjenige, der Tanguay umgebracht hat, hat angekündigt, ein zweites Mal zuzuschlagen. Ruf mich an, wenn du wirklich mit offenen Karten spielen willst.«

13.

DAS VERSPRECHEN

Ein düsterer Kellerraum, die Fenster mit Latten vernagelt, Betonwände, an denen das Kondenswasser herabtropfte, durchdringender Nikotingestank. Im Raum befanden sich zwei Männer. Einer der beiden war mit einem Kabelbinder an Handgelenken und Unterschenkel an die Sitzfläche und Beine eines Stuhls gefesselt. Trotz seiner würgenden Angst schnappte er gierig und in kurzen Zügen nach Luft. Im Schatten hinter dem Gefesselten war ein zweiter Mann damit beschäftigt, seine Werkzeuge vorzubereiten, so ruhig und konzentriert, als würde sich die Szene unmittelbar vor ihm in einer anderen Wirklichkeit abspielen.

Leises Metallklirren ertönte, als Valeri Mardaev die Muskeln bis zum Äußersten anspannte und verzweifelt versuchte, dieser Falle zu entkommen, aber die Fesseln gaben keinen Millimeter nach. Mit weit aufgerissenen Augen bog er den Kopf zur Seite, um seinen Angreifer zu sehen, aber sein Blickfeld war eingeschränkt: Der Mann blieb in seinem toten Winkel. Valeri redete unaufhörlich auf ihn ein, mit panischer Stimme, denn er wusste, dass nur noch Wörter, verzweifelte Wörter, die das Schicksal aufhalten sollten, ihn vor dem Unausweichlichen schützen konnten.

»Mach mich los!«

Die Stille drang ohrenbetäubend in Valeris Gehör. Er wand sich knurrend auf seinem Stuhl.

»Du hast keine Ahnung, mit wem du's zu tun hast! Niemand vergreift sich ungestraft an den Red Blood Spillers!«

Er bemühte sich, seinen Angreifer zu provozieren, ihn aus der Reserve zu locken.

»Du bist jetzt schon ein toter Mann. Du bist geliefert, die werden dich in Stücke reißen.«

Keine Reaktion. Seine Drohungen verpufften wirkungslos.

»Willst du Geld? Wie viel? Sag mir eine Zahl, das lässt sich alles regeln.«

Schließlich holte Valeri tief Luft und atmete langsam aus.

»Was willst du?«

Im Dunkel wiederholte die Stimme in sachlichem Ton die Forderung, die sie schon zuvor gestellt hatte:

»Seinen Namen und die Adresse.«

Die Schicksalsfrage, auf die Valeri bisher die Antwort verweigert hatte, denn die einzige Chance, lebend aus diesem Keller zu kommen, sah er darin, Zeit zu schinden, bis sich jemand auf die Suche nach ihm machte. Verzweifelt fing er an, zu lachen, grölte lauter und lauter.

Im Schatten war ein Murmeln zu hören, gefolgt von einem beunruhigenden Zischen.

»Pssssssssttt.«

Valeri Mardaev verzog das Gesicht zu einem bitteren Grinsen. Sein Angreifer wollte ihn zum Schweigen bringen, aber wenn er schon sterben musste, dann als aufrechter Mann. Er ließ sich von niemandem dazu zwingen, den Blick zu senken, niemand würde ihn demütigen.

»Du kannst mich mal! Zeig dich, wenn du ein Mann bist.«

Plötzlich zuckte Valeri zusammen. Ein Gesicht war im Licht aufgetaucht und legte den Zeigefinger auf die Lippen. Etwas zutiefst Unheimliches, Beunruhigendes ging von diesen Augen, von diesen Zügen aus.

»Pssssssssttt.«

Valeri hielt dem Blick stand und schüttelte ablehnend den Kopf.

»Wer bist du denn überhaupt? Ich kenn dich ja nicht mal.«

Die Stimme des anderen klang sanfter und zugleich einschüchternd.

»Ganz ruhig, Valeri. Ganz ruhig.«

Der Angreifer legte den Kopf schief und strich mit dem Handrücken beinahe zärtlich über Valeris Wange. Der hätte ihm am liebsten ins Gesicht gespuckt, hielt sich jedoch zurück. Dann beugte sich der andere vor, legte eine Hand in Valeris Nacken und presste seine Stirn an die des Gefesselten.

»Lass mich abhauen, ich schwör dir, dass ich das Maul halte. Überleg doch mal. Es ist noch nicht zu spät.«

Dicht an seinem Ohr hörte er wieder die flüsternde Stimme.

»Du solltest allmählich begreifen, dass ich dich töten werde, Valeri.«

Mardaevs Augen verdunkelten sich, Tränen der Wut und Machtlosigkeit liefen ihm über die Wangen.

Der Angreifer fuhr fort:

»Das kann sehr schnell gehen, oder, ganz im Gegenteil …«

Die Botschaft war unmissverständlich, sein Feind musste nicht einmal den Satz beenden. Er wartete einen Augenblick, bis die Wörter sich den Weg in Valeris Hirn gebahnt hatten und fügte dann hinzu:

»Wenn du mir sagst, was ich wissen will, musst du nicht leiden. Das verspreche ich dir.«

Valeris Herz krampfte sich zusammen, pochte lautstark bis in seine Schläfen. Mit zusammengebissenen Lippen bäumte er sich gegen seine Fesseln auf, die zwischen ihm und der Freiheit, seinem Feind und seinem restlichen Leben lagen, rieb sich aber nur das Handgelenk wund.

Schließlich gab er keuchend auf, ein Speichelfaden tropfte aus seinem Mundwinkel. Sein Angreifer hatte sich abermals in den dunklen Schatten hinter Valeris Rücken zurückgezogen. Valeri schwieg einen Augenblick lang, um wieder zu Atem zu kommen und sich zu fassen. Vorhin hatte er sich noch fest vorgenommen, nicht schwach zu werden, sich nicht erniedrigen zu lassen. Trotz dieser Vorsätze flehte er jetzt mit ängstlicher Stimme um Gnade.

»Lass mich gehen … Ich hab dir nichts getan.«

Valeri fuhr zusammen. Plötzlich war der andere hinter ihm aufgetaucht und ließ die Fingerspitzen langsam und zärtlich über Valeris Kiefer und Kehle gleiten. Von neuem war seine Stimme zu hören, leise wie eine gemurmelte Beichte, ein beinahe lautloses Flüstern.

»Du irrst dich.«

Bevor Valeri reagieren konnte, bevor er begriff, was geschah, glitt der Finger des Angreifers in seinen Mund, zog seine Wange auseinander, stieß ihm das Skalpell ins Zahnfleisch und schlitzte es der Länge nach bis zum Backenzahn auf. Valeri heulte vor Schmerz auf und versuchte, den Kopf zu befreien, aber der andere hielt seine Kehle fest umklammert. Kurz darauf sprudelte ihm das Blut in einem Schwall in Mundhöhle und Rachen. Ihm wurde übel: Der Eisengeschmack war widerlich. Valeri spie wieder und wieder aus, halb wahnsinnig bei der Vorstellung, an seinem eigenen Blut zu ersticken. Sein Hemd war im Nu blutüberströmt.

Wieder flüsterte der Angreifer in sein Ohr, seine Stimme klang betörend:

»Name und Adresse.«

Valeri schluckte mühsam.

»Weiß ich nicht!«

»Wir wissen beide, dass du lügst.«

Valeri schüttelte verneinend den Kopf und ließ eine Ladung unverständlicher Flüche folgen. Mit dem blutgefüllten Mund hörte es sich an, als würde er unter Wasser sprechen. Ungerührt zückte der Angreifer erneut das Skalpell und schlitzte ihm die Brauen auf. Valeri kreischte auf. Blut quoll in seine Augen, machte ihn blind, strömte über sein Gesicht und tropfte vom

Kinn. Panisch schreiend bespuckte er sich selbst. Der andere nahm seine Hand und drückte ein Glas hinein.

»Hier, Valeri, spül dir den Mund aus.«

Es klang mitfühlend. Valeris Hand zitterte. Der Angreifer legte seine Hand auf Valeris und half ihm, das Glas zum Mund zu führen. Valeri begriff zu spät, dass die Flüssigkeit darin kein Wasser war. Die Überraschung wich unmittelbar darauf einem schier unerträglichen Schmerz, als der Alkohol beißend in das geöffnete Zahnfleisch eindrang. Ohne zu zögern zog der Angreifer abermals Valeris Wange zurück und bohrte sein Skalpell in die untere Zahnreihe, drehte die Klinge hin und her und durchtrennte die Nerven und Wurzeln. Valeri stieß ein unmenschliches Heulen aus. Ein tierischer Laut, der einem das Blut in den Adern gefrieren ließ. Der Schrei eines verletzten Tieres, das instinktiv den Tod nahen fühlt und weiß, dass es diesmal kein Entkommen mehr gibt.

»Name und Adresse …«

Valeri fing mit fiepender Stimme an zu beten. Etwas anderes konnte er nicht mehr tun.

Der brutale, blutrünstige Valeri Mardaev galt unter den organisierten Banden als gefürchteter und respektierter Anführer. Er hatte lange gekämpft, so lange, wie er noch die Hoffnung auf ein Wunder hegte, darauf, dass jemand kommen und ihn befreien würde. Er hatte gelitten und die Zähne zusammengebissen, bis seine letzten Kräfte aufgezehrt waren. Aber auch der härteste Mann wird irgendwann gebrochen, überschreitet eine unsichtbare Grenzlinie, hinter der jeder Widerstand eines menschlichen Wesens besiegt und überwunden werden kann. Valeri hatte sich geschworen, Stillschweigen zu bewahren, sich nicht erniedrigen zu lassen, aber nun hing sein Kopf wie eine geknickte Blüte herab, das Kinn lag auf der Brust. Zerbrochen, vernichtet würde er bald den letzten Atemzug tun. Der Angreifer nahm derweil ungerührt die Spraydosen aus seinem Rucksack, fing an, ein Graffiti an die Betonwand zu sprühen, die Konturen eines Skeletts. Währenddessen begannen Valeri Mardaevs Beine zu zucken; sein Kopf zitterte, von heftigen Krämpfen geschüttelt, bis er leise röchelnd starb. Während der Farbstrahl mit leisem Zischen aus der Spraydose austrat, hörte man es unaufhörlich auf den Boden tropfen, und eine zusehends größer werdende Blutpfütze breitete sich auf dem Betonboden aus.

14.
INTERNE
DIENSTAUFSICHT

Als ehemaliger Ermittler kannte Yves Gagné die Tricks des Metiers und die Methoden, mit denen man Zeugen unter Druck setzte, und trotzdem tappte er in die Falle, die ihm der Sergent-Détective stellte: Kaum machte der Anstalten, den Raum zu verlassen, hob er die Hände.

»Warte, Lessard, warte! Mir kommt da eine Idee. Setz dich.«

Victor legte die Hände auf die Stuhllehne. Gagné war offensichtlich noch verzweifelter, als er angenommen hatte.

»Ich gebe dir eine Minute.«

Der Expolizist kniff sich in den Nasenrücken.

»Es gab da ein Gerücht …«, sagte er nach kurzem Schweigen.

»Was für ein Gerücht?«

Gagné zögerte mit der Antwort und schien die richtigen Worte für einen Gedanken zu suchen, der ihm nur widerstrebend über die Lippen kam.

»Erinnerst du dich an Davidson und Roberge? Wie es aussieht, hat Tanguay schon lange vor ihnen Informationen an das organisierte Verbrechen verkauft. Vor allem an die Mafia.«

Im Jahr 2012 war Ian Davidson, damals gerade aus dem Kriminaldienst ausgeschieden, in den Verdacht geraten, der Mafia sensible Daten über zweitausend Informanten des Montréaler Polizeidienstes (SPVM) verkauft zu haben. Von den Medien als ›der Maulwurf‹ tituliert, hatte er sich wenige Stunden, bevor seine Identität enthüllt wurde, das Leben genommen. In einer ähnlichen Affäre war Benoît Roberge, ehemaliger Starermittler

110

des SPVM, 2013 beschuldigt worden, die Hells Angels mit Informationen versorgt zu haben.

Victor legte die Hände flach auf den Tisch, beugte den Oberkörper vor und sah Gagné direkt in die Augen. Die Pupillen des Expolizisten hatten sich geweitet.

»Er soll der Mafia die Informationen verkauft haben, die du ihm geliefert hast?«

»Unter anderem.«

»Wo hast du das her?«

Noch bevor Gagné den Mund aufmachte, wusste der Sergent-Détective, dass er ihn anlügen wollte. Natürlich um seine Quelle zu schützen.

»Das weiß ich nicht mehr, es war nur ein Gerücht. Aber an deiner Stelle würde ich bei der Mafia suchen. Angenommen, Tanguay hat ihr eine Liste zukommen lassen. Vielleicht ist er zu gierig geworden. Vielleicht ist er ein lästiger Zeuge geworden.«

»Du glaubst, sie wollten ihn zum Schweigen bringen, bevor die Spur zu ihnen zurückverfolgt werden konnte?«

»Warum denn nicht?«

»Weil der Mord an Tanguay nicht zur Mafia passt. Wir sprechen hier nicht von einer Hinrichtung durch einen Profi. Man hat ihm den Kopf abgehackt.«

»Gerade das ist doch der Witz! Wer nicht will, dass man ihm auf die Schliche kommt, verschleiert seine Vorgehensweise und ändert seine Handschrift.«

»Du musst mir schon was Konkretes liefern, Yves.«

Gagné stand auf, ging zu einem Schrank und nahm eine Kaffeedose heraus. Er öffnete sie, tauchte die Finger hinein und zog einen zusammengefalteten Zettel hervor. Er friemelte ihn auseinander und legte ihn, bevor er sich wieder setzte, vor Victor auf den Tisch.

»Hier. Hab ich aus dem Gedächtnis aufgeschrieben.«

»Was ist das?«

»Das sind die Namen der Leute, deren vollständiges Profil ich für Tanguay aus der CRPQ-Datenbank ziehen sollte. Mehr kann ich nicht für dich tun.«

Der Sergent-Détective drehte den Zettel zwischen den Fingern. Der Kaffee in der Dose hatte kleine braune Flecken auf dem Papier hinterlassen. Victor spürte, dass Gagné mit sich rang, dass er noch Informationen zurückhielt. Er schob den Zettel von sich weg, als wäre er für ihn ohne Interesse.

»Was soll ich damit anfangen?«

Gagné trank einen Schluck Whiskey. Die Situation schien ihn zu amüsieren.

»Du bist hier der Polizist. Ich werde dir doch nicht die Arbeit abnehmen.«

Bevor der andere das Spiel eröffnete, war Victor klar: Gagné wollte alles auf eine Karte setzen.

»Außer du entscheidest dich dafür, mir zu helfen, Lessard.«

»Erpressung zieht bei mir nicht. Sag mir, was du weißt, dann sehen wir weiter.«

Gagné biss die Zähne zusammen und trommelte nervös auf dem Tisch. Er wusste, dass er seine Möglichkeiten ausgereizt hatte, wandte Victor das Gesicht zu und sah ihm direkt in die Augen.

»Du solltest mal in der Dienststelle der Internen vorbeischauen.«

»Wozu sollte ich das tun?«

»Und wenn ich dir sage, dass gegen Tanguay bereits ermittelt wurde?«

Der Sergent-Détective zuckte zusammen.

»Zwei von meinen Leuten tun nichts anderes, als die Akten zu durchforsten. Hätte die Interne Tanguay im Visier gehabt, wüsste ich das längst.«

»Ob du es glaubst oder nicht, aber ich sage dir, gegen Tanguay liefen Ermittlungen.«

Victor musste sofort an Marc Piché denken. Wenn eine sol-

112

che Akte existierte, konnte der Direktor des SPVM Anweisung geben, sie der Ermittlungsgruppe vorzuenthalten. Aber wozu sollte er ein solches Risiko eingehen?

»Also gut. Mit wem von der Internen soll ich reden?«

»Mit Lachaîne oder Masse. Kennst du sie?«

Der Sergent-Détective verzog besorgt das Gesicht. Die Blues Brothers, wie man die beiden nannte. Bei den Ermittlungen gegen den König der Fliegen waren Jacinthe und er ein paarmal mit ihnen aneinandergeraten.

Entschlossen, der Geschichte auf den Grund zu gehen und Gagné die Wörter notfalls einzeln aus der Nase zu ziehen, setzte Victor die Befragung noch lange Minuten fort, doch es kam nichts dabei heraus. Der Expolizist blieb dabei, dass er zwar von der Existenz einer internen Ermittlungsakte wisse, aber deren Inhalt nicht kenne.

Victor legte die Hände in den Nacken, dehnte seufzend den Hals und stand auf. Gagné verdrehte die Finger auf dem Tisch.

»Du hast vorhin versprochen, dass du …«

Der Sergent-Détective schloss die Augen.

»Was kann ich für dich tun, Yves?«

»Es geht um meine Kinder …«

»Was?«

»Ich möchte das Besuchsrecht zurück. Wenn du bei der Sozialarbeiterin ein gutes Wort für mich einlegst, würde mir das helfen.«

Keine Woche nach seiner Entlassung aus dem Gefängnis war Gagné verhaftet worden, weil er den ehemaligen Kollegen, der mit seiner Frau zusammen war, verprügelt hatte. Diese Tätlichkeit hatte ihm eine erneute Haftstrafe und den Entzug des Besuchsrechts für seine beiden Kinder eingebracht. Seitdem durfte er sie lediglich einmal im Monat an einem Wochenende für ein paar Stunden sehen und nur unter Aufsicht.

»Im Moment ist das unmöglich.«

Gagné tippte sich an die Unterlippe. Er sah aus, als würde er gleich in Tränen ausbrechen.

»Warum?«

Victor deutete auf die Flasche.

»Darum. Wenn du willst, dass ich mit der Sozialarbeiterin spreche, musst du dich wieder in den Griff kriegen.«

Er stand auf und streckte Gagné seine Visitenkarte hin.

»Wenn du dich entschließt, damit aufzuhören, ruf mich an. Dann gehen wir zusammen zu den Anonymen Alkoholikern.«

Statt die Karte zu nehmen, griff Gagné nach der Flasche und führte sie mit herausfordernder Miene zum Mund. Victor klaubte die Namensliste vom Tisch und ging ein paar Schritte Richtung Flur, bevor er sich noch mal umdrehte.

»Eine letzte Frage …«

Gagné setzte die Flasche wieder ab und stieß einen zufriedenen Seufzer aus. Seine Lippen glänzten.

»Du willst wissen, wo ich am Abend des Mordes war. Das ist doch deine Frage, oder? Ich war hier.«

»Allein?«

Der Expolizist lachte kurz auf.

»Nein … Ich hatte ein Rendezvous mit einer Flasche Glenfiddich. Ein unvergesslicher Abend! Du kannst es nachprüfen, sie liegt noch im Altglascontainer.«

Angewidert zuckte Victor mit den Schultern und steuerte auf die Tür zu. Als er am Wohnzimmer vorbeikam, legte er seine Karte zwischen zusammengeknüllte Papiertaschentücher auf einen Stapel Pornohefte.

15.
RÜCKBLENDE

Es ist nie leicht, gedanklich in eine schmerzliche Phase unserer Vergangenheit zurückzukehren, zumal wenn die Umstände uns gegen unseren Willen dazu veranlassen. Victor hatte gezögert, bevor er den Anruf tätigte. Jetzt saß er auf einer Bank im Park Saint Henri, rauchte in aller Ruhe eine Zigarette und betrachtete dabei die Statue Jacques Cartiers auf ihrem Eisenpodest. Hinter ihm ertönten Schritte. Ein Mann umkurvte die Bank und nahm rechts neben ihm Platz.

»Lange nicht gesehen, Lessard …«

Der Ermittler nickte beifällig. Etwas, was tief in seinem Innern begraben lag, quälte ihn.

»Salut, Giacomo.«

Cartier, der unverwandt zum Horizont blickte und mit erhobenem linken Arm in die Ferne deutete, hatte seit der Einweihung des Denkmals 1893 ganze Heerscharen von Rotznasen vorbeiziehen sehen. Hier, in diesem Park, unter dem ungerührten Blick des Forschungsreisenden und Entdeckers Kanadas, hatte Victor als Jugendlicher Giacomo Talone kennengelernt.

»Wie geht's Ted?«

Der Sergent-Détective wandte sich dem anderen zu, einem Mittvierziger mit kupferfarbenem Teint und schwarzen nach hinten gegelten Haaren.

Er zog an seiner Zigarette.

»Blendend«, log er. »Er joggt noch jeden Morgen.«

Victor hatte, nachdem sein Vater seine Familie umgebracht

hatte, mehrere Jahre im Heim verbracht, bevor er adoptiert wurde. Und jedes Mal, wenn er aus dem Heim ausgebüxt war, hatte er tagelang auf der Straße gelebt. Doch am Ende war er stets bei Albert und Ted gelandet, die ihm in ihrer Wohnung in der Rue du Square-Sir-George-Étienne-Cartier Asyl gewährten. Und beim Herumstreunen in dem Viertel war er dann irgendwann dem Italiener begegnet, der ein paar Straßen entfernt wohnte. Giacomo war der Anführer einer Bande von jungen Rowdys, die die Parks in der Gegend unsicher machten. Der verschlossene Einzelgänger Victor ging ihnen lange erfolgreich aus dem Weg, bis sie ihn eines Tages in einer Gasse stellten und ihm keine andere Wahl blieb, als sich mit zwei Kumpanen Giacomos zu prügeln. Er unterlag, doch die zahlenmäßige Überlegenheit der Gegenseite hinderte ihn nicht daran, die beiden Angreifer übel zuzurichten. Und bevor Giacomo, der alles mitangesehen hatte, abzog, rief er ihm zu:

»Du bist ein zäher Bursche, Lessard.«

An jenem Tag hatte sich zwischen ihnen eine Art gegenseitiger Respekt eingestellt, mit dem Ergebnis, dass Victor nie wieder von der Bande behelligt wurde. Gleichwohl deprimierte es ihn jetzt, wenn er an damals dachte. Er wünschte, die alten Jugendfehden wären der einzige Graben, der sie trennte.

»Bestell ihm Grüße von mir. Er ist ein guter Mensch.«

»Mache ich. Und bei dir? Wie geht's deinem Vater?«

In der Frage schwang viel Unterschwelliges mit. Victor hatte erst viel später, als er bereits seine ersten Gehversuche bei der Polizei machte, erfahren, dass Giacomos Vater ein einflussreiches Mitglied der Montréaler Unterwelt war.

Der andere betrachtete ihn aus traurigen Hundeaugen.

»Er hat sich nicht geändert. Im Gegensatz zu mir hat er sich nicht aus dem Geschäft zurückgezogen.«

Einige Monate nachdem Victor und Ted im Dezernat Kapitalverbrechen Partner geworden waren, hatten sie einen unappetitlichen Vorfall untersucht, bei dem es sich mutmaßlich um einen Racheakt zwischen rivalisierenden Familien handelte: Ein Mafia-Scherge war mit einem Baseball-Schläger zu Tode geprügelt worden. Die beiden Ermittler verfolgten die Spur bis zu Giacomo und seinem Vater Manuele. Die Schlinge um den Hals der beiden Verdächtigen zog sich immer enger, als plötzlich von oben der Befehl kam, den Fall zu den Akten zu legen. Victor, damals noch jung und ungestüm, setzte sich darüber hinweg und ermittelte heimlich weiter. Dabei fand er heraus, dass Ted hinter seinem Rücken auf die Einstellung der Untersuchung hingewirkt hatte. Als er ihn deswegen zur Rede stellte, weigerte sich sein Mentor vehement, ihn in die Hintergründe der Geschichte einzuweihen. Und als er ihn fragte, ob er geschmiert worden sei, glaubte er im ersten Moment, Ted würde ihn schlagen. Nach langem inneren Kampf beschloss er schließlich, von einer Anzeige gegen seinen Partner abzusehen, doch es dauerte lange, bis er ihm verzieh, dass er ihn außen vor gelassen hatte.

Viele Jahre später erzählte ihm Ted, mittlerweile im Ruhestand, die ganze Geschichte. Es hatte sich um einen Fall von Inzest gehandelt, den die *famiglia* intern regelte: Der Erschlagene hatte seine eigenen Töchter missbraucht. Manuele Talone hatte ein Exempel statuieren und seinen Leuten zeigen wollen, dass so etwas in seinem Clan nicht geduldet wurde. Und um die Symbolkraft seiner Entscheidung zu unterstreichen, hatte er seinen eigenen Sohn mit der Exekution betraut.

Giacomo verschränkte die Hände im Nacken und starrte in die Luft. Schwarze Wolken wälzten sich am Himmel.

»Ich nehme an, du hast mich nicht treffen wollen, um dich nach meinem Befinden zu erkundigen. Was willst du, Lessard?«

»Du musst mir einen Gefallen tun.«

An jenem Abend, an dem Ted mit der Wahrheit herausgerückt war, hatte dieser ihm gleichzeitig ein schwerwiegendes Geständnis gemacht. Von Manuele Talone über die schmutzigen Details des sexuellen Missbrauchs informiert, hatte Ted für sich den Schluss gezogen, dass der Täter seine gerechte Strafe erhalten habe und Giacomo und sein Vater dafür nicht belangt werden sollten. Damit hatte er die unsichtbare Linie überschritten, die die Welt zweiteilt: Er hatte sich verunsichern lassen und seine eigene Auffassung von Gerechtigkeit über die Achtung vor dem Gesetz gestellt, dessen Hüter er war. Er war abgerutscht in die Schattenwelt der Selbstjustiz, die Monster hervorbrachte.

»Einen Gefallen? Willst du Rabatt auf eine Terrasse oder eine gepflasterte Einfahrt?«

Victor presste die Lippen zusammen und schützte ein Lächeln vor.

»Ich brauche eine Information.«

Talone rutschte auf der Bank zurück und schmiegte sich an die Lehne.

»Da bist du bei mir an der falschen Adresse, Lessard. Mir erzählt keiner mehr was. Ich habe ein Tiefbauunternehmen und verdiene mein Geld auf ehrliche Weise.«

Der Sergent-Détective nahm einen letzten Zug von seiner Zigarette, drückte sie an der Bank aus und behielt die Kippe in der Hand.

»Lass das, Giacomo. Wir wollen uns doch nicht damit langweilen, dass wir uns gegenseitig Scheiß erzählen. Wir wissen beide sehr gut, dass man seiner Welt nie ganz entkommt.«

Victor schloss die Augen. Vor ihm stiegen die Bilder jenes Abends auf, an dem Ted sich ihm anvertraut hatte.

»Manchmal wird man vom eigenen Leben überrollt«, hatte er gesagt. »Sobald du zulässt, dass deine eigenen Werte an die Stelle der Tatsachen treten, musst du deinen Job an den Nagel hängen. Sonst wird es dich von innen heraus zerfressen.«

Victor hatte ihm verziehen, dass er die Talones ungeschoren hatte davongekommen lassen. Doch jedes Mal, wenn er Giacomo wiedersah, wurde er an dieses moralische Dilemma erinnert, vor dem er selbst bei mehreren Untersuchungen gestanden hatte. Bestimmte Entscheidungen, die er getroffen hatte, waren für immer in sein Gedächtnis eingebrannt, in seiner eigenen Schattenwelt begraben.

Und er hätte es vorgezogen, so selten wie möglich mit ihnen konfrontiert zu werden.

Talone seufzte.

»Ich frage dich noch mal: Was willst du?«

Victors Handy klingelte. Der Name seiner Partnerin erschien auf dem Display. Schon seit einer halben Stunde hätte er in Versailles sein müssen. Er ließ den Anruf an die Mailbox weiterleiten.

»Dass du diskret mit deinen Kontakten sprichst.«

»Worüber?«

»Über Maurice Tanguay.«

Überraschung legte sich auf die Züge des Italieners.

»Den Commandant des SPVM, dem man den Kopf abgehackt hat?«

»Genau den.«

»Und was genau willst du wissen?«

»Ob ein Killer auf ihn angesetzt war. Wenn ja, möchte ich wissen, wer der Auftraggeber war.«

Giacomo schüttelte energisch den Kopf.

»Wir waren das ganz sicher nicht! Du weißt, dass wir uns niemals an Polizisten vergreifen. Außerdem ist es nicht unser Stil, jemand zu köpfen. Du solltest dich lieber bei den Straßen-Gangs umschauen.«

Victor sah ihn durchdringend an.

»Erzähl mir nichts, was ich schon weiß, Giacomo. Ich möchte nur, dass du dich vergewisserst.«

Am wolkenverhangenen Himmel grollte ein Donner.

»Du wirst mir etwas Zeit lassen müssen, Lessard.«

»Ich gebe dir achtundvierzig Stunden.«

»Wie soll ich das in achtundvierzig Stunden diskret anstellen?«

Giacomos verdutzte Miene ließ Victor kalt.

»Lass dir was einfallen. Früher auf der Straße hast du es doch auch verstanden, andere für dich arbeiten zu lassen.«

Giacomo lachte. Ein Raubtierlachen.

»Ich nehme das als Kompliment.«

Victor reichte ihm eine Kopie der Liste, die ihm Yves Gagné gegeben hatte. Der andere warf einen Blick darauf.

»Was ist das?«

»Vielleicht ein Ansatzpunkt.«

»Was soll ich damit?«

»Tanguay hat einen Ermittler vom SPVM dafür bezahlt, dass er ihm Auskünfte über die Personen beschaffte, deren Namen auf der Liste stehen. Angeblich um sie an die Mafia weiterzuverkaufen. Du sollst für mich herausfinden, wer der Käufer war.«

Giacomo erstarrte. Was Victor von ihm verlangte, war mit unwägbaren Risiken verbunden.

»Und warum sollte ich das tun?«

Victor legte den Kopf auf die Seite und setzte seine beste Unschuldsmiene auf.

»Du tust es im Gedenken an alte Zeiten. Im Gedenken an alte Freunde.«

Ein Blitz zuckte über den Himmel, gleich darauf krachte ein Donner.

»Ich hatte nie Freunde, Lessard.«

Victor zwinkerte ihm zu.

»Und glaubst du, das liegt an deinem Geruch?«

Giacomo ignorierte die Spitze. Er hielt es auf der Bank nicht mehr aus und stand auf.

»Ich höre mich um, aber ich kann nichts versprechen, okay?«

Der Sergent-Détective nickte. Giacomo sah ihn fest an.

»Ich bin jetzt sauber, Victor. Ehrlich.«

»Wenn du es sagst.«

Das Gespräch war zu Ende, aber noch konnte sich der Italiener nicht zum Gehen entschließen.

»Es gibt eine Sache, die ich mich immer wieder frage ...«

Victor blieb still.

»Warum hast du nie was gesagt?«

In dem Moment, als Giacomo die Worte aussprach, setzte schlagartig ein kräftiger, warmer Regen ein. Der Italiener fuhr auf dem Absatz herum, ohne eine Antwort abzuwarten, zog sich die Jacke über den Kopf und rannte in Richtung Straße. Victor blieb noch einen Augenblick sitzen und hing seinen Gedanken nach. Als er endlich aufstand, war er klatschnass. Er schlug den Weg zum Parkeingang an der Rue Agnès ein, wo er den zivilen Dienstwagen geparkt hatte. Die Kippe, die er in der hohlen Hand gehalten hatte, warf er in einen Mülleimer, an dem er vorbeikam. Der Regen lief ihm übers Gesicht und tropfte auf seine Jacke, doch er ging ohne Hast. Wieder flammte ein Blitz auf. Das Gewitter betäubte ihn.

16.

DIE BLUES BROTHERS

Der Ermittler Lachaîne feuerte die erste Salve ab und gab damit den Ton für das Gespräch vor.

»Was können wir für euch tun, ihr zwei Turteltauben?«

Jacinthe sah Victor an, der mit den Schultern zuckte. Sie verdrehte die Augen und überlegte nicht lange, bevor sie antwortete.

»Für den Anfang könntest du aufhören, unterm Tisch mit deinem Schwanz zu spielen. Das lenkt mich ab.«

Das Lächeln des Ermittlers von der Inneren erstarb. Er stand auf.

»Wenn ihr gekommen seid, um uns zu beleidigen, habe ich Besseres zu tun.«

»Beruhige dich, mein Lieber. Hast du gewusst, dass du Cortisol ausschüttest, wenn du in Wut gerätst, und dass das schlecht für deine Prostata ist? Ich habe neulich einen Artikel darüber gelesen.«

Ermittler Masse – eindrucksvoll behaarte Handrücken, struppige Augenbrauen – hatte noch kein Wort gesprochen, seit sie hier waren.

»Solltet ihr nicht lieber den Mord an Commandant Tanguay untersuchen, statt hier eure Zeit zu vergeuden?«

Jacinthe hatte, nachdem ihr Victor am Telefon von seinem Gespräch mit Yves Gagné berichtet hatte, das Treffen mit den Ermittlern von der Internen vereinbart. Victor hatte sie in Versailles abgeholt und war mit ihr in die SPVM-Zentrale in der Rue Saint-Urbain gefahren. Eine Sekretärin hatte sie in einen

Besprechungsraum geführt und ihnen Kaffee gebracht. Lachaîne und Masse waren dort zu ihnen gestoßen.

Victor holte tief Luft und atmete langsam wieder aus, um einen kühlen Kopf zu bewahren.

»Ganz recht. Wir haben Fragen an euch im Zusammenhang mit unseren Ermittlungen. Können wir uns vernünftig unterhalten? Wir stehen in dieser Sache in direktem Kontakt mit Piché.«

Die Ermittler von der Inneren hatten sich an eine Seite des rechteckigen Tischs gesetzt, Jacinthe und Victor an die andere. Eine Neonröhre knisterte über ihren Köpfen, doch niemand achtete darauf. Spannung lag in der Luft. Mit ausdrucksloser Miene und einem unheilvollen Funkeln in den Augen schien Jacinthe bereit, sich jeden Moment auf die beiden gegenüber zu stürzen.

Ermittler Masse sank schließlich auf seinen Stuhl zurück und sagte:

»Wir sind ganz Ohr, Lessard. Stell deine Fragen.«

Victor trank einen Schluck Kaffee. Er begab sich auf schwieriges Terrain: Er wollte von den beiden Ermittlern Informationen, die sie zurückhielten, und ihnen gleichzeitig möglichst wenig Einzelheiten über den Fall verraten, an dem er arbeitete.

»Was könnt ihr uns über die unbefugte Nutzung von Daten aus dem CRPQ sagen?«

Masse kratzte sich ausgiebig im Genick, ehe er antwortete.

»Zu laufenden Untersuchungen dürfen wir nichts sagen, doch es hat in der Tat Fälle gegeben …«

Victor legte die Hände flach auf den Tisch und beugte den Oberkörper vor.

»Wie zum Beispiel den Fall Yves Gagné? Habt ihr die Ermittlungen geführt?«

Es war eine Feststellung, keine Frage. Lachaîne wollte darauf antworten, doch Masse drehte sich zu ihm hinüber, gab ihm unauffällig ein Zeichen und erwiderte an seiner Stelle:

»Ja, das waren wir.«

»Gagné ist verurteilt, also könnt ihr doch über den Fall reden.«

Wieder war es Masse, der antwortete.

»Was genau willst du denn wissen, Lessard?«

»Habt ihr im Rahmen eurer Untersuchung feststellen können, an wen Gagné die Informationen verkaufen wollte?«

Masse zuckte mit den Schultern und machte auf lässig.

»Die Gerichtsakten stehen zur Verfügung. Stellt einen Antrag, dann könnt ihr sie einsehen.«

Victor hätte beinahe geantwortet, dass ein Anruf beim Direktor genüge, um sie zum Sprechen zu zwingen, doch er zog es vor, seine Asse noch im Ärmel zu behalten.

»He, Jungs, ich darf euch daran erinnern, dass wir den Mord an einem Kollegen untersuchen.«

Masse hob abwehrend die Hände.

»Nur sehe ich keinen Zusammenhang zwischen euren Ermittlungen zu Tanguay und dem Fall Gagné.«

Er blickte zu seinem Kollegen, der die Arme vor der Brust verschränkt hatte.

»Siehst du da eine Verbindung?«

Lachaîne schaute auf seine Uhr, gähnte und streckte sich.

»Nein, ich sehe keine. Helfen Sie uns auf die Sprünge, Lessard.«

Victor stellte die Ellbogen auf den Tisch und faltete die Hände.

»Leute, mit einer solchen Einstellung werden wir noch den ganzen Abend hier sitzen.«

Lachaîne entgegnete in zuckersüßem Ton:

»Schon lustig, dass du von Einstellung sprichst, bei dem, was in deiner Akte steht.«

Die Ermittler von der Internen kicherten im Gleichklang. In frostigem Ton konterte Jacinthe:

»Du solltest den Mund nicht so weit aufreißen, Lachaîne, dein Atem riecht nach Sperma.«

Weit davon entfernt, sich darüber zu ärgern, erwiderte der Ermittler schlagfertig:

»Na ja, Taillon, dir kann so was ja nicht passieren.«

Jacinthe wollte zurückschlagen, doch Masse schob sofort nach:

»Übrigens hat uns überrascht, dass man ausgerechnet dich mit dem Fall betraut hat, Lessard.«

»Ach ja? Wieso?«

»Sagen wir mal so: Wegen deines früheren Verhältnisses zu Tanguay hätten wir dich eher auf der Liste der Verdächtigen erwartet.«

Jacinthe fuhr in die Höhe und stieß krachend ihren Stuhl zurück. Sie schwang drohend die Faust.

»He, Freundchen, willst du eins auf die Backe?«

Victor gab ihr Zeichen, sich wieder zu setzen, und beschloss, seine Strategie zu ändern.

»Ich würde gern wissen, ob ihr bei euren Ermittlungen gegen Gagné auf Hinweise gestoßen seid, die darauf hindeuten könnten, dass er Informationen an einen Kollegen vom SPVM verkauft hat.«

Masse dachte ein paar Sekunden über seine Antwort nach.

»Wie wär's, wenn du aufhörst, um den heißen Brei herumzureden, und uns sagst, wonach du suchst?«

Victor ging aufs Ganze. Er stand auf und schlug mit der flachen Hand auf den Tisch.

»Habt ihr gegen Tanguay ermittelt? Hat er von Gagné Informationen gekauft? Und hat er sie an die Mafia weiterverkauft?«

Die Fragen schienen Masse mehr zu ärgern, als zu überraschen. Er hob den Zeigefinger und rief mit drohender Miene:

»Schluss mit deiner Hexenjagd, Lessard! Wir haben keine Akte über Tanguay!«

Draußen trockneten die letzten Sonnenstrahlen den Asphalt. Victor nahm einen ersten Zug von seiner Zigarette. Jacinthe konnte sich nicht beruhigen.

»Diese blöden Arschlöcher! Wenn du mich fragst, lügen die uns offen ins Gesicht.«

»So viel steht fest. Fragt sich nur, warum? Um wen zu schützen?«

Jacinthe trat mit dem Fuß in die Luft, um die Tauben zu verscheuchen, die rechts von ihr neben einem Abfalleimer pickten.

»Wirst du Piché bitten, ein Machtwort zu sprechen?«

»Noch nicht. Wenn Gagné die Wahrheit sagt und die Interne eine Untersuchung gegen Commandant Tanguay eingeleitet hat, hätte uns der Direktor darüber informieren müssen.«

»Traust du Piché nicht?«

Victor tippte mit dem Finger auf seine Zigarette, sodass sich ein Ascheklümpchen löste.

»Das habe ich nicht gesagt. Ich möchte nur abwarten, was passieren wird.«

»Dann lassen wir die Blues Brothers also fürs Erste in Ruhe?«

Mit einem Nicken grüßte der Sergent-Détective einen anderen Ermittler, der gerade aus dem Gebäude trat.

»Nein. Wir werden es ihnen mit gleicher Münze heimzahlen.«

Jacinthe sah ihn verdutzt an.

»Wie meinst du das?«

»Du wirst etwas finden, was wir gegen einen der beiden Clowns verwenden können. Als Druckmittel. Egal was.«

Ein boshaftes Grinsen umspielte Jacinthes Lippen.

»Egal was? Du kannst dich auf mich verlassen, Partner.«

17.
KÜCHENPARTY

Victor stieß die Tür zu seiner Wohnung auf und trat beiseite, um Jacinthe vorbeizulassen. Keuchend hielt sie sich mit einer Hand am Heizkörper fest und bückte sich, um ihre Schuhe auszuziehen. Nach dem langen Treppensteigen war sie außer Puste.

»Ich weiß nicht, wie du das schaffst, jeden Tag hier raufzuklettern. In einem Jahr bist du olympiareif, Partner.«

Der Sergent-Détective schloss die Tür hinter ihr. Burn von Ellie Goulding dröhnte in voller Lautstärke durch den Flur. Er deutete auf Jacinthes Schuhe.

»Behalt sie an, hier herrscht das reinste Chaos.«

Nach einigem Zögern hatten sich Nadja und er für diese Maisonnette-Wohnung an der Ecke Avenue Beaconsfield und Rue de Terrebonne und gegen eine kleinere mit Blick auf den Lachine-Kanal entschieden. Der Bedarf an Gästezimmern für Victors Kinder hatte den Ausschlag gegeben. Martin weilte noch in Saskatchewan, wo er auf der Ranch seines Onkels arbeitete, trug sich jedoch mit dem Gedanken, nach Montréal zurückzukehren und wieder in seinen Job als Tontechniker einzusteigen. Charlotte studierte in Vollzeit Kommunikationswissenschaften an der Universität von Québec in Montréal. Sie wohnte bei ihnen, seit Victors Ex beschlossen hatte, ihrem neuen Mann, der bei einem Wirtschaftsprüfungsunternehmen arbeitete, nach London zu folgen.

Der Sergent-Détective legte eine Hand an den Mund und rief:

»Hallo? Ist da jemand?«

Die Lautstärke der Musik sank um ein paar Dezibel, und eine Frauenstimme drang durch die Lärmwand.

»Ich bin im Esszimmer, Dad …«

Jacinthe im Schlepptau, kurvte Victor durch den mit Kartons vollgestellten Flur und trat ins Esszimmer, wo eine junge Frau Anfang zwanzig in einem Lichtkegel arbeitete. Barfuß, mit T-Shirt und einer Jeans voller Farbflecken bekleidet, die Haare zu einem Knoten gebunden, war sie dabei, die Zierleisten zu streichen. Einen weißen Klecks auf der Wange, einen Pinsel in der linken Hand, kam Charlotte den beiden lächelnd entgegen.

»Hallo, Jacinthe!«

»Salut, Süße. Lange nicht gesehen.«

Die beiden Frauen umarmten und küssten sich. Dann trat Victor zu seiner Tochter, legte ihr eine Hand auf den Rücken, beugte sich zu ihr hinunter und blies ihr in den Nacken, bevor er ihr dort einen Kuss aufdrückte, ein Ritual, das er seit ihrer frühen Kindheit pflegte. Ein Strahlen ging über Charlottes Gesicht.

»Hallo, Papa. Wie geht's?«

»Gut, und dir?«

Er trat einen Schritt zurück und begutachtete ihre Arbeit.

»Wow! Du hast einen super Job gemacht, Liebes.«

Nach ihrem Gespräch in den Büros der Internen hatte Jacinthe Victor zum allgemeinen Krankenhaus gefahren. Sie war im Wagen geblieben, hatte Rohkost geknabbert und Textnachrichten beantwortet, während er hineinging und seinen alten Mentor besuchte. Er fand Ted schlafend in seinem Krankenzimmer vor. Laut der Stationsschwester ging es ihm so gut wie noch nie seit seiner Einlieferung. Und der behandelnde Arzt stellte sogar eine Entlassung in wenigen Tagen in Aussicht, falls sich sein Zustand weiter besserte. Von einem schlechten Gewissen geplagt, weil er seit Beginn der Untersuchung nur einmal die Zeit zu einem

Besuch gefunden hatte, verweilte Victor lange Minuten an Teds Bett. Er saß still auf einem Stuhl und betrachtete das von Falten durchzogene Gesicht des alten Mannes, dann gab er ihm einen Kuss auf die Stirn und verließ das Zimmer. Auf dem Korridor begegnete er Albert Corneau, Teds Lebensgefährten seit über dreißig Jahren. Sie umarmten sich und plauderten ein paar Minuten. Albert wirkte erschöpft, hielt sich aber wacker. Bevor sie voneinander schieden, hatte Victor versprochen, bald wieder vorbeizuschauen.

»Was für ein bescheuerter Käse, total unreibbar, das Zeug.«

Victor stieß ein spöttisches Lachen aus.

»Unreibbar? Vom Verb ›reiben‹? Das ist übrigens Crescenza, ein Käse aus Norditalien. Er ist leicht gummiartig, aber du wirst sehen, er schmeckt hervorragend.«

Auf dem Weg in die Wohnung hatten sie das Garde-Manger geplündert, ein italienisches Feinkostgeschäft in der Rue Monkland, in dem Victor regelmäßig einkaufte.

»Lass dir Zeit«, fügte er hinzu, »und hör auf, davon zu naschen, sonst haben wir nicht mehr genug für die Pizzen.«

»Tu ich doch gar nicht!«, empörte sich Jacinthe und schmunzelte pflichtbewusst.

Ohne von den Pizzen aufzuschauen, die er gerade mit Tomatensoße bestrich, erwiderte er:

»Du brauchst es gar nicht abzustreiten, ich hab's gesehen.«

Der Käsequader zerbrach zwischen Jacinthes Fingern. Wieder meckerte sie.

»Du und dein teurer Geschmack, Lessard. Kannst du nicht Mozzarella kaufen wie jeder normale Mensch?«

Victors Handy tanzte über die Arbeitsplatte. Das Display meldete eine unterdrückte Nummer. Er blickte fragend zu Jacinthe. Mit einem Nicken forderte sie ihn auf, das Gespräch anzunehmen.

»Hallo?«

Er vernahm ein Atmen am anderen Ende der Leitung und wiederholte die Frage noch mehrere Male. Jeder Versuch wurde mit Schweigen quittiert, dann brach die Verbindung ab. Victor presste die Lippen zusammen und senkte den Blick. Jacinthe schüttelte den Kopf.

»Wieder Simon Tanguay? Der arme Kerl.«

Die Wohnungstür schlug zu, Stimmen ertönten auf dem Gang. Sekunden später trat Nadja mit Loïc ins Esszimmer. Sie stemmte die Hände in die Hüften und geriet ins Schwärmen, als sie sah, was Charlotte geleistet hatte. Victor machte Loïc mit seiner Tochter bekannt. Die beiden begegneten sich zum ersten Mal. Victor glaubte zu bemerken, dass die beiden voneinander angetan waren, und als Charlotte durch den Flur zu ihrem Zimmer ging, um sich umzuziehen, und Loïc ihr mit den Augen folgte, beugte sich Victor zu ihm hinüber und raunte ihm halb im Spaß, halb im Ernst ins Ohr:

»Wenn du jemals meine Tochter anrührst, reiße ich dir den Kopf ab, Kid.«

Nadja hatte die Bemerkung gehört und verdrehte die Augen.

»He, Victor Lessard, hör auf, den Spießer raushängen zu lassen, sonst schläfst du auf dem Sofa.«

Sie brachen gleichzeitig in Lachen aus.

Als die Pizzen im Ofen waren, unterhielten sich die Frauen angeregt in der Küche, und Victor führte Loïc durch die Wohnung. Noch war kein Zimmer komplett eingerichtet, und in Victors alter Bleibe in der Rue Oxford warteten noch jede Menge Kartons, Möbel und andere Sachen darauf, umgezogen zu werden, doch seine IKEA-Regale hatte er bereits aufgebaut und seine Stereoanlage angeschlossen.

Die Hände auf dem Rücken, inspizierte Loïc die CDs, DVDs und Schallplatten, die wohlsortiert in den Regalen standen. Victor hatte offensichtlich einen breitgefächerten Musikgeschmack –

einige Titel kannte er überhaupt nicht doch er war angenehm überrascht, als er feststellte, dass sämtliche Alben von Nirvana darunter waren. Unter den Filmen erregten Titel wie Fight Club, Pulp Fiction, Casablanca, No Country for Old Men, Die fabelhafte Welt der Amélie, Apocalypse Now, Der Soldat James Ryan, Schlappschuss und ein Hitchcock-Schuber seine Aufmerksamkeit. Außerdem zählte er rund dreißig Bücher über Muhammad Ali. Loïc zog eine Platte heraus und betrachtete das Cover, auf dem ein Schwarzer abgebildet war, der mit geblähten Backen in eine Trompete blies.

Er wandte sich an Victor.

»Ist er gut, dieser Miles Davis?«

»Hast du nie was von ihm gehört?«

»Ich stehe nicht auf Jazz.«

»Man muss nicht auf Jazz stehen, um Miles Davis zu mögen. Warte …«

Victor zog die Platte aus der Hülle, wischte sie sorgfältig ab und legte sie auf den Plattenteller. Und während die ersten Töne von So What erklangen, ließ er Loïc mit dem Meister allein und kehrte in die Küche zurück, um nachzusehen, wie weit die Pizzen waren.

Das Essen verlief in gelöster Stimmung und wurde von lustigen Anekdoten Jacinthes und ausgelassenem Gelächter begleitet. Danach zog sich Charlotte in ihr Zimmer zurück, während die Ermittler am Tisch sitzen blieben. Victor hatte sich spontan zu diesem Abendessen im Kreis der Kollegen entschlossen, um ihnen Gelegenheit zu geben, in einer entspannteren Atmosphäre als im Büro eine Zwischenbilanz zu ziehen. Bevor er aufstand und den Tisch abzuräumen begann, berichtete er kurz von den Fortschritten, die sie im Lauf des Tages gemacht hatten. Dabei erwähnte er auch, dass er einen Informanten beauftragt hatte, sich im Milieu umzuhören und festzustellen, ob an Gagnés Behauptungen zum organisierten Verbrechen etwas dran war. Allerdings verschwieg er geflissentlich, dass diese Quelle Giacomo Talone war. Er vertraute den Kollegen, wollte aber so wenig wie möglich an der Vergangenheit rühren. Nach ihm fasste Nadja ihren Tag mit Loïc zusammen und schloss mit den Worten:

»Wir durchforsten jetzt seit über einer Woche die Akten von Commandant Tanguay. Wir strecken die Fühler in alle erdenklichen Richtungen aus, aber bis jetzt haben wir weder in den Akten laufender Untersuchungen noch in den Archiven ab 2010 etwas gefunden.«

Victor hielt die Teller unter den Wasserhahn und räumte sie dann in die Spülmaschine. Er hielt einen Moment inne.

»Solange wir die Hypothese, dass Tanguays Tod etwas mit seinem Amt zu tun haben könnte, nicht verworfen haben, müssen wir weitersuchen und noch weiter zurückgehen.«

Nadja sah ihn entschlossen an.

»Wir werden uns die Akten aus der Zeit vor 2010 vornehmen. Wenn da was faul ist, werden wir es finden.«

Jacinthe beäugte interessiert das italienische Gebäck – Cannoli – auf dem Teller, den Nadja mitten auf den Tisch gestellt hatte. Die Hände im Nacken verschränkt, stellte Loïc für einen Moment das Kaugummikauen ein.

»Wenn wir wenigstens wüssten, was wir suchen.«

Victor stellte einen Teller auf die Ablage.

»Wir suchen etwas, das auf den ersten Blick ganz normal aussieht, mit dem scheinbar alles in Ordnung ist, aber eben nur scheinbar. Vertrau auf deinen Instinkt, Kid.«

Sobald das Geschirr weggeräumt war, kochte Victor für Loïc und sich koffeinfreien Espresso und für Nadja und Jacinthe Kräutertee. Die mögliche Existenz eines internen Dossiers über Tanguay beherrschte die weitere Diskussion. Jacinthe nahm einen Schluck von ihrem Tee und verzog erbost das Gesicht. Sie hätte sich fast die Zunge verbrannt. Sie setzte die Tasse ab und wagte eine Hypothese:

»Vielleicht ist die Disziplinarakte älter als die, die ihr eingesehen habt.«

Loïc ließ eine Kaugummiblase platzen.

»Nein, das läuft nicht so wie im Archiv. Nach den Anträgen, die wir gestellt haben, hätten wir sie als Erstes auf dem Tisch haben müssen.«

Nadja tupfte mit dem Mittelfinger Krümel auf und legte sie auf ihrem Teller ab. Ohne den Blick vom Tisch zu wenden, sagte sie:

»Das muss aber nicht bedeuten, dass die Interne keine Akte über Tanguay hat. Vielleicht ist für den Zugriff darauf eine höhere Sicherheitsstufe erforderlich als die, die uns der Direktor eingeräumt hat.«

Das Kinn auf die Hände gestützt, stimmte Victor zu.

»Wie auch immer, jedenfalls sind Jacinthe und ich davon überzeugt, dass uns Lachaîne und Masse etwas verschweigen.«

Eine Weile sagte niemand etwas, dann brach Loïc die Stille:

»Wirst du mit dem Direktor reden?«

Victor antwortete ihm dasselbe wie zuvor Jacinthe, ließ aber den besonderen Auftrag unerwähnt, den er seiner Partnerin gegeben hatte.

Jacinthe ging als Letzte. Unter den amüsierten Blicken ihrer Gastgeber bestand sie darauf, »die beiden übrig gebliebenen Cannoli für Lucie mitzunehmen«. Als sie fort war, schmiegte Nadja ihren Kopf an Victors Schulter. Sie machte ihm Komplimente für das Essen, und er beugte sich zu ihrem Hals hinunter und sog ihren Geruch ein. Sie hielten sich eine Weile umschlungen, dann schaute sie zu ihm auf.

»Woran denkst du, Liebster?«

Er hatte Vorbehalte, ihr von der Begegnung mit Giacomo

Talone und der Aufgabe zu erzählen, mit der er Jacinthe betraut hatte. Er blickte in die jadegrünen Augen seiner Geliebten und log.

»An nichts.«

Sie schüttelte langsam den Kopf und lächelte. Ein entwaffnendes Lächeln, das ihr pechschwarzes Haar und ihren Bronzeteint erstrahlen ließ.

»Liebling … was verheimlichst du mir?«

Victor schloss die Augen und erstarrte. Sie las in ihm wie in einem offenen Buch.

Das Heilige und
die Gewalt

Inzwischen weiß man, dass die Gewalt innerhalb der
Tierwelt mit individuellen Hemmungen ausgestattet ist.
Tiere der gleichen Gattung kämpfen nie bis zum Tod;
der Sieger verschont das Opfer. Die Spezies Mensch
entbehrt dieses Schutzes.

RENÉ GIRARD

49.

DAS SCHWARZE
ZIMMER (2)

»Ich habe keine Ahnung, was Sie sagen wollen, wovon Sie sprechen.«

»Lassen Sie mich Ihnen eine kleine Geschichte erzählen. Von einem guten Familienvater. Er hat eine nette Frau, die ihn liebt, Kinder, einen guten Job, ein hübsches Haus, ein schönes Auto. Alles ist perfekt, nur dass er ständig daran denkt, all die schönen Mädchen zu ficken, denen er auf der Straße begegnet. Er begehrt sie so sehr, dass sein ganzes Denken darum kreist, so sehr, dass er von Wahnvorstellungen heimgesucht wird. Und in seiner Phantasie stellt er sich vor, dass die Welt rings um ihn plötzlich stillsteht, dass die Passanten erstarren und er sich die Mädchen aussuchen kann, die er haben will, um auf der Stelle seine niedersten Begierden zu befriedigen und sich ihrer anschließend zu entledigen wie eines Wegwerfartikels. Nach und nach wird er davon besessen: Jedes Mal, wenn unser guter Familienvater mit einem Mädchen spricht, bildet er sich ein, dass sie sich für ihn interessiert. Nach einer Weile ist er davon überzeugt, dass sich alle für ihn interessieren. Und dann, eines Tages, hält er es nicht mehr aus, kann er es nicht mehr ertragen: Er verfolgt eine im Auto. Er ist überzeugt, dass er ihr nichts tun wird, und begnügt sich damit, sie zu beobachten und dabei zu masturbieren. Doch an diesem Abend überkommt ihn ein Drang, der stärker ist als alles andere, und zwingt ihn, aus dem Wagen zu steigen. Alles erscheint ihm unwirklich: die Beschaffenheit der Luft, der Widerhall der Geräusche, der Glanz des Lichts. Würden Sie ihn hinterher befragen, würde er schwören, dass er in einem Traum gefangen gewesen sei, dass er seinen Körper verlassen und die Kontrolle über seine Glieder verloren habe. Sein Herz schlägt heftig in der Brust; er sieht nur die Spitzen seiner Schuhe über den Asphalt treten. Er folgt dem Opfer. Da ist sie, vor ihm, welch ein Geschenk. Da er so etwas zum ersten Mal tut, kann er sich nicht erklären, wie es ihm gelingt, im richtigen Augenblick das Richtige zu tun, doch er nähert sich von hinten, springt sie an und setzt ihr ein Messer an die Kehle. Er zerrte sie in eine Gasse, wo er sie zwingt, ihn oral zu befriedigen. Die Vergewaltigung dauert nur ein paar Sekunden, doch sie wird sein restliches Leben bestimmen. Er hat es zum ersten Mal wirklich getan: Er hat zum ersten Mal die Tür zu dem schwarzen Zimmer aufgestoßen. Nachdem er ejakuliert hat, empfindet er eine so tiefe Freude, ist er so glücklich darüber, dass er für einen Augenblick er selbst gewesen ist, dass er dem Opfer die Hand hinhält, ihm aufstehen hilft und sich bedankt. Aber natürlich, wer die Tür zu dem schwarzen Zimmer öffnet, löscht nicht mit einem simplen Fingerschnipsen ein ganzes Leben aus. Aus dem Schatten heraus richtet sein Über-Ich, das ebenso streng wie grausam ist, die Aggression gegen ihn selbst. Und bald plagen ihn Schuldgefühle, und er bereut seine Tat, sagt sich, dass er es nie wieder tun wird, dass es ein einmaliger Ausrutscher gewesen ist. Das Bedürfnis nach Bestrafung bringt ihn in den folgenden Wochen wieder seiner Frau näher. Vielleicht hat er sogar das Gefühl, neu in sie verliebt zu sein. Zumindest versucht er, sich das einzureden. Dann geraten seine Erinnerungen durcheinander, verändern sich sogar. Die Schuldgefühle verblassen, verschwinden. Eigentlich hat er sie gar nicht vergewaltigt. Sie hat es selbst so gewollt. Im Übrigen hat er nicht wirklich Gewissensbisse. Denn sein Unbewusstes versteht, dass er selbst das eigentliche Opfer der Aggression ist. Tage vergehen, und jede Falte im Gesicht seiner Frau wird wieder zum Krater. Die Rundung ihrer Hüften erscheint ihm immer weniger einladend. Er masturbiert immer häufiger. Jedes Mädchen, das er auf der Straße sieht, wirkt auf ihn wie ein Angriff. Er ist überzeugt, dass sie alle ihn begehren. Eines Tages hält er es nicht mehr aus. Die Tür geht ein zweites Mal auf. Wieder wird eine Frau überfallen, dann vergewaltigt. Er hat geglaubt, seine Dämonen besiegt zu haben, doch er hat nicht anders gekonnt, als in das schwarze Zimmer zurückzukehren. Diesmal wird er schon mehr Mühe haben, sich an ihr Gesicht zu erinnern. Denn sein Unbewusstes entpersonalisiert sie und überzeugt ihn davon, dass sie und das, was sie darstellt, für seine Leiden verantwortlich sind. Die Gesellschaftsmodelle sagen ihm, dass er unrecht hat, dass er ein Sexualverbrecher ist. Doch die alleinige Wahrheit ist, dass er das, was er tief in seinem Es empfindet, nicht mehr sublimieren kann: seine Triebe, seine Instinkte, das, was er wirklich ist. Seine Angehörigen würden sagen, dass er ein guter Mensch ist, würden beteuern, dass er kein Monster ist. Am nächsten Morgen geht er wieder zur Arbeit, postet ein triviales Status-Update auf seiner Facebook-Seite. Was ist passiert? Er hat lediglich eine Tür geöffnet … Und in dem Maße, wie er sich gestattet, in das schwarze Zimmer hinabzusteigen und seine wahre Natur auszuleben, lässt sein Bedürfnis nach Bestrafung nach, und die Ersatzbefriedigungen, die sein Leiden eigentlich mindern müssten, genügen nicht mehr. Also folgen die Opfer in immer kürzeren Abständen. Von seinen Fesseln befreit, kennt unser guter Familienvater kein Halten mehr und verwirklicht sich zum ersten Mal ganz. Und fortan ist es kein schwarzes Zimmer mehr, sondern ein Zimmer des Lichts. Denn, sehen Sie, das, wonach jedes Individuum in seiner Entwicklung strebt, ist die Lust. Die Gesellschaft scheitert, wenn sie glauben machen will, dass dieser Mann eine Ausnahme darstelle, denn genau das Gegenteil ist der Fall. Um existieren zu können, chloroformiert sie die Triebe, die in jedem von uns schlummern. Dadurch drängt sie das Glück der Individuen, aus denen sie besteht, in den Hintergrund.«

»Sie zitieren Freud, um mich zu überzeugen, aber ich weiß, worauf Sie hinauswollen. Ich verstehe sehr wohl, was sich hinter jedem Ihrer Worte verbirgt.«

»Tatsächlich? Dann lassen Sie mich Ihnen Folgendes sagen: Wir müssen aufhören, uns vor Worten zu fürchten. Die heutige Welt fürchtet sich zu sehr vor Worten. Wir entschärfen, wir verkürzen, wir feilen, wir glätten. Und am Ende sind alle Unterschiede eingeebnet, Vanille schmeckt nach Scheiße, wir sagen nichts mehr. Wir sondern nur hohles Gefasel ab, wir lügen in einem fort, während wir in unserem Innern, in unserem Fleisch, etwas anderes fühlen. Damit ein Leben in der Gesellschaft möglich ist, sagen wir das Gegenteil von dem, was wir denken. Und vor allem belügen wir uns selbst. Wir belügen uns selbst, bis wir unsere eigenen Überzeugungen aus den Augen verlieren, unsere Bedürfnisse, unser Wesen. Bis wir die Tür öffnen, bis wir in dieses schwarze Zimmer hinabsteigen, das doppelt verriegelt ist. Begreifen Sie die Mechanismen, akzeptieren Sie sie. Die Ethik verlangt zu viel, sie kümmert sich zu wenig um das Ich: Sie diktiert ein Gebot, ohne sich zu fragen, ob es befolgt werden kann. Solange Tugend auf dieser Erde nicht belohnt wird, predigt die Ethik vergeblich. Erhebt euch, verdammt noch mal. Befreit euch, sprengt die Grenzen der Klischees, in denen die Masse schwelgt. Die Begriffe von Gut und Böse, wie die Zivilisation sie versteht, sind nicht zwei Punkte an den entgegengesetzten Enden eines Spektrums. Sie sind zwei Kurven, die sich zu einem vollkommenen Kreis verbinden. Akzeptiert, wer ihr seid. Akzeptiert es als normal, dass es Raubtiere und Opfer gibt. Man sagt, der Mensch sei das einzige Geschöpf im Tierreich, das Vergnügen daran finde, seine Artgenossen zu töten. Man möchte uns das Gegenteil glauben machen, doch genau dies ist die menschliche Natur. Hört auf, euch jeden Tag zu neuem Triebverzicht zu zwingen. Ganz gleich in welcher Situation, es gibt immer ein Raubtier und eine Beute. Hört auf zu glauben, dass ihr euch durch eure Taten außerhalb der Menschheit stellt oder dass euch etwas aus der Zeit vor dem Sündenfall geblieben ist. Ihr könnt eurer wahren Natur nicht entfliehen. Einige von euch müssen töten, um zu überleben.«

NEUNTER TAG

(DIENSTAG, 23. JULI)

18.

NACHTWACHE

In dieser Nacht verließ Grant Emerson gähnend seine Dunkelkammer. Er hatte soeben seine letzten Fotos entwickelt und zum Trocknen aufgehängt und trat jetzt zwischen den alten Krempel im Hauptraum seiner Wohnung. Zwischen den Wänden gespannte Seile teilten das Zimmer. Von Wäscheklammern gehaltene Schwarz-Weiß-Fotos schwebten in der Luft. Es handelte sich um verschiedene Porträts von Myriam und um Aufnahmen der Suchplakate, die er in den letzten Monaten verteilt hatte. Auf Letzteren waren mit Filzstift jeweils Datum und Ort vermerkt, an denen er das Plakat aufgehängt hatte. Grant ging weiter in die Küche und machte sich ein Sandwich mit gekochtem Schinken, das er im Stehen vor der Anrichte aß. Er rieb sich die müden Augen und spülte die Mahlzeit mit ein paar Schlucken Kaffee hinunter.

In einem Radio lief leise die Sendung Fabi la nuit. Der Moderator, im Gespräch mit einem Anrufer, feuerte gerade mit seiner tiefen, samtigen Stimme eine Breitseite gegen die »Halunken, die unsere Steuergelder in die eigene Tasche gesteckt haben, statt unsere Straßen ordentlich auszubessern«. Der Anrufer wollte ihm widersprechen. Sein Kommentar brachte den Moderator in Rage. Er maulte ein paar Sekunden lang und stellte den Hörer in den Senkel, dann brach er das Gespräch ab und verabschiedete sich in eine Werbepause.

Grant wählte die Telefonnummer des Radiosenders. Nachdem er mit dem Sendeleiter gesprochen hatte, wurde er gebeten zu warten. Er hörte aus dem Telefonhörer das Ende des letzten Werbespots, dann drang die warme Stimme des Moderators an sein Ohr.

»Es ist jetzt 1.05 Uhr, und wir machen am Telefon weiter. Also, wir sprechen jetzt mit … äh … sprechen wir mit Grant?«

»Ja, das ist richtig. Guten Abend, Monsieur Fabi.«

»Guten Abend, Monsieur.«

Grant Emerson schluckte. Seine Stimme zitterte.

»Hören Sie, das ist das erste Mal, dass ich Sie anrufe …«

»Dann willkommen in der Sendung. Über welches Thema möchten Sie heute Nacht sprechen?«

»Ich war früher Soldat, Monsieur. Ich habe auf Zypern gedient. Ich war dort, als es 1974 zu einer Invasion kam und die Türken landeten. Das war nicht einfach. Wir mussten uns verteidigen. Alle sprechen von Afghanistan, aber diesen Konflikt, in den Kanada verwickelt wurde, hat man vergessen.«

»Tatsächlich ist dieser Konflikt kaum bekannt, Monsieur. Offen gestanden weiß ich selbst sehr wenig darüber. Aber Afghanistan ist ja wohl etwas anderes, dort hat Kanada Hunderte von Soldaten verloren. Jungs von hier, die dort in der Wüste gestorben sind. Und wofür? Aber gut, das ist eine andere Frage.«

»Aber Tote hat es auch auf Zypern gegeben, Monsieur Fabi.«

»Dann rufen Sie also an, um über Zypern zu sprechen, Monsieur? Steht irgendeine Gedenkfeier an, die ich nicht mitbekommen habe, ein Jahrestag?«

»Nein, nein … Ich rufe nur an, weil wir alles vergessen, Monsieur Fabi.«

Der Moderator seufzte. Er verlor schon langsam die Geduld, sagte aber in scherzhaftem Ton:

»Na ja, da haben Sie wohl nicht ganz unrecht. Wir sind alle ein wenig nostalgisch.«

»Nein, nein, das ist nicht das Problem …«

»Hören Sie, Monsieur, Sie sprechen vom Krieg auf Zypern,

dann sagen Sie, dass wir alles vergessen. Gut und schön, aber worüber möchten Sie denn nun eigentlich reden?«

»Man hat Zypern und sehr vieles andere vergessen, das ist wahr. Aber jetzt hat man meine kleine Myriam vergessen, Monsieur Fabi.«

»Einen Augenblick, bitte, Sie … wer ist denn Myriam?«

»Sie ist meine Tochter.« Grants Stimme zitterte vor Erregung. »Myriam Cummings. Sie ist verschwunden. Seit Februar gibt es kein Lebenszeichen mehr von ihr.«

Fabis Ton wurde milder, mitfühlend.

»Das tut mir wirklich leid, verehrter Monsieur. Erzählen Sie uns, was genau passiert ist.«

»Ach, im Grunde genommen wissen wir nicht viel. Sie wollte eine Freundin in Longueuil besuchen, ist aber nie dort angekommen.«

»Ich nehme an, die Polizei ermittelt?«

»Die Polizei sollte ermitteln, aber wenn Sie mich fragen, lässt sie die Sache schleifen.«

»Was haben sie Ihnen gesagt?«

»Dass sie im Moment nichts Neues hätten. Dass sie mich anrufen würden, um mich auf dem Laufenden zu halten. Aber sie rufen nicht mehr an.«

In den ersten Tagen hatte Grant in regelmäßigem Kontakt mit der Polizei gestanden. Die mit dem Fall betrauten Ermittler hatten ihm Mut zugesprochen, doch seit mehreren Wochen reagierten sie nicht einmal mehr auf seine Anfragen.

»Wenn sie nichts tun«, sagte der Moderator, »dann normalerweise nur, weil sie nichts finden. Das sind doch kompetente Leute, jedenfalls bis zum Beweis des Gegenteils. Aber was glauben Sie persönlich, was Ihrer Tochter zugestoßen ist?«

»Ich kenne das kriminelle Milieu gut, Monsieur Fabi. Ich habe früher als Fotograf für die Zeitschrift *Allô Police* gearbeitet. Ich weiß, dass sie manchmal mit Jungs von einer Straßen-Gang zusammen war. Vielleicht haben sie sie gezwungen, irgendwo nackt zu tanzen oder sich zu prostituieren. Die Polizei sagt, sie hat sie vernommen, aber sie unternimmt nichts. Ich weiß, wo die Jungs rumhängen. Wenn das so weitergeht, werde ich die Sache selbst in die Hand nehmen. Ich brauche keine zehn Minuten, um sie zum Sprechen zu bringen, das garantiere ich Ihnen.«

»Sie sollten nicht übers Ziel hinausschießen und sich in Selbstjustiz versuchen. Ich verstehe ja Ihre Verzweiflung, aber Sie sagen da Dinge, die Ihnen noch leidtun könnten. Wir müssen uns an das Gesetz halten, Monsieur.«

»Aber die verfluchten Straßen-Gangs sind doch das Problem, Monsieur Fabi ... Die halten sich nicht an das Gesetz. Wenn man sie drankriegen will, muss man es machen wie sie.«

»Ich glaube nicht, dass ich da Ihrer Meinung bin, Monsieur, aber es stimmt, die Straßen-Gangs sind eine Plage, und wir würden uns wünschen, dass die Polizei mehr tut. Nicht um ihrem Treiben ein Ende zu setzen, geben wir uns keinen Illusionen hin, aber um sie wenigstens von Zeit zu Zeit ein wenig zu piesacken.«

»Wissen Sie, Monsieur Fabi, die Polizei ist oft genauso unehrlich wie die Gangster. Manchmal hätte ich nicht übel Lust, da mal aufzuräumen. Ich würde sie alle an die Wand stellen, die Straßen-Gangs und die Polizisten, und dann würde ich in den Haufen hineinschießen!«

»Hören Sie, Monsieur, derartigen Äußerungen kann ich mich nicht anschließen, aber ich verstehe Ihre Situation, glauben Sie mir, und die Hörer verstehen sie auch. Trotzdem sollten Sie sich hüten, Dinge zu sagen, die Sie teuer zu stehen kommen könnten.«

»Manche verdienen einfach den Tod, Monsieur Fabi.«

»Sie haben das Recht auf Ihre Meinung, Monsieur. Wir wünschen Ihnen viel Glück in dieser für Sie gewiss nicht leichten Zeit. Wir nehmen jetzt einen anderen Anruf entgegen.«

»Danke, Monsieur Fabi.«

»Ich habe zu danken, Monsieur. Ich wünsche Ihnen einen gute Nacht. Wir sprechen jetzt mit Suzanne, glaube ich …«

Eine näselnde Stimme meldete sich. Grant drückte die Auflegetaste und schaltete das Radio aus. Er betrachtete die Pistole, die vor ihm auf dem Tisch lag. Sobald er sie gefunden hatte, würde er die Verantwortlichen für Myriams Verschwinden kaltblütig beseitigen. Er war fest entschlossen. Und es wäre nicht das erste Mal, dass er tötete.

19.
VALERI MARDAEV

Genervt vom Brummen der Klimaanlage, die ins Zimmerfenster eingebaut war, zog Victor an seiner E-Zigarette und blies mit geschlossenen Augen eine kleine Dampfwolke in die Luft. Da er zwar nicht einschlafen konnte, von der Schlaftablette, die er vor dem Zubettgehen genommen hatte, aber ganz rammdösig war, hatte er sich in den Sessel geflüchtet, der rechts vom Bett stand. Eine aufgeschlagene Akte lag auf seinen Knien, und Tatortfotos waren vor ihm auf dem Fußboden ausgebreitet. Im Schein der Stirnlampe, die er in seiner Nachttischschublade aufbewahrte, studierte er sie zum x-ten Mal. Von einer dumpfen Unruhe befallen, betrachtete er dann neidvoll seine friedlich schlafende Geliebte, deren Brust sich gleichmäßig hob und senkte.

Er war endlich in seinem Sessel eingenickt, als ihn das Vibrieren seines Handys wieder aus dem Schlaf riss. Er fuhr den Arm aus, tastete über den Nachttisch, dann zurück zu dem Lichtkegel, in dem das Gerät tanzte. Das Display zeigte 3.23 Uhr an, dazu den Namen seiner Partnerin.

»Gib mir eine Sekunde, Jacinthe«, flüsterte er.

Er schlich auf Zehenspitzen aus dem Zimmer, um Nadja nicht zu wecken, ging ins Badezimmer, klappte die Klobrille hoch und begann zu pinkeln.

»Ich höre«, fuhr er mit belegter Stimme fort.

»Wir haben eine zweite Leiche«, sagte Jacinthe, die topfit klang. »Und die gleiche Art von Graffiti. Soll kein schöner Anblick sein.«

Victor erwachte schlagartig aus seiner Benommenheit und zog seine Shorts hoch.

»Wieder ein Polizist?«

»Nein. Nur irgendein Typ.«

Das Telefon zwischen Schulter und Kinn geklemmt, seifte er sich die Hände ein.

»Ich höre Wasser laufen. Bist du am Pinkeln?«

Er schüttelte die nassen Hände und rieb sie an seinen Shorts trocken.

»Dir bleibt nichts verborgen. Wo hat man die Leiche gefunden?«

»Ha! Ich wusste es! Man hat ihn in Montréal-Nord gefunden.«

Er nahm das Handy wieder in die Hand und schlurfte murrend in die Küche. Er war nicht zu Späßen aufgelegt.

»So eine Scheiße! Verfluchte Kacke!«

»Also wirklich, Lessard, für drei Uhr morgens fluchst du ganz schön skatologisch.«

Victor staunte, dass Jacinthe so ein Wort unfallfrei über die Lippen brachte. Er führte das auf Lucie zurück, ihre Lebenspartnerin, die ihr derartige sprachliche Entgleisungen so oft vorgeworfen haben musste, dass sie sich den Ausdruck irgendwann gemerkt hatte.

»Kannst du mich abholen?«

Jacinthe bejahte und beendete das Gespräch. Als Victor ins Schlafzimmer zurückkehrte, um seine Kleider zu holen, war Nadja dabei, sich im Schein ihrer Nachttischlampe anzuziehen. Die Hände auf dem Rücken, hakte sie ihren BH zu und erklärte in entschiedenem Ton:

»Ich komme mit.«

Er nickte verwirrt. Dann drehte er sich wortlos um, kehrte ins Badezimmer zurück und durchwühlte auf der Suche nach Paracetamol die Hausapotheke. Ein bohrender Schmerz pochte in seinen Nebenhöhlen.

Victor saß auf dem Rücksitz des zivilen Polizeiwagens und betrachtete, noch leicht benebelt von den Nachwirkungen des Schlafmittels, die vorüberziehende Stadtlandschaft, ohne sich an dem Gespräch der beiden Frauen vorn zu beteiligen. Er bekam nur mit, dass es dabei ums Renovieren ging und sie sich über seine »zwei linken Hände« lustig machten.

Jacinthe, die passend zu ihrem Übergewicht mit Bleifuß fuhr, bog abrupt rechts ab und steuerte den Wagen in eine heruntergekommene Straße. Der leer stehende Bungalow, in dem die Leiche gefunden worden war, tauchte in ihrem Blickfeld auf. Während seine Partnerin parkte, schüttelte Victor bei dem allzu vertrauten Anblick, der sich ihm bot, den Kopf. Streifenwagen mit blinkenden Warnlichtern blockierten die Straße. Ein Transporter der Kriminaltechnik stand vor der Haustür. Gelbe Plastikbänder verwehrten Unbefugten den Zutritt. Trotz der Uhrzeit hatte sich ein Dutzend Neugieriger hinter der polizeilichen Absperrung versammelt.

Victor fuhr sein Fahrgestell aus und stieg, sich den unteren Rücken haltend, aus dem Wagen. Im Gehen beäugte er das beigefarbene Backsteinhaus, das typisch für das Viertel war, den verwitterten Türrahmen und die mit Zeitungen zugeklebten Fenster. Er ging als Erster hinein, Jacinthe und Nadja folgten ihm. Hinter der Diele gelangte er in einen Raum, der ursprünglich als Wohnzimmer gedient haben musste. Am Fenster bemerkte er ein Sofa mit kaputten Sprungfedern, das nach Dreck, Urin und Zigarettenkippen stank. Links neben dem Möbel stand eine dreiviertelvolle Zwei-Liter-Flasche Coca-Cola.

Der Ermittler zögerte, machte einen Schritt darauf zu und überlegte es sich dann anders: Das würde er sich später ansehen. Wie in Trance fand er die Treppe, die in den Keller führte, und stieg hinab. Als er den Fuß auf die letzte Stufe setzte, passierte es. Der Geruch des Todes stieg ihm die Nase, ein Geruch von klebrigem Blut und Feuchtigkeit, der ihm den Magen umdrehte.

Jacinthe und Nadja mussten zur Seite springen, als er nach dem Geländer griff und nach oben stürzte. Er erbrach sich draußen neben der Loggia ins Gras.

Victor kehrte ins Haus zurück, nachdem er eine Zigarette geraucht und sich mit einem Streifenpolizisten unterhalten hatte. Allein vor dem Sofa, betrachtete er eine Weile die Flasche und die Zigarettenkippen, die das orangefarbene Licht der Straßenlampe, das durch das staubige Fenster drang, deutlich hervortreten ließ. Loïc, der sich bei ihrer Ankunft bereits im Keller befunden hatte, erschien im Raum. Unsicher, wie er seinen Vorgesetzten ansprechen sollte, trat er vorsichtig auf ihn zu.

»Alles in Ordnung, Chef?«

Victor antwortete nicht sofort. Noch wankten die Wände um ihn herum.

»Hast du einen Kaugummi, Kid?«, fragte er schließlich.

Loïc streckte ihm ein Päckchen Bubblicious mit Erdbeergeschmack hin. Trotz seiner Übelkeit schob sich Victor eins in den Mund und kaute, zwischen zwei Welten schwebend, ein paar Sekunden lang. Dann zog er Latexhandschuhe an und reichte dem Kollegen seine Taschenlampe.

»Hier, leuchte mir …«

Er sank auf ein Knie, beugte sich über die Colaflasche, die im Lichtstrahl der Lampe stand, hob sie mit einer Hand vom Boden hoch und schraubte mit der anderen den Deckel ab. Zischend entwich Kohlensäure. Er legte die flache Hand an die Flasche. Dort, wo die Flüssigkeit stand, war sie noch kalt. Er nahm eine Zigarettenkippe zwischen die Finger und schnupperte daran. Der Geruch von kaltem Rauch stach ihm in die Nase.

Er schraubte die Flasche wieder zu und richtete sich auf. Loïc runzelte die Stirn.

»Du bist ganz grün. Ist wirklich alles in Ordnung?«

Der Sergent-Détective verzog keine Miene, womit er seinem

jungen Kollegen zu verstehen gab, dass er schon Schlimmeres erlebt hatte.

Victor stieg vor Loïc wieder die Treppe hinunter und blieb an der Schwelle stehen: Der Keller war nur ein Geviert aus Beton. Er holte tief Luft und ging ein paar Schritte. Mit zusammengekniffenen Augen sah er sich um, registrierte alles bis ins kleinste Detail: zuerst die Angelruten und alten Fahrräder, die an der Wand zu seiner Rechten lehnten, dann den Haufen verschiedenartiger Baumaterialien, der sich an der Rückwand bis zur Decke türmte, und schließlich, vor der Mauer zur Linken, das Opfer, das an einen Stuhl gefesselt war, das Kinn auf der Brust. Das Heft eines Messers ragte aus seinem Bauch. Auf einem Metalltisch hinter der Leiche lagen eine Pistole und eine Mütze mit dem Logo einer Basketballmannschaft. Jacinthe, Nadja und Jacob Berger besprachen sich neben dem Toten. Da sie nur tuschelten, verstand Victor nicht, worum es ging. Er hob den Kopf zu der Wand, auf die der Mörder das Graffiti gesprüht hatte, sah aber sofort wieder weg und richtete sein Augenmerk zurück auf den Tatort. Er wollte zunächst feststellen, was ihm seine lange Erfahrung und seine Reflexe eingaben, und sich selbst ein Bild machen, unbeeinflusst davon, was der Mörder ihnen hatte mitteilen wollen.

Die Kriminaltechniker waren bereits bei der Arbeit. Scheinwerfer erhellten den Keller, und Plastikplanen bedeckten dort den Boden, wo man hintreten konnte, ohne befürchten zu müssen, den Tatort zu kontaminieren. Außer dem Blut, das sich rings um den Stuhl in unterschiedlich großen Lachen gesammelt hatte, waren noch vereinzelte Spritzer auf dem Baumaterial und an der Wand hinter der Leiche zu sehen.

Mit angeschalteter Stirnlampe beugte sich Berger über den Toten, drückte ihm mit beiden Händen die Kiefer auseinander und zog mit Hilfe einer Art langen Pinzette etwas aus dem Mund. Handelte es sich um eine neuerliche Botschaft an sie?

Wie immer bei einem Mord hatte die Szene etwas Unwirkliches. Zum ersten Mal verweilten die Augen des Sergent-Détective auf dem Toten. Ein junger Mann, soweit er es beurteilen konnte, mit sonnengebräuntem Gesicht. Er trug eine Halskette aus massivem Gold und einen glänzenden Sportanzug. Unter den Schichten aus geronnenem Blut erkannte Victor die Vereinsfarben Lila und Gold der Los Angeles Lakers. Er stellte sich vor, dass der Mann einmal ein Gesicht gehabt hatte, vielleicht sogar ein schönes, ein Gesicht, das, als es noch jünger war, eine Mutter geliebt und geküsst hatte. Dieses Gesicht war jetzt nur noch ein blutiger Brei, eine Masse aus formlosem Fleisch. Victor schüttelte unwillig den Kopf. Hier gab es zu viel Blut, zu viel Hass und zu viel Gewalt.

Er konnte kaum den Blick von der Leiche wenden. Fast hätte er schwören können, dass der Tote den Kopf geschüttelt hatte, um ihm zu bestätigen, dass er das Unglück weder voraussehen noch hatte vereiteln können. Victor schloss für einen Augenblick die Augen und dachte in Ruhe nach. Als er sie wieder öffnete, betrachtete er den Boden hinter dem Toten. Mehrere Farbspraydosen waren dort zurückgelassen worden. Dann richtete er die Augen auf das Graffiti an der Betonwand. Mit leicht nach hinten geneigtem Kopf besah er sich das Werk minutenlang. Das Skelett mit den smaragdgrünen Augen hielt eine Nikolausmütze in der einen Hand und im Unterschied zum letzten Graffiti in der anderen einen Strick mit Henkersknoten, in dessen Schlinge ein Mann mit bleichem Gesicht und langen grauen Haaren den Kopf steckte. Er war gekleidet wie ein Geschäftsmann: dunkler Anzug, rote Krawatte und weißes Hemd.

»Echt krank, was?«

Victor tauchte wieder an die Oberfläche. Er hatte den neben ihm stehenden Loïc ganz vergessen.

»Wer hat uns verständigt?«

Kid saugte seine Kaugummiblase ein.

»Ein anonymer Anruf. Ich habe ihn mir mehrmals angehört. Klingt nach einem jungen Mann. Ich würde sagen, zwischen zwanzig und dreißig. Spricht Québecer Französisch.«

Handelte es sich um den Mörder oder um einen Zeugen? Victor würde in den Mitschnitt reinhören müssen, bevor er sich ein Urteil bildete. Loïc deutete mit dem Kinn auf den Toten.

»Ich kenne ihn.«

Victor sah ihn verdutzt an.

»Wen? Den Toten?«

»Ja. Er heißt Valeri Mardaev. Er war Mitglied der Red Blood Spillers. Kein Chorknabe. Der Typ, der ihm das angetan hat, muss Eier aus Stahl haben.«

»Woher kennst du ihn? Aus deiner Zeit bei den Drogenfahndern?«

Loïc hatte sich als verdeckter Ermittler in eine Straßen-Gang in Montréal-Nord eingeschleust, die achtzehn Monate später nicht zuletzt dank seiner Arbeit ausgehoben worden war.

»Die Bande, gegen die ich damals ermittelt habe, war so etwas wie das Nachwuchsteam der Spillers. Mardaev hat ab und zu vorbeigeschaut. Er war ebenso gefürchtet wie respektiert. Der wusste, was er wollte, das kannst du mir glauben.«

Loïcs Liebesaffäre mit der Schwester eines Bandenmitglieds war schlecht ausgegangen. Die junge Frau war während der Operation gegen die Bande von ihm schwanger geworden. Und als sie begriff, dass die Verhaftung der Bandenmitglieder auf sein Konto ging, hatte sie ihm verboten, seine Tochter zu sehen. Inzwischen war die Situation in Ordnung gebracht. Loïc hatte das Besuchsrecht erhalten.

Victor blickte wieder auf den Toten.

»Wie alt ist er ungefähr?«

»Zweiunddreißig. Ich habe in seinen Papieren nachgesehen.«

»Ist er einer geregelten Arbeit nachgegangen?«

»Er hat in einer Lackiererei von Harley Davidson gearbeitet.«

Victor schüttelte nachdenklich den Kopf.

»Der Mörder hat ihn wahrscheinlich erwartet«, sagte Loïc. »Es gibt keine Kampfspuren.«

»Kennen wir den Namen des Hausbesitzers?«

»Ein gewisser Baptiste Faustin. Sein Bruder ist ordentliches Mitglied der Red Blood Spillers.«

Victor betrachtete die Mütze und die Pistole auf dem Tisch.

»Glaubst du, dass die Mütze und die Pistole Mardaev gehört haben?«

»Ja. Übrigens haben wir sein Handy nicht gefunden. Ich habe seine Nummer und die Gesprächsnachweise angefordert. Würde mich aber überraschen, wenn uns das weiterbrächte. Er wäre der erste Kriminelle, mit dem ich zu tun habe, der kein Prepaid-Handy benutzt.«

Der Sergent-Détective nickte zustimmend, ließ den Blick über den Tatort wandern und verarbeitete die Informationen. Der Mörder hatte, wie von ihm ankündigt, erneut zugeschlagen. Und selbst wenn er diesmal die Hinrichtungsmethode geändert hatte – Mardaevs Kopf saß noch auf seinen Schultern –, zweifelte Victor keine Sekunde daran, dass beide Morde von ein und derselben Person begangen worden waren. Die Graffiti sprachen eine eindeutige Sprache. Man brauchte kein Experte sein, um zu erkennen, dass sie von einer Hand stammten.

Aber warum hatte der Mörder die Methode geändert? Tanguays Körper war noch immer nicht gefunden worden. Und hier war kein Versuch unternommen worden, die Leiche verschwinden zu lassen. Victor schloss die Augen, verbannte alle Gedanken aus seinem Kopf und ließ die Fakten auf sich wirken. Plötzlich empfand er eine tiefe Ruhe, und Bilder zogen vor seinem inneren Auge vorüber. Er stellte sich vor, wie der Mörder auf dem Sofa im Erdgeschoss saß, eine Zigarette nach der anderen rauchte, um sich die Wartezeit zu verkürzen, und Coke aus der Flasche trank. Hatten sich Valeri Mardaev und er gekannt?

Hatte der Mörder sein Opfer überrascht, oder waren die beiden verabredet gewesen?

Victor lud das Foto des ersten Graffiti auf seinem Smartphone hoch. Er betrachtete eingehend den Mann, den das Skelett fixierte. Er trug eine klobige Halskette, Muscleshirt und Mütze und hielt eine Pistole in der Hand. Selbst einem nur mäßig phantasiebegabten Menschen musste ins Auge springen, dass das erste Graffiti Valeri Mardaev darstellte.

Victor richtete den Blick wieder auf das Graffiti an der Wand. Mit dem Kinn deutete er auf den Geschäftsmann in Anzug und Krawatte, der dort abgebildet war. Seine Stimme war kaum mehr als ein Flüstern, aber Loïc hörte sie klar und deutlich:

»Er zeigt uns, wer sein nächstes Opfer sein wird und wie er es töten wird.«

MAXIME

Als Maxime immer nachdrücklicher zu verstehen gab, dass er sich Sorgen mache und wieder nach Hause wolle, eröffnete ihm der Weihnachtsmann, dass seine Mama leider tot sei. Zunächst war der Junge von der Nachricht wie betäubt, dann brach er zusammen. Stundenlang kauerte er neben seinem Bett und weinte alle Tränen, die er hatte. Natürlich tröstete ihn der Weihnachtsmann und versicherte ihm, dass er bei ihm bleiben könne. Maxime war Einzelkind und hatte seinen Vater im Alter von zwei Jahren durch einen Autounfall verloren. Doch als er sich vom ersten Schock der Todesnachricht erholt hatte, bestand er darauf, nach Hause zu gehen, wo seine Großeltern ihn, wie er glaubte, aufnehmen würden.

»Das geht nicht, Kleiner …«

»Warum denn nicht?«

»Es hat einen großen Brand gegeben. Sie sind alle tot, mein Junge.«

Maxime stürzte auf den Korridor.

»Ich möchte nach Hause!«

Er rannte die Treppe hinunter und lief zur Haustür. Doch sosehr er sich auch bemühte, es wollte ihm nicht gelingen, den Riegel zurückzuziehen und sie zu öffnen. Der Weihnachtsmann kam ihm in aller Ruhe nach und führte ihn mit fester Hand wieder nach oben in sein Zimmer.

»Ich werde dich bestrafen müssen, Maxime.«

Nach einer strengen Züchtigung verbrachte der Junge die

folgenden beiden Tage ans Bett gefesselt in seinem dunklen Zimmer und bekam weder zu essen noch zu trinken.

Maxime litt im Stillen, doch vor allem konnte er nicht glauben, dass er seine Mama nie wiedersehen sollte.

20.
IM DUNKELN

Clark Wood saß am Steuer seines Jaguars F-Type Coupé und drückte einen Knopf, worauf das Eisengitter am Tor zur Seite glitt. Der Wagen rollte über die Granitplatten der von majestätischen Bäumen gesäumten Auffahrt und hielt vor einem kolossalen Steinhaus, das seinen privaten Fuhrpark beherbergte. Es lag am Ende der Rue Jean-Girard, einer Sackgasse, und ragte vier Stockwerke hoch über dem Parkplatz auf.

Wood stellte den Motor ab und zog einen bernsteinfarbenen Flakon aus der Hemdtasche. An einem Kettchen, das an der Kappe befestigt war, hing ein schmaler Löffel aus Gold. Wood schraubte die Kappe ab, tauchte den Löffel in den Flakon und zog ihn wieder heraus, gefüllt mit einem weißen Pulver. Nachdem das Kokain geschnupft und der Flakon wieder weggesteckt war, öffnete er die Tür und stieg aus dem Jaguar. Mit gelockerter Krawatte und offenem Jackett schlenderte er die Auffahrt hoch, bog in den Garten ab und blieb kurz am Teich stehen, um die Seerosen zu bewundern. Die Nacht war mild. Ein warmer Wind strich über seine grauen Haare.

Wood hob den Kopf und blickte lächelnd in den Sternenhimmel. Er hatte einen wundervollen Abend im Loft eines Paares verbracht, das derselben Geheimgesellschaft angehörte wie er. Zudem hatten ihm die beiden versichert, dass die rituelle Zeremonie, die er vor einer Woche in seinem Haus veranstaltet hatte, großartig angekommen sei, und ihn gedrängt, bald eine Neuauflage folgen zu lassen.

Beim Essen hatten sie sich den Katalog auf der Website des Vermittlers angesehen. Eine der jungen Frauen hatte ihm besonders gut gefallen. Vielleicht würde er sich im Lauf des Jahres noch einmal in Versuchung führen lassen.

Wood schaltete die Alarmanlage ab und öffnete die Vordertür. Mondschein drang durch die Fenster und erhellte die Stufen der wuchtigen Treppe. Nur der geschwungene Teil auf dem ersten Absatz, der ins Zwischengeschoss führte, blieb im Dunkeln. Wood schaltete den imposanten Kronleuchter nicht an. Er mochte das Spiel von Licht und Schatten, das die Spiegelung des Mondes auf den Marmorfliesen erzeugte.

Er durchquerte den weitläufigen Salon, betrat die Küche und öffnete eine der beiden Türen des Kühlschranks. Er griff in die Hosentasche, zog ein Gummiband hervor, raffte seine Haare zusammen und band sie zu einem Pferdeschwanz. Dann nahm er eine Milchtüte heraus, hob sie an die Lippen und trank sie mit ein paar Schlucken halb leer.

Er blieb eine Weile vor der großen Glastür stehen und betrachtete die Lichter der Stadt. Er beschloss, vor dem Schlafengehen noch nachzusehen, ob seine Schutzbefohlene auch gegessen hatte. Er hätte sich gewünscht, er könnte ihr mehr Freiheit gewähren, doch beim letzten Mal, als er sie aus dem Bunker ließ, hatte sie zu fliehen versucht. Er hätte sich gewünscht, sie wäre kooperativer. Er hätte gerne eine richtige Beziehung aufgebaut, ihr erlaubt, jeden Tag ein paar Minuten im Garten spazieren zu gehen, sich mit ihr unterhalten, an ihren Umgangsformen gefeilt und ihre Bildung vervollkommnet, damit sie eine richtige Kurtisane wurde. Sie gehörte ihm, aber er konnte ihr nicht rückhaltlos vertrauen. Jedenfalls noch nicht. Er trank die restliche Milch, stellte die Tüte in den Kasten für den Wertstoffmüll und kehrte in die Eingangshalle zurück.

Auf dem Weg dorthin rief er sich noch einmal die Höhepunkte des heutigen Abends in Erinnerung und lächelte zufrieden:

Sein Verlangen war gestillt. Er würde seine Schutzbefohlene schlafen lassen. Aber vielleicht würde er sie auch auf den Foltertisch schnallen, ihr sogar Latexkleidung anlegen. Darüber würde er entscheiden, wenn er geduscht hatte.

Er wollte gerade die Treppe erklimmen, als er plötzlich eine Bewegung wahrnahm. Im Halbdunkel unter dem Zwischengeschoss baumelte etwas. Er blieb stehen und kniff die Augen zusammen, um es besser erkennen zu können, dann begriff er: Ein Strick hing vom Geländer herab. Ein kalter Schauder lief ihm über den Rücken. Ein Schrei entfuhr ihm. Oben hatte sich eine Gestalt im Dunkeln bewegt.

21.
MOTIVE

Während die Kriminaltechniker rings um die Leiche die üblichen Tests durchführten und Proben nahmen, hatten sich die Ermittler mit dem Pathologen in eine Ecke des Kellers zurückgezogen. Jacob Berger, Prototyp des Intellektuellen und gertenschlank, trug eine beige Hose und ein frisch gebügeltes blaues Hemd.

In professoralem Ton sagte er zu den Polizisten:

»Das Opfer ist offensichtlich gefoltert worden. Man hat ihm das Zahnfleisch und die Augenbrauen aufgeschlitzt und sieben Finger gebrochen. Und man hat ihm wiederholt ins Gesicht geschlagen, wahrscheinlich mit dem Griff einer Pistole.«

Nadja zog angewidert den Kopf zwischen die Schultern.

»Und die Todesursache?«

Berger strich mit der Hand über seine tadellose Frisur.

»Er hat rund dreißig Messerstiche erhalten, ausschließlich in die Brust. Entweder ist er an inneren Blutungen gestorben, oder einer der Stiche hat das Herz getroffen. Nach der Autopsie werde ich euch mehr dazu sagen können.«

Jacinthe beugte sich zu Victor hinüber.

»Halb so schlimm«, flüsterte sie ihm ins Ohr. »Das sind längst nicht so viele Stiche, wie die Chávez ihrem Angetrauten verpasst hat.«

Victor nickte beifällig, dann widmete er seine Aufmerksamkeit wieder dem Gerichtsmediziner, den Nadja gerade fragte:

»Was meinst du, deutet die Anzahl der Stiche auf eine Affekthandlung hin?«

Berger verzog das Gesicht.

»Wir haben es hier nicht mit dem klassischen Muster zu tun.«

Victor zog die Stirn kraus.

»Wie meinst du das?«

»Merkwürdigerweise sind die Verletzungen symmetrisch und berühren sich nicht gegenseitig.«

Nadja hakte nach:

»Willst du damit sagen, dass der Mörder nicht aus Versehen zweimal auf dieselbe Stelle eingestochen hat? Als ob er die Stiche mit chirurgischer Präzision ausgeführt hätte?«

Jacob Berger legte sich eine Hand in den Nacken und streckte den Hals.

»Ganz genau.«

»Moment mal, Jacob«, schaltete sich Loïc ein. »Soll das heißen, der Mörder hat ihn kaltblütig abgestochen?«

Der Pathologe nickte. Jacinthe pfiff durch die Zähne.

»Das ist echt sadistisch!«

Berger ergänzte:

»Der Mann hat vor seinem Tod Höllenqualen durchgemacht.«

Loïc kämpfte gegen seinen Abscheu.

»Wie lange hat er gelitten?«

»Meines Erachtens mehrere Stunden.«

»Könnten ihm bestimmte Verletzungen erst nach dem Tod beigebracht worden sein?«

»Das wäre möglich, Kid. Abgesehen von Stichen in Organe oder Arterien ist es allerdings nicht einfach, zwischen denen, die ante mortem, und denen, die post mortem beigebracht wurden, zu unterscheiden. Doch ich kann schon jetzt mit Sicherheit sagen, dass die überwiegende Mehrzahl der Stiche erfolgte, als er noch am Leben war.«

Jeder ahnte, wie schwer es sein würde, Licht in das Dunkel zu bringen. Sie mussten die Hinweise, die sie fanden, interpretieren, bestehende Lücken schließen, zwischen den Zeilen lesen.

»Fest steht«, fuhr der Pathologe fort, »dass sich praktisch überall am Tatort Gewebefasern und Fingerabdrücke finden. Wie beim Mord an Tanguay hat der Täter anscheinend keine Angst davor, identifiziert zu werden.«

»Und er hat an den Zigarettenkippen und der Colaflasche oben wahrscheinlich seine DNA hinterlassen«, ergänzte Victor. »Wenn ich nicht falschliege, heißt das, dass wir ihn nicht in der Kartei haben und dass er glaubt, uns entwischen zu können.«

Jacinthe zuckte mit den Schultern.

»Oder, dass es ihm scheißegal ist.«

Auch das sei möglich, räumte der Sergent-Détective ein und fragte Berger:

»Was ist mit der Botschaft, die du in seinem Mund gefunden hast?«

Berger streckte ihm den Zettel hin.

»Er soll gestern Nachmittag getötet worden sein, was mir plausibel erscheint. Hier.«

Victor nahm den Zettel aus seiner gummibehandschuhten Hand und las laut vor:

»Valeri Mardaev ist verurteilt und am 22. Juli um 10.05 Uhr hingerichtet worden. Tanguay war der Erste, Mardaev der Zweite, und der Weihnachtsmann wird der Letzte sein.«

Mit theatralischer Geste und höhnischer Stimme rief Jacinthe:

»Das ist so, als ob der Mörder uns zwingen wollte, eine Art umgekehrtes Cluedo zu spielen. Tanguay wird mit einem japanischen Schwert auf der Straße getötet, Mardaev mit einem Messer in einem Keller. Also ich für meinen Teil vermute, das nächste Opfer wird Professor Moutarde sein, in der Badewanne mit einem Föhn ermordet!«

Victor konnte sich ein Schmunzeln nicht verkneifen.

»Heißt er nicht Colonel Moutarde?«

Jacinthe grinste und schüttelte den Kopf.

»Nicht bei uns. Du musst die amerikanische Version haben. Auf jeden Fall habe ich mich immer für Mademoiselle Scarlett begeistert.«

Victor musste aus der beklemmenden Atmosphäre des Kellers hinaus und nachdenken, und so ging er, ohne den anderen Bescheid zu geben, nach oben ins Erdgeschoss. Durch das Fenster im Wohnzimmer beobachtete er die Schaulustigen, die sich hinter den gelben Absperrbändern drängten. Minuten verstrichen, dann spürte er, dass sich jemand von hinten näherte. Eine Hand, deren Berührung ihm sehr vertraut war, legte sich in seinen Nacken, und Nadja trat an seine Seite. Er legte den Arm um ihre Schultern. Sie schaute geradeaus. Er hätte nicht sagen können, ob sie die Straße betrachtete oder nur ihren Gedanken nachhing.

»Woran denkst du, Lessard?«

Sie nannte ihn oft bei seinem Nachnamen. Das brachte ihn zum Lachen. Er atmete tief durch.

»Der Mörder bringt zuerst einen Polizisten um und dann das Mitglied einer Straßen-Gang … Das ist, als ob er die entgegengesetzten Pole eines Spektrums attackierte. Das Gute, das Böse? Ist es so einfach? Auf jeden Fall musst du mit Loïc nachprüfen, ob zwischen Tanguay und Mardaev eine Verbindung bestanden hat. Kannten sie sich? Hat Tanguay mal gegen Mardaev ermittelt?«

»Kein Problem … Ich hatte sowieso die Absicht, im CRPQ Nachforschungen anzustellen.«

Victor biss sich auf die Unterlippe.

»Ich hatte gehofft, wir könnten die Hypothese ausschließen, dass der Mord an Tanguay etwas mit seinem Amt zu tun hat. Aber nach dem, was wir hier gefunden haben, müssen wir an ihr festhalten. Wir könnten sie sogar erweitern: Hängen die Motive des Mörders auch mit der beruflichen Tätigkeit der Opfer zusammen? Tanguay und Mardaev haben Welten angehört, von denen die eine ohne die andere nicht existieren würde.«

Nadja kniff die Lider zusammen. Ein Funkeln trat in ihre Augen.

»Das Gesetz und das Verbrechen …«

Sie brauchte einen Moment, ehe sie fortfuhr:

»Die Botschaften legen den Gedanken nahe, und dass Mardaev in dem ersten Graffiti dargestellt war, bestätigt nicht nur, dass der Mörder seine Opfer gezielt auswählt, sondern auch, dass er nicht aus bloßer Mordlust handelt.«

»Sehr richtig. Und noch etwas fällt mir auf: Tanguay und Mardaev waren harte Burschen, die sich gegen einen Angriff sehr gut zur Wehr setzen konnten.«

Nadja ging noch weiter.

»Ich würde sogar sagen, dass der Mörder das Risiko in Kauf genommen hat, selbst getötet zu werden.«

»Deshalb steht für mich außer Frage, dass er es auf Mardaev abgesehen hatte und nicht auf einen x-Beliebigen mit einem ähnlichen Profil.«

»Weil er ihn gefoltert hat?«

Victor nickte. Nadja fuhr fort:

»Wenn der Mörder Mardaev gefoltert hat, dann zweifellos deshalb, weil er eine Information von ihm wollte, eine Auskunft, die er brauchte.«

»Genau. Und wenn wir herausfinden, was er von Mardaev erfahren wollte, kennen wir auch sein Motiv.«

Nadja holte tief Luft und atmete langsam wieder aus.

»Glaubst du, dass auch Tanguay gefoltert worden ist?«

»Gute Frage. Leider werden wir sie nicht beantworten können, solange wir die Leiche nicht gefunden haben.«

Nadja schob sich eine Haarsträhne aus der Stirn.

»Trotzdem können wir die Möglichkeit nicht ausschließen, dass der Mörder Mardaev einfach aus Grausamkeit gefoltert hat, oder auch um ihn zu bestrafen. So wie man es im Mittelalter gemacht hat.«

Victor schüttelte den Kopf und schloss angewidert die Augen.

»Und wie man es auch heute noch macht, überall auf der Welt.«

Er verstummte. Vage Gefühle, über die er sich im Klaren zu werden versuchte, suchten seine Aufmerksamkeit.

»Ich kann mir noch kein Gesamtbild machen, aber die Motive des Mörders scheinen mir den üblichen Rahmen zu sprengen. Irgendwas übersehen wir, doch es ist da, direkt vor unserer Nase.«

Er rieb sich mit den Händen das Gesicht und verschränkte sie dann im Nacken.

»Aber vielleicht bin ich auch total auf dem Holzweg.«

Nadja schüttelte den Kopf.

»Ich denke nicht. Mir geht es ähnlich.«

Sie wandte sich ihm zu und wartete darauf, dass er weitersprach. Schließlich fragte er:

»Was wissen wir deiner Meinung nach mit Sicherheit?«

Sie überlegte einen Moment und sammelte ihre Gedanken.

»Erstens, die beiden Morde wurden von ein und derselben Person begangen. Die Graffiti sind einander zu ähnlich, das kann kein Zufall sein. Zweitens, es ist kein Nachahmungstäter. Niemand hat der Presse von der Botschaft erzählt, die der Täter in Tanguays Mund hinterlassen hat, und Berger hat eine zweite bei Mardaev gefunden. Drittens, der Mörder hat gewusst, wer das nächste Opfer sein wird, und hat es im ersten Graffiti dargestellt.«

Sie legte eine kurze Pause ein und fuhr dann fort:

»Viertens, das Einzige, was ich sonst noch mit Sicherheit weiß, ist, dass ich dich liebe.«

Er lachte, schlang kurz die Arme um seine Geliebte und wurde dann wieder dienstlich.

»Gehst du wieder runter?«

»Ja. Ich habe noch ein, zwei Fragen an Berger.«

»Könntest du Loïc sagen, dass ich ihn sprechen möchte?«

Sie nickte und legte ihm eine Hand auf die Wange. Er sah sie zärtlich an.

»Alles in Ordnung, Lessard?«

Er nickte. Die Angst zehrte an ihm, aber es würde gehen.

Victor stand noch am Fenster, als Loïc zu ihm heraufkam. Er zog seine Packung Zigaretten aus der Tasche, öffnete sie und klemmte sich eine zwischen die Lippen.

»Könnte ich eine schnorren, Chef? Ich schlafe gleich ein.«

Sie verließen das Haus durch die Vordertür. Victor streckte dem Kollegen eine Zigarette hin und gab ihm Feuer.

»Hör zu, Kid. Ich habe ein paar Fragen an Duvalier Joseph. Ich habe mir gedacht, ich statte ihm einen kleinen Besuch ab, und ich möchte, dass du mich begleitest.«

Loïc öffnete langsam den Mund.

»Du willst mit dem Chef der Red Blood Spillers reden?«

Der Sergent-Détective räusperte sich.

»Da du damals an der Zerschlagung dieser Gang beteiligt warst, würde ich verstehen, wenn du dabei ein ungutes ...«

Loïc trat einen Schritt zurück und hob die Hände.

»Was Straßen-Gangs angeht, hast du Schlimmeres erlebt als ich, Chef.«

Aus seiner Stimme klang weder Arroganz noch mangelnder Respekt. Nur die Absicht, seinen Vorgesetzten zu beruhigen: Er hatte seine Dämonen besiegt. Doch durch Victors Kopf wirbelte eine Flut von Bildern. Im Jahr 2003 hatte er im Zuge einer Observation, die schiefgelaufen war, zwei Männer verloren. Vier mit Crystal Meth vollgepumpte Mitglieder der Red Blood Spillers hatten sie in ihrem Versteck überrumpelt und die Ermittler Picard und Gosselin vor Victors Augen brutal ermordet, nicht ohne ihnen vorher schreckliche Qualen zuzufügen. Er selbst verdankte sein Leben nur der Unerschrockenheit Jacinthes. Sie war Kaffee holen gegangen und kam in dem Moment zurück, als die Gangster auch ihn erledigen wollten. Sie griff sich ein Gewehr und mähte die überraschten Bandenmitglieder nieder. Für Victor begann danach ein langer Höllentrip. Als Leiter des Einsatzes nahm er die Schuld auf sich. Er wurde von seinen Aufgaben entbunden und ins Polizeirevier 11 strafversetzt, wo er Nadja und Commandant Tanguay kennenlernte. Außerdem hatte ihn die Katastrophe seine Ehe gekostet und sein inneres Gleichgewicht so nachhaltig erschüttert, dass er in den Alkoholismus abgerutscht war.

Loïcs Stimme riss ihn aus seiner Erstarrung. Er kehrte in die Gegenwart zurück.

»Entschuldige, Kid ... das habe ich jetzt nicht mitbekommen. Was hast du gesagt?«

»Ich habe gefragt, wann du loswillst.«

Victor zog an seiner Zigarette und stieß eine Rauchwolke aus.

»Sobald wir hier fertig sind.«

Er warf seine Kippe auf den Asphalt und trat sie mit der Fußspitze aus. Er wollte sich gerade umdrehen und ins Haus zurückkehren, da bemerkte er einen dunkelhäutigen Mann, der sie, halb verborgen hinter einer Wertstofftonne, von der anderen Straßenseite aus beobachtete. Ihre Blicke begegneten sich. Für einen Moment schien die Zeit stillzustehen. Dann hob der andere den Schwebezustand auf, wirbelte herum und rannte auf das Haus gegenüber zu. Victor schlug das Herz bis zum Hals. Ohne zu überlegen, zückte er seine Pistole und nahm die Verfolgung auf.

»Halt! Stehen bleiben!«

Victor hatte kaum die Straße überquert, als der Flüchtige über einen Zaun sprang und in einem Hinterhof verschwand. Loïc begriff sofort, was los war, und heftete sich mit einem der Streifenpolizisten an seine Fersen. Eine Menschenjagd begann.

22.

VERFOLGUNGSJAGD

Ohne das Tempo zu drosseln, steckte Victor die Glock wieder weg, damit er mehr Bewegungsfreiheit hatte. Er beugte die Knie, legte die Hände oben auf den Holzzaun und sprang mit einem Satz hoch. Er landete weich in einem kleinen, verwilderten Garten und rannte weiter. Vor ihm verschwand der Schatten zwischen zwei Häusern. Er hörte, wie das heisere Schnaufen des Flüchtigen im Gegentakt zu seinem eigenen Atem von der Backsteinmauer widerhallte. Er geriet ins Straucheln, musste sich am Boden abstützen, um nicht hinzuschlagen, und zerkratzte sich die Hand, nahm aber wieder Tempo auf.

Die Stadt zog vorüber. Alle Sinne hellwach, fragte sich Victor unablässig, ob der Typ wohl bewaffnet war. Eine einzige Kugel, die in seine Richtung abgefeuert wurde, konnte das Ende bedeuten. Er kannte die Risiken, doch etwas, das stärker war als sein Wille, hielt ihn davon ab, die Verfolgung abzubrechen. Überhaupt war er der Überzeugung, dass es im Grunde genau das war, was den geborenen Polizisten ausmachte und vom Rest unterschied. Die Fähigkeit, selbst dann unter Einsatz des Lebens weiterzurennen, wenn die Vernunft gebot, stehen zu bleiben. Die Fähigkeit, in kritischen Situationen alles aufs Spiel zu setzen und nicht locker zu lassen. In seinen Augen war das die einzige Möglichkeit, dafür zu sorgen, dass die Mordopfer in Frieden ruhen konnten, und zu verhindern, dass sie ihm weiter im Traum erschienen. Erst dann hörten die Bilder der Toten auf, ihn bis in den Schlaf zu verfolgen.

Die Toten hatten keine Stimme mehr, also lieh ihnen Victor seine, bis die Straftäter hinter Gittern waren. Das war er den Opfern schuldig genauso wie sich selbst. Und wenn er im Dienst von einer Kugel niedergestreckt werden sollte, dann wusste er, dass seine Kollegen das Gleiche für ihn tun würden. Das war ihm ein letzter Trost. Und gab ihm die Kraft, weiter gegen das Böse zu kämpfen, das Tag für Tag aus der Finsternis gekrochen kam und das Licht zurückdrängte.

Erneut sprang der Flüchtige über einen Zaun. Ein Hund begann zu bellen. Der Scheinwerfer eines Bewegungsmelders flammte auf. Victor setzte ebenfalls über das Hindernis. Am anderen Ende des Hofs stieß der Schatten gegen einen großen Blumentopf, der umfiel und am Boden zerschellte. Wie Blutspritzer ergossen sich die Blumen über die Steinplatten. Wieder ging es über eine namenlose Straße, vorbei an Häuserzeilen und Hinterhöfen.

Die Gestalt verschwand in einer Gasse. Victor versuchte, sie im Blick zu behalten, was jedoch durch die Dunkelheit erschwert wurde. Das Bein, das er bei einem früheren Einsatz beinahe verloren hätte, verursachte ihm Schmerzen, hielt aber durch. Der andere überquerte einen Hof, auf dem Wäsche an einer Leine hing. Mit dem Ellbogen stieß Victor ein Kleid beiseite. Wo rannte er denn hin, der Blödmann? Der Flüchtige griff in seine Hosentasche. Instinktiv legte Victor die Hand an seine Glock, bereit, sie zu ziehen. Er sah, wie sich der andere einen Gegenstand ans Ohr hielt. Ein Handy! Der Typ telefonierte!

Ein Blick über die Schulter verriet Victor, dass Loïc ein Stück aufgeholt hatte. Dagegen war der Streifenpolizist weit zurückgefallen. Sie gelangten in eine Einkaufsstraße. Eine Katze, die sie gerade gemächlich überquerte, stob davon, als sie ihre hastigen Schritte auf dem Asphalt hörte. Fünfzehn Meter vor Victor flitzte der Schatten über den Parkplatz einer Tankstelle und dann eine Grasböschung hinauf. Mit brennender Lunge jagte Victor hinterher. Sein Verstand riet ihm, die Verfolgung aufzugeben, das Risiko sei zu groß, doch sein Wille gewann die Oberhand, stachelte ihn an, weiter einen Fuß vor den anderen zu setzen. Ihm war klar, dass er dieses Tempo nicht mehr lange durchhalten würde, aber der Vorsprung des Schattens schmolz. Victor preschte gut fünfzehn Betonstufen hinauf und gelangte in einen Stadtpark. Aus dem Augenwinkel sah er, wie der andere hinter einem Drahtzaun verschwand, der ein Schwimmbad umschloss. An der Ecke angekommen, drückte sich Victor gegen den Maschendraht, reckte den Hals und riskierte einen Blick. Der Flüchtige spurtete ohne Deckung über ein Baseballfeld. Victor setzte ihm nach. Ohne langsamer zu werden, schrie er ihm aus Leibeskräften nach, er solle stehen bleiben. Doch der Typ rannte weiter wie ein Wahnsinniger.

Der kurze Stopp am Zaun hatte Victor mehrere Sekunden gekostet, doch das Glück war ihm hold. Schon glaubte er, der andere würde ihm entwischen, da geriet der Mann ins Stolpern und schlug mitten auf dem Rasen der Länge nach hin. Er war zwar sofort wieder auf den Beinen und rannte weiter, doch wie es aussah, hatte er sich den Knöchel verletzt. Dank diesem unverhofften Zwischenfall konnte der Sergent-Détective den Abstand wieder verringern.

Der Schatten bog jetzt hinter einer Häuserzeile an der Rue Louis-Francœur in eine Gasse ein. Das Heulen einer Polizeisirene erfüllte die Luft. Nur noch wenige Meter trennten Victor von dem Mann. Er konnte sogar schon die Marke seiner Sportschuhe erkennen, doch seine Lunge war kurz vor dem Platzen. Wieder rief er ihm zu, er solle stehen bleiben, doch der andere dachte gar nicht daran. Mangels besserer Alternative – von der Schusswaffe Gebrauch zu machen kam nicht infrage – beschloss Victor, alles auf eine Karte zu setzen. Er warf sich mit einem Satz nach vorn und versuchte, den Flüchtigen an der Taille zu packen. Er rutschte ab, bekam ihn aber an den Beinen zu fassen und riss ihn mit zu Boden. Gemeinsam rauschten sie in einen Haufen Müllsäcke und rollten dann über den Asphalt. Beide waren gleichzeitig wieder auf den Beinen. Der dunkelhäutige Mann griff sofort an und versuchte, Victor in den Magen zu treten. Der wehrte den Stoß reflexartig mit dem Unterarm ab und revanchierte sich mit einem Tritt gegen die Brust. Der andere ging japsend in die Knie, kam aber gleich wieder hoch. Victor empfing ihn mit einem kräftigen Faustschlag an die Schläfe. Der Mann sackte wie ein Stein zu Boden.

Das Ganze hatte keine zwanzig Sekunden gedauert. Keuchend traf Loïc bei ihnen ein, während Victor vornübergebeugt, die Hände auf den Oberschenkeln, nach Atem rang. Loïc packte den Unbekannten am Kragen und zog ihn zu sich ran. Der Mann war bewusstlos, sein Kopf kippte schlaff von einer Seite zur anderen. Loïc legte ihn vorsichtig wieder auf die Seite und vergewisserte sich, dass seine Atemwege nicht blockiert waren.

»Blitzsaubere Gerade.«

Im Laufschritt und außer Atem stieß nun auch der Streifenpolizist zu ihnen. Victor hatte sich inzwischen wieder aufgerichtet und rieb sich die schmerzenden Fingerknöchel.

»Kennst du ihn?«, fragte er Loïc.

»Marcellus Jean. Er gehört zu den Red Blood Spillers.«

Ein Klingelton meldete das Eintreffen einer SMS. Victor sah Loïc und den Streifenpolizisten fragend an, doch beide schüttelten den Kopf: Ihr Handy war das nicht. Da fiel Victor wieder ein, dass der Mann beim Rennen telefoniert hatte. Ob er Verstärkung gerufen hatte? Victor durchwühlte die Taschen des Gangsters und fand sein Telefon. Als er die Nachricht las, die vor Sekunden eingetroffen war, lief ihm ein kalter Schauer über den Rücken.

Er riss seine Glock heraus und brachte sie mit beiden Händen in Anschlag.

»Achtung, wir kriegen gleich Gesellschaft.«

Loïc und der Streifenpolizist kamen kaum dazu, ihre Waffen zu zücken, als zu ihrer Linken ein Garagentor aufschwang. Mehrere mit Sturmgewehren und Pistolen bewaffnete Männer stürmten heraus, die meisten mit Halstüchern maskiert. Sekunden später waren die drei Polizisten, die jetzt Rücken an Rücken standen, umzingelt. Sieben Männer richteten ihre Waffen auf sie, und auch jeder Polizist hatte auf ein Ziel angelegt. Die Situation stand auf Messers Schneide und konnte jeden Moment kippen. Rufe auf Französisch, Englisch und Kreolisch hallten wild durcheinander, und jede Seite forderte die andere auf, die Waffen fallen zu lassen. Victors Pistole war auf den Kopf eines der beiden Männer gerichtet, deren Gesichter nicht vermummt waren. Er kannte ihn, denn er hatte ihn schon mehrfach verhört.

Seinerseits mit einer Waffe auf Victors Kopf zielend, brüllte der Mann mit gebieterischer Stimme:

»Genug jetzt!«

Sofort herrschte Ruhe. Der Anführer der Red Blood Spillers hatte gesprochen, und seine Männer verstummten. Victor schluckte. Ein eisiger Schauder kroch ihm das Rückgrat runter. Angst. Doch als er zu sprechen anfing, klang seine Stimme ruhig und selbstbewusst, und seine Miene drückte Gelassenheit und sogar eine Spur Arroganz aus.

»Hör zu, Duvalier Joseph. Ich habe vorhin noch mit meinem Partner über dich gesprochen … Wir wollten dir einen Besuch abstatten und ein paar Fragen stellen. Stimmt's, Loïc?«

Da er das Gesicht des Kollegen nicht sehen konnte, wollte er Kontakt zu ihm herstellen und sich vergewissern, dass er nicht eingeschüchtert und noch einsatzfähig war.

»Absolut, Chef.«

Zu seiner Rechten hörte Victor den Streifenpolizisten laut schnaufen. Der junge Mann war kurz vorm Hyperventilieren.

»Und du, Kollege von der Streife, wie heißt du eigentlich?«

»Olivier … Olivier Dionne.«

»Okay, Olivier, ich werde dir jetzt erklären, was passieren wird. Wir werden uns nur ein wenig mit unserem Freund Duvalier unterhalten, das ist alles. Okay, Olivier? Wir bleiben schön cool, und alles wird gut.«

Victor ließ den Blick von Gesicht zu Gesicht wandern, sah jedem Gangster forschend in die Augen. Ein nicht unerhebliches Detail: Keiner wirkte zugedröhnt. Er wusste aus Erfahrung, dass die Kombination von Schusswaffe und Crystal Meth einen explosiven Cocktail ergab, der jeden Verhandlungsversuch unmöglich machte.

»Wird es gehen, Olivier? Atme, mein Junge.«

Victor überlegte fieberhaft. Er nahm an, dass die Red Blood Spillers längst das Feuer eröffnet hätten, wenn sie auf ihren Tod aus gewesen wären. Daraus folgerte er, dass sie sie mit ihrer Aktion nur einschüchtern wollten. Aber noch war die Gefahr nicht gebannt. Eine einzige falsche Bewegung konnte alles mit einem Schlag zum Kippen bringen. Und wenn Victor in den Augen der Gangster etwas entdecken sollte, was er dort nicht sehen wollte, würde er ohne Zögern den Abzug betätigen und Duvalier Joseph das Gehirn wegpusten. Die Folge wäre eine Kettenreaktion, die keiner unbeschadet überstehen würde.

Die Brust des jungen Streifenpolizisten hob und senkte sich unregelmäßig, doch schließlich fing er sich wieder:

»Okay ... okay. Alles klar.«

Der Chef der Red Blood Spillers – Bodybuilder-Figur, lange Narbe unter dem rechten Auge, Dreadlocks und Milchkaffeeteint – hätte als simpler Brutalo durchgehen können, doch sein lebhafter Blick verriet, dass er ein anderes Kaliber war.

Ein leichtes Grinsen umspielte seine Lippen.

»Bist du fertig mit deiner One-Man-Show, Lessard? Ich hätte nämlich auch ein paar Fragen an dich.«

»Wenn du mich nach der Adresse meines Friseurs fragen willst«, erwiderte Victor, »wird es mir ein Vergnügen sein.«

Der Métis stieß ein kurzes höhnisches Lachen aus, das zwei makellose Zahnreihen entblößte. Er wollte weitersprechen, doch der Sergent-Détective kam ihm zuvor.

»Wie wär's, wenn ihr die Waffen runternehmt? Ich habe das Gefühl, hier braucht nur einer einen Furz zu lassen, und das Ganze endet so wie in Wilde Hunde.«

Ein untersetzter Latino stand ganz hibbelig rechts neben seinem Chef. Als einziges anderes Bandenmitglied, das nicht maskiert war, grinste er pausenlos mit löchrigem Gebiss.

»Wilde was?«

Ohne den Blick von Victor zu wenden, antwortete Duvalier Joseph:

»Halt's Maul, Gélule. Das ist ein Film von Tarantino. He, Lessard, erklär mir doch mal, warum du hinter einem meiner Jungs her bist. Und warum du ihn grundlos verprügelst.«

Victor warf einen Seitenblick auf den Mann, den er mit einem Faustschlag niedergestreckt hatte. Er saß jetzt mit gekreuzten Beinen auf dem Asphalt und kam langsam wieder zu sich.

»Weil er von einem Tatort weggerannt ist.«

»Soll das heißen, dass du hinter jedem Jogger herjagst? Du willst dir doch keinen zweiten Fall Villanueva aufhalsen, oder?«

So launig das alles klingen mochte, die Stimmung blieb sehr angespannt. Es war ein Tanz auf der Rasierklinge, auf beiden Seiten blieben die Finger am Abzug.

Victor machte ein zerknirschtes Gesicht und seufzte.

»Manchmal habe ich den Eindruck, Joggen ist die neue Religion geworden. Aber das ist eine andere Geschichte. Hör zu, wenn du etwas über den Mord an Valeri Mardaev erfahren willst, musst du zu mir kommen, anstatt einen Laufburschen loszuschicken.«

Wieder heulte eine Sirene in der Ferne. Victor fuhr fort:

»Duvalier, ich bitte dich noch einmal: Nehmt die Waffen runter.«

Der Bandenchef zuckte ungerührt mit den Schultern.

»Wieso denn wir? Nehmt ihr sie zuerst runter.«

Er warf einen scharfen Blick auf Loïc.

»Dich kenne ich. Du hast dich bei den Code Red eingeschlichen und ihren Laden auffliegen lassen. An deiner Stelle hätte ich mir ein neues Gesicht machen lassen und die Stadt gewechselt. Du kannst von Glück reden, dass du noch am Leben bist, Mann.«

Victor lachte. Die Polizeisirene wurde immer lauter.

»Duvalier, Duvalier, red keinen Stuss. Du weißt ganz genau, dass wir dich als Ersten einlochen, wenn Loïc was passiert.«

Der Chef der Red Blood Spillers erwiderte sein Lächeln.

»Ein Typ stolpert auf der Kellertreppe und bricht sich den Hals ... Was hab ich damit zu tun?«

»Hörst du die Sirene, Duvalier? In zwei Minuten wimmelt es hier von Polizisten. Also, nehmt die Knarren runter!«

Der Gangster zwinkerte ihm zu.

»Ich enttäusche dich nur ungern, aber ich denke nicht, dass deine Freunde so bald zu uns stoßen werden.«

»Ach ja? Und wieso nicht?«

»Weil Jungs von mir sie woanders hinlocken, damit wir hier ungestört bleiben.«

Victor schützte Gelassenheit vor, um seine Besorgnis zu verbergen.

»Umso besser. Wäre doch schade gewesen, wenn uns keine Zeit mehr zum Reden geblieben wäre.«

Die Züge des Sergent-Détective veränderten sich. Sein Gesicht und sein Blick wurden hart. Mit einem Mal wirkte er größer und bedrohlicher. Das Sirengeheul entfernte sich und verklang.

»Was willst du, Duvalier?«

»Ich will wissen, was mit Valeri Mardaev passiert ist.«

»Ich hatte gehofft, du könntest mir mehr dazu sagen.«

Die beiden Männer musterten sich gegenseitig einen Moment lang, dann erklärte Victor:

»Ich kann dir nichts sagen, das ist vertraulich. Außerdem haben die Ermittlungen gerade erst begonnen.«

Er schloss ein Auge, als wäre ihm gerade eine Idee gekommen.

»Es sei denn …«

Duvalier Joseph legte die Stirn in Falten.

»Es sei denn?«

»Es sei denn, du kannst dich dazu durchringen, mir zu helfen.«

»Und das bedeutet?«

»Das bedeutet erstens, dass alle die Schießeisen runternehmen, und zweitens, dass wir beide uns etwas abseits wie zivilisierte Leute unterhalten. Ich habe Fragen an dich. Wenn ich mit deinen Antworten zufrieden bin, kannst du mir deine stellen. Aber Achtung, ich warne dich gleich: Ich antworte nur, wenn ich kann.«

»Woher weiß ich, dass ich dir trauen kann?«

»Und ich?«

Der Bandenchef wiegte unschlüssig den Kopf.

»Ich finde, der Handel ist einseitig zu deinem Vorteil, Lessard.«

»Geh drauf ein, oder lass es sein, Duvalier.«

Ein Wort vom Chef der Red Blood Spillers genügte, und seine Leute nahmen die Waffen runter. Auf Victors Befehl folgten Loïc und Kollege Dionne ihrem Beispiel. Danach standen die beiden Parteien einander noch Aug in Aug gegenüber wie der Krieger Brad »Freddy Krueger« Larocque und der Soldat Patrick Cloutier während der Oka-Krise im Sommer 1990 und lieferten sich ein Blickduell, bis Duvalier Josephs Stimme ein weiteres Mal losdonnerte, und die Gangster durch das Garagentor entschwanden, aus dem sie gekommen waren.

»Sag mir, Duvalier, wann hast du Mardaev das letzte Mal gesehen?«

»Gestern Morgen. Wir haben zusammen im Tim Hortons gefrühstückt.«

Victor stand mit Duvalier Joseph vor dem Holzzaun neben der Straße. Er hatte dem Bandenchef eine Zigarette angeboten, die dieser angenommen hatte, und Loïc und den Kollegen Dionne aufgefordert, sich ein Stück zu entfernen. Außerdem hatte er dem Streifenpolizisten strikt verboten, mit dem an seiner kugelsicheren Weste angebrachten Funkgerät ihre Position durchzugeben.

»Wann solltest du ihn wieder treffen?«

»Wir wollten am Abend ein Bierchen trinken gehen.«

»Weißt du, was er in dem Haus wollte, in dem wir ihn gefunden haben?«

»Nein. Ich weiß nur, dass er nach dem Frühstück mit einem Kunden verabredet war.«

»Mit einem Kunden … du meinst, mit einem eurer Dealer?«

»Das hast du gesagt, Mann.«

»Ist dir klar, dass der Betreffende Mardaev umgebracht haben könnte?«

Die Antwort kam wie aus der Pistole geschossen.

»Auf keinen Fall.«

»Woher willst du das wissen?«

»Sagen wir mal so: Ich hatte eine kleine Unterhaltung mit ihm …«

Victor konnte sich denken, dass das Wort »Unterhaltung«, wenn es aus Duvaliers Mund kam, nicht in seinem üblichen Sinn verwendet wurde.

»Wo haben sie sich getroffen?«

»In der Wohnung des Kunden.«

»Weißt du, um wie viel Uhr Mardaev wieder gegangen ist?«

»Gegen elf.«

»Weiß dein Kunde, wo er dann hinwollte?«

Der Bandenchef schüttelte den Kopf.

»Wie hast du von seinem Tod erfahren?«

»Jemand hat mich mit Valeris Handy angerufen, um mir zu sagen, wo ich seine Leiche finden könnte.«

»Sprichst du von Baptiste Faustins Haus?«

Erstaunen blitzte in den Augen des Bandenchefs auf.

»Was ist, Duvalier? Hast du etwa gedacht, wir brauchen Wochen, um herauszufinden, dass das Haus einem deiner Leute gehört? Wer ist dieser Faustin? Kann ich ihn sprechen?«

»Faustin hat nichts damit zu tun. Er ist zurzeit in Port-au-Prince.«

Victor schüttelte den Kopf. Wenn Faustin zum Zeitpunkt des Mordes im Ausland geweilt hatte, mussten sie ihn von der Liste der Verdächtigen streichen. Er würde das später überprüfen.

»Okay so weit. Du hast also einen Anruf erhalten. Ich nehme an, du wolltest die Sache an Ort und Stelle checken.«

»Ja, aber deine Leute waren schon da. Also habe ich Marcellus zurückgelassen. Er sollte versuchen, mehr in Erfahrung zu bringen. Du weißt schon, der Typ, den du ausgeknockt hast.«

Ein verschmitztes Lächeln zupfte an Victors Mundwinkeln.

»Und die Stimme des Anrufers? Eine junge Stimme, die Québecer Französisch gesprochen hat?«

Wieder konnte der Gangster seine Überraschung nicht verhehlen.

»Hat er sonst noch was gesagt, außer dass Mardaev tot ist und wo seine Leiche zu finden war?«

Duvalier Joseph lächelte, ohne zu antworten. Victor bohrte weiter:

»Was hat er noch gesagt?«

»Er hat gesagt, dass wir Schluss machen sollen.«

»Schluss machen? Womit?«

»Ich habe keine Ahnung, Mann.«

»Wie war der genaue Wortlaut?«

Duvalier seufzte und verdrehte genervt die Augen.

»Er hat was gesagt von wegen: ›Macht mit allem Schluss … Wenn ihr weitermacht, bringe ich dich um.‹«

Victor überlegte angestrengt, aber es gelang ihm nicht, den Satz mit den bisherigen Ermittlungsergebnissen in Einklang zu bringen.

»Hat die Drohung speziell dir gegolten? Was hat er deiner Meinung nach damit gemeint?«

Der Blick des Métis wurde noch finsterer und besorgter.

»Ich weiß es echt nicht. Aber eins kann ich dir sagen: Wer mir ans Leben will, muss früh aufstehen.«

Victor sah ihn prüfend an, doch weder in seinem Blick noch in seiner Körpersprache entdeckte er das geringste Anzeichen dafür, dass er log.

»Hast du einen Verdacht, wer es sein könnte?«

Duvalier kicherte.

»Glaubst du ernsthaft, dann würde ich hier rumstehen?«

Victor verzog das Gesicht und beschloss, dem Gespräch eine andere Richtung zu geben.

»Ist dir in den letzten Tagen irgendwas Ungewöhnliches an Mardaevs Verhalten aufgefallen?«

»Nein. Er war wie sonst.«

Victor machte eine Pause und wog die nächsten Worte sorgfältig ab.

»Was kannst du mir zu Commandant Tanguay sagen? Haben Mardaev und er sich gekannt?«

»Du glaubst, dass der Mord an Valeri etwas mit dem an Tanguay zu tun hat?«

»Warte, bis du dran bist. Noch stelle ich die Fragen. Also?«

»Was wolltest du noch mal wissen?«

»Du hast genau verstanden, Duvalier.«

Das Gesicht des Métis wurde ernst.

»Ehrlich, ich weiß nicht, ob Mardaev und Tanguay sich kannten. Aber was deine erste Frage angeht …«

Der Bandenchef zögerte und sah sein Gegenüber lange forschend an.

»Du willst wissen, was ich dir über Tanguay sagen kann? Ich bin mir nicht sicher, ob dir meine Antwort gefallen wird.«

»Wie meinst du das?«

»Ob du's mir glaubst oder nicht, Lessard, aber deine Männer wären noch am Leben, wenn ich damals Chef der Red Blood Spillers gewesen wäre.«

Der damalige Chef, Santiago Montoya, war bei dem Überfall, der die Ermittler Picard und Gosselin das Leben gekostet hatte, von Jacinthe erschossen worden. Victor erstarrte.

»Ich kann dir nicht ganz folgen, Duvalier.«

»Als sie euch damals, 2003, überrumpelt haben … Was glaubst du, woher hat Montoya wohl gewusst, wo euer Versteck war?«

Victors Mund ging auf, aber es kam nichts heraus. Bis zum heutigen Tag hatte er geglaubt, sie seien entdeckt worden, weil ihn jemand erkannt habe, als er zum Rauchen auf die Straße gegangen war.

»Maurice Tanguay hat euch verraten.«

23.

ALTE WUNDEN

Victor vernahm das Kreischen eines beschleunigenden Motors, dann das Quietschen von Reifen und das Klacken von Türen, die aufgestoßen wurden. Jacinthe sprang aus dem zivilen Polizeiauto, in der Hand das Gewehr, mit dem der Wagen ausgerüstet war. Nadja folgte ihr auf dem Fuß. Das ferne Heulen einer anderen Sirene durchbrach die nächtliche Stille und wurde lauter.

»Diese Dreckskerle! Seid ihr in Ordnung?«

Loïc und Streifenpolizist Dionne gingen ihnen entgegen. Loïc hob beschwichtigend die Arme.

»Das Ding kannst du wegstecken. Sie sind fort.«

Mit boshaft funkelnden Augen stapfte Jacinthe zu der Hausecke, an der Victor in aller Ruhe eine Zigarette rauchte. Sie spähte die Straße runter.

»Wo sind sie, die Wichser?«

Nadja trat zu ihrem Geliebten und legte ihm die Hand auf die Schulter. Er reagierte nicht.

»Alles okay?«

Gar nichts war okay. Duvaliers Worte gingen ihm nach. All die vermeintlich stichhaltigen Argumente, die er sich zu eigen gemacht hatte, damit er die Schuld am Tod Picards und Gosselins auf sich nehmen konnte, hatten sich in Luft aufgelöst. Doch die Enthüllung des Bandenchefs verschaffte ihm weder Trost noch Erleichterung, obwohl sie ihn entlastete, sondern riss nur alte Wunden auf, die Jahre gebraucht hatten, um sich zu schließen.

Seine Behauptungen versetzten Victor in die dunkelste Zeit

seines Lebens zurück, und Schwindel befiel ihn, wenn er an die Konsequenzen dachte, die sich daraus ergaben.

Jacinthe und er hatten den Überfall auf ihr Versteck immer für eine Art Kriegserklärung der Red Blood Spillers gehalten, die sie abgegeben hatten, um als ernst zu nehmender Akteur auf dem Montréaler Drogenmarkt wahrgenommen zu werden. Die mögliche Verwicklung Tanguays stellte diese Theorie infrage. Victor schüttelte den Kopf. Was war bloß mit ihm los? Statt erleichtert zu sein, verspürte er nur ein beklemmendes Gefühl in der Brust. Er stand unter Schock und sehnte sich nach einem Drink.

Ein Streifenwagen hielt hinter dem Zivilfahrzeug, und der ohrenbetäubende Lärm der Sirene verstummte. Zwei Uniformierte stiegen aus und gesellten sich zu Loïc und Dionne.

Victor hatte Duvalier Joseph noch mit allen erdenklichen Fragen gelöchert, doch der hatte darauf beharrt, nicht zu wissen, ob Mardaev und Tanguay sich gekannt hatten, und dem Sergent-Détective war es nicht ansatzweise gelungen, eine Verbindung zwischen den beiden Männern herzustellen. Darüber hinaus hatte der Métis beteuert, die Gründe nicht zu kennen, die Tanguay veranlasst hatten, Santiago Montoya ihr Versteck zu verraten.

»Hör mal«, hatte er gesagt, »ich hab damals zum einfachen Fußvolk gehört, nicht zu den führenden Köpfen. Santiago und seine Leutnants sind bei der Schießerei alle draufgegangen. Es war ihr Geheimnis, und sie haben es mit ins Grab genommen. Es wurde aber gemunkelt, dass Tanguay bei bestimmten Geschäften von uns weggeguckt hat. Und dass er uns gelegentlich Tipps gegeben hat, damit wir den Drogenfahndern nicht ins Netz gingen.«

»Und was bekam er dafür? Umschläge voller Geldscheine?«

»Mehr weiß ich wirklich nicht.«

»Habt ihr nach dem Überfall weiter mit Tanguay zusammengearbeitet?«

»Zwischen Santiago und mir hat es zwei weitere Chefs gegeben. Für die kann ich nicht sprechen, aber ich kann dir sagen, dass es, seit ich da bin, keine Kontakte zu ihm gegeben hat.«

Victor rief sich die Umstände in Erinnerung, unter denen die beiden Bosse das Zeitliche gesegnet hatten. Der Erste war in seiner Garage von Kugeln durchsiebt, der Zweite war in einem Kino erschossen worden. In diesem Gewerbe wurde man nicht sehr alt.

»Sag mir, Duvalier: Warum sollte ich dir glauben?«

Der Métis antwortete mit einer Gegenfrage:

»Hast du eine andere Wahl?«

Victor schüttelte den Kopf. Das Ganze kam ihm absurd und unwirklich vor. Anschließend beantwortete er ein paar Fragen, die der Chef der Red Blood Spillers an ihn hatte. Ohne in die Details zu gehen, schilderte er ihm, wie Valeri Mardaev gestorben war. Schließlich vereinbarten die beiden Männer, die unversöhnliche Welten trennten, in Kontakt zu bleiben. Duvalier gab Victor eine Handynummer, unter der er ihn jederzeit erreichen konnte, und Victor gab ihm seine.

Das Gespräch hatte mit klaren Ansagen geendet.

»Ich werde auf eigene Faust Nachforschungen anstellen, Mann. Wir halten uns auf dem Laufenden.«

»Hör gut zu, Duvalier, ich sage es nur einmal. Ich möchte keinen verdächtigen Todesfall. Und schon gar kein Blutbad. Du wirst nicht losziehen und alle möglichen Leute umlegen, ist das klar? Wenn du etwas herausfindest, rufst du mich an, okay?«

Seit der Bandenchef fort war, hatte sich Victor nicht von der Stelle gerührt und eine Zigarette nach der anderen geraucht. Und er rauchte auch jetzt, während Nadja und Jacinthe darauf vergeblich warteten, dass er ihnen Bericht erstattete. Irgendwann riss Jacinthe der Geduldsfaden.

»Was ist denn los, Lessard?«

In wenigen Sätzen, die ihm nur widerstrebend über die Lippen kamen, teilte er ihnen mit, was er soeben erfahren hatte. Eine Mischung aus Entsetzen und Mitgefühl trat in die Augen seiner Geliebten, unbändiger Zorn in die seiner Partnerin.

Das Autoradio gab unbestimmte Geräusche von sich, und der Motor lief. Doch Jacinthe, die am Steuer saß, fuhr noch nicht los. Sie kaute wütend an ihrer Unterlippe.

»Ich kann es einfach nicht fassen, dass er uns verraten hat, dieser Dreckskerl!«

Sie hatten Loïc und Nadja an Baptiste Faustins Haus abgesetzt. Die beiden sollten Nachbarn befragen, weitere Indizien sammeln und die Arbeit am Tatort mit der Kriminaltechnik koordinieren.

Jacinthe schlug mit der Faust aufs Armaturenbrett.

»Verfluchtes Schwein. Ich hätte ihm nicht den Kopf abgeschnitten, sondern die Eier.«

Victor nickte, ließ die Scheibe herunter und rauchte eine Zigarette. Normalerweise hätte Jacinthe ihn deswegen angeschnauzt, doch sie drückte ein Auge zu. Dieses eine Mal wenigstens.

»Wo fahren wir hin?«, fragte sie nach ein paar Sekunden, ruhiger jetzt.

»Rate mal.«

Jacinthe drehte sich zu ihm hinüber und sah ihn lange an. Mit schimmerndem Licht zog der Morgen herauf, Vögel zwitscherten.

»Ist das dein Ernst?«

»Sehe ich so aus, als ob mir zum Scherzen wäre?«

24.
KONFRONTATION

Marc Piché schrieb gerade eine E-Mail, als er plötzlich den Kopf hob und das Tippen einstellte. Laute Stimmen drangen aus dem Vorzimmer seiner Sekretärin durch die geschlossene Tür. Dann ging die Tür auf, und in der Öffnung erschien mit dem Rücken zu ihrem Chef, eine kleine Frau, die den Zutritt zum Büro des SPVM-Direktors versperrte.

»Ich habe Ihnen doch gesagt, dass Sie einen Termin machen müssen, Sergent-Détective …«

Das Gesicht Victor Lessards erschien in der Tür.

»Und ich sage Ihnen, dass er mich empfangen wird. Nicht wahr, Monsieur le Directeur? Sie haben gesagt, dass mir Ihre Tür jederzeit offen steht.«

»Lassen Sie ihn rein, Sylvie.«

Der Ermittler schloss die Tür hinter sich und setzte sich unaufgefordert auf einen der Besucherstühle.

»Was ist los, Victor?«

»Das würde ich gern von Ihnen wissen, Monsieur.«

Piché sah ihn schräg von der Seite an, ungehalten über sein Eindringen und den Ton, den er anschlug. Der Polizeichef holte tief Luft und zwang sich, beim Sprechen ruhig zu bleiben.

»Hören Sie, Victor, wie wär's, wenn Sie mir sagen, was Sie zu mir führt? Ich habe gerade erfahren, dass wir eine zweite Leiche haben. Sind Sie deswegen hier?«

Der Ermittler verschränkte die Arme vor der Brust und schüttelte den Kopf.

»Eigentlich nicht.«

»Also, ich höre.«

»Ich möchte mit Ihnen über die Akte sprechen, die die Interne uns vorenthält.«

Der Direktor lehnte sich in seinen Sessel zurück.

»Wovon reden Sie?«

»Das wissen Sie ganz genau. Von der Ermittlungsakte über Maurice Tanguay.«

Pichés Gesicht lief rot an.

»Mir gefallen weder Ihr Ton noch Ihre Andeutungen. Und ich verstehe überhaupt nicht, worauf Sie hinauswollen. Wenn Sie mir etwas vorzuwerfen haben, sagen Sie es klipp und klar oder halten Sie den Mund.«

Victor erwiderte den Blick des Vorgesetzten ohne mit der Wimper zu zucken.

»Wollen Sie etwa behaupten, dass Sie über die Existenz dieser Akte nicht im Bilde sind, Monsieur? Beziehungsweise abstreiten, dass Sie den Clowns von der Internen befohlen haben, meinem Team die Existenz der Akte zu verheimlichen?«

Der Direktor kniff sichtlich irritiert die Lider zusammen.

»Nach meiner Kenntnis besitzt die Interne keine Akte über Maurice. Aber ich werde der Sache nachgehen und mit dem Verantwortlichen sprechen.«

Die Antwort schien den Sergent-Détective zu verwirren. In ruhigerem Ton fuhr er fort:

»Gehen Sie der Sache nach, Monsieur. Ich bin mir sicher, dass Sie eine haben.«

Der Direktor nahm seine Brille ab und putzte sie mit einem Papiertaschentuch.

»Mit wem von der Internen haben Sie gesprochen?«

»Mit den Ermittlern Lachaîne und Masse.«

»Und Sie glauben, dass die Ihre Arbeit behindern?«

Victor bejahte mit einem Wimpernschlag.

»Es sieht ganz so aus. Offen gestanden habe ich geglaubt, es komme von weiter oben.«

Der Direktor setzte die Brille wieder auf.

»Wer hat Ihnen von der Akte erzählt?«

»Informanten.«

»Wer?«

»Bedaure, Monsieur, meine Quellen gebe ich nicht preis.«

»Sie wissen, dass ich Sie dazu zwingen könnte. Das sind schwere Anschuldigungen, die Sie da erheben, Sergent-Détective. Und es geht um das Andenken eines bewundernswerten Mannes.«

Der Ermittler verzog das Gesicht und erwiderte:

»Bei Ihrem Besuch haben Sie mir versichert, dass ich auf Ihre Unterstützung zählen kann. Und dass Sie alles daran setzen, den Mord an Commandant Tanguay aufzuklären. Gilt das noch?«

»Haben Sie Grund, daran zu zweifeln, Lessard? Haben Sie ein Problem damit, dass ich mit Maurice befreundet war? Lassen Sie sich gesagt sein: Ich werde nicht zulassen, dass jemand grundlos sein Andenken beschmutzt. Umgekehrt werde ich Sie vorbehaltlos unterstützen, wenn er sich etwas zuschulden kommen lassen hat. Schlussendlich muss der Wahrheit zum Recht verholfen werden. Wenn so eine Akte existiert, werde ich dafür sorgen, dass Sie sie einsehen können.«

»In vollem Umfang?«

Der Direktor räusperte sich. Nur mühsam hielt er seinen Zorn im Zaum.

»Für wen halten Sie mich, Lessard? Ich kann Ihnen keinen Blankoscheck ausstellen, und das wissen Sie genau. Aber ich versichere Ihnen, dass Sie alles zu Gesicht bekommen werden, was für Ihre Ermittlungen relevant ist.«

»Auch den Teil aus dem Jahr 2003?«

Der Direktor verschränkte die Hände, neigte den Kopf und kniff die Augen hinter den Brillengläsern zusammen.

»Was ist 2003 passiert?«

Victor war drauf und dran, seine Karten offen auf den Tisch zu legen, besann sich dann aber anders.

»Darüber möchte ich noch nicht sprechen. Ich warte lieber, bis ich mehr darüber weiß.«

»Wäre es nicht viel einfacher, wenn wir ganz offen darüber reden würden?«

»Ich muss noch einige Punkte überprüfen, Monsieur. Ich warte lieber.«

»Wie Sie wollen. Geben Sie mir bis morgen Zeit, um die Angelegenheit mit der Internen zu regeln. Könnten wir dann jetzt über den anderen Mord sprechen? Wie weit sind Sie? Wer war das Opfer, dieser …«

Der Direktor stöberte in den Papieren, die ausgebreitet auf seinem Schreibtisch lagen, fand, was er suchte, und überflog es.

»… dieser Valeri Mardaev?«

Der Sergent-Détective nickte und berichtete seinem Vorgesetzten, was sie vor einigen Stunden vorgefunden hatten.

Als Lessard gegangen war, blieb der Polizeichef eine Weile reglos sitzen. Dann stand er auf und trat ans Fenster. Sein Blick glitt über Chinatown hinweg, kehrte nach Vieux-Montréal zurück und verlor sich weiter unten in den bläulichen Fluten des Sankt-Lorenz-Stroms. Er rieb sich die Nase und schüttelte enttäuscht den Kopf. Er hatte so viel Energie investiert und so viele Opfer gebracht, um auf der Karriereleiter Sprosse für Sprosse nach oben zu klettern. Und jetzt, wo er ganz oben angekommen war, stand ihm das Schwierigste noch bevor. Er musste dranbleiben. Marc Piché kehrte zum Schreibtisch zurück, zog einen Schlüssel aus der Hosentasche und schloss eine Schublade auf. Er entnahm ihr ein Handy und drückte eine Taste. Es klickte ein paarmal, dann wurde abgehoben.

Der Polizeichef sagte in ruhigem und bestimmtem Ton:

»Wir haben ein Problem.«

Überwachen
und Strafen

Die großen Morde sind (…) das
lautlose Spiel der Weisen geworden.

MICHEL FOUCAULT

49.
DAS SCHWARZE
ZIMMER (3)

»Sie irren sich! Was ich getan habe, habe ich aus freien Stücken getan, mein Bewusstsein war der Ausgangspunkt meines Handelns. Ich habe in voller Kenntnis der Sache von meiner Willensfreiheit Gebrauch gemacht.«

»Wie können Sie sich dessen sicher sein? Willensfreiheit ist nur möglich, wenn Sie imstande sind, Ihr Unbewusstes zu beherrschen. Glauben Sie wirklich, frei und unabhängig gehandelt und gedacht zu haben? Meinen Sie nicht, dass Ihr Wille bis zu einem gewissen Grad von inneren Kräften, von Ihren Trieben, beeinflusst worden ist? Grundsätzlicher noch, glauben Sie immer noch, dass Sie aus triftigen Gründen gehandelt haben?«

»Hören Sie auf! Ich weiß, was ich getan habe. Und ich weiß, warum ich es getan habe. Im Übrigen habe ich mir von all den Theorien, die Sie mir bei jedem meiner Besuche vorgetragen haben, eine besonders gemerkt. Sagten Sie nicht, dass es in bestimmten Situationen mitunter nötig ist, der Schlange den Kopf und den Schwanz abzuschlagen, um sie unschädlich zu machen? Genau das habe ich getan. Nicht mehr und nicht weniger.«

»Ich habe Ihnen möglicherweise den Anstoß dazu gegeben. Aber Sie scheinen zu vergessen, dass alles bereits in Ihnen war, begraben im Schlamm Ihres Unbewussten. Sie bedienen sich jetzt meiner Worte, um Ihr Handeln a posteriori zu rechtfertigen. Ich habe lediglich erklärt, was es mit der Tür zum schwarzen Zimmer auf sich hat. Sie hatten sie bereits von sich aus durchschritten, um Ihr Leiden zu beenden. Ihre Triebe hatten bereits ganze Arbeit geleistet. Und das ist auch gut so! Tauchen Sie Ihre Finger in den Gral. Kosten Sie das Hochgefühl aus, endlich Sie selbst zu sein!«

»Sie sind total verrückt! Denken Sie eigentlich manchmal an all die Menschen, die Sie getötet haben? An ihre Angehörigen, ihre Verwandten und Freunde?«

»Ob ich an diese Leute denke? Ich will Ihnen eines sagen: ich denke jeden Tag an sie. Ich habe sie sehr geliebt, sie bis zur letzten Sekunde ihres Lebens begleitet, meine Lippen auf ihre gelegt, um im Augenblick des Dahinscheidens ihren letzten Lebenshauch einzuatmen. Ich habe ihnen einen Sinn gegeben, einen Zweck, einen Nutzen. Ihr Opfer ist nicht umsonst gewesen, ihr Tod war unerlässlich. Sie haben mir ermöglicht, mich zu offenbaren, ich selbst zu werden, ohne Maske zu leben. Sie haben meine Triebe genährt und meine Qualen gelindert und mich dadurch von meinen Hemmungen befreit. Wie ich es geliebt habe, ihnen beim Sterben zuzusehen! Es hat mich so glücklich gemacht, die letzten Tränen über ihre Wangen rollen zu sehen. Geben Sie zu, dass Sie das gleiche Glücksgefühl, die gleiche Verzückung empfunden haben.«

»Wollen Sie die Version hören, die Sie in Ihrem Wahn bestärkt, oder ziehen Sie die Wahrheit vor?«

»Nicht in diesem Ton! Ich versuche nur, Ihnen die Augen zu öffnen. Wissen Sie noch, was ich Ihnen bei unserem ersten Treffen gesagt habe?«

»Sie haben gesagt, dass wir die Summe unserer Geheimnisse sind.«

»Ganz recht. Irgendwo fängt man immer an … Je schneller Sie dem, was in Ihnen schlummert, freien Lauf lassen, desto schneller wird Ihr Leiden ein Ende haben.«

»Sie irren. Ich leide nicht.«

»Haben Sie sich schon einmal gefragt, warum Samuel Sie zu mir gebracht hat?«

»Weil Sie mich indoktrinieren wollten!«

»Weit gefehlt. Er hat Sie hergebracht, weil ich Sie ausgesucht hatte.«

»Wenn Sie es sagen. Warum lächeln Sie?«

»Es spielt keine Rolle, was Ihnen widerfährt. Sondern wovon Sie glauben, dass es Ihnen widerfährt. Ihre eigene Wahrnehmung der Realität. Man unterschätze nie die Macht der Verheißung, die in einem ersten Kuss liegt.«

»Ich weiß, was Sie vorhaben. Sie versuchen, mich aus dem Gleichgewicht zu bringen, mich zu provozieren.«

»Nein. Ich versuche, Sie dazu zu bringen, sich besser zu verstehen. Im Übrigen glauben Sie, dass ich es Ihnen leichter machen will. Doch da täuschen Sie sich. Ich werde Ihnen nicht die Arbeit abnehmen.«

»Welche Arbeit? Wovon reden Sie?«

»Ach, hören Sie doch auf, sich zu belügen, lieber Freund. Sie schaden sich nur selbst, wenn Sie das Offenkundige leugnen.«

»Darf ich erfahren, worauf Sie anspielen?«

»Sie sind gekommen, um mich zu töten.«

»Das glauben Sie?«

»Ja, ich glaube, dass Sie sich darauf vorbereiten. Ich bin davon überzeugt, dass Sie gekommen sind, um mich zu töten, jedoch Angst haben. Und ich behaupte, dass Sie es tun werden, nicht weil Sie einen bewussten Entschluss dazu gefasst haben oder sich dazu berechtigt fühlen, sondern weil es Ihnen ein Bedürfnis ist. Und wir wissen beide, dass Sie es danach wieder tun werden. Beunruhigt es Sie zu wissen, dass Sie Geschmack daran gefunden haben und dass es Ihnen Vergnügen bereiten wird?«

»Sie reden Unsinn.«

»Wirklich? Alle Augen sind jetzt auf Sie gerichtet. Was werden Sie tun?«

»Das ist nicht mehr wichtig.«

»Möglich, aber Sie sterben fast vor Angst …«

25.
NÄCHSTER SCHRITT

Victor stieß wieder zu Jacinthe, die unten in der Eingangshalle auf und ab ging. Ohne ein Wort zu wechseln, verließen sie die SPVM-Zentrale und steuerten auf den Wagen zu. Der Wind wirbelte kleine Staubwolken von der Straße auf. Der Sergent-Détective kniff die Augen zusammen und senkte den Kopf. Sein Blick fiel auf den weißen Rauch, der aus dem Auspuff des Wagens quoll, der gerade vor ihnen einparkte. Er hob die Augen zum Himmel. Eine dicke Smogschicht verdunkelte die Sonne. Alles erschien ihm düster und grau. Ihm selbst ging es schlecht, dem Planeten ging es schlecht, und die Ermittlungen kamen schlecht voran. Er griff in die Tasche, zog einen Angstlöser hervor und würgte ihn mit Spucke hinunter. Jacinthe entriegelte die Türen und sah ihn übers Autodach hinweg eindringlich an.

»Und?«

Victor fühlte sich neben der Spur und durcheinander. Die Selbstsicherheit, mit der sich Direktor Piché gegen seinen Vorwurf verwahrt hatte, man verheimliche ihnen die Existenz einer internen Ermittlungsakte zu Tanguay, hatte ihn verunsichert.

Er schüttelte missmutig den Kopf und rutschte wortlos auf den Beifahrersitz. Jacinthe setzte sich hinters Steuer, ließ die Zündung aber noch aus. Stattdessen zog sie ihre Rohkosttüte unter dem Sitz vor, begann, Karotten, Radieschen und Selleriestangen zu knabbern, und wartete darauf, dass Victor etwas sagte. Sie biss gerade in einen Zitronenschnitz und zog eine Grimasse, als er das Schweigen brach.

»Der Direktor sagt, dass wir, falls die Interne eine Akte hat, die relevanten Teile einsehen dürften. Doch nach seiner Kenntnis habe sie nichts über Tanguay.«

»Wie bitte?«, platzte Jacinthe heraus. »›Nach seiner Kenntnis‹? Wenn du anfängst, wie ein Anwalt zu reden, willst du dich nicht zu weit aus dem Fenster lehnen! Und was soll das heißen, ›relevante Teile‹? Hält er uns für Anfänger? Und wer entscheidet, was relevant ist?«

Victor schloss die Augen und sog langsam Luft ein.

»Darüber haben wir nicht gesprochen. Gib mir doch eine Karotte.«

Sie hielt ihm die Tüte hin. Er nahm sich eine und biss hinein. Eine Weile kauten beide vor sich hin, dann sagte Victor:

»Warten wir erst mal ab, ob die Interne eine Akte über Tanguay hat. Wenn wir merken, dass sie unvollständig ist, können wir immer noch mehr verlangen.«

»Nimmst du ihm ab, dass er nichts von einer Akte der Internen weiß?«

Er konnte ein Gähnen nicht unterdrücken. Der Schlafmangel holte ihn ein.

»Schwer zu sagen. Ich hatte das Gefühl, dass er die Wahrheit sagt, aber manchmal kann man auch lügen, indem man etwas verschweigt.«

Vorsichtshalber hatte sich Victor geweigert, Piché seine Quellen preiszugeben. Zum einen, weil ihm klar war, dass die Glaubwürdigkeit Yves Gagnés und Duvalier Josephs in Zweifel gezogen werden konnte. Und zum anderen, weil er Querverbindungen gezogen hatte, die sich durch nichts belegen ließen. Yves Gagné behauptete, Maurice Tanguay habe ihm Informationen abgekauft und an das organisierte Verbrechen weiterverhökert und sei deshalb Gegenstand interner Ermittlungen geworden. Und Duvalier Joseph behauptete, Tanguay sei für das Blutbad von 2003 verantwortlich gewesen. Zwei Männer ohne erkennbare Verbindung zueinander hatten mit ihm also über illegale Aktivitäten gesprochen, in die der Commandant verwickelt gewesen sein soll. Doch selbst wenn sich bewahrheiten sollte, dass die Interne gegen Tanguay ermittelt hatte und dieser korrupt gewesen war, bestand zum jetzigen Zeitpunkt kein Grund zu der Annahme, dass diese Ermittlungen ausschließlich oder teilweise Vergehen zum Gegenstand gehabt hatten, die Tanguay 2003 begangen haben könnte.

»Vielleicht hat dir Duvalier auch nur dummes Zeug erzählt. Vielleicht war es sogar er selbst, der Tanguay und Mardaev ermordet hat, oder einer von seinen Leuten.«

Duvalier hatte ihnen für beide Morde ein wasserdichtes Alibi präsentiert. Der Sergent-Détective hatte nicht das Gefühl, dass der Métis ihn belogen hatte, doch ganz ausschließen konnte er es nicht.

»Vielleicht … Aber aus welchem Grund?«

Jacinthes Lachen erfüllte den Innenraum.

»Er hat wahrscheinlich sechsundfünfzig gute Gründe zu lügen, mein Lieber. Und sei es nur, um die wahren Hintergründe des Mordes an Mardaev zu verschleiern. Und dann wäre da noch die Geschichte mit den Drohungen gegen ihn.«

Victor veränderte unwillkürlich seine Stimme.

»Macht mit allem Schluss … Wenn ihr weitermacht, bringe ich dich um.«

Jacinthe nickte.

»Also, wenn du mich fragst, ich finde das alles ziemlich verwirrend.«

Schweigend ließen sie sich das eben Gesagte noch einmal durch den Kopf gehen. Dann erinnerte sich Victor an das Gespräch, das er in Baptiste Faustins Haus mit Nadja geführt hatte. Sie sollten aufhören, Hypothesen aufzustellen und sich an die Fakten halten: Der Mörder hatte in seinem ersten Grafitti auf Mardaev hingewiesen und ihn zu Tode gefoltert.

»Der Mörder sucht seine Opfer nicht willkürlich aus, Jacinthe. Es gibt eine Verbindung zwischen Tanguay und Mardaev. Wir müssen herausfinden, worin sie besteht und hinter welchen Informationen der Mörder her war. Immerhin hat er dafür gefoltert.«

Jacinthe ließ ihre Fingerknöchel knacken.

»Wir gehen wie selbstverständlich davon aus, dass die Verbindung zwischen den beiden geschäftlicher Natur war, aber hast du schon mal in Betracht gezogen, dass es auch etwas Privates sein könnte?«

Victor fand den Einwand bedenkenswert. Vielleicht suchten sie in der falschen Richtung, vielleicht gingen sie das Problem von der verkehrten Seite an. Was, wenn die Verbindung zwischen den beiden Opfern tatsächlich privater Natur gewesen war? Ein Bild stieg vor seinem inneren Auge auf. Das eines jungen Mannes im Rollstuhl. Es war äußerst unwahrscheinlich, dass Simon Tanguay und Mardaev gekannt hatte, aber was hatten sie schon zu verlieren außer ein wenig Zeit, wenn sie ihn noch einmal zu den Bekannten seines Vaters befragten? Victor wollte Jacinthe gerade vorschlagen, zu dem jungen Mann zu fahren, als sein Handy in der Tasche vibrierte. Er machte ein erstauntes Gesicht, als er auf das Display blickte.

»Na, so was … Der Gnom!«

Jacinthe strahlte.

»Gilles? Na los, geh ran.«

Soweit sie wussten, verbrachte Gilles Lemaire, einer ihrer Kollegen im Dezernat Kapitalverbrechen, mit seiner Frau und seinen sieben Kindern gerade einen vierwöchigen Urlaub in South-Virginia. Die geringe Körpergröße ihres Erzeugers hatte Letzteren den Spitznamen »die sieben Zwerge« eingebracht. Victor nahm den Anruf entgegen. Er hörte gedämpften Lärm, bestehend aus Kindergeschrei, Regengeprassel und Donnerschlägen. Kurzum, dort war die Hölle los.

»Gilles? Wie geht's?«

Das Gespräch verlief etwas holprig.

»Maël, lass deinen Bruder in Ruhe. Salut, Victor!«

»Und? Wie ist der Urlaub?«

Der Gnom brach in Gelächter aus.

»Urlaub? Der beginnt für mich erst, wenn ich wieder ins Büro komme! Mann, hier regnet es schon den fünften Tag ununterbrochen. Den fünften Tag! Ich sage dir, fahr nie mit sieben Kindern zum Campen, wenn es regnet, Victor. Da könnte man glatt zum Serienmörder werden!«

»Ich verstehe dich nur sehr schlecht, Gilles!«

»Aber das ist doch normal, dass er weint! Zieh ihn nicht an den Haaren! Na großartig! Bravo, mein Sohn. Und dann wunderst du dich, warum dein iPad kaputt ist? Ja, damit kannst du prima deinen Bruder schlagen.«

»Was?«

»Nein, entschuldige, ich habe mit den Jungs gesprochen. Hör zu, ich habe im Internet von dem Mord an Tanguay und dem Typ von den Red Blood Spillers gelesen. Heftig! Läuft alles so weit bei euch?«

»Jaja, keine Sorge. Nadja hilft uns.«

»Bist du sicher?«

Victor merkte dem Kollegen eine gewisse Enttäuschung an.

»Warum fragst du, Gilles?«

»Na ja, hier ist für den Rest der Woche Regen angesagt …«

»Und?«

Die Stimme des Gnoms wurde brüchig.

»Ich stehe kurz vor einem Nervenzusammenbruch! Ein Wort von dir, ein einziges Wort, und ich komme auf der Stelle zurück und helfe euch.«

Victor konnte das Angebot des Kollegen unmöglich annehmen. Jeden Tag bedauerte er, dass er seinen Kindern Charlotte und Martin früher nicht genügend Zeit gewidmet hatte.

»Ich danke dir, Gilles, aber wir haben hier alles im Griff.«

In der Antwort des Gnoms schwang Verzweiflung mit:

»Dann such mir einen Exorzisten-Priester! Die Kinder sind besessen, Victor! Besessen!«

Als Jacinthe die Zündung einschaltete und den Motor anließ, trat Ermittler Lachaîne, der sie von der Eingangshalle der Zentrale aus beobachtet hatte, ins Freie und schlenderte, die Hände in den Taschen, bis zum Gehweg vor. Kaum war der Wagen am Ende der Rue Saint-Urbain verschwunden, ging er wieder hinein.

26.
DER SOHN

Simon Tanguays Loft lag in der Rue d'Argenson, hundertfünfzig Meter vom Lachine-Kanal entfernt. Als freiberuflicher Graphiker arbeitete der junge Mann zu Hause. Victor hatte ihn angerufen, um ihren Besuch anzukündigen und sich zu vergewissern, dass er auch da war. Simon bestand darauf, ihnen einen Kaffee zu machen, und Victor beobachtete, wie er mit seinem Rollstuhl manövrierte und mit präzisen Handgriffen die Espressomaschine bediente. In einer behindertengerechten Umgebung kam der junge Mann ebenso gut zurecht wie jemand, der sich auf zwei Beinen fortbewegte. Victor nahm ihm gegenüber auf einem Sofa aus ungebleichtem Baumwollstoff Platz, während sich Jacinthe, die Gefühlsausbrüche befürchtete, lieber am Fenster postierte.

»Wie geht's? Kommst du klar?«

Simon deutete ein Lächeln an.

»Ja. Zum Glück habe ich mit den Vorbereitungen für die Beerdigung viel zu tun.«

Von tiefer Traurigkeit erfüllt, befeuchtete er seine Lippen und fügte hinzu:

»Ich finde, mein Vater hätte ein offizielles Begräbnis verdient, da aber nicht nachweisbar ist, dass er im Dienst gestorben ist, hat der Polizeichef ablehnen müssen.«

Simons Augen verschleierten sich. Er schluckte schwer und unterdrückte einen Schluchzer. Sofort bekam Victor Schuldgefühle. Hinter jedem Opfer stand die Aussicht auf ein Leben und eine Zukunft, die zunichtegemacht worden war. Bei jedem Mord versuchte er, nicht an diesen lähmenden Aspekt zu denken, an den Umstand, dass Kummer und Leid der Hinterbliebenen sich verlängerten, wenn sie den Fall nicht zügig aufklärten.

Vor allem aber verstand er, dass der Sohn stolz auf seinen Vater war und daher enttäuscht, dass er ihm nicht diese letzte Ehre erweisen konnte.

»Wir sind für dich da, Simon. Wenn du etwas brauchst, egal was, hab keine Scheu.«

Der junge Mann nickte, holte tief Luft und sagte mit bebender Stimme:

»Ich wollte mich übrigens noch entschuldigen. Ich weiß, dass ich Ihnen mit meinen Phantomanrufen ziemlich auf die Nerven gegangen bin … Aber ich wollte mich auf diese Art nur vergewissern, dass Sie weiter nach Papas Mörder suchen.«

Victor erwiderte, dass er das verstehen könne, und fuhr fort:

»Ich hatte dir gesagt, dass wir uns melden würden, sobald wir etwas Neues haben. Darum sind wir jetzt hier. Wir glauben, dass du uns möglicherweise helfen kannst.«

Die Augen des jungen Mannes weiteten sich, und Hoffnung schwellte ihm die Brust.

»Haben Sie eine Spur? Wissen Sie, wer der Mörder ist?«

Dieses Aufwallen freudiger Erregung brachte Victor gegen seinen Willen zum Schmunzeln.

»Nein, noch nicht. Aber es hat sich was getan. Es hat einen weiteren Mord gegeben, und wie es scheint, steht er mit dem an deinem Vater in Verbindung. Wir glauben, dass es derselbe Täter ist.«

Die Hände auf dem Rücken verschränkt, trat Jacinthe jetzt neben das Sofa. Simon schien entsetzt.

»Oh nein! Das ist ja … wer ist das Opfer?«

»Sagt dir der Name Valeri Mardaev etwas?«

Der junge Mann überlegte einen Moment lang.

»Auf Anhieb nichts, nein … War er ein Kollege meines Vaters?«

»Nein, aber wir glauben, dass sie sich gekannt haben.«

Victor ergriff den Umschlag, den er neben sich auf das Sofa gelegt hatte, entnahm ihm ein Foto Mardaevs und reichte es Simon.

»Hast du den schon mal gesehen?«

Der junge Mann betrachtete das Foto.

»Nein, tut mir leid.«

Victor nahm das Foto wieder an sich. Eine Sekunde lang fragte er sich, ob Simon beim Anblick des Fotos nicht zusammengezuckt war. Kaum merklich zwar, aber doch so, dass bei Victor ein Zweifel blieb.

»Bist du sicher?«, hakte er nach. »Es könnte lange her sein. Er war zu der Zeit jünger.«

Simon starrte ihn an. Etwas Düsteres lag in seinem Blick.

»Nie gesehen. Wer ist das?«

»Er gehört zu einer Straßen-Gang. Den Red Blood Spillers. Sagt dir das was?«

Der junge Mann vergrub das Gesicht in den Händen und begann zu schluchzen. Victor legte ihm die Hand auf die Schulter und bat Jacinthe, die Schachtel mit den Taschentüchern zu holen, die auf der Anrichte stand. Sie verdrehte die Augen, kam der Bitte aber nach. Sie fühlte sich der Situation gegenüber hilflos, wollte es aber nicht zeigen und tat lieber so, als ob sie sich ärgerte.

Victor hielt Simon ein Taschentuch hin, während Jacinthe wieder ihren Posten am Fenster bezog.

»Bitte entschuldigen Sie, das ist … Nicht zu wissen, was ihm zugestoßen ist, und jetzt auch noch zu erfahren, dass derselbe Mörder andere Menschen umbringt.«

Victor wusste nicht, was er darauf antworten sollte. Er hatte keine Lust, mit diesem leidgeprüften jungen Mann über die dunkle Seite zu sprechen, die in jedem Menschen schlummerte.

Simon putzte sich die Nase und schien sich wieder ein wenig zu fangen.

»Haben Sie meinen Vater gut gekannt? Sie haben doch für ihn gearbeitet, nicht?«

Der Sergent-Détective schürzte die Lippen. Genau auf diese Art von Gespräch hatte er nun gar keine Lust. Commandant Tanguay und er waren einander spinnefeind gewesen, und die jüngsten Enthüllungen Yves Gagnés und Duvalier Josephs halfen nicht gerade dabei, etwas an seiner Meinung über den Mann zu ändern.

»Ich habe ihn nicht persönlich gekannt«, antwortete er vorsichtig. »Aber ja, er war mein Chef.«

»Wie war er? War er ein guter Chef?«

Victor war im Zwiespalt. Simons Gesicht strahlte so viel Wärme aus, dass er es nicht übers Herz brachte, ihm zu sagen, dass er seinen Vater für einen Dreckskerl der schlimmsten Sorte gehalten habe.

»Commandant Tanguay war ein hervorragender Polizist, Simon.«

»Und ein wunderbarer Vater.«

Auf diese Bemerkung folgte ein kurzes Stutzen. Es war nicht das erste Mal, dass sich Victor mit dem Phänomen konfrontiert sah, doch es verblüffte ihn immer wieder: Wie hatte ein solcher Bastard ein liebevoller Vater sein können?

Victor schüttelte die Erstarrung ab und sah sich in der Wohnung um: Die Einrichtung des Hauptraums mit seinem Fabrik-Ambiente war dem Leben im Rollstuhl angepasst. Bett und Badezimmer waren durch eine Glaswand abgetrennt, die den Essbereich nach hinten abschloss.

»Du hast einen schönen Loft, Simon.«

»Danke. Ich bin sehr froh, dass ich hier wohnen kann.«

Die Miene des jungen Mannes hatte sich kurz aufgehellt. Nun verfinsterte sie sich wieder.

»Papa hat die Hypothek bezahlt.«

Das Handy in Victors Tasche regte sich. Er blickte auf das Display. Es war Nadja.

»Entschuldigst du mich einen Moment, Simon? Ich muss da rangehen.«

Er entfernte sich bis zur Mitte der Wohnung und bat Jacinthe mit einem Handzeichen, ihn zu vertreten. In dem Moment, als er den Anruf annahm, ließ seine Partnerin einen lauten Seufzer vernehmen.

»Wo seid ihr?«

»Wir sind gerade in Mardaevs Wohnung angekommen. Die Befragungen in der Nachbarschaft von Faustins Haus haben nichts gebracht. Die Leute haben längst begriffen, dass man sich besser um seinen eigenen Kram kümmert, wenn man in Montréal-Nord am Leben bleiben will. Nebenbei, ich habe mit Faustin gesprochen. Er hält sich tatsächlich seit Wochen im Ausland auf.«

»Wisst ihr schon was über Mardaevs Handy?«

»Ich habe die Nummer überprüfen lassen, die dir Joseph gegeben hat. Es ist ein Prepaid-Handy. Verbindungsnachweise können wir also vergessen. Außerdem haben wir versucht, das Gerät zu orten, aber ohne Erfolg. Der Mörder hatte entweder die SIM-Karte entfernt oder das Telefon zerstört.«

»Wenn man glauben darf, was Joseph sagt, klafft zwischen dem Zeitpunkt, als er seinen Kunden verlassen hat, und dem seines Todes eine Lücke von etwa zwei Stunden. Er hätte also Zeit gehabt, noch etwas anderes zu erledigen, bevor er zu Faustin fuhr. Wie sieht's in seiner Wohnung aus?«

»Bei Mardaev? Ordentlich, geschmackvoll und vielseitig eingerichtet. Ich habe sogar einen gelben Sessel fotografiert, von dem ich finde, dass er sich bei uns gut machen würde.«

Er grinste. Sie veralberte ihn.

»Ich habe nicht die Einrichtung gemeint.«

»Ich weiß, Lessard. Wir haben mit der Durchsuchung noch nicht angefangen. Ich wollte dich nur zum Lachen bringen.«

»Das ist dir gelungen. Wenn ich nach Hause komme, kriegst du von mir einen Stern ins Heft.«

»Ins Heft oder auf die Pobacke?«

Lächelnd unterbrach er die Verbindung. Nadja Fernandez tat ihm wahnsinnig gut. Herrgott, wie er diese Frau liebte! Er kehrte zum Sofa zurück, wo Jacinthe das Gespräch fortgesetzt hatte. Sie zwinkerte ihm zu, wandte sich dann wieder an Simon und stellte ihm die nächste Frage:

»Wenn ich dich nach 2003 frage, was fällt dir dazu ein?«

Der junge Mann senkte den Kopf, und ein wehmütiger Schatten glitt über sein Gesicht.

»Das ist das Jahr, in dem ich meine Beine verloren habe. Ich war sechzehn. Wieso?«

Als ihr Vorrat an Fragen erschöpft war, dankten die beiden Polizisten Simon Tanguay und verabschiedeten sich. Draußen war es heiß und die Luftfeuchtigkeit so hoch, dass sie das Gefühl hatten, Wasser zu atmen. Sie gingen den Gehweg entlang zu ihrem Wagen. Rechts von ihnen strampelten Radfahrer auf dem Radweg, der den Lachine-Kanal säumte. Victor, der sie aus dem Augenwinkel beobachtete, beneidete sie um ihre Unbeschwertheit.

Jacinthe ergriff als Erste das Wort.

»Wir hätten ihn fragen sollen, was er zum Zeitpunkt der Morde gemacht hat.«

»Simon? Der braucht kein Alibi, er sitzt im Rollstuhl. Außerdem haben wir doch Aufnahmen vom Mörder, wie er neben der Bäckerei das Graffiti sprüht. Wie soll Simon das gemacht haben? Und Valeri Mardaev wurde in einem Keller getötet. Du hast doch die Treppe gesehen. Wie soll er da runtergekommen sein? Im Rollstuhl jedenfalls nicht. Und wie soll er die Opfer überrumpelt haben?«

Jacinthe trat gegen eine leere Wasserflasche, die jemand auf den Gehweg geworfen hatte. Sie kullerte ein paar Meter weiter ins Gras.

»Wissen wir denn genau, dass er nicht laufen kann? Hat jemand seine Krankenakte geprüft? Ich meine … vielleicht tut er ja nur so.«

»Warum sagst du das? Glaubst du wirklich, er würde nur Theater spielen und sich selbst zu einem Leben im Rollstuhl zwingen?«

Victor bückte sich und hob die leere Flasche auf, die Jacinthe ins Aus gekickt hatte.

»Die Frage stellt sich durchaus, mein Lieber«, entgegnete sie entschieden. »Ich weiß nicht, ob ich es mir nur eingebildet habe, aber als du mit Nadja telefoniert hast, meine ich gesehen zu haben, wie er die Beine bewegt hat.«

»Und aus welchem Grund hätte er jemand ermorden sollen?«

Sie zuckte mit den Schultern.

»Die Welt ist voll von Verrückten.«

»Wie wahr, wie wahr: der reinste Schwachsinn, deine Geschichte.«

Jacinthe kapierte den Witz erst mit Verzögerung und brach dann in Gelächter aus.

»Auf jeden Fall«, fuhr Victor fort, »gibt es für den behindertengerechten Umbau einer Wohnung Zuschüsse. Und die kriegst du nicht ohne sauber dokumentierte Krankengeschichte.«

Während Jacinthe weiter argumentierte, ging er an ihrem Wagen vorbei bis zur Straßenecke und warf die Flasche in einen Mülleimer. Dann stemmte er die Hände in die Hüften und blickte zu den Wolkenkratzern in der Innenstadt, die vor dem Mont Royal emporragten. Dieser Fall ging ihm an die Nieren.

Er versuchte, den Kopf freizubekommen, aber es wollte ihm nicht gelingen. Seit den Enthüllungen Duvalier Josephs am Morgen musste er ständig an seine beiden 2003 ermordeten Männer denken. Eigentlich hätte er erleichtert darüber sein müssen, dass sie nicht durch sein Verschulden gestorben waren, doch er empfand nur Wut, Empörung und Bitterkeit. Er versuchte, diese Gefühle in den hintersten Winkel seines Herzens zu verbannen, und fasste den Vorsatz, sich nach Abschluss dieses Falles die nötige Zeit zu nehmen, um über die Konsequenzen für ihn nachzudenken. Aber er war für die Ermordung dieser Männer verantwortlich gemacht worden und hatte so viele Jahre die Schuld dafür mit sich herumgetragen, dass er nun das Gefühl hatte, den Boden unter den Füßen zu verlieren und seinen heimtückischen Angstattacken zu erliegen.

27.
IN DER LUFT HÄNGEN

Der Anruf ging auf der Rückfahrt nach Versailles ein. Als sie am Tatort in der Avenue Jean-Girard ankamen, baumelte der Tote an einem Seil, dessen anderes Ende am Geländer der breiten Treppe zum Obergeschoss befestigt war. Seine Hände waren gefesselt und auf dem Rücken zusammengebunden und unten, in der Eingangshalle, war ein riesiges Graffiti auf den Marmorboden gesprüht. Nachdem die Spurensicherung den Tatort untersucht und fotografiert hatte, war die Leiche abgenommen worden und lag jetzt auf einer Tragbahre in der Eingangshalle.

Jacob Berger schlug das Tuch zurück, das man über das Opfer gebreitet hatte. Victor, der dabei geholfen hatte, den Erhängten abzunehmen, hatte dessen Gesicht bisher noch nicht aus der Nähe gesehen. Er wandte den Kopf ab und zog eine Grimasse. Stirn, Augenhöhlen und Nase waren zerschmettert und nicht mehr zu erkennen, bestanden nur noch aus einer klebrigen, von grauen Haaren eingefassten Masse. Berger öffnete den Mund des Toten, fischte mit Hilfe einer Pinzette einen kleinen Plastikbeutel heraus und platzierte ihn vorsichtig auf einem Gazetuch, das ausgebreitet auf dem Instrumententisch neben der Tragbahre lag.

Anschließend hob der Gerichtsmediziner die Zunge des Toten an. In der Mundhöhle hatten sich zersplitterte Zähne angesammelt, die zweifellos bis in den Rachen gerutscht waren. Das Seil hatte eine breite und tiefe bläuliche Spur an der Kehle hinterlassen.

Berger erriet ihre erste Frage bereits im Voraus.

»Der Mörder hat es so eingerichtet, dass das Gesicht des Toten genau auf Höhe des Obergeschosses hing«, sagte er. »Dort oben hat er ihn dann zu Tode geprügelt. Auf der Treppe haben wir einen Golfschläger mit Spuren von Blut und Gehirnmasse gefunden.«

Jacinthe fuhr sich durch die kurzen Haare und stöhnte angewidert auf.

»Eine Menschen-Piñata … wie krank ist das denn!?«

Der Sergent-Détective deutete auf die breiige Masse, in die sich das Gesicht des Opfers verwandelt hatte.

»Haben ihn die Schläge auf den Kopf getötet?«

»Nein. Seine Halswirbel sind gebrochen, er hat sehr schnell das Bewusstsein verloren. Schlimmstenfalls hat er vielleicht noch die ersten Schläge gespürt.«

Victor wurde übel. Er legte die Hand auf den Mund und atmete tief ein. Einige Sekunden später, als der Brechreiz nachgelassen hatte, sagte er:

»Okay. Der Mörder legt dem Opfer das Seil um den Hals und stößt ihn vom Geländer in die Tiefe. Er weiß, dass der Mann sterben wird. Wozu dann noch die brutalen Schläge?«

Berger zuckte die Achseln, wirkte gelassen.

»Es könnte sein, dass er ihn unkenntlich machen, ihn als Person auslöschen wollte.«

Victor nickte. Das mochte vielleicht vereinfachend klingen, aber er hatte sofort genau den gleichen Gedanken gehabt. Jacinthe zog das Tuch ein Stück weiter nach unten und deckte den Mann bis zur Taille auf. Er trug eine dunkelblau gestreifte Jacke und ein weißes Hemd, dessen offener Kragen mit Blut getränkt war.

»Ein Geschäftsmann. Das entspricht genau dem Graffiti in Faustins Keller.«

Victor holte Notizbuch und Kugelschreiber heraus, um sich Notizen zu machen, hielt dann aber inne.

»Hast du seine Papiere gefunden, Jacob?«

»In der Gesäßtasche seiner Hose. Er heißt Clark Woods und war achtundvierzig Jahre alt.«

»Steht denn eindeutig fest, dass Woods identisch mit diesem Mann hier ist? Ich meine, man erkennt ihn ja kaum.«

»Diese Frage hab ich mir auch gestellt. Einer der Techniker hat im Wohnzimmer Fotos entdeckt, die mit seinem Führerscheinfoto übereinstimmen. Außerdem ist sein linker Arm tätowiert, und zwar der gesamte Unterarm genau wie bei Loïc.«

Der Gerichtsmediziner hob den linken Arm der Leiche an und schob Jacken- und Hemdärmel zurück. Der Unterarm war mit einem verschlungenen Tattoo aus Zeichnungen und komplizierten Formen bedeckt.

»Nach der Autopsie weiß ich es mit Sicherheit, aber auf den ersten Blick sieht es dem auf dem Foto sehr ähnlich.«

»Und wer hat die Leiche gefunden?«

»Ein Angestellter, der sich um die Außenanlage des Hauses kümmert. Er war dabei, das Schwimmbad mit dem Sauger zu reinigen, als er durch ein Fenster den Erhängten im Treppenhaus gesehen hat.«

»Was steht in der Botschaft?«

Berger öffnete vorsichtig den Plastikbeutel und entnahm das Papier darin mit der Pinzette. Victor streifte sich die Latexhandschuhe über. Der Gerichtsmediziner entfaltete die Nachricht und reichte sie ihm. Der Sergent-Détective las mit lauter Stimme vor:

»Clark Wood wurde verurteilt und am 13. Juli um 3 Uhr 25 hingerichtet. Tanguay war der Erste, Mardaev der Zweite, Wood der Dritte, und der Weihnachtsmann wird der Letzte sein.«

Sie wechselten einen Blick, ohne ein Wort zu sagen. Die Nachricht war alles andere als überraschend. Sie spiegelte nur die unbestechliche Logik des Mörders wider, der systematisch ein Ziel verfolgte, das sie noch nicht entschlüsselt hatten.

Victor brach das Schweigen.

»Der Todeszeitpunkt erscheint dir einigermaßen plausibel, Jacob?«

»Ja. Er ist mit Sicherheit noch keine vierundzwanzig Stunden tot.«

Jacinthe klatschte langsam in die Hände und grinste, als würde sie den Mörder direkt vor sich sehen.

»Beinahe zehn Tage zwischen dem ersten und dem zweiten Mord und jetzt der dritte, innerhalb von weniger als achtundvierzig Stunden. Unser kleiner Sprayer legt ein beachtliches Tempo vor!«

Victor nickte. Offenbar gewann der Mörder mit jeder Tat an Selbstvertrauen, das verhieß nichts Gutes. Victor trat vor und versetzte dem Gerichtsmediziner einen aufmunternden Klaps auf die Schulter. Im Lauf der Jahre hatte er ihn gut kennengelernt und wusste genau, welchen Hebel er umlegen musste, um möglichst schnelle Ergebnisse von Berger zu bekommen: Der ließ sich nämlich gern bemitleiden, weil er so mit Arbeit überhäuft war.

»Schon das zweite Opfer innerhalb von ein paar Stunden. Da hast du ja ganz schön zu tun, Jacob.«

Berger deutete ein schwaches, freudloses Lächeln an.

»Immerhin hab ich den Bericht über Mardaev beinahe fertig. Du hast ihn morgen auf deinem Schreibtisch, es wird aber in beiden Fällen etwas dauern, bis die toxikologischen Testergebnisse vorliegen.«

Zu Victor gewandt, ergänzte er:

»Ganz unter uns, ich hoffe sehr, dass ihr den Kerl bald schnappt. In der Autopsie wird der Platz so langsam knapp.«

Victor kniete in der Eingangshalle und strich mit dem Finger über das Graffiti. Die Farbe war bereits getrocknet, und an seinen Latexhandschuhen blieben keine Farbreste haften. Wie bei den vorhergehenden Morden hatte der Täter die Spraydosen – er benutzte übrigens immer ein und dieselbe Marke – am Tatort zurückgelassen. Auch auf diesen hier würden sich dieselben Spuren zeigen wie auf den anderen, die sie im Keller Baptiste Faustins oder in der Nähe der Bäckerei in der Rue Duluth gefunden hatten; Abgleiche in der Datenbank hatten bisher noch keine Übereinstimmung und daher auch keine Hinweise ergeben.

Das Skelett mit den smaragdgrünen Augen trug auch diesmal eine Weihnachtsmannmütze auf dem Kopf und bedrohte eine schemenhaft dargestellte Person, deren Gesichtszüge nicht zu erkennen waren, mit einem erhobenen Hammer. Höchstwahrscheinlich handelte es sich dabei um einen Mann. Seltsamerweise war hinter dessen Gestalt eine zweite zu erkennen, möglicherweise sein Schatten oder eine Art Doppelgänger.

Jacinthe marschierte im Kreis um das Graffiti.

»Ganz schön krank, findest du nicht?«

Victor beschränkte sich auf ein stummes Nicken, während er überlegte: Es war das dritte Graffiti, das sie an einem Tatort fanden, und worauf ein vierter Mord angekündigt wurde, inklusive Hinweis auf die geplante Todesart des nächsten Opfers. Bisher gab es keine Spur, die ihnen Rückschlüsse darauf erlaubt hätte, wie viel weitere Morde der Täter noch plante, bis er sein Ziel, den besagten Weihnachtsmann, erreichte.

Seine Partnerin riss ihn aus seinen Gedanken.

»Das wird bestimmt ein langer Abend. Warum gehen wir nicht schnell was essen und kommen dann hierher zurück?«

Er rieb sich den Nacken und stand auf. Jacinthe hatte recht. Die Villa des Opfers war ausgesprochen weitläufig, und es würde Stunden dauern, bis sie alles gesichtet hatten.

Zwanzig Minuten später hatten sich die beiden Polizisten am Fenstertisch eines Restaurants in der Rue Sainte-Catherine

Ouest niedergelassen, nicht weit vom alten Forum entfernt. Im Auto hatte Victor mit Nadja telefoniert. Sobald sie die Wohnung Valeri Mardaevs durchsucht hatten, würden sie und Loïc am Tatort dazustoßen und sie tatkräftig unterstützen.

Jacinthe, die beim Bestellen nie lange fackelte, klappte die Speisekarte bereits zu, als Victor noch angestrengt las. Er schimpfte lautlos vor sich hin und fühlte sich überfordert. Diese umfangreichen Speisekarten mit ihrem bunt zusammengewürfelten Angebot waren eine echte Pest. Um das Problem zu umgehen, bat er die Kellnerin häufig, ihm einfach ihr Lieblingsgericht zu bringen. Das war zwar einmal schiefgegangen, als man ihm ein ungenießbares Kalbsbries vor die Nase gestellt hatte, ansonsten hatte sich die Methode aber bewährt. Diesmal entschied er sich allerdings aus eigener Kraft für einen Thunfischsalat. Jacinthe bestellte Burger mit Pommes frites.

Noch bevor er den Mund öffnen und einen Kommentar dazu abgeben konnte, erklärte sie hastig:

»Das ist die 80-20-Regel. Man darf zu zwanzig Prozent von einer Diät abweichen, das ist total in Ordnung.«

Victor lächelte skeptisch.

»Ach, ehrlich? Ich kenne die 80-20-Regel nur was Arbeitsmanagement betrifft, bei Diäten ist mir das neu. Vermutlich hat Ellen DeGeneres in ihrer Show davon erzählt?«

»Ellen und viele andere auch. Das ist der Megatrend. Weißt du, Lessard, du bist einfach ein richtiger Steinzeitmensch … höchste Zeit für ein Update.«

Um seiner Antwort zuvorzukommen, schnappte sie sich ihr Notizbuch und fing an, daraus vorzulesen.

»Das Opfer heißt Clark Wood, Gründer und Chef der Firma EyeProtec Military LLC, spezialisiert auf die Herstellung von Kampfbrillen mit schlagfesten, temperatur- und chemikalienresistenten Gläsern. Und falls du findest, dass ich mich besonders gewählt ausdrücke, das hab ich aus dem Netz.«

Victor hatte das Kinn auf die Hand gestützt und lauschte andächtig, wenn auch etwas gedankenverloren.

»Aha, Militärausrüstung. Ist ja interessant.«

»Weiß ich noch nicht. In jedem Fall ist es anscheinend eine Goldgrube, seinem Haus nach zu urteilen. Was für ein protziger Schuppen.«

Zustimmend verzog der Sergent-Détective das Gesicht.

»Ein Polizist, ein Bandenmitglied und jetzt ein Geschäftsmann, die alle irgendwie mit Militärausrüstung zu tun haben. Wo ist da die Verbindung?«

Jacinthe machte eine obszöne Geste.

»Vielleicht treiben sie's alle mit derselben Nutte?«

Sie hatte laut und deutlich gesprochen. Einen Tick zu laut. Zwei Frauen, die am Nebentisch genüsslich ihren Kaffee tranken, drehten sich mit einem Ruck zu ihnen um.

Victor vergrub das Gesicht in den Händen und wimmerte.

»Du bist so peinlich!«

Jacinthe war in Hochstimmung. Leute zu schockieren war ihr Lebenselixier, vielleicht sogar ihre zweite Natur. Sie zwinkerte ihm zu und fragte unschuldig:

»Was ist denn?«

Victor griff nach dem Wasserglas und leerte es in zwei Zügen. Dann nahm er sein eigenes Notizbuch und durchblätterte es.

»Rein theoretisch müssten wir uns alle Gäste, die beim Wohltätigkeitsdinner des AIM dabei waren, ein zweites Mal vornehmen, um herauszukriegen, ob sie Mardaev oder Wood gekannt haben.«

Jacinthe stöhnte gelangweilt. Die Idee begeisterte sie offenbar nicht.

»Vergiss es. Fragen wir lieber den Sohn von Tanguay, ob er Wood kannte. Wenn wir alle Gäste befragen, dann sehen wir den Wald vor lauter Bäumen nicht mehr.«

Sie schlug sich plötzlich auf die Schenkel.

»Wood … Wald … Hast du den kapiert?«

Victor lächelte etwas bemüht. Jacinthe nahm sich ein Stück Brot aus dem Korb, bestrich es großzügig mit Butter und stopfte es sich in den Mund.

»Und wir sollten unbedingt die Fotos der beiden letzten Graffiti veröffentlichen«, fuhr sie mit vollen Backen kauend fort. »Falls jemand …«

Sie verstummte, als die Kellnerin an den Tisch trat, um die Wasserkaraffe aufzufüllen und sich dann rasch wieder verzog. Victor überlegte einen Augenblick, bevor er aussprach, was ihm durch den Kopf ging.

»Bisher haben wir es mit drei Morden zu tun, ein vierter ist bereits angekündigt. Die ersten drei Opfer waren Männer, und der Mörder hat drei verschiedene Mordwaffen benutzt. Eine Art Säbel, ein Messer und ein Seil. Das vierte Opfer wird mit einem Hammer getötet, wenn man dem Graffiti glauben kann.«

»Jetzt fehlen bloß noch die Kettensäge und 'ne Fahrradkette.«

»Lass den Quatsch, Jacinthe! Einerseits haben wir drei Opfer, zwischen denen keine erkennbare Verbindung besteht. Andererseits haben wir diese noch unbestätigten Enthüllungen in Bezug auf Tanguay. Anscheinend hatte er Dreck am Stecken, aber wir wissen noch nicht, was er mit den Informationen gemacht hat, die Gagné ihm verkaufte. Ebenso wenig wie wir wissen, warum er uns 2003 angeblich an die Red Blood Spillers verraten haben soll.«

Jacinthe schlug mit der flachen Hand so heftig auf den Tisch, dass die Teller klirrten.

»Am logischsten wäre es doch, wenn er und Mardaev unter einer Decke gesteckt hätten.«

»Duvalier behauptet jedenfalls, die Red Blood Spillers hätten nicht mehr mit Tanguay zusammengearbeitet.«

»Erstens: Seit wann trauen wir dem Anführer einer Straßenbande über den Weg? Und zweitens: Hast du schon daran gedacht, dass Mardaev ein Doppelleben geführt haben könnte, von dem nicht mal Duvalier wusste?«

»Du meinst, Mardaev hätte unter der Hand mit Tanguay zusammengearbeitet?«

»Warum eigentlich nicht? Oder Tanguay hatte etwas gegen ihn in der Hand und erpresste ihn. Wär doch ohne Weiteres denkbar, oder?«

Victor musste ihr recht geben. An diese Möglichkeit hatte er noch nicht gedacht.

»Na gut, nehmen wir mal an, die Verbindung zwischen Tanguay und Mardaev besteht darin, dass sie irgendwas zusammen ausklamüsern. Aber wie passt Clark Wood da ins Bild? Hängt er auch in der Geschichte mit drin?«

Jacinthe zuckte die Achseln.

»Kann schon sein, oder? Woods Firma verkauft Militärausrüstung. Schlagsichere Brillen, um genau zu sein. Wenn da irgendwas Geheimes lief, hat es vielleicht damit zu tun.«

Victor nickte zustimmend.

»Und wenn Wood Commandant Tanguay beauftragt hat, eine entsprechende Nachfrage bei der Polizei anzuleiern, damit er die Beamten und auch das SPVM mit seinen Produkten ausrüsten kann?«

»Mit Unterstützung einiger gut gefüllter brauner Briefumschläge? Ebenfalls denkbar. Das bringt uns aber wieder in Erklärungsnot, was Mardaev betrifft. Welche Rolle soll er dabei gespielt haben?«

»Vielleicht benötigte Wood Personenschutz?«, schlug Victor vor. »In diesen Milieus ist das keine Seltenheit.«

Seine Partnerin leerte ihr Glas in einem Zug und wirkte nicht sehr überzeugt.

»Ein Mann mit Woods Mitteln kann sich doch jeden professionellen Schutz leisten. Der ist doch nicht auf Kleinkriminelle wie Mardaev angewiesen.«

Er musste ihr insgeheim zustimmen, während sie sich ein zweites Stück Brot gönnte und mit vollem Mund laut überlegte.

»Du selbst hast gesagt, wir würden die Motive des Mörders erfahren, sobald wir verstanden haben, aus welchem Grund Mardaev gefoltert wurde. Das ist meiner Meinung nach der richtige Ansatz, so sollten wir vorgehen.«

»Hm. Möglicherweise besaß Mardaev geheime Informationen über Woods Firma?«

Jacinthe nickte. Victor sinnierte schweigend und lenkte die Diskussion dann in eine andere Richtung, da kein Geistesblitz kommen wollte und ihm daher nichts weiter dazu einfiel.

»Warum lässt der Täter eigentlich die Spraydosen immer so demonstrativ am Tatort zurück? Hat das irgendeine versteckte Bedeutung, etwas, was uns bisher entgangen ist oder bedeutet es überhaupt nichts?«

Jacinthe nieste geräuschvoll und kniff sich in die Nase.

»Er will uns vielleicht nur auf die falsche Spur locken.«

Victor sah seine Partnerin an.

»Im Grunde scheint er sich auf unsere Kosten zu amüsieren. Er spielt Katz und Maus mit uns.«

Jacinthe legte den Finger an die Lippe und blickte zur Decke.

»Stimmt. Hey, heute bring ich mal jemanden mit einer Axt um die Ecke. Oder, ach nein, eine Axt, das war 2008 angesagt … Ich hab eine bessere Idee.«

Sie nahm ihre Gabel in die Hand und riss sie, ganz großes Kino, hoch über den Kopf, bereit zuzustechen.

»Ich töte dich mit einer Gabel, das ist viel chilliger.«

Die kurze Einlage brachte Victor unwillkürlich zum Lächeln, aber gleich darauf wurde er wieder ernst.

»Abgesehen von der Frage nach der Verbindung zwischen den drei Opfern, gibt es noch eine weitere: Besteht ein Zusammenhang mit dem damaligen Angriff der Red Blood Spillers auf unser Versteck oder nicht?«

»Bei der Frage hilft uns vielleicht ein Blick in Tanguays Akte im Innendienst weiter. Der Leiter hat dir doch zugesichert, dass wir in diesem Fall morgen Einblick erhalten, oder?«

»Hat er jedenfalls gesagt.«

Nach kurzem Schweigen fragte Victor:

»Nur so nebenbei, bist du mit dem kleinen Auftrag, den ich dir in Sachen Masse und Lachaîne anvertraut habe, inzwischen vorangekommen?«

Jacinthe zwinkerte ihm zu und lächelte boshaft.

»Du weißt doch, dass Tante Jacinthe immer findet, was sie sucht.«

28.

DER PFEIL

»Ich war gerade im Begriff …«

Jacinthe, zu laut, zu vertraulich und zu direkt, rief dazwischen: »Na los, Stevenson, sag schon, dass es eine zweite Leiche gibt.«

Ungeachtet der Vorwürfe seiner Partnerin, die »in aller Ruhe« essen wollte, hatte Victor im Restaurant den Anruf eines Technikers der Spurensicherung entgegengenommen. Als Stevenson ihm eröffnete, er habe »etwas Komisches« entdeckt, hatten sie, zu Jacinthes großem Ärgernis, die Mahlzeit abgebrochen und waren auf dem schnellsten Wege in das Haus von Clark Wood zurückgefahren.

Der Sergent-Détective warf seiner Partnerin einen finsteren Blick zu, und ermunterte Stevenson mit einem Nicken fortzufahren.

»Also, ich hatte mich auf den Toilettensitz gesetzt, und dann habe ich, rein zufällig, dieses Zeichen gesehen. Erst hab ich gedacht, es sei bloß ein Ritz in der Wand, aber dann fand ich, dass es aussieht wie ein Pfeil. Ist ja ein Teil meiner Arbeit, auf Details zu achten, die andere vielleicht übersehen und die manchmal auch wirklich unwichtig sind. Aber dieser Pfeil kam mir doch irgendwie merkwürdig vor.«

Die beiden Ermittler und der Techniker befanden sich im Gäste-WC des Erdgeschosses, und ihre Stimmen hallten in dem riesigen Raum wider, als befänden sie sich im Gemäuer eines Klosters. Die Wände waren mit schwarzem Marmor gefliest und in zwei hohen Nischen stand jeweils ein Waschbecken aus dunkelgrauem Zement. Das Zeichen, das Stevenson entdeckt hatte, war unterhalb der Marmorwaschtafel des rechten Waschbeckens angebracht: Eine ungefähr zwei Zentimeter lange Kerbe in der ansonsten makellosen weiß gespachtelten Wand. Unter normalen Umständen hätte Victor diese Kerbe glatt übersehen, aber jetzt stach sie ihm regelrecht ins Auge. Sie hatte tatsächlich Ähnlichkeit mit einem Pfeil.

»Ich hab nach oben gesehen, weil ich mir sagte, dass das ja die Richtung ist, in die der Pfeil zeigt …«

»… und dann kam dir die Idee, den Spiegel abzunehmen«, ergänzte Victor den Satz.

Stevenson nickte. Der runde, mit poliertem Messing eingefasste Spiegel erinnerte an ein Schiffsbullauge. Der Techniker hatte ihn abgehängt und auf dem Waschbecken abgelegt.

»Nur so eine Eingebung …«

Victor hob den Daumen und kniff anerkennend ein Auge zu.

»Wirklich clever … Kompliment!«

Stevenson lächelte bescheiden, sichtlich stolz darauf, dass er hatte helfen können. Der Ermittler deutete auf die Wand: Hinter dem Spiegel hatte jemand in roten Buchstaben eine Botschaft hinterlassen.

»Mein Name ist Myriam Cummings. Helfen Sie m…«

»Das ist doch Blut, oder?«

»Ja. Ich habe Luminol darauf gesprüht, um sicherzugehen.«

»Sieht aus, als wäre es mit dem Finger geschrieben worden.«

Stevenson räusperte sich.

»Gut möglich. Sicher ist, dass man schon eine gewisse Menge an Blut benötigt, um die Buchstaben so deutlich zu schreiben.«

»Und die Kerbe?«

»Meiner Ansicht nach wurde dafür ein spitzer Gegenstand benutzt, möglicherweise ein Fingernagel.«

Einen Augenblick lang studierten sie schweigend die Inschrift, dann ergriff der Techniker wieder das Wort.

»Entweder hatte sie keine Zeit mehr, um den Satz zu Ende zu schreiben oder nicht genug Blut. Abgesehen davon war es alles andere als wahrscheinlich, dass diese Botschaft je entdeckt werden würde.«

Victor und Stevenson blickten einander an.

»Aber du hast sie gefunden. Für sie war das sehr riskant. Wenn sie ein offensichtlicheres Zeichen hinterlassen hätte, wäre ihr Wood sofort auf die Schliche gekommen.«

Jacinthe wandte sich den beiden zu.

»Wir müssen das Haus durchsuchen.«

Stevenson schaltete sich ein.

»Das haben mein Team und ich als Erstes gemacht, noch bevor ihr gekommen seid. Sie ist mit Sicherheit nicht mehr hier, sonst hätten wir sie gefunden.«

Victor war jedoch nicht einverstanden und schüttelte den Kopf.

»Wir müssen trotzdem noch mal alles auf den Kopf stellen. Denk nur an diesen Fall damals in Österreich. Ein Vater hat seine Tochter vierundzwanzig Jahre lang in einem schalldichten Schutzraum im Keller gefangen gehalten.«

Jacinthe, die an der Wand lehnte, richtete sich auf.

»Bestimmt gibt's irgendwo Pläne von diesem Nobelschuppen.«

Nadja, die gemeinsam mit Loïc vor Ort eingetroffen war, trat jetzt ein, den Blick auf das Display ihres Handys geheftet. Sie las eine Suchmeldung.

»Myriam Cummings ist ausgerissen und wird seit dem 15. Februar vermisst«, erklärte sie dann. »Ich habe die Telefonnummer und die Adresse ihres Vaters, ein gewisser Grant Emerson. Ich hab schon versucht, ihn zu erreichen, aber er geht nicht ran.«

»Gib mir die Adresse. Ich sehe mal persönlich bei ihm vorbei.«

Nadja kritzelte das Gewünschte auf ein Papier.

»Die Vermisste ist einundzwanzig Jahre alt«, fügte sie hinzu.

»Hoffen wir, dass wir nicht demnächst noch einen Mord am Hals haben …«

Victor verdaute die Neuigkeiten stillschweigend. Einundzwanzig Jahre alt. Fast genau so alt wie seine Tochter Charlotte. Er kochte innerlich vor Wut bei der Vorstellung, dass eine junge Frau in diesen schmutzigen Fall verwickelt sein könnte, und verlor sich einen Moment lang in Gedanken. Die Leute glaubten nur zu gern daran, dass solche Geschichten immer nur den anderen passierten. Gleichzeitig war die Öffentlichkeit sich sehr wohl bewusst, welche hauchdünne Trennungslinie zwischen einer jungen Frau verlief, die sich entwickeln und Erfahrungen sammeln möchte, um zu einer Frau heranzureifen und einer Jugendlichen, die missbraucht, vergewaltigt oder schlimmstenfalls ermordet worden war. Niemand sprach das laut aus, denn es galt als politisch nicht korrekt, dachte er; trotzdem herrschte in bürgerlichen Kreisen die stillschweigende Annahme, dass diese Mädchen, von denen man in den Lokalnachrichten las, ihr Schicksal selbst herausgefordert hatten. Wenn man jedoch genauer hinsah, worin bestand dann eigentlich deren Schuld? In der überwiegenden Mehrzahl der Fälle gab es dafür nur einen Grund: Sie waren zur falschen Zeit am falschen Ort gewesen. Denn manchmal lag der winzige Unterschied zwischen einer glanzvollen Zukunft und einer Urne auf dem Friedhof nur darin, welchen Leuten man begegnete. Wer etwas Glück hatte, dem schickte der Zufall eben keinen Psychopathen über den Weg.

Victor musterte Nadja zärtlich, und sie erwiderte den Blick.

»Wir wollen nicht gleich ans Schlimmste denken. Wir finden sie schon.«

Sie strich mit dem Handrücken über seine Wange.

»Absolut. Und ich gehe mit dir zusammen zu ihrem Vater.«

»Mir wäre es lieber, wenn du mit Loïc hierbleibst und die Hausdurchsuchung mit der Spurensicherung absprichst. Jacinthe nimmt Kontakt mit den Ermittlern auf, die die Akte über die Vermisste bearbeiten. Falls Wood sie hier gefangen gehalten hat, muss es Spuren geben.«

»Dann finden wir sie auch.«

Victor nickte, blickte zu der Inschrift auf der Wand hinüber und las sie erneut. Er hatte das Gefühl, dass ihm die Zeit davonlief. Kämpfte Myriam Cummings in den Händen des Mörders bereits um ihr Leben? Oder schlimmer noch … Jedenfalls durften sie keine Zeit mehr verlieren. Den Tod einer unschuldigen jungen Frau würde er sich nie verzeihen.

MAXIME

Einige Wochen waren vergangen, und Maxime hatte schnell begriffen, dass es besser war, dem Weihnachtsmann zu gehorchen. Sowie er nicht tat, was man von ihm verlangte, wurden die Bestrafungen von Mal zu Mal härter und dauerten länger. War er allerdings folgsam, behandelte ihn der Weihnachtsmann wie einen Prinzen: Er verbrachte viel Zeit mit ihm und schenkte ihm Bücher. Häufig las er ihm selbst vor, und sie diskutierten über alles Mögliche. Maxime war ein wissbegieriger Junge und wusste diese Gespräche zu schätzen.

Eines Morgens kam der Weihnachtsmann in sein Zimmer und ging mit ihm in den Keller hinunter, in einen sehr dunklen Raum. Einer der beiden Jungen dort war aufrecht an die Wand gekettet und mit Stahlhandschellen an Hand- und Fußgelenken gefesselt. Sein Kopf steckte unter einem schwarzen Stoffsack, und er gab ein leises, ersticktes Stöhnen von sich. Maxime fragte sich, welcher der beiden Jungen es war, Louis oder Patrick. Der Weihnachtsmann nahm etwas aus der Schublade einer Kommode und reichte es Maxime, der es in die Hand nahm, ohne zu wissen, dass es sich dabei um einen Schlagstock handelte.

»Louis gehorcht mir nicht. Ich möchte, dass du mir hilfst, ihn zu bestrafen.«

Maxime sah den Weihnachtsmann unsicher an, suchte Zustimmung in seinem Blick. Der Weihnachtsmann nickte langsam und bestimmt.

»Mach es … jetzt.«

Maxime begann, auf das andere Kind einzuschlagen. Zuerst schwach, dann, ermuntert von der sanften und ruhigen Stimme des Weihnachtsmannes, allmählich fester und fester, bis er schließlich brutal auf den Jungen einprügelte.

29.
EIN AUFGEBRACHTER
VATER

Victor parkte den zivilen Dienstwagen vor einem der Wohn-
häuser unweit der Ecke Rue de Charron und Rue Frank-Selke.
Er schaltete den Motor ab und blieb einen Augenblick lang reglos sitzen, den Kopf an die Kopfstütze gelehnt, versuchte, Ordnung in seine Gedanken zu bringen, gab es dann jedoch auf.
Das durchgeschwitzte Polohemd klebte an seinem Oberkörper,
und die verfluchte Hitze raubte ihm jede Energie. Er ließ die
Fensterscheibe des Wagens runter und rauchte eine Zigarette,
während er die Schatten hinter den beleuchteten Fenstern des
Wohnhauses beobachtete. Schließlich stieg er aus und trat die
Kippe aus.

Einen Umschlag in der Hand betrat er das Gebäude und stieg
die schwach beleuchtete Treppe hinauf. Es roch nach Fett, nach
Essen und Feuchtigkeit. Im zweiten Stock arbeitete er sich den
schlauchartigen Hausflur entlang, vernahm hinter den Türen, an
denen er vorbeikam, Stimmen und Musik. Als er die Tür von
Grant Emersons Wohnung erreicht hatte, klopfte er mehrmals
an. Er wollte gerade wieder gehen, da hörte er endlich eine
Stimme hinter der Tür.

»Wer ist da?«

»Monsieur Emerson?«

»Wer sind Sie?«

Victor warf einen Blick auf seine Uhr. Es war fast halb elf Uhr
abends. Emerson fand es höchstwahrscheinlich seltsam, dass
jemand so spät bei ihm anklopfte.

»Sergent-Détective Lessard, SPVM. Ich müsste Sie einen Moment sprechen.«

Die Tür öffnete sich einen Spaltbreit, und ein Gesicht mit erloschener Zigarre zwischen den Lippen tauchte auf. Ein müdes Gesicht, graue Haarbüschel fielen über den Westenkragen. Emerson hatte die Tür zwar geöffnet, schien aber nicht willens, ihn hereinzubitten.

»Zeigen Sie mir Ihre Dienstmarke.«

Victor wühlte in seinen Taschen und streckte das Abzeichen vor.

Emerson studierte es eingehend.

»Sie hätten Ihren Besuch telefonisch ankündigen müssen.«

»Meine Kollegin hat mehrfach vergeblich versucht, Sie zu erreichen.«

»Kann schon sein. Manchmal lege ich den Hörer daneben.«

»Könnte ich eintreten, Monsieur? Es geht um Myriam.«

»Ich … Geben Sie mir einen Augenblick Zeit.«

Damit schlug er Victor die Tür vor der Nase zu und ließ ihn auf der Schwelle stehen. Wenig später schwang sie erneut auf, und der hochgewachsene Mann hatte sich einen Morgenrock übergeworfen. Der Polizist trat vorsichtig ein. In dem heillosen Durcheinander weckte der spöttische Blick eines ungefähr zwölf Jahre alten braunhaarigen Mädchens Victors Aufmerksamkeit. Das riesige Porträt bedeckte den größten Teil der Wand neben dem Eingang. Es war so realistisch gemalt, dass Victor nicht überrascht gewesen wäre, wenn die Kleine angefangen hätte zu sprechen. Selbst wenn sie auf dem Bild noch etwas jünger war als auf dem Foto, das er bei der Recherche auf Nadjas Handy gefunden hatte, handelte es sich unverkennbar um Myriam Cummings.

Sein Interesse war Emerson nicht entgangen.

»Gefällt Ihnen das Bild?«

Victor wandte sich ihm zu.

»Es ist toll. Haben Sie das gemalt?«

»Ja, aber ich habe meine Pinsel schon seit einigen Jahren an den Nagel gehängt.«

Mit zurückgelegtem Kopf betrachtete Victor die quer über der Decke gespannten Schnüre, an denen Fotos von Myriam befestigt waren.

»Und die Fotos sind auch alle von Ihnen?«

Emerson räumte die Zeitungsstapel vom Sofa.

»Ich habe lange als Fotograf für *Allô Police* gearbeitet.«

»Die sind ausgezeichnet.«

Fasziniert nahm er sich noch einen Augenblick Zeit, um die Fotografien zu bewundern; dann wandte er seine Aufmerksamkeit dem Mann zu, der inzwischen einen Sessel an das freigeschaufelte Sofa gerückt hatte.

»Diese datierten Fotos, auf denen sie überall gesucht wird, was bezwecken Sie damit?«

Emerson lud ihn mit einer Handbewegung ein, Platz zu nehmen. Der Sergent-Détective ließ sich nieder und legte den Umschlag neben sich. Myriams Vater setzte sich ihm gegenüber auf den Sessel.

»Ich habe Fotos von allen Suchmeldungen gemacht, die ich in der Stadt aufgehängt habe. Anschließend habe ich die Standorte auf einer Karte eingetragen. Um meine Tochter nicht zu vergessen, bringe ich jeden Tag neue Suchmeldungen an.«

Victor nickte. Die Entschlossenheit des Mannes rührte ihn. Ohne ihm Zeit zu lassen, den Grund seines Besuchs zu erklären, fragte Emerson:

»Ist sie tot?«

»Im Augenblick haben wir keinerlei Information, die das nahelegen«, erklärte Victor bestimmt.

»Haben Sie denn etwas Neues herausgefunden?«

»Genau deswegen bin ich hier.«

»Wunderbar, ich bin ganz Ohr. Aber bitte machen Sie es nicht wie Ihre Kollegen, die Myriam für eine Ausreißerin halten und mich mit Samthandschuhen anfassen. Bei denen weiß ich nie, woran ich bin, sie behandeln mich, als wäre ich geistig zurückgeblieben. Wie heißen Sie gleich noch?«

»Lessard.«

»Also, reden Sie bloß nicht um den heißen Brei herum, um mich zu schonen, Lessard.«

Aha. Damit überließ Grant Emerson ihm die Zügel, allerdings nicht ohne zuvor die Grenzen abzustecken, innerhalb derer das Gespräch verlaufen sollte. Nach diesem Auftakt beschloss Victor, offen zu sein.

»Derzeit ermitteln wir in einer Mordserie. Wir sind der Meinung, dass es zwischen dem dritten Opfer und Ihrer Tochter möglicherweise eine Verbindung gegeben hat.«

»Wie meinen Sie das?«

»Wir haben eine Nachricht im Haus des Toten entdeckt. Wir glauben, die Nachricht stammt von Myriam.«

»Und was steht in der Nachricht?«

»Es ist eine Art Hilferuf. Vermutlich hat sich Myriam im Haus dieses Mannes aufgehalten … und wurde dort möglicherweise sogar gefangen gehalten.«

Emerson kniff die Augen zusammen, und seine geballten Fäuste zitterten. Mitfühlend sagte Victor:

»Möchten Sie einen Augenblick lang allein sein, Monsieur?«

Als Emerson die Augen aufschlug, hatte er sich wieder gefasst, und es gelang dem Ermittler nicht, genau zu deuten, welche Gefühle seinen Gesprächspartner bewegten.

»Von Anfang an habe ich Ihren Kollegen wieder und wieder versichert, dass Myriam keine Ausreißerin ist, dass sie niemals einfach weggegangen wäre, ohne mir vorher Bescheid zu sagen.«

»Ich kann Ihre Enttäuschung verstehen.«

»Ach, tatsächlich? Ich will Ihnen nichts vormachen, Monsieur Lessard. Ich hasse die Polizei. Weil sie dem Gesetz und den Menschen dient, nutzt sie das und würgt den Leuten immer wieder eine rein. Es gibt Tage, an denen denke ich, wir alle hätten während der Studentenunruhen nicht bloß mit Kochtöpfen und Löffeln auf die Straßen gehen und protestieren sollen.«

Solche Vorwürfe hatte Victor seit den Ereignissen im Frühjahr 2012 schon häufiger gehört, aber Emerson hatte sich so in Rage geredet, dass es den Polizisten einige Überwindung kostete, in einem beiläufigen Ton zu antworten.

»Offenbar haben Sie keine sehr überzeugenden Erfahrungen mit den Ermittlern gemacht, die sich mit dem Verschwinden Ihrer Tochter beschäftigen. Ich für meinen Teil mache Ihnen keine Versprechungen, bis auf eine: Ich werde alles tun, was ich kann, um zu verstehen, was Myriam zugestoßen ist und sie wiederzufinden.«

Emerson erwiderte einen Augenblick lang seinen Blick und wandte dann den Kopf ab, eine Geste, die Victor als ein Zeichen des Vertrauens deutete. Er nahm den Umschlag neben sich und zog ein Foto daraus hervor, das er im Haus des letzten Opfers aus einem Bildrahmen herausgenommen hatte.

Er reichte es Myriams Vater.

»Kennen Sie diesen Mann? Er heißt Clark Wood.«

Nach einem kurzen, hastigen Blick schüttelte Emerson sofort den Kopf.

»Nein. Sollte ich den kennen?«

Der Ältere schwitzte übermäßig und wischte sich jetzt mit einem karierten Taschentuch, das er aus der Hosentasche fischte, die Stirn.

»Wood wurde heute in seinem Haus ermordet aufgefunden. Dort, bei ihm, hat man vermutlich Ihre Tochter gefangen gehalten.«

»Wieso ›vermutlich‹? Sind Sie sich nicht sicher?«

»Im Augenblick sprechen die Fakten dafür, dass Myriam sich in seinem Haus befand.«

»Und wissen Sie, wo sie jetzt ist?«

»Glauben Sie mir, wenn ich das wüsste, wäre ich schon längst auf der Suche nach ihr und würden Ihnen nicht mit meinen Fragen auf die Nerven gehen.«

Emerson durchbohrte ihn förmlich mit seinem Blick.

»Sie haben wirklich keine Ahnung, wo sie steckt?«

Victor spielte mit offenen Karten.

»Nein.«

Dann nahm er ein zweites Foto aus dem Umschlag und reichte es Emerson.

»Haben Sie diesen Mann schon mal gesehen?«

Grant Emerson betrachtete es und gab es ihm wieder.

»Nein, noch nie. Wie heißt er?«

»Valeri Mardaev. Er ist das zweite Opfer des Täters.«

»Und was hat dieser Mardaev so gemacht?«

»Er war in einer Straßengang.«

Emersons Augen leuchteten auf.

»Gut, dass wir den los sind.«

Victor verkniff sich einen Kommentar und reichte Emerson stattdessen das dritte und letzte Foto aus dem Umschlag, eine Porträtaufnahme des Commandant Tanguay.

»Und diesen Mann?«

Diesmal nickte Emerson.

»Ist das der Polizist, dem man den Kopf abgeschnitten hat?«

»Ja. Kennen Sie ihn?«

»Ich habe im Fernsehen einen Bericht darüber gesehen. Sie ermitteln also wirklich in einer Mordserie?«

Victor nickte. Emerson fixierte ihn und fragte:

»Entschuldigen Sie, aber worin besteht dabei die Verbindung zu meiner verschwundenen Tochter?«

»Ich habe gehofft, dass Sie mir helfen könnten, etwas klarer zu sehen. Das letzte Opfer, Clark Wood, war Geschäftsführer einer Firma, die Militärausrüstung herstellt. Bei dem, was ich

Ihnen bisher über die Opfer gesagt habe, oder den Fotos, die ich Ihnen gezeigt habe, klingelt da gar nichts bei Ihnen? Vielleicht eine Erinnerung, irgendwas, das Ihnen bekannt vorkommt oder Sie an irgendwas in Bezug auf Myriam erinnert?«

Emerson schüttelte den Kopf.

»Mal unter uns«, sagte er dann. »Sie tappen also völlig im Dunkeln, oder?«

»Es ist ein sehr komplexer Fall. Mehr kann ich Ihnen dazu nicht sagen.«

Der Sergent-Détective drehte plötzlich den Kopf nach rechts. Hatte er da hinter der verschlossenen Tür ein Geräusch gehört?

»Sind Sie allein?«

Emerson zuckte nicht mit der Wimper.

»Ja, warum?«

»Was ist hinter dieser Tür dort?«, fragte der Polizist und deutete mit dem Kinn hinüber.

»Meine Dunkelkammer. Ich entwickele meine Filme noch selbst, wie in den guten alten Zeiten.«

»Haben Sie nichts gehört?«

Emerson wirkte leicht belustigt.

Dann antwortete er:

»Ich habe die Katze dort eingesperrt, bevor ich Ihnen geöffnet habe. Ein wahrer Satansbraten. Hätte ich sie hiergelassen, würde sie jetzt ihre Krallen an Ihrer Jeans wetzen. Sie würden in Unterhosen wieder hier rausspazieren.«

Die beiden Männer lächelten sich an. Dann zückte Victor sein Notizbuch.

»Könnte ich die Kontaktdaten von Myriams Mutter haben? Ich würde ihr gern die Fotos zeigen, vielleicht ...«

Emerson fiel ihm ins Wort:

»Anik ist vor fünf Jahren gestorben.«

Er legte eine kurze Pause ein, bevor er weitersprach. »Am besten, ich sag's Ihnen gleich, denn bei Ihren Recherchen werden

Sie sowieso alle Informationen finden. Anik arbeitete als Escort-Dame. Sie ist in einem Motel an einer Überdosis gestorben.«

Emersons Augen schimmerten feucht.

»Vielleicht schockiert Sie das ja, aber ich war vor langer Zeit einer ihrer Kunden. Wir waren ein paar Jahre lang zusammen, ich habe es sogar geschafft, sie zu überzeugen, dass sie den Beruf wechselt. Und dann wurde sie schwanger. Ich wollte niemals Kinder und habe darauf bestanden, dass sie abtreiben lässt. Aber das kam für sie überhaupt nicht infrage, sie wollte das Kind um jeden Preis behalten. Daraufhin haben wir es bald nicht mehr miteinander ausgehalten.«

Der Sergent-Détective hörte schweigend zu. Emerson musste sich offenbar etwas von der Seele reden.

»Da ich mit Aniks Schwangerschaft absolut nichts zu tun haben wollte, haben wir uns getrennt. Ich habe ihr Geld gegeben und ihr unsere Wohnung überlassen. Ich bin in den Westen gezogen, um dort zu arbeiten. Mit anderen Worten: Ich hab Reißaus genommen. Wie ein richtiges Arschloch. Als ich zehn Jahre später nach Montréal zurückkam, hatte ich keine Ahnung, was aus Anik und dem Kind geworden war.«

Während er sprach, bemühte sich Emerson, das Zittern in seiner Stimme zu unterdrücken.

»Die Kleine hat zuerst Kontakt zu mir aufgenommen. Sie hat mich einfach angerufen, eines schönen Morgens. ›Hallo, ich heiße Myriam und bin neun Jahre alt. Meine Mama heißt Anik Cummings. Ich würd dich gern kennenlernen.‹ Ich brauche Ihnen wohl nicht zu sagen, was für ein Schock das war.«

Er fing an zu schluchzen. Victors Kehle war wie zugeschnürt. Emerson wischte die Tränen ab und fuhr mit seiner Erzählung fort.

»Schließlich war ich damit einverstanden, Myriam zu treffen. Am Anfang war das wirklich seltsam, aber die Kleine und ich fanden rasch einen Draht zueinander. Ich sah sie immer nur am

Wochenende, aber als Anik wieder anfing, als Escort zu arbeiten, war sie auch in der Woche bei mir. Wir gingen zusammen ins Biodôme, ins Ökomuseum, einkaufen. Und als Anik krank wurde, sind die beiden hier bei mir eingezogen.«

»Ihre frühere Lebensgefährtin war krank?«

»Ja, unheilbarer Bauchspeicheldrüsenkrebs. Die Überdosis war ihre persönliche Entscheidung, um alles zu beenden. Sie wollte nicht zu einer Belastung für mich und die Kleine werden.«

Victor schwieg, bewegt von diesem tragischen Schicksal. Emerson blickte eine Weile vor sich hin ins Leere, bevor er weitersprach. »Schon alles ziemlich eigenartig, hm? Ich wollte nie Kinder in die Welt setzen und hatte plötzlich von einem Tag auf den anderen eine sechzehnjährige Tochter, um die ich mich kümmern musste.«

Er wühlte in seinen Taschen und streckte Victor die geöffnete Handfläche hin.

»Pfefferminz?«

Der Sergent-Détective nahm eines, und eine Sekunde lang war nur Knistern zu hören, als die beiden Männer die Bonbons aus dem Papier wickelten.

»Vorhin haben Sie gesagt, Sie hätten nie geglaubt, Myriam sei ausgerissen. Warum? Wie war denn Ihre Beziehung zu Ihrer Tochter?«

Grant Emerson lachte laut heraus.

»Ehrlich gesagt haben wir uns seit einem Jahr nicht mehr besonders gut verstanden. Sie hat mir ständig vorgeworfen, ich sei von vorgestern und würde nichts mehr mitkriegen. Myriam ist ein eher untypisches junges Mädchen. Sie hat schon viel mitgemacht, obwohl sie erst einundzwanzig Jahre alt ist. Und der Übergang von der Pubertät zum Erwachsenenalter ist sowieso eine schwierige Zeit. Man liegt mit der ganzen Welt über Kreuz, insbesondere mit den eigenen Eltern.«

Victor nickte zustimmend.

»Man verbringt einen Teil seines Lebens damit, sich von ihnen abzugrenzen. Keine Sorge, das kenne ich zur Genüge.«

»Haben Sie Kinder, Monsieur Lessard?«

»Zwei. Eine zwanzigjährige Tochter und einen dreiundzwanzigjährigen kleinen Rebellen.«

»Ich bin vierundsechzig Jahre alt. Ich war ja auch kein Engel, aber ich gehöre natürlich zu einer anderen Generation. Nichtsdestoweniger habe ich Myriam viele Freiheiten gelassen. Ich bin kein junger Vater, wie Sie, aber sie wäre niemals weggegangen, ohne mir vorher Bescheid zu sagen. Verstehen Sie, was ich meine? Meine kleine Tochter, meine kleine Myriam … Sie ist alles, was ich habe. Ich habe noch nie jemanden so geliebt.«

Der Sergent-Détective gab Emerson, der wieder Tränen in den Augen hatte, mit einem Zeichen zu verstehen, sich in Ruhe zu fassen. Anschließend schob er die Fotografien in den Umschlag zurück, erhob sich und drückte Emerson seine Karte in die Hand.

»Ich will Sie nicht länger stören. Die Einzelheiten haben Sie ja schon den Beamten, die den Fall bearbeiten, dargestellt. Sollte Ihnen noch etwas einfallen, ganz egal, was, rufen Sie mich an. Selbst wenn es eine Einzelheit ist, die Ihnen vollkommen nebensächlich vorkommt. Und was mich betrifft, halte ich Sie auf dem Laufenden, wenn ich Neuigkeiten habe.«

Sie schüttelten sich die Hände.

»Vielen Dank, Monsieur Lessard.«

Auf dem Weg zur Tür blieb Victor abrupt stehen und wandte sich rasch um.

»Beinahe hätte ich's vergessen. Ich wollte Sie noch um einen Gefallen bitten. Haben Sie eine Haarbürste von Myriam?«

Emerson blickte ihn misstrauisch an.

»Keine Sorge, nur eine Formalität.«

»Bitte warten Sie einen Moment.«

Emerson verschwand in einem anderen Zimmer. Kurz darauf

kehrte er mit einer Bürste aus Holz zurück und reichte sie Victor. Der Polizist erklärte lieber nicht, dass die Haare für einen DNA-Test benötigt wurden, mit dem abgeglichen werden sollte, ob die mit Blut geschriebene Nachricht an der Badezimmerwand tatsächlich von Myriam selbst stammte. Emerson schien allerdings auch nicht besonders neugierig zu sein, zumindest stellte er keine Frage. Victor bedankte sich und ging nach einem letzten Blick auf die Fotos an der Decke zur Tür hinaus.

Draußen im Freien steckte er sich auf dem Weg zum Wagen eine Zigarette an. Er war sich unschlüssig, was er von dem Gespräch mit Myriams Vater halten sollte oder welche Rolle der Mann in dieser Mordserie spielte, aber in einem Punkt war er sich absolut sicher: Grant Emerson hatte ihm etwas verheimlicht.

30.
ÜBERWACHUNG

Nach seiner Rückkehr in die Villa Clark Woods rief Victor das Ermittlerteam zu einer spontanen Besprechung am Tisch im Esszimmer zusammen. Zwischen aufgeschlagenen Akten und Papierstößen standen Pappbecher mit Kaffee und Wasserflaschen herum. Als Erstes berichtete Nadja von den Ergebnissen der Durchsuchung, bei denen nichts Nennenswertes herausgekommen war. Das Versteck, in dem Myriam Cummings möglicherweise gefangen gehalten worden war, hatten sie nach wie vor nicht entdeckt. Die Nebengebäude, also Garage und Schwimmbad mit Gartenhaus, hatten sie ebenfalls gründlich, aber erfolglos durchkämmt. Loïc hatte einen Mitarbeiter des Architekturbüros, das die Villa entworfen und gebaut hatte, zu Hause angerufen und aus dem Schlaf gerissen. Der Mann war jetzt auf dem Weg ins Büro, um die Bauzeichnungen zu holen und würde sie ihnen anschließend vorbeibringen.

Clark Wood war Junggeselle und hatte keine Kinder. Seine Angehörigen lebten im Ausland und hatten bisher noch nicht verständigt werden können. Obwohl Nadja mit den beiden anderen Teilhabern seiner Firma für militärische Brillen gesprochen hatte, ließ sich sein Terminplan der zurückliegenden Tage bisher nur bruchstückhaft zusammensetzen. Die Spurensicherung hatte die Festplatte seines Laptops durchsucht, jedoch nichts Auffälliges entdeckt. Ein Techniker überprüfte soeben die Liste der Anrufe auf Woods Handy, der vollständige Gesprächsverlauf war bereits bei seinem Telefonanbieter beantragt.

Auf das einzig wirklich Neue waren sie per Zufall gestoßen. In einem Anfall von »leichtem Heißhunger« hatte Jacinthe den Kühlschrank des Opfers inspiziert und dort eine auffällige Anzahl vakuumierter Fertiggerichte gefunden, allesamt in Einzelportionen abgepackt. Die Gerichte stammten von einem Feinkostgeschäft in der Rue Atwater. Als sie dort anrief, erfuhr sie, dass Wood an jedem Montag Mahlzeiten für die gesamte Woche geliefert bekam, jeweils drei Mahlzeiten pro Tag. Ärgerlicherweise ging daraus, zumindest nach bisherigem Stand der Dinge, noch nicht eindeutig hervor, dass die Bestellungen für Myriam bestimmt gewesen waren. Wood hätte die Gerichte, selbst wenn das etwas unwahrscheinlich sein mochte, ebenso gut für sich selbst bestellt haben können.

Die Diskussion hatte sich inzwischen der Unterhaltung zwischen Victor und Grant Emerson zugewandt. Jacinthe hatte die Gesprächsführung ergriffen und nahm ihren Partner mit gewohntem Schwung ins Kreuzverhör, unter den wachsamen Augen des wie üblich Kaugummi kauenden Loïc und Nadjas.

»Moment … das kapier ich nicht so ganz. Erklär mir doch noch mal, warum Emerson deiner Ansicht nach gelogen hat. Wegen der Fotos seiner Vermisstenanzeigen?«

Victor nickte bestätigend.

»Emerson sagt, dass er ausnahmslos jeden Tag eine Anzeige aufhängt und auch auf jedem Foto, das er davon macht, das Datum vermerkt. Clark Wood wurde innerhalb der letzten vierundzwanzig Stunden oder weniger ermordet, so viel steht fest. Und auf den Fotos, die in Emersons Wohnung an der Decke hingen, habe ich keine von heute oder gestern gesehen.«

Jacinthe zuckte ratlos die Achseln.

»Und weiter? Das muss ja nichts bedeuten, das hab ich doch schon gesagt. Vielleicht hat Emerson diese Fotos noch nicht entwickelt. Sind auch welche auf die Tage datiert, an denen Tanguay und Mardaev ermordet wurden?«

Auf diese Frage blieb der Sergent-Détective die Antwort schuldig.

»Hör mal, ich konnte ihn ja wohl schlecht um eine Trittleiter bitten, um mir die Fotos in aller Ruhe anzuschauen.«

»Klar, versteh ich, trotzdem klingt das alles ziemlich dürftig.«

»Stimmt schon, es ist kein unwiderlegbarer Beweis. Trotzdem, ich sag's noch mal, irgendwie sind bei Emerson gleich mehrere Sachen seltsam.«

»Zum Beispiel die Katze?«

»Ich weiß schon, du findest das bescheuert, aber frag nur Nadja. Ich bin seit zwei Jahren so allergisch gegen Katzen, dass meine Augen anschwellen, sobald eine in der Nähe ist. Ich garantiere dir, dass in Emersons Wohnung niemals eine Katze war.«

Nadja nickte zustimmend. Jacinthe setzte ihre Wühlarbeit systematisch fort und hinterfragte Victors Vermutungen.

»Na schön, mal angenommen, du hast recht, und es war tatsächlich jemand im Zimmer nebenan. Ich muss dir leider mitteilen, dass es natürlich jemand gewesen sein könnte, den du ganz einfach nicht sehen solltest. Emerson hat ganz offen gesagt, dass er auf Escort-Dienste zurückgreift. Wer einmal die verbotene Frucht gekostet hat, will gleich ein ganzes Kilo davon, das weiß doch jeder.«

Victor musste unwillkürlich grinsen.

»Ist das auch ein schlauer Spruch von Ellen?«

Loïc riss verwundert die Augen auf und konnte nicht ganz folgen.

»Hä? Ellen? Wer ist denn Ellen?«

Victor fegte die Frage beiseite.

»Vergiss es, Kid. Du hast recht, Jacinthe. Es könnte jemand von einer Escort-Agentur gewesen sein. Aber vielleicht war es auch Myriam.«

»Und das bringt unser wieder zu deiner nächsten Theorie zurück, wonach Emerson seine Tochter befreit haben soll. Zuerst hätte er dann Mardaev überrascht und gefoltert …«

Victor beendete den Satz an ihrer Stelle:

»… um herauszufinden, wo Myriam ist. Anschließend taucht er hier auf, bringt Wood um und befreit Myriam.«

Mit erhobener Stimme und wie aus der Pistole geschossen feuerte Jacinthe eine Salve von Fragen auf ihren Partner ab:

»Und wieso wusste Mardaev über Myriams Versteck Bescheid? Und aus welchem Grund hätte Emerson dann Tanguay töten sollen? Oder warum will er den Weihnachtsmann umbringen? Der Notruf und der anonyme Anruf bei Duvalier Joseph, das war jedes Mal eine junge Stimme.«

Gereizt stand Victor auf und stapfte zur verglasten Tür.

Jacinthe schlug einen versöhnlicheren Ton an.

»Ich sag ja nicht, dass du komplett falschliegst, Lessard. Ich spiele hier nur den Advocatus Diaboli.«

Victors Blick schweifte durch den Garten und über das Schwimmbad, während er versuchte, seine Gedanken zu ordnen. Dann drehte er sich um, die Hände in den Taschen vergraben.

»Mir ist klar, dass meine Theorie noch lückenhaft ist und nicht alle unsere Fragen beantwortet, aber bisher haben wir nur die eine. Unsere Ermittlungen laufen seit zehn Tagen ins Leere. Irgendeinen Ausgangspunkt brauchen wir eben.«

Jacinthe hatte eine vollkommen ausdruckslose Miene aufgesetzt.

»Wie hat Emerson denn reagiert, als du ihm von Myriam und ihrer eventuellen Gefangenschaft hier im Haus erzählt hast?«

Auf Victors Zügen zeigte sich Mitgefühl. Das Schicksal der jungen Frau, ihr plötzliches Verschwinden, rührte an seine Vaterinstinkte.

»Anfangs wirkte er betroffen, ich konnte spüren, wie wütend er war. Aber er hat sich ziemlich schnell gefangen. Sogar so schnell, dass ich mich gefragt habe, was er wirklich empfindet.

Jeder von uns reagiert in so einer Situation unterschiedlich, aber abgesehen davon, dass wir wahrscheinlich alle wütend werden, wie würdest du es aufnehmen, wenn du erfährst, dass deine Tochter von einem Mann gefangen gehalten wurde, den wir gerade ermordet aufgefunden haben? Und damit wir uns recht verstehen: Im Klartext geht es hier um sexuellen Missbrauch.«

Mit ernstem Gesicht dachte Jacinthe einen Augenblick lang nach.

»Vermutlich wäre ich sehr überrascht und hätte vor allen Dingen Angst um mein Kind.«

Victor trat wieder an den Tisch.

»Ganz genau. Zuerst wärst du überrascht. Du würdest es abstreiten, bezweifeln, was du erfahren hast: ›Nein, das ist einfach unmöglich.‹ Im Nachhinein wird mir klar, dass Emerson, von seiner ersten Reaktion abgesehen, überhaupt nicht erschüttert von der Nachricht war. Erst später, als er mir von der Vergangenheit der Kleinen und ihrer Mutter erzählte, wirkte er sehr bewegt.«

Loïc stülpte skeptisch die Lippen vor.

»Manche Leute haben eben so viel Schreckliches erlebt, dass sie schon ziemlich abgebrüht sind.«

Nadja pflichtete ihrem Kollegen mit einem Nicken bei.

»Und wenn deine Tochter seit mehreren Monaten vermisst wird, rechnest du insgeheim vielleicht sowieso mit dem Schlimmsten.«

Victor ließ den Blick nachdenklich über die Gruppe gleiten, versuchte sich einzureden, dass er sich irrte, aber es gelang ihm einfach nicht.

»Na gut, dann leg ich noch eine Schippe drauf, selbst wenn ich mich irre: Emersons Wut war nicht gespielt. Sie richtete sich gegen Wood. Emerson wusste, dass der Mann seine Tochter missbraucht hatte. Er wusste es, dafür leg ich meine Hand ins Feuer.«

Für einen Moment schwiegen alle. Jacinthe hatte ihr Pulver jedoch noch nicht verschossen.

»Und dein verdächtiger Typ ist vierundsechzig Jahre alt, richtig? Kann er es physisch überhaupt mit einem Schrank wie Mardaev aufnehmen?«

Victor grinste.

»Die Sechzigjährigen sind bekanntlich die neuen Vierzigjährigen. Davon abgesehen wissen wir beide, dass auch eine Oma viel Unheil anrichten kann, wenn man ihr eine Waffe gibt.«

»Hat Emerson eine Waffe?«

»Weiß ich nicht. Ich werde jedenfalls eine komplette Überprüfung seiner Daten und die seiner Frau Anik Cummings veranlassen.«

»Und wie passt das Video der Überwachungskamera in die ganze Geschichte? Meiner Ansicht nach ist Emerson nicht unser Mann. Er hat überhaupt nicht das Profil eines Sprayers.«

»Auf dem Video ist nur der Rücken des Sprayers zu sehen, mit hochgestülpter Kapuze. Das könnte irgendwer sein … Was Größe und Gestalt angeht, würde Emerson passen. Nicht zu vergessen das riesengroße Porträt von Myriam im Wohnzimmer. Emerson ist ein ausgezeichneter Maler. Ich bin zwar kein Experte, aber ob man auf eine Leinwand malt oder Graffiti sprayt kann doch kein so großer Unterschied sein.«

Jacinthe überlegte kurz. Victor war offenbar sehr überzeugt von seiner Theorie. Da Paul Delaney, der Chef Abteilung Kapitalverbrechen, in Urlaub war, fiel ihr jetzt die undankbare Aufgabe zu, Fehler in Lessards Hypothese zu entdecken.

Obwohl sie sich nicht unbedingt mit Nadja und Loïc abstimmen musste, warf sie ihren Kollegen einen fragenden Blick zu. Beide nickten zustimmend.

»Na gut, mein Lieber. Ich bin einverstanden … irgendeinen Ausgangspunkt brauchen wir.«

Victor war sich bewusst, dass er Jacinthe nicht vollständig

überzeugt hatte, aber andererseits gehörte sie bekanntlich nicht zu denen, die anderen nach dem Mund redeten. Sie hatte ihm nicht nur zugestimmt, weil ihr selbst Zweifel an Emerson gekommen waren, sondern auch, weil sie genau wusste, was auf dem Spiel stand und sich über die Konsequenzen im Klaren war. Er konnte sich blind auf sie verlassen. Wenn die Sache nach hinten losging, würde sie ihn nicht im Stich lassen. Soviel stand fest.

Victor warf Blouin-Dubois einen kritischen Blick zu.

»Schläfst du etwa gerade ein, Loïc?«

»Etwas schlapp bin ich schon … Wieso?«

»Ich möchte, dass du dich vor Emersons Wohnung postierst und alles im Auge behältst. Natürlich unauffällig. Versteht sich, dass du dich meldest, wenn was Ungewöhnliches passiert. Ich versuche, für morgen in aller Frühe einen Durchsuchungsbeschluss zu bekommen.«

»Geht klar«, erwiderte der junge Ermittler prompt.

Jacinthe drehte den Kopf so ruckartig zur Seite, dass die Halswirbel knackten.

»Und wer behält den Hinterausgang im Auge? Am besten wir platzieren dort einen Streifenwagen, damit er uns bemerkt.«

Victor zwinkerte seiner Partnerin zu. Er hatte ebenfalls über das Problem der Sichtbarkeit nachgedacht und eine Lösung gefunden. Er trat neben Loïc und zeichnete mit ein paar raschen Fingerstrichen einen Straßenplan auf den Tisch.

»Schau mal, das Gebäude steht direkt an der Ecke, und daneben gibt es eine Art Grünfläche, das siehst du dann schon. Wenn du dein Auto genau dort abstellst, kannst du Vorder- und Rückseite des Gebäudes einsehen. Mach Fotos von jedem, der raus- und reingeht. Dann schläfst du wenigstens nicht ein.«

Der junge Mann nickte. Auf den Tisch gestützt beugte sich Victor vor und sagte mit gesenkter Stimme:

»Ab sofort ist Grant Emerson unser Hauptverdächtiger.«

31.

DECKENLEUCHTE

Ein Handtuch um die Hüften geschlungen betrat Victor das Zimmer. Wassertropfen perlten über seinen nackten Oberkörper und die durchtrainierten Arme. Nadja, völlig vertieft in einen Bericht, saß nur in Hemd und Höschen gekleidet auf dem Bett, den Rücken gegen einen Stapel Kissen gelehnt. Auf ihrem gebräunten Oberschenkel lag der Schnellhefter, einzelne Seiten waren über das Bett verstreut.

Kurz nach Mitternacht hatten sie Clark Woods Villa verlassen, und Victor hatte einem Techniker der Spurensicherung noch die Bürste mit Myriams Haaren in die Hand gedrückt. Jacinthe war vor Ort geblieben, um auf den Architekten mit den Bauzeichnungen zu warten, Loïc hatte vor dem Haus Grant Emersons Stellung bezogen. Victor und Nadjas Plan für die nächsten Stunden war denkbar einfach: eine Runde schlafen und anschließend ihre Kollegen ablösen.

Der Sergent-Détective ging zur Kommode hinüber, auf der gerahmte Kinderbilder von Charlotte und Martin neben einer Schwarz-Weiß-Fotografie von Ted in Dienstkleidung standen. Die Kartons, die sich in der Ecke türmten, warteten geduldig darauf, dass die beiden irgendwann Zeit haben würden, alles auszupacken und einzuräumen.

Nadja hob den Blick von dem Bericht.

»Muss ich die Augen zumachen?«

Victor setzte prompt einen gierigen Verführerblick auf.

»Auf dein eigenes Risiko«, raunte er betont heiser.

249

Dann ließ er das Handtuch zu Boden fallen, schlüpfte in seine Boxershorts und sah fragend auf das Dokument in ihren Händen.

»Was liest du da?«

»Das sind Unterlagen, die Tanguay vor seinem Tod bearbeitet hat. Ich suche nach einer Verbindung zu dem Mord.«

Victor trat ans Bett und schob die Decke zur Seite.

»Das wird eine kurze Nacht, meine Schöne. Du solltest dir ein paar Stunden Schlaf gönnen.«

Nadja wirkte leicht angespannt. Was sie Victor zu sagen hatte, würde ihm bestimmt nicht passen, obwohl sie den Satz bereits unzählige Male in Gedanken durchformuliert hatte, während er unter der Dusche stand.

Sie holte tief Luft. »Wir haben drei Morde … Das sind ausreichend viele, um davon auszugehen, dass es ein Serientäter sein könnte, findest du nicht?«

Victor reagierte ziemlich allergisch auf das Thema Serienmörder und alle Märchen und falschen Annahmen, die über das Phänomen in Umlauf waren. Daher wurde er schnell sauer, wenn man die Hypothese ins Spiel brachte. Vielleicht fürchtete er bei jedem neuen Fall, abermals in diese Abgründe hinabsteigen zu müssen. Nichtsdestoweniger war die Frage jetzt durchaus berechtigt.

Er nickte, und Nadja fuhr fort:

»Hat Grant Emerson deiner Ansicht nach das Profil eines Serientäters, oder ist er lediglich ein Vater, bei dem die Sicherung durchgebrannt ist?«

Victor überlegte einen Augenblick lang.

»Emerson scheint zumindest für einen der Morde ein eher rationales Motiv zu haben, anders als Serientäter, die ihre Gewaltphantasien befriedigen oder ihren Tötungsdrang. Beispielsweise wollte er seine Tochter aus Woods Gewalt befreien.«

Nadja sammelte die verstreuten Papiere ein und stieß die Seiten an ihrem Oberschenkel auf, um sie zu ordnen.

»Und er hätte auch ein rationales Motiv für den Mord an Mardaev, falls er ihn gefoltert hat, um an die Adresse von Wood zu kommen.«

»Richtig.«

»Demnach hältst du Emerson also nicht für einen Serientäter. Wie erklärst du dir dann die Inszenierungen am Tatort, die Graffiti und Nachrichten, die er im Mund seiner Opfer hinterlassen hat?«

Victor beugte sich vor und platzierte sein Kissen an der Wand. Im vergangenen Jahr hatte er an einer Tagung der FBI-Akademie in Quantico in Virginia teilgenommen, die sich ausschließlich dem Thema Serientäter gewidmet hatte. Eine der Diskussionen kam ihm jetzt in den Sinn.

»Moment mal, ich schließe ja nicht aus, dass er ein Serienmörder ist. Ende der achtziger Jahre hat ein amerikanischer Kriminologe Serientäter in vier Kategorien eingeteilt. Aus seiner Sicht verfolgen einige von ihnen eine Mission, indem sie ihre Angriffe gegen Personengruppen richten, die sie als lebensunwürdig ansehen. Wenn wir in Betracht ziehen, dass Emerson möglicherweise ein Serienmörder war, fällt er meiner Meinung nach in diese Kategorie.«

Nachdenklich trommelte Nadja gegen den Papierstoß auf ihren Knien. »Interessant. Das würde erklären, wieso Emerson seine Opfer nicht zufällig auswählte, sondern sie von vornherein gekannt und seine Absichten angekündigt hat.«

Victor setzte sich auf, fegte ein paar Staubflocken von seiner Fußsohle und kroch dann unter die Decke.

»Es ist jedenfalls eine Hypothese unter anderen.«

»Hm … Nehmen wir mal einen Augenblick lang an, Emerson ist unser Mann«, überlegte Nadja laut. »Was hat ihn dazu veranlasst, seine Vorgehensweise jedes Mal so radikal zu ändern? Tanguay wurde enthauptet, Mardaev erstochen und Wood erhängt. Und wenn wir uns das letzte Graffiti anschauen, wird er den nächsten Mord mit einem Hammer begehen. Was bedeutet das, deiner Meinung nach?«

»Serienmörder gehen nicht immer logisch vor, meistens gibt es kleine Unterschiede zwischen den Mordfällen einer Serie. Sollte Emerson also tatsächlich in diese Profilkategorie passen, von der ich dir erzählt habe, folgt er in seinen Handlungen einem bestimmten Muster und verschafft sich mit jeder Änderung seiner Vorgehensweise eine zusätzliche Befriedigung seines Triebes.«

Er legte eine kurze Pause ein und befeuchtete sich die Lippen.

»Normalerweise hofft er, dass die Mordserie ihm den Zugang zu uneingeschränktem Lustgewinn eröffnet. In unserem Fall ist das aber nicht eindeutig, seine Handlungen weisen in viele unterschiedliche Richtungen. Irgendwas stimmt da nicht. Die Unterschiede sind einfach zu auffällig.«

Er lehnte sich bequem in das Kissen zurück, und Nadja legte ihm die Hand auf den Oberkörper.

»Das seh ich genauso«, sagte sie. »Dass ein Serienmörder mit der Polizei kommuniziert, kommt doch eher selten vor, hm? Denn meiner Ansicht nach richtet sich Emerson mit seinen Graffiti und Botschaften an uns. Hältst du es für möglich, dass ihm vielleicht genau dieses Katz-und-Maus-Spiel Lust bereitet?«

Victor zuckte die Schultern und seufzte.

»Ich kapiere seine Motive nicht. Sicher ist nur, dass er mit seinem Verhalten unsere Aufmerksamkeit erregen will, während Serientäter im Allgemeinen eher versuchen, möglichst unbemerkt zu bleiben.«

Beide schwiegen und versuchten, Ordnung in ihre Gedanken zu bringen. Schließlich legte Nadja den Papierstoß neben das Bett und drehte sich zu ihm um, den Ellbogen aufgestützt und das Gesicht in die Hand gelegt.

»Hat dir eigentlich schon mal jemand gesagt, dass du nicht nur total sexy, sondern auch ziemlich interessant bist, Lessard?«

Victor lachte und unterdrückte ein Gähnen. Nadja schmiegte sich an ihn und kniff die Augen zu. Die helle Deckenleuchte störte sie. Sie ließ die Hand hinabwandern und streichelte seinen Penis.

»Mach das Licht aus und schlaf mit mir, Schatz.«

Er streckte sich ächzend.

»Hast du noch so viel Energie?«

»Dafür immer.«

Dreißig Sekunden später schliefen sie beide tief und fest. Die Deckenleuchte blieb an.

MAXIME

Der Weihnachtsmann hatte die Fesseln des Kindes gelöst und ihm den Sack vom Kopf gezogen. Louis' Gesicht war furchtbar verschwollen. Atemlos und mit feuchter Stirn betrachtete Maxime den blutüberströmten, fast bewusstlosen Jungen, der ächzend zu seinen Füßen lag. Er verspürte eine sonderbare Mischung aus Angst und Aufregung, sein Herz pochte wie wild. Seine Finger hielten den Schlagstock immer noch fest umklammert.

»Das Ende eines Lebens ist der Anfang eines anderen. Hier beginnt heute deines.«

Ohne sich dessen bewusst zu sein, fing der Junge an, seine Unterlippe nervös zu kneten. Der Weihnachtsmann schloss seine kräftigen Hände fest um Louis' Hals, der kaum noch atmete.

»Schau gut zu, ich zeig dir, wie es geht, Maxime …«

ZEHNTER TAG

(MITTWOCH, 24. JULI)

32.

ENDSTATION

Die behandschuhte Hand auf die Ablage im Badezimmer gestützt, masturbierte der Mann seit einigen Minuten lang heftig über dem Waschbecken. Die Reibung des Gummis an seinem Geschlecht wurde allmählich unangenehm, der Orgasmus ließ auf sich warten. Bilder des Mordes, den er soeben begangen hatte, schossen ihm durch den Kopf und überlagerten sich mit anderen, weit zurückliegenden. Mit stockendem Atem und schweißglänzender Stirn sah er den Nacken des Mannes wieder vor sich und dann seine eigenen Hände, die sich um den Hals legten, die Adern seines Opfers, die unter dem Druck hervortraten und schließlich, kurz bevor es zu Ende war, die verdrehten Augäpfel, aus denen das Leben entwich.

Endlich durchlief ihn ein wildes Zucken, und er ejakulierte ins Waschbecken. Im Bruchteil einer Sekunde war alles wieder rein und makellos. Wie immer danach verspürte er auch jetzt jenes Gefühl, das er suchte, den Eindruck einer flüchtigen und substanzlosen Wiedergeburt. Er spülte rasch seinen Penis ab und zog die Hose an. Anschließend drehte er den Wasserhahn auf und schob im strömenden Wasser das Sperma in den Abfluss, um ganz sicher keine Spuren zu hinterlassen. Zuletzt vergewisserte er sich vornübergebeugt sorgfältig, dass keine Schamhaare auf dem Boden lagen.

Mit gesenktem Blick und abgewandtem Kopf ging er an dem Zimmer vorüber, worin er den Mord begangen hatte. Er wollte die Leiche des Mannes nicht sehen, die ihn an ein anderes, gleichfalls zu früh beendetes Leben erinnerte. Im Flur spähte er vorsichtig zur Wohnungstür hinaus, überzeugte sich, dass niemand im Hausflur war, und verließ die Wohnung. Im Treppenhaus streifte er die Gummihandschuhe und die Überziehschuhe ab und verstaute alles in einen extra für diesen Zweck bestimmten Plastikbeutel.

Draußen entfernte er sich mit gleichmäßigen Schritten, die Hände tief in den Taschen seiner Lederjacke, den Kopf gesenkt. Der Revolver an seiner Hüfte beruhigte ihn. Er hatte drei Wohnblocks zurückgelegt, ohne einer Menschenseele zu begegnen und erreichte die Stelle, an der er seinen Wagen geparkt hatte. Nachdem er den Plastiksack im Abfalleimer neben dem Wagen entsorgt hatte, entriegelte er die Tür per Fernbedienung. Er ließ sich hinter dem Steuer nieder und ließ den Motor an, und wenig später, als er vorsichtig durch den Verkehr glitt, liefen ihm Tränen über die Wangen.

So wie es ihm Vergnügen bereitete, zu töten und von neuem in das schwarze Zimmer hinabzusteigen und sich den Dämonen, die ihn quälten, zu stellen, so war die Rückkehr in die Realität jedes Mal ein brutaler Schock. Viel zu brutal. Ein elendes Dasein für einen kurzen Augenblick des Friedens … Danach empfand er stets Wut über sich selbst, gepaart mit einem abgrundtiefen Ekel. In diesen Augenblicken hatte er Lust, anstelle des Mannes zu sterben, den er soeben erwürgt hatte. So war es immer, und so würde es immer wieder sein. Bald schon würde ihn der Drang erneut überkommen und er würde wieder töten, ohne dass er in der Lage wäre, sich zu kontrollieren. Allerdings hatte er diesmal ausnahmsweise keine andere Wahl gehabt.

Der Gedanke an den Tee, den er sich zu Hause zubereiten würde, hatte etwas Tröstliches. Nach jedem Mord zelebrierte er bei seiner Rückkehr dasselbe seltsame Ritual. Dicht neben der Kanne stehend sog er den Duft des ziehenden Tees ein, und dieser Duft half ihm, jenen bitteren Geruch in den Fasern seiner

Kleidung und in seinen Nasenschleimhäuten zu vertreiben, der dort haften geblieben war: Die Ausdünstungen des Todes.

Er parkte den Wagen direkt vor dem Haus, in dem er wohnte, stellte den Motor ab und blieb unbeweglich hinter dem Steuer sitzen. Er legte die Hand auf die feuchten Augen, und seine Schultern bebten.

Er ging die Treppe hinauf zu seiner Wohnung, öffnete die Tür, zog die Schuhe aus und streichelte die Katze, die sich schnurrend an seinem Bein rieb. Selbst mitten am Tag war alles in tiefste Dunkelheit getaucht, durch die schweren, vollkommen lichtundurchlässigen Vorhänge vor den Fensterscheiben drang kein Lichtstrahl. Dieses Leben im Schatten, in seinen vier Wänden, war unerlässlich für ihn, um das bisschen an mentalem Gleichgewicht, das er noch besaß, zu bewahren. Er fand sich blind zurecht und ging Richtung Küche, holte das Magazin aus der Pistole und legte die Waffe in eine Metallkiste auf der Küchentheke. Als er gerade die Teekanne aus einem Schrank nehmen wollte, hörte er eine Stimme, die ihn herumfahren ließ:

»Hallo, Samuel. Ich habe auf dich gewartet …«

Er drehte sich um: In der Tür zeichnete sich ein schattenhafter Umriss ab. Obwohl er die Züge des Mannes nicht sehen konnte, erkannte er die Stimme des Eindringlings sofort.

Die Augen auf den Boden geheftet erwiderte er leise:

»Was für eine Überraschung! Du hast mir vielleicht einen Schreck eingejagt … Was machst du hier?«

Aber im Grunde hatte Samuel nur darauf gehofft, dass der andere sich zu erkennen gab. Der Mann, den er vor einigen Stunden erwürgt hatte, war genau deswegen gestorben: Um denjenigen, der jetzt vor ihm stand, zu einem Fehler zu veranlassen und sich zu verraten. Allerdings hatte er nicht mit einer so prompten Reaktion gerechnet. Und schon gar nicht damit, dass der andere ihn hier überraschte, in seiner eigenen Wohnung.

Der Schatten erklärte mit langsamer, beinahe feierlicher Stimme:

»Ich dachte, wir zwei sollten uns mal unterhalten.«

Samuel nahm seine Unterlippe zwischen Daumen und Zeigefinger und flüsterte:

»Ich habe gewusst, dass du kommst. Hat er dir alles erzählt?«

»Wer?«

»Spiel nicht den Idioten. Der Weihnachtsmann.«

Der Schatten erwiderte:

»Ich wäre von selbst draufgekommen, in dem ich zwei und zwei zusammenzähle. Tanguay, Mardaev und du … man muss nur logisch denken. Ich stelle mir aber eine ganz andere Frage, nämlich: Warum? Ich hab dir vertraut, du warst mein Freund … Du hast alles gewusst. Du hättest sie daran hindern können!«

So sanft, als spräche er zu einem kranken Kind, antwortete Samuel:

»Du stellst die falschen Fragen. Die richtige Frage müsste lauten: Warum hat dir der Weihnachtsmann überhaupt davon erzählt? Welches Interesse hat er damit verfolgt?«

»Mir ist völlig klar, was er bezweckt hat.«

»Denkst du wirklich, er würde dich einfach laufen lassen? Du bist in seiner Umlaufbahn und wirst seiner Anziehungskraft niemals entgehen können.«

Der Schatten erwiderte verächtlich:

»Das klingt ja so, als hätte er übernatürliche Kräfte. Er ist nur ein Mensch.«

Samuel knetete seine Unterlippe und spürte ein Kribbeln im Unterleib und am Hals. Instinktiv war ihm bereits klar, wie die Unterhaltung weiter verlaufen würde.

»Du leidest bereits, weil du diesen Weg gewählt hast, und dein Leid wird sich noch steigern«, fuhr er beinahe flüsternd fort. »Du hast jetzt einen Punkt erreicht, an dem es unmöglich ist umzukehren. Daher sind deinem Leid keine Grenzen gesetzt, denn du wirst niemals alle Triebe, die du in dir entfesselt hast, befriedigen können. Und glaub mir, der Weihnachtsmann wird sich an deinem Leid weiden, so, wie er sich an meinem geweidet hat, und deine Aggression immer weiter anstacheln. Die Natur hat uns leider mit Eigenschaften und Fähigkeiten ausgestattet, die die Gesellschaft, ihre Kultur und Verbote untersagen. Das menschliche Gewissen ist eine Fehlentwicklung.«

Der Schatten seufzte.

»Man meint fast, ihn sprechen zu hören.«

Samuel presste die Lippe zwischen die Finger zusammen, streckte eine Hand aus und öffnete den Schrank. In seiner Hose formte sich eine Beule. Bei der Vorstellung, was in den nächsten Sekunden geschehen würde, spürte er eine zunehmende Erregung in sich aufsteigen.

Mit dem Zeigefingernagel fuhr er die Linien seiner Unterlippe nach. Er versuchte, sich zusammenzunehmen und seine Stimme zu beherrschen.

»Möchtest du was trinken? Ich wollte mir gerade Tee machen.«

Der Blutgeschmack in seinem Mund wurde stärker. Er nahm die gusseiserne Teekanne, ließ Wasser hineinlaufen und stellte sie auf den Herd. Dann streckte er die Hand nach der Metallkiste aus, in der sich die Pistole befand.

Warnend sagte der Schatten:

»Komm bloß nicht auf die Idee, die Kiste anzurühren. Da ist kein Tee drin.«

Lächelnd hob er die Hand, friedfertig, die Handflächen ausgestreckt. Anschließend strich er verstohlen durch den Hosenstoff über seinen Penis. Seine Erektion war heftig und schmerzhaft. Speichel lief in seinem Mund zusammen, er befeuchtete die Lippen mit der Zunge. Der Eisengeschmack des Blutes putschte ihn auf. Nie zuvor hatte er sich so wenig Zeit zwischen zwei Morden zugestanden.

Der Schatten fuhr fort:

»Woher kommst du eigentlich gerade, mit deiner Pistole?«

In diesem Augenblick begriff Samuel, und seine Erregung verdoppelte sich. Der andere wusste nichts von dem Mord an dem Mann, den er soeben erwürgt hatte.

Sein Mund verzerrte sich zu einem höhnischen Grinsen.

»Das errätst du nie …«

Er presste erneut die Lippen aufeinander, ließ Blut in seinen Mund rinnen und murmelte den Namen seines Opfers. Obwohl tiefe Dunkelheit herrschte, konnte er fast spüren, wie der Schatten zusammenzuckte.

»Aber … er hat dir doch überhaupt nichts getan. Warum?! Warum hast du ihn getötet?«

Mit der Zunge drückte er Blut und Speichel zwischen den Zähnen hindurch. Seine Stimme klang plötzlich kräftiger, sicherer und sein Tonfall herablassender. Durch den Stoff hindurch krampfte er die Hand um sein steifes Geschlecht.

»Weil ich mein Leben nun mal so verbringe. Weil ich dich nicht finden konnte und er sich weigerte, mir zu sagen, wo du bist, und weil ich dich zum Handeln zwingen wollte.«

Die Stimme des Schattens klang kalt und erbarmungslos.

»Du hättest dir auch so denken können, dass ich früher oder später mit dir abrechne.«

»Ich wollte dich dazu bringen, dass du einen Fehler begehst und einem Überraschungsbesuch von dir zuvorkommen.«

»Das ging dann ja wohl schief.«

Er lachte leise auf und biss sich in die Lippe.

»Glaubst du das tatsächlich?«

Inzwischen war er außer sich vor Erregung. Mit einem Satz schnellte er auf den Schatten zu, die Hände weit ausgestreckt, die Finger gierig gekrümmt und bereit, abermals ein Opfer zu erwürgen.

33.

MORDDROHUNGEN

Um 5 Uhr morgens zog Victor die Wohnungstür hinter sich zu und sprang rasch die Stufen im Treppenhaus hinunter. Das fahle Licht des anbrechenden Tages färbte den Himmel in der Ferne allmählich weiß. Vor dreißig Minuten war er aufgestanden, hatte rasch geduscht und einen schwarzen koffeinfreien Kaffee heruntergestürzt. Aus dem Justizministerium war eine Nachricht für ihn eingegangen. Die richterliche Genehmigung des Durchsuchungsbeschlusses für Emersons Wohnung lag vor, und der Sergent-Détective wollte das Dokument jetzt so schnell wie möglich in Versailles abholen und anschließend zu Loïc gehen, mit dem er gerade telefoniert hatte und der sich anhörte, als würde er jeden Moment einschlafen.

Victor hatte erwogen, auch die Hilfe der Ermittler des SPVM anzufordern, die auf Durchsuchungen spezialisiert waren oder die der taktischen Spezialeinheit. In Anbetracht der Aufgabe und des Profils des Verdächtigen hatte er sich jedoch dagegen entschieden. Da keine unmittelbare Gefahr bestand, würde er den Auftrag zusammen mit Loïc übernehmen.

Nadja hatte sich vor ein paar Minuten auf den Weg zu Jacinthe gemacht, die mit dem Architekten noch in Clark Woods Villa war.

Victor war gerade hinter das Steuer des Dienstwagens gerutscht, als ein Pfeifen ertönte. Überrascht hob er den Kopf und musterte die gegenüberliegende Straßenseite. Dort senkte sich die Scheibe eines auf Hochglanz polierten roten Ferraris, der angehalten hatte. Das bekannte Gesicht von Giacomo Talone war zu sehen. Der Italiener trug eine Fliegerbrille, seine rechte Gesichtshälfte sah blau verfärbt und geschwollen aus. Victor ging hinüber.

Die Hände am Steuer blickte Talone geradeaus auf die Straße. »Los, steig ein, wir drehen eine Runde.«

Der Sergent-Détective umrundete den Wagen und ließ sich auf dem Beifahrersitz nieder. Talone startete mit quietschenden Reifen.

Mit Vollgas brauste der Italiener durch die engen Straßen des Notre-Dame-de-Grâce-Viertels und dann die Gleise entlang, die sich quer und wie eine soziale Schneise durch das Viertel zogen, bis er mit röhrendem Auspuff in eine Autowaschanlage am Boulevard de Maisonneuve Ouest einbog. In dieser Welt, südlich der Eisenbahnstrecke, herrschten deutlich rauere Sitten. Nick Rizzuto, Sohn des Mafiapaten, war hier 2009 von einem Auftragskiller ermordet worden.

Ein Angestellter in Gummistiefeln, die ihm bis übers Knie reichten, schloss eilig das Garagentor hinter ihnen; Talone drehte den Zündschlüssel um, und das satte Blubbern des Ferrari verstummte. Victor warf einen kurzen Blick durch die Scheibe: Kaltes Neonlicht bestrahlte die rissigen Betonwände, alle möglichen Schläuche, einen Kompressor, Saugrohre und Abstellflächen, wo Schwämme und Bürsten, eine Schleuder und Eimer mit Flüssigwachs durcheinanderlagen.

Drei Männer kamen jetzt herein ein und näherten sich dem Auto. Victor verschränkte die Arme und schloss, durch den Stoff seiner Jacke hindurch, die Finger fest um die Glock im Halfter an seiner linken Hüfte.

Er entspannte sich erst, als ein Wasserstrahl auf die Frontscheibe sprudelte, und warf Talone einen Blick zu.

»Anscheinend gehörst du zu den Stammkunden hier, Giacomo.«

»Mein Geschäftspartner und ich haben in der Gegend fünf Waschanlagen.«

Der Italiener setzte die Sonnenbrille ab und wandte Victor den Kopf zu. Seine blaurot verfärbten Brauen und ein Auge waren so geschwollen, dass er es kaum öffnen konnte.

Victor konnte seine Überraschung nicht verbergen.

»Scheiße, was ist dir denn passiert?«

Talones Lächeln glich eher einer Grimasse.

»Ach, das meinst du? Bin bloß in der Dusche ausgerutscht.«

An der Scheibe der Fahrerseite klopfte es leise. Talone ließ sie mit einem Knopfdruck herab, und eine Hand in gelben Gummihandschuhen reichte ihm zwei Espressotassen. Er bot Victor eine davon an.

»Kaffee?«

Dankend nahm der Sergent-Détective die Tasse in Empfang, und der Italiener ließ das Fenster wieder hochfahren. Während sie das dampfende Getränk schlürften, herrschte einen Augenblick lang Schweigen.

Dann sagte Talone:

»Ich hab mich ein bisschen umgehört, wie gewünscht.«

Victor schwieg, wartete. Der andere sah ihm direkt in die Augen.

»Der Mord an Tanguay hat weder mit unserer Familie noch einer anderen zu tun. Niemand hat den Auftrag dazu gegeben. Falls es einen entsprechenden Vertrag gegeben hat, dann ohne Wissen der Mafia.«

»Könnten deiner Meinung nach Rocker oder Straßenbanden hinter dem Mord stecken?«

Der Sergent-Détective beobachtete mit Argusaugen, wie Talone reagierte, der entschieden den Kopf schüttelte.

»Ich bin fast zu hundert Prozent sicher, dass die nichts damit zu tun haben.«

Victor spürte, dass der andere die Wahrheit sagte. Vor ihnen war ein Angestellter damit beschäftigt, die Frontscheibe einzuschäumen.

»Und was ist mit der Namensliste, die ich dir gegeben habe? Hat das was gebracht?«

Talone stellte die Tasse in den Getränkehalter und angelte eine Flasche unter dem Sitz hervor.

»Nichts.«

Victor musterte seinen Gesprächspartner durchdringend, der die Flasche entkorkte.

»Lüg mich nicht an, Giacomo.«

Talone deutete vielsagend auf sein verletztes Gesicht und sagte bitter:

»Du kannst ja selbst sehen, dass manche Leute sich nicht gern Fragen zu bestimmten Themen stellen lassen.«

Victor heuchelte Mitgefühl.

»Tut mir echt leid, wegen deines Auges, Alter. Aber ich muss es wirklich wissen.«

»Na schön, aber in dem Punkt solltest du mir einfach vertrauen. Ich geb dir mein Wort, dass die Sache nichts mit der Mafia zu tun hat. Mehr kann ich dir nicht sagen.«

Talone genehmigte sich einen Schluck und reichte Victor die Flasche, der sie, nach kurzem Schnuppern, wieder zurückgab.

»Ich trinke nur, wenn Ostern und Pfingsten auf einen Tag fallen.«

Talone hob die Flasche.

»Na dann, auf dein Wohl!«

Zwei Angestellte waren derweil dabei, die Frontscheibe mit einen Tuch trocken zu wischen. Als Victor einen weiteren Versuch machte, mehr über die Liste mit den Namen herauszufinden, bestand Talones einzige Antwort jedoch darin, die Türen zu entriegeln.

»Einer von meinen Leuten bringt dich zurück zu deinem Auto, Lessard.«

Victor schälte sich aus dem Ferrari. Er musterte den Wagen mit zusammengekniffenen Augen und Kennerblick, reckte dann den Daumen hoch und verabschiedete sich mit der Bemerkung:

»Echt eins a, dein Ford Pinto!«

Ein Angestellter Talones hatte Victor in einem ziemlich ramponierten Kombi vor seiner Wohnung abgesetzt. Nachdem er zu seinem Auto gelaufen war und über den Zubringer Richtung Autobahn Ville-Marie steuerte, klingelte sein Handy über die Freisprechanlage des Autos.

Jacinthes aufgeregt klingende Stimme war zu hören.

»Wir haben herausgefunden, wo Wood Myriam gefangen gehalten hat. Der Architekt hat die Pläne noch mal genau analysiert und festgestellt, dass im Untergeschoss etwas nicht stimmt. Hinter einer Wand, an der Wood sein Heimkino installiert hat, war eine Tür versteckt. Du müsstest die Kammer mal sehen: einfach entsetzlich. Kein Fenster, nur Beton, absolut schalldicht. Wie ein Bunker. Oder besser gesagt ein Verlies. Es gibt sogar eine Art Foltertisch und Fesseln für Hand- und Fußgelenke.«

Vor Victors geistigem Auge tauchte ein Bild auf, und kalter Schweiß perlte von seinen Haarwurzeln. Was ihm seine Partnerin da erzählte, erinnerte ihn an das Geheimzimmer, das er während der Ermittlungen gegen den König der Fliegen entdeckt hatte.

Jacinthe fuhr fort:

»Wir haben blutige Laken in dem Raum gefunden, die Spurensicherung werkelt gerade daran herum. Und ein Badezimmer gibt's auch. Die Techniker können an den Accessoires dort die DNA feststellen.«

»Wenn du von ›Blutflecken‹ sprichst, was genau meinst du damit? Blut genug, um davon auszugehen, dass Myriam …«

Sie fiel ihm ins Wort.

»Nein, nein, sie ist nicht tot. Der Fleck sieht zwar ziemlich groß aus, aber die Techniker sagen, es sei insgesamt höchstens eine Tasse voll Blut.«

Victor schwieg. Bei dem, was er da hörte, drehte sich ihm der Magen um.

»Und du, wo steckst du denn jetzt?«

»Ich fahre schnell im Büro vorbei und hole den Beschluss. Anschließend durchsuche ich zusammen mit Loïc Emersons Wohnung.«

Nach ein paar kurzen Bemerkungen beendeten sie das Gespräch. Victor lehnte das Angebot seiner Partnerin ab, ihnen bei der Durchsuchung zu helfen. Ihm war es lieber, wenn Nadja und Jacinthe weiterhin in Woods Villa den Bunker überprüften und dort versuchten, eine Spur zu finden.

In dem Moment, als Jacinthe auflegte, fuhr der Sergent-Détective aus der Tunnelmündung heraus und bremste an der roten Ampel vor dem Maison Radio Canada und der Brasserie Molson. Plötzlich knallte er die Faust aufs Armaturenbrett. Ohne dass er es verhindern konnte, wirbelten Schreckensbilder all dessen, was Myriam hatte erleiden müssen, durch seinen Kopf. Keuchend, den Blick ins Leere gerichtet und die Finger ums Lenkrad gekrampft, saß er reglos da. Dann öffnete er den Sicherheitsgurt und riss die Tür gerade noch rechtzeitig auf, bevor er sich auf den Asphalt erbrach.

Der dichte Verkehr in der Rue Wellington gab Victor endgültig den Rest. Kurz entschlossen setzte er das Blaulicht in Gang und warf die Sirene an. Als sich die Fluchtgasse vor ihm öffnete, brauste er mit Vollgas hindurch. Er hatte den Stau kaum hinter sich gelassen, als sein Handy erneut klingelte. Diesmal war es Nadja, und ihre Stimme klang beunruhigt.

»Ich habe gerade Emersons Profil erhalten, das wir angefordert haben.«

»Haben sie was Auffälliges gefunden?«

»Letzte Woche gab es einen Höreranruf von ihm bei Fabi la nuit.«

»Diese Radiosendung?«

»Ja, genau. Kennst du sie?«

Victor bejahte. Jacques Fabis Stimme hatte ihm in viel zu vielen schlaflosen Nächten Gesellschaft geleistet. Der Moderator war in Victors Augen ein wahres Kommunikationsgenie. Als eine Art Nachtwächter der Einsamen führte er in seiner Sendung hauptsächlich Gespräche mit Anrufern, die ein Leben am Rand der Gesellschaft führten und denen sonst niemand zuhören wollte.

Nadja nieste und sagte dann:

»In der Sendung hat Emerson von der Fahndung nach der verschwundenen Tochter erzählt und gleich noch Todesdrohungen gegen die Polizei und Straßenbanden ausgesprochen. Ein anderer Zuhörer hat deswegen Klage eingereicht. Einige Tage später hat Teague, ein Ermittler im 15. Revier, persönlich mit Emerson gesprochen.«

Hupend umfuhr er ein in zweiter Reihe parkendes Auto.

»Was genau hat er denn gesagt?«

Nadja las ihm das Transkript von Emersons Anruf in der Sendung vor.

»Und wurde Anklage gegen ihn erhoben?«

»Emerson meinte Teague gegenüber, dass es da mit ihm durchgegangen sei und er die Todesdrohungen nicht ernst gemeint habe. Teague hat später einen Bericht bei der Staatsanwaltschaft eingereicht. Ich habe gerade mit dem Staatsanwalt gesprochen, der das Dossier bearbeitet. Das Material ist zu dünn für eine Anklage.«

Nach einem Blick in den Rückspiegel wechselte Victor die Spur. Dass es keine Anklage gegeben hatte, überraschte ihn nicht. Der Fall Emerson hatte berechtigterweise eine gewisse Sympathie erweckt.

»Das würde jedenfalls unsere Hypothese untermauern«, stellte er fest. »Aus Emersons Sicht gab es gute Gründe, sich an einem Polizisten und dem Mitglied einer Straßenbande zu rächen.«

Victor entging nicht, dass Nadja zögerlich antwortete.

»Ja, schon, aber es wäre doch trotzdem komisch, wenn er sich an Tanguay rächt, dessen Abteilung überhaupt nicht in Zusammenhang mit Myriams Entführung steht.«

Dieser Teil der Gleichung ging tatsächlich nicht auf, was Victor immer wieder vergaß und jetzt auch bereitwillig einräumte.

»Stimmt schon, wir haben noch keine Erklärung dafür, warum Tanguay sterben musste. Vielleicht war er einfach zur falschen Zeit am falschen Ort.«

Einen Augenblick lang dachten beide schweigend nach, bis Nadja fragte:

»Hast du den Beschluss bei dir?«

Victor klopfte kurz auf den Umschlag auf dem Beifahrersitz.

»Ja, der liegt direkt hier, neben mir.«

»Glaubst du, Myriam hat sich bei ihrem Vater versteckt?«

»Das werden wir bald herausfinden.«

Nadja räusperte sich kurz.

»Übrigens, Jacinthe hat mir gesagt, dass du die Durchsuchung nur zu zweit mit Loïc durchführen willst. Hältst du das echt für eine gute Idee? Immerhin reden wir hier von einem Mann, der drei Menschen ermordet haben könnte. Ich fände es besser, wenn wir mit dabei wären, oder du könntest wenigstens ein paar Streifenpolizisten anfordern.«

Victor gab sich gelassen.

»Sieh mal, als ich in seiner Wohnung war, hätte er doch jede Gelegenheit gehabt, auf mich loszugehen, aber offensichtlich ist nichts passiert. Wenn er Myriam tatsächlich befreit hat, bezweifle ich, dass irgendeine Gefahr von ihm ausgeht.«

Scherzhaft fügte er hinzu:

»Todesdrohungen haben doch sowieso nicht viel zu bedeuten.

So ungefähr jeder hat schon mal Lust gehabt, einen Polizisten umzulegen.«

Nadja ließ sich nicht lange bitten und flachste sofort zurück.

»Ach, ehrlich? Von Anwälten wusste ich das ja, aber bei Polizisten ist es mir neu.«

Beide lachten, und bevor Victor das Gespräch beendete, versprach er ihr, noch ein paar zusätzliche Beamte für die Durchsuchung anzufragen.

Er lächelte noch, als das Wohnhaus Grant Emersons in Sicht kam. Erst als er hinter Loïcs Auto einparkte, runzelte er die Stirn. Der Wagen war leer und abgeschlossen. Und als er seinen jungen Kollegen anrief, ging niemand dran.

Über die Fernsprechanlage im Dienstwagen forderte Victor Verstärkung an. Anschließend steckte er Taschenlampe und die Glock ein und ging mit langen Schritten auf die Eingangstür des Hauses zu. Sein Herz klopfte.

Am Fuß der Treppe stieß er leise zwischen den Zähnen hervor:

»Verdammt noch mal, Kid, was soll der Scheiß?«

34.
ENTWICKLERLÖSUNG

Die Eingangstür zu Emersons Wohnung stand offen. Mit angehaltenem Atem schlüpfte Victor in den Flur, bereit, das Feuer zu eröffnen. Er ging ein paar Schritte ins Wohnzimmer hinein, wo er gestern Abend noch mit Emerson gesessen hatte. Die Vorhänge waren zugezogen und tauchten den Raum in ein Halbdunkel; bis auf ein dumpfes Klirren wie von zwei gegeneinanderschlagenden Metallstücken war kein Laut zu hören.

Die Wohnung kam ihm vor wie eine erstarrte Welt, stickig und sauerstofflos.

»Loïc?«

Alles blieb still.

Vorsichtig schlich Victor in das Zimmer hinein, den Finger am Abzug. Eine der Schnüre, an denen die Fotografien von Myriam Cummings hingen, schaukelte sacht. Wegen eines Luftzuges, oder weil vor wenigen Sekunden jemand hier entlanggegangen war? Er rief erneut nach seinem Kollegen, aber alles blieb still. An der Rückwand des Raumes, zu seiner Linken, bemerkte er eine Tür und noch weitere Türen, die rechts von ihm wegführten. Entschlossen ging er auf die Tür zu, hinter der sich, wie Grant Emerson behauptet hatte, die Dunkelkammer des Fotografen befand. Ein Auge auf das Wohnzimmer geheftet und mit dem Rücken zur Wand, riss der Polizist die Tür auf, lauerte auf eine Reaktion, aber nichts rührte sich. Nachdem er einen Augenblick lang gewartet hatte, steckte er den Kopf durch den Türspalt und zog ihn rasch wieder zurück. In dem dunklen Zimmer hatte er einen reglosen Umriss erspäht. Etwas entfernt war immer noch das metallische Klirren zu hören.

Mit gezogener Waffe in der einen und der eingeschalteten Taschenlampe in der anderen Hand stürmte Victor in die Kammer. Im Lichtstrahl sah er den Toten mit verschränkten Armen auf seinem Schreibtischstuhl sitzen. Sein Oberkörper war vornüber auf den Tisch gesunken, und das Gesicht lag in einer Schale, die eine farblose Flüssigkeit enthielt. Victor wusste, auch ohne das Gesicht des Toten zu sehen, dass er Grant Emerson vor sich hatte und dass der Mann tot war. Er unterdrückte die aufsteigende Übelkeit und zwang sich, den Blick von der Leiche zu lösen. Er konnte nichts mehr für Emerson tun. Wichtiger war jetzt, die Wohnung zu sichern. Er drehte sich auf dem Absatz herum und setzte seine Erkundungstour fort. Langsam ging er zur zweiten Tür, die aus dem Wohnzimmer führte, und lugte vorsichtig in das unordentliche Zimmer dahinter. Anschließend überprüfte er das dritte, bis auf ein Bett und die Kommode beinahe leere Zimmer.

»Loïc?«

Jetzt blieb nur noch eine Tür übrig. Sie befand sich im hinteren Teil der Wohnung und musste in die Küche führen. Er legte den Weg dorthin auf Zehenspitzen zurück. Das Klirren erschien ihm jetzt lauter, wahrscheinlich ein Zeichen dafür, dass es aus der Küche kam. An die Wand gepresst, die Rechte an der Tür, drückte Victor vorsichtig die Klinke herunter. Die Tür ließ sich nur einige Zentimeter weit öffnen, dann gab es offenbar irgendein Hindernis, irgendetwas Großes und Schweres, das sie blockierte. Obwohl der Polizist mit gerecktem Hals aufmerksam durch die Ritze spähte, sah er lediglich die Ecke des Schrankes.

»Loïc? Hey, Kid, bist du da drin?«

Er drückte die Schulter gegen die Tür, warf sich dann mit aller Kraft dagegen und schaffte es, den Oberkörper durch den Türspalt zu zwängen. Mit einem Blick war ihm klar, weswegen die

Tür sich nicht geöffnet hatte. Loïc lag direkt vor ihm, mit blut-überströmtem Hinterkopf und das Gesicht zum Boden gewandt.

Den Bruchteil einer Sekunde zu spät hob Victor den Kopf. Ein schwerer Gegenstand prallte an seine Schläfe. Er sackte auf die Knie, sah gerade noch, wie sich ein Schatten zum Fenster hinüber bewegte, und dann wurde alles schwarz.

35.

FOTOGRAFIEN
EINES MÖRDERS

Trotz der ernsten Situation konnte sich Jacinthe das Herumwitzeln nicht verkneifen.

»Halt doch mal still, Kid. Normalerweise rühren sich Burgers Patienten auch nicht, wenn er sie zusammenflickt.«

In der Küche von Emersons Wohnung huschte ein kurzes, resigniertes Lächeln über das Gesicht des Gerichtsmediziners. Jacinthe sprach seinen Namen seit je falsch und mit englischem Akzent aus, und er hatte es längst aufgegeben, sie zu korrigieren. Ganz auf seine Arbeit konzentriert stand er hinter Loïc und stichelte die Wunde am Hinterkopf des jungen Mannes zusammen, was dieser stoisch über sich ergehen ließ. Obwohl der junge Polizist einige Minuten lang ohnmächtig gewesen war, hatte er standhaft den Transport ins Krankenhaus verweigert und wollte erst mit seinen Kollegen sprechen. Im Flur warteten bereits die Rettungshelfer mit einer Tragbahre auf ihn. Victor war zwar ziemlich benommen von dem heftigen Schlag gegen die Schläfe, hatte aber das Bewusstsein nicht verloren.

»Du hast noch mal Glück gehabt, so schlimm ist es gar nicht«, sagte Berger aufmunternd zu Loïc. »Mit der Einschränkung, dass ich aus rein ästhetischer Sicht nicht für meine Naht garantieren kann.«

Loïc, dessen blondes Haar blutverschmiert war, zuckte nur lässig die Achseln. Man hatte Victor einen Beutel mit Eiswürfeln in die Hand gedrückt, den er sich seitlich an den Kopf hielt, wo bereits eine riesige Beule im Entstehen war. Nadja reichte ihm ein Wasserglas, das er in einem Zug herunterstürzte. Jacinthe umfasste vorsichtig sein Kinn und drehte sein Gesicht zum Licht. Beim Anblick der bläulich verfärbten Schwellung verzog sie das Gesicht.

»Würdest du mir mal verraten, womit er euch beiden eins übergebraten hat? Vor dir kriegt man ja Angst! Dein Gesicht ist größer als das von Shrek.«

Victor deutete auf die Küchentheke.

»Ein gusseiserner Topf, glaub ich … Und danke für dein Mitgefühl.«

Die gereizte Stimme des Gerichtsmediziners war zu hören.

»Lass doch mal das Kaugummikauen, Loïc. Sonst steche ich noch daneben.«

Die Techniker der Spurensicherung waren zeitgleich mit Berger eingetroffen und hatten in der Dunkelkammer, wo die Leiche Grant Emersons lag, bereits mit ihrer Arbeit begonnen. Die Streifenpolizisten, die Victor angefordert hatte, bevor er ins Gebäude ging, hatten den Tatort weiträumig abgesperrt und befragten, unterstützt von weiteren Kollegen, bereits die anderen Mieter. Als sie ankamen, war der Sergent-Détective damit beschäftigt gewesen, eine Kompresse auf Loïcs Schädel aufzulegen, um die Blutung zu stillen, und der Angreifer hatte sich aus dem Staub gemacht. Anschließend waren Nadja und Jacinthe eingetroffen, nachdem Victor sie angerufen hatte.

»Also, du hast den Angreifer nicht gesehen«, fasste der Sergent-Détective zusammen. »Ich ebenso wenig, übrigens. Aber warum bist du überhaupt allein in die Wohnung? Du solltest mich doch benachrichtigen, sobald was Auffälliges passiert.«

Loïc blickte betreten zu Boden.

»Ich bin im Auto eingenickt …«

Er hob zerknirscht den Kopf und sah seinen Vorgesetzten an.

»Ich hab echt nicht lange geschlafen, das schwöre ich … höchstens eine Viertelstunde, eher weniger. Aber als ich aufgewacht bin, bin ich ausgerastet, ich hab mir vorgestellt, dass Emerson abgehauen ist, während ich gepennt habe. Ich weiß schon, das war keine Glanzleistung, aber um sicherzugehen, ob er noch da ist, habe ich beschlossen, nachzusehen und auf Geräusche in der Wohnung zu horchen. Und als ich dann vor der Tür stand, war sie ein Spaltbreit geöffnet. Ich hab instinktiv die Waffe gezogen und bin rein. In der Küche war Licht. Und dann erinnere ich mich nur noch, wie du mir beim Aufstehen geholfen hast. Es tut mir wirklich total leid.«

Das war nicht das erste Mal, dass Loïc patzte. Schon damals, als Neuling in ihrem Dezernat, hatte er einen Tatort kontaminiert. Victor legte ihm beruhigend eine Hand auf die Schulter. Er nahm Loïc die Sache nicht übel. Er selbst hatte sich noch wesentlich Schlimmeres geleistet.

»Vergiss es, wir machen alle mal einen Fehler.«

»Du hast dein Bestes gegeben, Kid«, fügte Jacinthe feierlich hinzu. »Das ist das Entscheidende. Aber beim nächsten Mal setzt du vorher gefälligst deinen Fahrradhelm auf.«

Loïc schüttelte langsam den Kopf und lächelte. Berger, der eben den letzten Stich nähte, musste ihn erneut ermahnen stillzusitzen.

»Ist es wirklich nötig, dass ich ins Krankenhaus gehe? Ich fühl mich okay!«

Victor legte ihm die Hand auf die Schulter.

»Hör mal, du bist ohnmächtig geworden, Loïc. Sie machen Röntgenaufnahmen und behalten dich kurz zur Beobachtung da. Deine Gesundheit ist wichtig.«

»Na, das sagt der Richtige«, kommentierte Jacinthe sarkastisch.

Victor warf seiner Partnerin einen bösen Blick über die Schulter zu. Nadja stand mit verschränkten Armen neben ihr und pflichtete mit einem Kopfnicken bei. Sie hatte ihm vor einigen Minuten vorgeschlagen, ebenfalls zum Arzt zu gehen, was er kategorisch abgelehnt hatte.

Victor beschloss, die beiden zu ignorieren und sich auf Loïc zu konzentrieren.

»Wie sieht's mit Fotos aus? Hast du welche gemacht?«

Loïc durchwühlte seine Taschen und reichte ihm dann den Autoschlüssel.

»Hier, der Apparat ist im Wagen.«

Victor erhob sich und ging zum geöffneten Fenster. Er zog an der Schnur, um die Jalousie zu raffen, die der Wind ständig gegen den Fensterrahmen stieß. Endlich verstummte das metallische Klappern, das er schon beim Betreten der Wohnung gehört hatte. War er eigentlich der Einzige, dem dieses Geräusch auf die Nerven ging? Er warf einen prüfenden Blick auf die Straße. Der Eindringling war durch einen Sprung aus dem zweiten Stock entwischt. Jacob Berger hatte die Wunde inzwischen genäht und schnitt den Faden ab. Loïc stand auf, sichtlich widerstrebend. Als die Sanitäter ihn bewegen wollten, sich auf die Tragbahre zu legen, weigerte er sich und verließ die Wohnung ohne fremde Hilfe.

Victor warf vier Ibuprofen aus dem Röhrchen in Nadjas Handtasche ein und würgte sie ohne Wasser herunter. Die Schulter gegen die Tür gelehnt, stand er an der Schwelle zur Dunkelkammer, in der er Grant Emersons Leiche entdeckt hatte. Während Jacinthe und Nadja die restliche Wohnung durchkämmten, hatte er sich auf dieses Zimmer konzentriert und die Routineüberprüfungen vorgenommen. Als fürchtete er, einem Phantom zu begegnen, hatte er schließlich den Rückzug zur Tür angetreten. Ein Techniker beugte sich dicht über den Arbeitstisch und staubte ihn auf der Suche nach Fingerabdrücken akribisch mit einem Pinsel ab. Jacob Berger, die Hände in Gummihandschuhen, bewegte sich geschickt in dem engen Zimmer um den Körper des Opfers.

»Er wurde mit bloßen Händen erwürgt. Einfach, sauber, effizient.«

Nach kurzem Zögern blickte Victor zu der Leiche hinüber.

»Diese Flüssigkeit in der Schale … hat das irgendwas zu bedeuten?«

»Es handelt sich dabei um den sogenannten Entwickler, der die Bilder sichtbar macht. Nach der Autopsie wissen wir mehr darüber, aber auf den ersten Blick sieht es so aus, als wäre Emerson schon tot gewesen, nachdem der Mörder sein Gesicht in die Schale getaucht hat.«

Victor stieß einen anerkennenden Pfiff aus.

»Du weißt ja richtig Bescheid mit Fotografie …«

Der Gerichtsmediziner, dicht über den Toten gebeugt, hob den Kopf, lächelte und warf Victor einen Blick zu.

»Ich war an der Uni mal in einem Fotoclub. Anfangs eigentlich nur, um ein Mädchen zu beeindrucken, und später habe ich mich dann wirklich dafür begeistert. Mehr als für das Mädchen jedenfalls.«

»Ich weiß nicht, ob du das auch so siehst, aber ich habe den Eindruck, dass Emerson hier in diesem Raum umgebracht wurde und dass er sich gewehrt hat. An der Wand sind Aufprallspuren und ein tiefer Abdruck zu sehen, der genau der Armlehne des Sessels entsprechen könnte.«

»Das stimmt. Anscheinend wurde er überrascht, als er gerade Fotos entwickelte.«

Victor stellte sich vor, wie der Mörder völlig geräuschlos in die Wohnung glitt. Wie er dann brutal die Tür zur Dunkelkammer aufriss und sich auf Emerson stürzte, bevor der wusste, wie ihm geschah.

»Hast du überprüft, welchen Film er entwickelte?«

»Ich habe nichts gefunden, weder in der Schale noch in seinem Fotoapparat. Falls er wirklich kurz vor seiner Ermordung einen Film entwickelt hat, ist das Material verschwunden. Keine Spur von einer Filmrolle, Negativen oder, falls vorhanden, Abzügen.«

Jacinthe trat neben Victor. Nadja durchsuchte noch die Wohnung, hatte jedoch bisher nichts Interessantes entdeckt.

Schnell und geschickt öffnete Berger den Mund des Toten und leuchtete hinein. Er schüttelte den Kopf und sah die beiden Polizisten an.

»Kein Plastikbeutel.«

Victor bohrte die Hand in die Hosentasche und seufzte.

»Keine Botschaft und kein Graffiti. Sehr merkwürdig …«

Jacinthe zog den Gummibund ihrer Hose zurecht, die etwas verrutscht war.

»Behauptest du als Experte in Sachen Serienmörder nicht immer, dass die Vorgehensweise sich im Lauf einer Serie ändern kann?«

»Richtig. Aber hier gibt es keine einzige Übereinstimmung mit den vorhergehenden Morden. Der Täter hat uns gewohnheitsmäßig jedes Mal angekündigt, auf welche Art sein nächstes Opfer sterben soll. Emersons Tod hat überhaupt nichts mit dem Graffiti zu tun, das wir bei Wood gesehen haben. Wenn du dich erinnerst: Das Skelett hat eine schwarze Gestalt mit einem Hammer bedroht.«

Berger deutete auf die Leiche und präzisierte, zu Jacinthe gewandt:

»Nur zu deiner Info, dieser Mann hier wurde erwürgt.«

Sie löste sich von der Tür.

»Vielleicht hat euer Eintreffen den Mörder überrascht?«, sagte sie dann leicht gereizt. »Deswegen hat er keine Zeit mehr für seine übliche Inszenierung gehabt.«

Victor zuckte die Schultern. Er hatte keine Ahnung, was er von alldem halten sollte.

»Schon möglich. Trotzdem hätte er uns beide, Loïc und mich, töten und uns die Waffen abnehmen können. Hat er aber nicht.«

An den Techniker gewandt, der nach Fingerabdrücken suchte, fragte er unvermittelt:

»Habt ihr Katzenstreu, Nahrung oder irgendwas gefunden, das darauf hindeutet, dass das Opfer eine Katze hatte?«

Ohne aufzusehen schüttelte der Techniker den Kopf.

»Oder Spuren, die darauf hindeuten, dass seine Tochter hier war?«

Erneutes Kopfschütteln.

Victor reagierte seine Wut und seinen Frust mit einem kräftigen Schlag an den Türrahmen ab.

»Ich hab mich von vorn bis hinten getäuscht.«

Mit angespanntem Kiefer warf er seiner Partnerin einen Blick zu.

»Dir ist schon klar, was das bedeutet, wenn es nicht Emerson war, der seine Tochter aus den Klauen von Clark Wood befreit hat, ja?«

Jacinthe nickte mitleidig.

»Die Allerärmste. Aus den Händen eines Vergewaltigers in die eines Mörders. Schlimmer kann's ja wohl nicht kommen.«

Die drei Ermittler und der Gerichtsmediziner saßen gemeinsam am Küchentisch. Jacinthe hatte ihren Beutel mit Rohkost auf dem Tisch ausgebreitet und lud ihre Kollegen zum Zugreifen ein. Ein Techniker hatte Loïcs Aufnahmen auf den Laptop der Spurensuche hochgeladen. Nadja hatte sie aufmerksam betrachtet, und Victor bat sie jetzt um eine kurze Zusammenfassung ihrer Erkenntnisse.

»Tja, also wenn wir davon ausgehen, dass Emerson in dem Zeitfenster ermordet wurde, das Jacob vermutet, muss die Tat stattgefunden haben, während Loïc die Wohnung von draußen überwachte. Wir müssten daher ein Foto des Täters haben.«

Ihre Kollegen nickten zustimmend, und sie fuhr fort:

»Loïcs Kamera zeigt auf die Sekunde genau an, wann er ein Foto gemacht hat. Drei Personen sind während der Überwachung beim Betreten oder Verlassen des Gebäudes fotografiert worden und nur eine einzige von ihnen während des Zeitfensters, von dem Jacob ausgeht. Demnach ist ein schwarzhaariger Mann um 1 Uhr 30 in das Gebäude hinein und hat es um 2 Uhr 24 wieder verlassen.«

Sie legte eine kurze Pause ein und musterte ihre Notizen.

»Andererseits wissen wir, dass Loïc ungefähr 15 Minuten lang eingeschlafen ist, nehmen wir mal vorsichtshalber 30 Minuten an, also zwischen 6 Uhr und 6 Uhr 30.«

Nadja blickte zu Victor hinüber.

»Wir wissen außerdem, dass ihr beide, Loïc und du, angegriffen worden seid, und zwar ungefähr gegen 7 Uhr und im Abstand von wenigen Minuten.«

Jacinthe hatte die Arme verschränkt und zog einen skeptischen Flunsch.

»Moment mal, warte kurz. Das ist doch irgendwie alles unlogisch. Der Mann mit den schwarzen Haaren ist um 2 Uhr 24 wieder aus dem Gebäude rausgekommen. Wie soll er die beiden dann um 7 Uhr angreifen? Da müsste er ein zweites Mal reingegangen sein, während Loïc geschlafen hat. Und warum hätte er überhaupt noch mal zurückkommen sollen? Da riskiert er doch nur, dass man ihn überrascht, und so ist es anscheinend ja auch gekommen.«

Sie hatte recht, irgendwas war hier faul. Victor dachte mit lauter Stimme nach.

»Vielleicht hat er etwas gesucht? Fotos oder eine Filmrolle?«

Er sah Berger fragend an.

»Bist du dir in Bezug auf das Zeitfenster und den Todeszeitpunkt sicher, Jacob?«

Berger begab sich nur zu gern auf die verschlungenen Pfade der Gerichtsmedizin.

»Absolut. Wenn du möchtest, erkläre ich dir in allen Einzelheiten, wie ich …«

Jacinthe bremste ihn mit erhobener Hand. Sie hielt sich

streng an die Fakten. Der Rest war für sie nichts als langweiliges Geschwätz.

»Wenn Burger sich in puncto Zeitfenster sicher ist, dann stimmt das auch.«

Victor forderte Nadja mit einem kurzen Handzeichen auf fortzufahren.

»Die beiden anderen Personen, die Loïc fotografiert hat, haben das Gebäude gemeinsam um 5 Uhr 30 betreten und sind nicht wieder rausgekommen. Sie befinden sich also weit außerhalb unseres Zeitfensters. Vorausgesetzt wir identifizieren sie bei der Befragung der Nachbarn, würde ich die beiden von der Liste der Verdächtigen streichen. Die Vermutung, dass der Mann mit den schwarzen Haaren später zurückgekommen ist, und zwar genau während Loïc geschlafen hat, scheint mir die plausibelste zu sein.«

Victor ließ den Eisbeutel sinken, den er sich an die Schläfe drückte, und befühlte sein Gesicht. Er hatte bohrende Kopfschmerzen und seine Brauen pochten.

»Einverstanden. Wobei es trotzdem denkbar wäre, dass Emersons Mörder nicht identisch mit dem schwarzhaarigen Mann ist.«

Die Kollegen musterten ihn aufmerksam, und er räusperte sich.

»Mal angenommen, der Mörder wäre in das Gebäude, bevor Loïc Position davor bezogen hat. Dann hätten wir kein Foto von ihm. Er versteckt sich ein paar Stunden lang im Haus und bringt Emerson in dem Zeitfenster um, das Jacob festgelegt hat. Anschließend bleibt er in der Wohnung, bis Kid und ich ihn dort überraschen.«

Jacinthe knabberte lautstark eine Selleriestange und kommentierte dann:

»Ganz schön weit hergeholt. Leg lieber mal diesen Eisbeutel weg, dir friert ja gleich das Hirn ein.«

Obwohl sie bestimmt recht hatte, war seine Laune inzwischen auf dem Nullpunkt angelangt, und er beharrte eigensinnig auf seiner Idee.

»Kann schon sein, aber es wäre immerhin eine Möglichkeit.«

Er legte den Eisbeutel auf den Tisch, nahm sich eine Karotte und brach sie in der Mitte durch.

»Wenn's hier nur darum geht, möglichst wilde Hypothesen aufzustellen, könnten wir auch ruhig annehmen, dass Emerson sich eigenhändig erwürgt hat«, äußerte Jacinthe.

Victor hörte ihr nicht mehr zu. Während er die beiden Karottenhälften in seiner Hand anstarrte, hatte er einen Geistesblitz.

»Und wenn es zwei waren?«

Jacinthe hatte soeben in einen Zitronenschnitz gebissen und ihr Gesicht sah so verzerrt aus, als würde sie ums Überleben kämpfen.

»Was soll das denn heißen?«

»Bisher haben wir einfach angenommen, dass Emersons Mörder und der Mann, der Loïc und mich angegriffen hat, ein und dieselbe Person sind, stimmt's?«

Jacinthe spuckte einen Kern in die Hand.

»Ja, stimmt genau. Wir vermuten, dass der Mann mit den schwarzen Haaren und der Mann mit dem gusseisernen Topf identisch sind. Und dass dieser Typ Emerson und drei weitere Opfer getötet hat. Was kapierst du denn daran nicht, mein Lieber?«

Victor überhörte die Spitze geflissentlich.

»Eins nach dem anderen, Jacinthe. Nehmen wir mal an, der Mann mit den schwarzen Haaren hat tatsächlich Emerson ermordet. Er geht um 1 Uhr 30 ins Gebäude, verlässt es um 2 Uhr 24 und verschwindet. Eine zweite Person, der Mann mit dem gusseisernen Topf, betritt das Gebäude, während Loïc schläft. Er hat nichts mit dem Mord an Emerson zu tun, ist aber derjenige, der Kid und mich zusammenschlägt.«

Jacinthe blickte zweifelnd drein.

»Und wer sollte das sein? Irgendein Pechvogel, der Emersons Leiche entdeckt hat und jetzt nicht am Tatort verhaftet werden will?«

»Das wäre eine Möglichkeit. Aber es gibt noch eine andere.« Jacinthe pulte mit dem Nagel ein eingeklemmtes Stückchen Sellerie zwischen den Zähnen heraus.

»Oh Mann, Lessard, lass mich mit deinen Rätselfragen in Ruhe. Ich hab keine Ahnung, wen du meinst. Etwa den Mann mit dem gusseisernen Topf? Oder hat da der Koch rot gesehen?«

Brüllend vor Lachen schlug sie sich auf die Schenkel, zufrieden über ihren Witz.

»Nein«, erwiderte Victor mit ernster Stimme. »Aber es könnte der Mörder gewesen sein, nach dem wir schon seit zehn Tagen vergeblich fahnden.«

Jacinthe erstickte beinahe an der Karotte, in die sie herzhaft gebissen hatte. Dunkelrot angelaufen schaffte sie es trotzdem, zwischen zwei Hustenanfällen zu krächzen:

»Verfluchte Scheiße! Zwei Mörder, das hat uns gerade noch gefehlt.«

MAXIME

Einige Jahre, nachdem er Louis, Patrick und die anderen umgebracht hatte, stand Maxime vor der Eingangstür eines abgelegenen Hauses auf dem Land, direkt in den Bergen. Er fühlte sich vollkommen ruhig, im Vollbesitz seiner Kräfte, und nahm nichts wahr als das Zirpen der Grillen und den regelmäßigen Atem des Mannes, der ihn begleitete. Das Gesicht unter der Kapuze verborgen, streifte sich der Jugendliche jetzt ohne Hast Filzschuhe über die Turnschuhe und zog sich Lederhandschuhe an.

Als er fertig war, murmelte der Weihnachtsmann ihm ins Ohr:

»Denk an alles, was ich dir gezeigt habe, Maxime. Nähere dich vollkommen lautlos.«

Der Junge nahm einen Dietrich aus der Tasche und hatte in nicht viel mehr als einer Minute das Schloss geöffnet. Der Weihnachtsmann legte ihm eine Hand auf die Schulter und sagte in väterlichem Ton:

»Und vergiss vor allem nicht … den Augenblick zu genießen, Maxime.«

Ein gellender Schrei zerriss die Stille, hallte an den Bergflanken wider. Der entsetzliche Angstschrei einer Frau. Das Echo hallte noch nach, als sie ein zweites Mal aufschrie, noch durchdringender und hoffnungsloser.

Der Weihnachtsmann saß ruhig auf dem Rasen vor dem Haus und wartete, bis Maxime seine Beute erledigt hatte. Er erschauerte vor Wonne, während er den Schmerzensschreien lauschte.

36.

SCHLAG INS WASSER

Gemeinsam verließen Jacinthe und Victor den Besprechungsraum, den man ihnen überlassen hatte, um die internen Akten
durchzugehen, die Commandant Tanguay betrafen. Obgleich
die Ermittler Masse und Lachaîne zunächst die Existenz dieser
Akten abgestritten hatten, plingte auf Victors Handy eine Stunde später eine Textnachricht, in der Masse ihm in dürren Worten
mitteilte, sie könnten vorbeikommen und sich die Dokumente
anschauen. Offenbar hatte die Initiative des Leiters Piché diesen
plötzlichen Stimmungsumschwung bewirkt.

Die beiden Ermittler hatten daraufhin Emersons Wohnung
verlassen, während die Spurensicherung und Nadja weiter vor
Ort blieben. Letztere hatte sich in die Kopie des Ermittlungs-
berichtes über das Verschwinden von Myriam Cummings vertieft, den man an die SPVM weitergeleitet hatte.

Auf dem Weg zum Ausgang begegneten sie auf dem Flur Lachaîne. Er lehnte mit verschränkten Armen an der Wand und
musterte sie mit einem leicht abschätzigen Lächeln. Als sie an
ihm vorübergingen, bemerkte er von oben herab:

»Na, ihr Turteltäubchen? Seid ihr jetzt zufrieden?«

Während Victor unbeirrt weiterstapfte, blieb Jacinthe vor dem
Ermittler der Abteilung Innere Angelegenheiten stehen, musterte ihn aufreizend langsam von Kopf bis Fuß und tippte sich dann
an die Stirn.

»Mann, jetzt kapier ich endlich, was dein Problem ist, Lachaîne. Es springt mir richtig ins Auge. Dein Gesicht! Du siehst

ja echt aus wie eine Wachsfigur. Du solltest häufiger an die frische Luft gehen, statt hier nur in der Scheiße rumzuwühlen. Ein bisschen Farbe würde Wunder wirken.«

Victor hielt die Glastür am Ende des Ganges offen und rief etwas genervt:

»Lass gut sein, Jacinthe.«

Lachaînes herablassendes Lächeln war erloschen, und er schob sein wutverzerrtes Gesicht dicht an Jacinthes heran.

»Wenn wir schon dabei sind, weißt du eigentlich, was dein Problem ist, Taillon? Du solltest von Zeit zu Zeit mal an einem großen Ding lutschen, statt immer nur Haarbüschel zu fressen.«

»Wenn wir hier über große Dinger reden, kommst du ja schon mal nicht infrage, richtig? Oder warum ist die gesamte Abteilung sonst über deine Ex gestiegen? Kleiner Hinweis: Die Klitoris meiner Freundin ist größer als dein Mikropenis.«

Lachaîne lief dunkelrot an. Vor einigen Jahren waren Gerüchte über die Eskapaden seiner früheren Freundin kursiert.

Victor, der allmählich befürchtete, die Situation könne völlig aus dem Ruder laufen, machte kehrt.

»Das reicht jetzt!«

Lachaîne hatte sichtlich Mühe, sich in den Griff zu bekommen und schwenkte drohend den Zeigefinger vor Jacinthes Nase.

»Was willst du damit sagen, Dicke?«

»Du hast mich ganz genau verstanden, Mikropimmel.«

Lachaînes geballte Faust zuckte kampflustig an seinem Schenkel, was Jacinthe nicht entging. Um ihm den Rest zu geben, erklärte sie jetzt verachtungsvoll:

»Was hast du eigentlich vor? Durchdrehen und mich dann zusammenschlagen? So wie bei deiner Ex?«

Ein wildes Flackern trat in die Augen des Ermittlers, und er versetzte Jacinthe einen so brutalen Stoß, dass sie ein paar Schritte rückwärts taumelte. Mit vorgestreckten Armen war Lachaîne gerade im Begriff, die Ermittlerin an der Jacke zu packen, als Victor dazwischenging und ihn an einem Arm festhielt. Er drehte sich um die eigene Achse, schnellte hinter Lachaîne, nahm ihn in den Würgegriff und bog ihm das Ellbogengelenk weit nach hinten.

Außer sich vor Wut und mit schmerzverzerrtem Gesicht tobte Lachaîne vor sich hin.

»Verpiss dich, Dicke! Ich reiß dir noch mal den Kopf ab!«

Victor bedachte seine Partnerin mit einem bitterbösen Blick.

»Verschwinde, Jacinthe.«

Sie fegte sich ostentativ ein paar imaginäre Staubflöckchen von den Schultern und spuckte dann, bereits zum Gehen gewandt, eine letzte Ladung Gift in Lachaînes Richtung.

»Gewalt gegen Frauen. Du bist echt ein harter Brocken, Lachaîne.«

»Hau endlich ab, Jacinthe!«

Lachaîne, immer noch fest in Victors Griff, schlug mit der freien Hand wieder und wieder gegen die Wand.

»Wir sehen uns noch, du fette Sau! Pass bloß auf! Wir sehen uns wieder!«

Nach und nach liefen die Angestellten der angrenzenden Büros, alarmiert durch den Lärm, am Eingang des Flures zusammen.

»Lass mich los, Lessard! Du tust mir weh!«

Wie gelähmt vor Schmerz versuchte Lachaîne vergebens, sich aus Victors Griff zu befreien. Das Gelenk drohte jeden Moment zu brechen.

»Wenn du keine Ruhe gibst, brichst du dir den Arm.«

»Lass los, Lessard!«

»Erst, wenn du dich beruhigt hast.«

Victor hörte Schritte in seinem Rücken und drehte den Kopf zum Ende des Flurs. Jacinthe war nicht mehr zu sehen, stattdessen kam der Ermittler Masse mit langen Schritten auf sie zugeeilt. Einige Sekunden lang befürchtete Victor, der andere würde auf ihn losgehen, aber als er sie erreicht hatte, nahm Masse seinen Partner fest bei der Schulter.

»Hör endlich auf, hier rumzuspinnen, Frank.«

»Die fette Sau! Ich mach sie …«

Masse legte ihm die Hand auf den Mund und brachte ihn zum Schweigen.

»Jetzt hör mir mal gut zu, Frank! Du wirst dich jetzt beruhigen und die Klappe halten, verstanden? Wir regeln das auf andere Art.«

Masses Worte trafen offenbar ins Schwarze, und Victor spürte, wie sich Lachaîne mit einem Mal entspannte. Zu dem Sergent-Détective gewandt fuhr Masse fort:

»Ist schon in Ordnung, Lessard, du kannst gehen, ich kümmere mich um den Rest.«

Victor nickte und löste seinen Griff. Dann ging er in gemächlichem Tempo zum Ausgang und betätigte den Aufzugknopf etwas kräftiger als nötig.

Im Erdgeschoss erwartete ihn Jacinthe, ein triumphierendes Lächeln um den Mund.

»Und? Wie lief's? Hast du ihn in die Mangel genommen?«, fragte sie.

Mit aufeinandergepressten Lippen ging Victor voraus und steuerte wortlos zum Ausgang Richtung Rue Saint-Urbain. Jacinthe versperrte ihm den Weg.

»Was für eine Zeitverschwendung! Der ganze Aufstand nur, um uns zu informieren, dass Tanguay 2007 eine Rüge einkassiert hat, weil er schlappe 2000 Dollar zweckentfremdet und sie nicht zur Weiterbildung, sondern zur Aktualisierung der Informatik im 11. Revier verwendet hat. Die wollen uns doch bloß verarschen!«

Während sie die Akte durchgingen, hatten sie, aus Angst vor unliebsamen Zuhörern, kein Wort gewechselt. Victor holte tief

Luft und angelte im Weitergehen mit verbissener Miene seine Zigaretten aus der Tasche.

Seine Partnerin konnte kaum Schritt halten.

»Ist dir auch aufgefallen, dass am Anfang der Akte ein paar Seiten gefehlt haben?«

Sie hatte recht. Die Paginierung warf einige Fragen auf. Hatte es noch andere, frühere Eintragungen gegeben, die man ihnen vorenthielt?

Jacinthe blieb stehen.

»He, Lessard, bist du taub? Ich rede mit dir!«

Victor machte noch ein paar Schritte, bevor er ebenfalls stehen blieb. Genervt wirbelte er auf dem Absatz herum und ging auf seine Partnerin zu. Er schlug den typischen betont ruhigen und ernsten Tonfall an, den er immer einsetzte, wenn er vor Wut schäumte.

»Richtig, da haben vielleicht ein paar Seiten gefehlt. Aber würdest du mir mal erklären, was dich mit Lachaîne geritten hat? Du hast sie wohl nicht mehr alle! Damit bescherst du uns nur einen Haufen Probleme.«

Jacinthes Antwort kam wie aus der Pistole geschossen.

»Ich habe den nächsten Schritt schon vorbereitet.«

»Hä? Den nächsten Schritt? Was soll das heißen?«

»Du hast mich doch gebeten, mir zu überlegen, wie wir die beiden Clowns ein bisschen aus der Reserve locken könnten, damit wir was gegen sie in der Hand haben.«

»Ich bin mir nicht ganz sicher, ob ich dir folgen kann.«

»Vertrau mir einfach, mein Lieber. Es ist Zeit für unseren Plan B.«

Victor öffnete gerade den Mund zu einer Antwort, als in seinem Rücken eine befehlsgewohnte Stimme ertönte.

»Ermittler Lessard?«

Victor warf einen kurzen Blick über die Schulter und drehte sich um. Ein verschlossen dreinblickender Polizist in Uniform baute sich stocksteif vor ihnen auf. Der Sergent-Détective wusste sofort, wen er da vor sich hatte: Commandant Rozon, verantwortlich für die Öffentlichkeitsarbeit. Victor war ihm, gemeinsam mit Piché, dem Direktor des SPVM, begegnet, als sie den abgetrennten Kopf Maurice Tanguays entdeckt hatten. Er erstarrte. Hatte sich die Auseinandersetzung mit Masse etwa so schnell bis in die Chefetage herumgesprochen?

»Was kann ich für Sie tun, Commandant?«

»Der Direktor möchte Sie sprechen.«

Victor nickte, aber als Jacinthe Anstalten machte, sich ihnen anzuschließen, hielt Rozon sie zurück.

»Das betrifft nur Sergent-Détective Lessard.«

Sie blies die Backen auf und hob die Hände.

»Kein Problem, Chef. Ich bin mit Candy Crush sowieso drei oder vier Levels im Rückstand.«

Sie deutete in Richtung Rue Saint-Urbain und warf Victor einen Blick zu, der ihn wohl beruhigen sollte.

»Ich warte im Wagen auf dich, mein Lieber.«

Ohne das Wort an Victor zu richten, fuhr Commandant Rozon im Aufzug mit ihm nach oben und lieferte ihn am winzigen Büro der Direktionsassistentin ab, die ihn umgehend ins Büro ihres Chefs führte. Als Victor ins Allerheiligste eintrat, telefonierte Marc Piché gerade an seinem Schreibtisch.

Er legte eine Hand auf den Hörer und flüsterte:

»Setzen Sie sich, ich habe gleich für Sie Zeit.«

Victor ließ sich auf einem Stuhl nieder und verzog das Gesicht. Er hatte die Tabletten gegen Magensäure vergessen und spürte ein bitteres Brennen in der Speiseröhre. Das Telefon ans Ohr geklemmt marschierte Piché jetzt ans Fenster und gab lediglich einsilbige Kommentare von sich. Nachdem er das Gespräch beendet hatte, kam er auf Victor zu, der sich erhob, um ihm die Hand zu schütteln.

»Wie geht es Ihnen, Sergent-Détective?«

Der Ton war freundlich, aber Pichés Miene wirkte unverkennbar gereizt. Victor nahm wieder Platz und beschloss, vorsichtig zu sein und sich in seinen Äußerungen auf das Nötigste zu beschränken.

»Gut, danke.«

Ohne weiteres Vorgeplänkel kam Piché direkt zur Sache.

»Wie viele Morde sind es inzwischen?«

Victor überlegte kurz: Tanguay, Mardaev, Wood und Emerson.

»Vier, Monsieur.«

»Gibt es schon einen Verdächtigen?«

Beinahe hätte Victor geantwortet, dass sie zwar einen Verdächtigen gehabt, ihn aber soeben von der Liste gestrichen hatten. Er vereinfachte stattdessen:

»Wir ermitteln in alle Richtungen.«

Piché musterte ihn durchdringend und fuhr dann in ruhigem, aber sehr vorwurfsvollem Ton fort:

»Es ist Ihre Pflicht dem ermordeten Kollegen und den anderen Opfern gegenüber, Ergebnisse zu erzielen. Bisher hat Ihr Team, haben Sie noch nicht das Geringste vorzuweisen.«

Victor schwieg. An seiner Miene ließ sich jedoch unschwer ablesen, dass er das Urteil seines Vorgesetzten widerspruchslos akzeptierte.

»Bürgermeister Coderre verliert allmählich die Geduld, ebenso die Medien. Wissen Sie, wie *La Presse* heute Morgen den Mörder bezeichnet hat?«

Victor schüttelte verneinend den Kopf. Bisher hatte er keine Zeit gehabt, die Zeitung zu lesen.

»Der Sprayer … Die Information, dass er an jedem Tatort Graffiti und Nachrichten im Mund seiner Opfer hinterlässt, muss ebenfalls durchgesickert sein. Vor allem in den sozialen Medien wird darüber geredet. Und es ist nur eine Frage der Zeit, bis andere Einzelheiten bekannt werden. Wissen Sie, was im kollektiven Unbewussten einer Gesellschaft geschieht, wenn die Medien sich auf einen Fall stürzen und einen Serienmörder individualisieren? Es erzeugt Unsicherheit, berechtigte Ängste und ruft letztlich Panik hervor. So entstehen Mythen. Soweit ich mich erinnere ist dieser Fall einer der ersten, wenn nicht sogar der erste überhaupt, in dem ein Mörder derart bezeichnende Spuren hinterlässt. Über William Fyfe wurde erst nach seiner Verhaftung in den Medien berichtet.«

»Ich bin mir nicht sicher, dass wir es hier wirklich mit einem Serienmörder im klassischen Sinn zu tun haben«, erwiderte Victor. »Unser Mörder verfolgt ein Ziel. Er hat eine Mission.«

Piché war sichtlich nicht in der Stimmung, mit seinem Ermittler über semantische Feinheiten zu diskutieren. Er legte die Hände flach auf den Schreibtisch und beugte sich vor.

»Wie dem auch sei, ich will jedenfalls nicht, dass die Medien über ihn berichten oder ihn mit so regem Interesse verfolgen, dass man ihm sogar einen Namen und eine Identität verleiht. Das schmeichelt ihm doch nur, beeinflusst ihn, verleiht ihm ein Gefühl der Sicherheit. Genau deswegen drängt die Zeit, verstehen Sie?«

Piché ließ sich an die Rücklehne seines Stuhls sinken. Sein Gesichtsausdruck war ernst, aber ohne Gefühlsregung.

»Wenn ich das richtig verstanden habe, sorgt das Schicksal einer jungen Frau jetzt noch für zusätzliche Schwierigkeiten?«

Victor senkte den Blick. Piché war offenbar gut unterrichtet. Hatte er mit Berger gesprochen oder mit einem Techniker der Spurensicherung? Egal. Der Sergent-Détective hätte nicht sagen können, ob er Angst, Sorge oder Hass empfand, aber bei der Vorstellung, dass Myriam Cummings sich in den Händen eines Mörders befand, krampfte sich ihm der Magen zusammen.

Marc Piché bettete das Kinn auf die verschränkten Finger.

»Vielleicht würde es Ihnen helfen, wenn ich Kontakt zu Paul Delaney aufnehme …«

Victor umklammerte die Lehne. Piché wusste nur zu gut, dass er es um jeden Preis vermeiden wollte, seinen Chef in den Ferien, seinen zweiten Flitterwochen, zu behelligen.

»Er ist zurzeit in Italien, Monsieur.«

»Soweit ich weiß, haben sie da auch Telefone, Lessard.«

Victor rutschte bis an die Stuhlkante vor.

»Geben Sie mir noch etwas Zeit.«

»Ich gehöre bestimmt nicht zu denjenigen, die ein Ultimatum stellen und lautstark verkünden: ›Ich gebe Ihnen noch genau zweiundsiebzig Stunden‹. Stattdessen will ich Ihnen lieber eine Anekdote erzählen. Vor kurzem hat mich eine Journalistin interviewt und mich unter anderem gefragt, ob ich bei der Aufklärung eines Falles eher an Talent oder an Methode glaube. Wissen Sie, was ich ihr geantwortet habe?«

Piché legte eine Kunstpause ein und wartete auf Antwort, obwohl es sich um eine rhetorische Frage handelte. Victor schüttelte den Kopf.

»Nun, ich habe erwidert, dass ich nur an drei Dinge glaube: an unermüdliche Anstrengung, Ausdauer und Kaffee.«

Piché schob einen Stapel Unterlagen vor sich und ergriff einen Stift. Das Gespräch war beendet. Victor erhob sich. Obgleich Piché nach eigenen Angaben nicht zu denjenigen gehörte, die Ultimaten stellten, hatte er genau das getan. Und der Sergent-Détective hatte die Botschaft verstanden. Ihm blieben noch exakt zweiundsiebzig Stunden Zeit, um den Fall aufzuklären und eine Verhaftung vorzunehmen; andernfalls würde Piché Paul Delaney anrufen und ihn auffordern, seinen Urlaub abzubrechen und den Fall zu übernehmen.

Sie schüttelten sich abschließend die Hände und verabschiedeten sich aufgesetzt höflich voneinander. Victor war schon an der Tür, als Piché ihm nachrief:

»Ich hoffe, die Zusammenarbeit mit Ihren Kollegen Lachaîne und Masse verläuft zufriedenstellend?«

299

Victor drehte sich um, wurde aber nicht schlau aus der Miene seines Vorgesetzten. Entweder wollte Piché ihn auf die Probe stellen, oder er hatte noch nicht von der Auseinandersetzung gehört. Der Sergent-Détective zögerte kurz und spielte mit der Idee, Piché um eine Erklärung für die fehlenden Seiten in der Akte zu bitten, entschloss sich dann jedoch zum unauffälligen Rückzug.

»Da gibt es … nichts zu beanstanden.«

»Umso besser. Nachdem Sie sich nun Gewissheit verschafft haben, dass Maurice sich nichts vorzuwerfen hatte, können Sie sich voll und ganz auf die Mordserie konzentrieren. Ganz Montréal wird Ihnen dabei zuschauen.«

Kaum hatte Victor das Gebäude verlassen, fischte er als Erstes die Zigarettenpackung aus der Tasche. Mit geschlossenen Augen nahm er einen tiefen Zug. Es war kurz vor 11 Uhr, die Sonne brannte auf seine Lider, und im warmen Wind trieben Abflussgerüche an seiner Nase vorbei. Einen Augenblick lang überkam Victor der heftige Wunsch, irgendwo anders zu sein und einfach alles hinzuschmeißen. Der Eindruck, dass er hier einen von vornherein verlorenen Kampf ausfocht, lähmte ihn fast, aber schließlich raffte er sich auf und machte sich auf den Weg zum Einsatzwagen, den sie in der Nähe geparkt hatten. Dort wartete Jacinthe auf ihn, wie versprochen. Sie lehnte mit verschränkten Armen am Kofferraum und setzte jetzt die Sonnenbrille ab. Sie sah ihn neugierig an.

»Na und? Wie war's?«

»Spitzenmäßig«, erklärte Victor mit dick aufgetragener Begeisterung. »Wir haben uns unsere Lebensgeschichten erzählt und Rice Krispies gefuttert.«

Jacinthes Antwort ließ nicht auf sich warten.

»Rice Krispies? Du Glückspilz! Warum hast du mir keine mitgebracht?«

Er zog an der Zigarette und stieß eine dichte Rauchwolke aus.

»Kurz gesagt, es geht ihm nicht schnell genug. Ich hoffe, dein Plan B ist gut, uns bleiben nämlich nur noch zweiundsiebzig Stunden, um den Fall aufzuklären, sonst ruft er Paul zu Hilfe.«

Jacinthe schlug mit der Faust auf den Kofferraum.

»Dieser Mistkerl!«

Einen Augenblick lang herrschte Schweigen. Dann holte sie einen großen gelben Briefumschlag aus dem Wagen und reichte ihn Victor. Er wog ihn kurz in der Hand. Gestern hatte Jacinthe zwar bestätigt, dass sie das hatte, worum er sie gebeten hatte, sich aber unter dem Vorwand, noch einiges regeln zu müssen, strikt geweigert, ihm nähere Einzelheiten zu eröffnen.

»Keine Ahnung, warum, aber gerade kommt mir der Gedanke, ich hätte dir von Anfang an sagen müssen, dass wir besser nach irgendwas suchen, womit wir uns keinen Ärger einhandeln.«

In dem Umschlag steckte ein Dutzend Fotos, die er schnell durchsah.

»Das ist jetzt nicht …«

Jacinthe nickte nachdrücklich.

»Doch, mein Lieber …«

Er schob die Aufnahmen wieder in den Umschlag, reichte ihn seiner Partnerin, und kniff sich dann seufzend in den Nasenrücken.

»Und wie bist du an diese Aufnahmen gekommen?«

»Keine Sorge, unser kleiner Loïc kann am Computer richtig zaubern. Und er ist ziemlich geschickt darin, seine Spuren zu verwischen.«

37.
ACCUEIL ICI, MAINTENANT

Von Ghislaine Corbeil, Direktorin des AIM, ging eine gelassene, ruhige Kraft aus; sie war eine schöne Frau Mitte fünfzig und hatte prächtiges weißes Haar, das ihr bis zum Kinn reichte und auffällig mit den rot geschminkten Lippen kontrastierte. Hinter ihrem Schreibtisch aus lackiertem Holz, Mittelpunkt ihres sorgfältig, aber unaufdringlich ausgestatteten Büros, stand, auf einer Banderole aus Leinwand aufgedruckt wie eine hoffnungsvolle Botschaft zu lesen:

»Viele haben es geschafft. Warum nicht auch du?«

Ihre lebhaften, aufmunternden blauen Augen ruhten auf Jacinthe und Victor, die ihr gegenüber am Schreibtisch Platz genommen hatten. Nachdem die beiden Ermittler die SPVM-Zentrale verlassen hatten, war ein Anruf von Nadja eingegangen, die sie über eine neue Entdeckung informieren wollte. Beim Durcharbeiten des Untersuchungsberichts zum Verschwinden Myriam Cummings hatte sie bemerkt, dass es eine Verbindung zwischen Tanguay und Cummings gab: Maurice Tanguay war in der Verwaltung des AIM tätig gewesen, und die junge Frau ging dort ebenfalls aus und ein. Auf ihre Anfrage hin hatte die Direktorin anstandslos eine Besprechung verschoben, um sie sofort zu treffen.

Jetzt beantwortete sie eine Frage des Sergent-Détective und klärte die beiden mit ruhiger und zugleich leidenschaftlicher und entschiedener Stimme über die Aufgabe und Mission des AIM auf.

»Wir sind da, um dauerhafte Präsenz sicherzustellen. Unsere Mitarbeiter sind rund um die Uhr einsatzbereit, um Jugendliche, die in Schwierigkeiten geraten sind, aufzunehmen und ihnen zuzuhören. Das alles findet unter eher informellen Rahmenbedingungen statt, die auf Jugendliche weniger abschreckend wirken als entsprechende staatliche Einrichtungen. Wir begleiten alle auf ihrem Weg. Wenn sie unsere Organisation verlassen, haben mehr als die Hälfte von ihnen einen Ausweg gefunden und leben nicht mehr auf der Straße.«

Victor, beeindruckt vom Charme der Direktorin, dachte unweigerlich, wie zutiefst uneigennützig und mitfühlend sie wirkte.

»Und Ihre Kunden sind hauptsächlich Ausreißer ...«, schloss er die nächste Frage an.

Ghislaine Corbeil nickte lächelnd, wobei sich ein paar zarte Falten um ihre Augen bildeten, wie ein Zeichen, dass auch an ihr die Zeit nicht spurlos vorüberging.

»Ja, größtenteils schon, aber viele von ihnen kommen auch zu uns, wenn sie sich in einer akuten Krisensituation befinden. Sie möchten dann nicht unbedingt ihr Zuhause verlassen, sondern suchen uns auf, damit wir sie punktuell unterstützen. Wir bieten Minderjährigen hier eine Unterkunft, die sie bis zu zweiundsiebzig Stunden lang nutzen können, so eine Art Pannenhilfe für Jugendliche. Gemeinsam mit einem unserer Mitarbeiter ziehen sie dann eine Bilanz über ihre Situation und nehmen, falls sie das wünschen, wieder Kontakt mit ihren Eltern, Pflegeeltern oder der entsprechenden Einrichtung auf. Jugendlichen, die zwischen sechzehn und siebzehn Jahre alt sind, bieten wir außerdem längere, bis zu sechzig Tage lange Aufenthalte an, allerdings nur mit Zustimmung der Eltern. Währenddessen können sie zur Ruhe kommen und sich konkrete Ziele setzen, bei deren Verwirklichung ihnen einer unserer Mitarbeiter zur Seite steht, und zwar sowohl durch Gesprächsangebote wie auch in praktischer Hinsicht. Bei jungen Erwachsenen ist die Zustimmung der Eltern natürlich nicht mehr nötig, und ihre Aufenthalte bei uns können bis zu sechs Monaten dauern. Seit dem letzten Jahr bieten wir außerdem fünf zwischen sechzehn und zweiundzwanzig Jahre alten Jugendlichen die Möglichkeit, in einer selbstständigen Wohngemeinschaft zu leben. Sie unterstützen sich gegenseitig und nutzen unsere Rahmenbedingungen und Betreuungsangebote.«

Ghislaine Corbeil sprach mit so viel Feuer und Hingabe, dass Victor ihr stundenlang hätte zuhören können. Seine pragmatische und politisch stramm rechts orientierte Partnerin wurde dagegen sichtlich ungeduldig. Diese ausführliche Gesprächseinleitung langweilte sie gründlich, und sie grätschte jetzt entschlossen dazwischen.

»Und was ist mit Myriam Cummings?«

Vor ihrem Besuch hatten Victor und Jacinthe beschlossen, an die Direktorin nur so viel Informationen weiterzugeben wie nötig. Sie wollten unbedingt verhindern, dass weitere Einzelheiten an die Medien durchsickerten. Da Ghislaine Corbeil auch bei den polizeilichen Befragungen dabei gewesen war, die sich mit der Finanzierung des AIM beschäftigt hatten oder der Frage, wann Tanguay zum letzten Mal hier gesehen worden war, wusste sie bereits, dass sie im Mordfall des Commandant ermittelten. Sie hatte damals, sobald es um Tanguay ging, sehr betroffen gewirkt. Als sich die Direktorin erkundigt hatte, warum sie sich für Myriam Cummings interessierten und ob zwischen Myriams Verschwinden und dem Mord an Tanguay ein Zusammenhang bestehe, hatten sie darauf lediglich geantwortet, sie könnten dazu im Augenblick nicht mehr sagen. Vor dem heutigen Gespräch hatten sich die beiden Ermittler außerdem darauf verständigt, den Mord an Grant Emerson, von dem noch nichts an die Öffentlichkeit gedrungen war, vorerst geheim zu halten.

Ghislaine Corbeil zog eine der kartonierten Mappen auf ihrem Schreibtisch heran, schlug sie auf und warf einen kurzen Blick auf ihre Notizen, bevor sie antwortete.

»Myriam? Ja, natürlich. Ich habe mir ihre Unterlagen vor unserem Gespräch angesehen. Warten Sie mal.«

Sie überflog einige Zeilen und fuhr fort:

»Ja, hier steht es … Myriam war einige Male bei uns, Anlass war immer eine Krisensituation. Beim ersten Mal war sie siebzehn Jahre alt, und das letzte Mal … war sie im vergangenen Januar hier. Sie hatte heftige Konflikte mit ihrem Vater, und wir haben sie mehrmals zweiundsiebzig Stunden lang bei uns aufgenommen. Einmal war sie sogar sechzig Tage lang beim AIM. Als sie volljährig wurde, war die elterliche Zustimmung nicht mehr nötig, aber ihr Vater hat immer das Gespräch mit unserem zuständigen Mitarbeiter gesucht, um eine Lösung zu finden. Er wusste auch Bescheid, wenn sie hier war.«

Victor nickte. Emerson hatte also die Wahrheit gesagt, als er behauptete, seine Tochter wäre niemals ohne Vorwarnung verschwunden. Damit nicht genug hatte wohl Emerson selbst die Ermittler damals darauf hingewiesen, dass Myriam regelmäßig das AIM aufsuchte.

»Um welche Konflikte ging es dabei?«, erkundigte sich der Sergent-Détective.

»Nun, Myriam hat sehr unter dem Tod ihrer Mutter gelitten und Monsieur Emerson vieles nachgetragen. Er hat sich offenbar nicht um sie gekümmert, als sie noch klein war. Soweit ich mich erinnere, geht aus den Unterlagen hervor, dass Emerson einfach aus einer anderen Generation stammte, was zu Spannungen führte, als Myriam heranwuchs und ins Teenageralter kam. Dann hat sich die Lage beruhigt, wir haben sie jahrelang nicht wiedergesehen. Im vergangenen Herbst tauchte sie plötzlich wieder auf. Die Situation mit ihrem Vater hatte sich erneut zugespitzt, und weil sie sich eine Weile aus der Wohnung zurückziehen wollte, kam sie hierher.«

Victor nickte. Das passte alles mit Emersons Schilderung zusammen.

»Haben Sie von ihrem Verschwinden erfahren?«

»Selbstverständlich. Ihr Vater hat mehrfach bei uns angerufen, und die Ermittler, die sich mit dem Fall befassten, waren ebenfalls hier. Als Sie mich angerufen haben, dachte ich zuerst, es gebe neue Entwicklungen.«

Victor lächelte, als wollte er sich für seine Verschwiegenheit entschuldigen.

»Kommen solche Fälle von vermissten Jugendlichen hier häufiger vor?«

»Vielleicht nicht unbedingt häufig, aber hin und wieder passiert es schon. Das ist eben einfach die Realität in solchen Einrichtungen wie unseren. Wie Sie vorhin schon erwähnten, besteht ein großer Teil unserer Klienten aus jugendlichen Ausreißern. Manchmal suchen sie Hilfe bei uns, manchmal beschließen sie einfach, unsere Hilfe nicht weiter in Anspruch zu nehmen, und wir verlieren sie aus den Augen, ohne zu wissen, was aus ihnen geworden ist. Manche landen auf der Straße, und nicht wenige davon schlagen sich dann in den Westen von Kanada durch.«

»Wissen Sie, ob Myriam hier im AIM vielleicht einen Freund hatte oder Kontakt zu anderen Jugendlichen?«

Diese Frage hatten die Polizisten, die sich zuerst mit ihrem Verschwinden beschäftigt hatten, damals auch gestellt, aber in Myriams Unterlagen deutete nichts auf soziale Kontakte hin. Sie schien eine Einzelgängerin zu sein.

»Schon möglich, aber da ich ja nicht direkt im Feld arbeite, kann ich dazu nichts sagen. Sie müssten die Mitarbeiter befragen, die das Mädchen kannten.«

»Welche Verbindung bestand zwischen Myriam und Maurice Tanguay?«

Ghislaine Corbeil lehnte sich in ihrem Stuhl zurück und machte keinen Hehl aus ihrer Überraschung.

»Überhaupt keine, meines Wissens. Warum fragen Sie?«
Victor antwortete mit einer Gegenfrage.

»Wie war die Beziehung des Commandant zu den Jugendlichen, die hierherkamen?«

»Nun, er sah sich als Ansprechpartner, Mentor oder sogar als Vorbild für einige von ihnen.«

»Das gilt auch in Bezug auf Myriam?«

»Davon weiß ich nichts, aber …«

Die Fragen des Sergent-Détective brachten die Direktorin zusehends aus der Fassung, aber Victor gönnte ihr keine Ruhepause.

»Klingelt bei Ihnen vielleicht ein Glöckchen, wenn ich von jemandem rede, der den Spitznamen Weihnachtsmann hat?«

Sie musste lachen.

»Vermutlich meinen Sie nicht den Mann, für den meine Enkel und ich an Heiligabend immer Kekse backen … Nein, ich kenne niemanden, der sich so nennt.«

»Welcher Mitarbeiter hat sich um Myriam gekümmert, wenn sie hier war?«

»Möchten Sie die Mitarbeiter sprechen, die Kontakt mit ihr hatten? Das waren mehrere, aber ich würde sagen, dass sie eine besonders intensive Beziehung zu Samuel Martineau hatte.«

»Ist er zufällig im Hause? Und könnten wir mit ihm sprechen?«

Die Direktorin schüttelte bedauernd den Kopf.

»Leider ist Samuel seit einigen Tagen nicht hier gewesen, der Ärmste ist schwer krank, offenbar ein besonders bösartiges Virus.«

Victor nickte.

»Könnten Sie mir vielleicht seine Adresse und Telefonnummer geben?«, bat er.

»Natürlich, einen Moment bitte.«

Ghislaine Corbeils Finger tanzten über die Tastatur, dann schrieb sie das Gewünschte auf ein Post-it und reichte es Victor.

»Vielen Dank. Wann genau haben Sie denn zum letzten Mal mit ihm gesprochen?«

»Mit Samuel?«

Sie überlegte kurz.

»Ich glaube, das war vor drei Tagen … Ja, richtig. Er hat mir eine Mail geschickt und mir geschrieben, dass er krank ist und vorerst nicht kommen kann.«

»Und seither haben Sie nichts mehr von ihm gehört?«

»Ich habe ihm heute Morgen geschrieben, weil ich wissen wollte, wie es ihm geht. Bisher hat er noch nicht geantwortet.«

»Haben Commandant Tanguay und Monsieur Martin sich gekannt?«

»Aber ja. Der Commandant wurde hin und wieder hinzugebeten, wenn Samuel Workshops für die Jugendlichen veranstaltete. Wieso?«

»Ist der Commandant im Rahmen eines solches Workshops vielleicht auch Myriam begegnet?«

»Gut möglich, aber das kann ich Ihnen beim besten Willen nicht genau sagen. Aber wieso wollen Sie das alles wissen?«

Victor erhob sich und reichte ihr zum Abschied die Hand. Er hatte keine weiteren Fragen mehr. Jacinthe war schon aufgesprungen.

»Vielen Dank für Ihre Zeit, Madame Corbeil. Und wenn ich das als Privatmann noch hinzufügen darf: Machen Sie weiter mit Ihrer Arbeit, helfen Sie den Jugendlichen. Das ist wichtig. Sie können viel Gutes bewirken.«

Draußen riss sich Jacinthe gerade lang genug zusammen, bis sie weit genug entfernt waren, dann wieherte sie los und mimte mit grollendem Bass Victors Stimme.

»›Das ist wichtig. Sie können viel Gutes bewirken …‹ Hahaha, du bist echt unschlagbar, Lessard.«

Achselzuckend steckte er sich eine Zigarette an, öffnete den

Mund zu einer Antwort, ließ es dann aber bleiben. Jacinthe schloss die Fahrertür auf und sah ihn über das Dach hinweg an.

»Vermutlich möchtest du, dass wir jetzt Samuel Martineau einen Besuch abstatten?«

Victor stieß eine Rauchwolke aus.

»Du kannst in mir lesen wie in einem Buch.«

»Na gut, hoffentlich ist er nicht ansteckend. Ich hab nämlich keine Lust, krank zu werden!«

Der Sergent-Détective lächelte und nahm einen Zug.

»Ansteckend? Die Wahrscheinlichkeit, dass du krank wirst, ist genauso hoch wie die Wahrscheinlichkeit, dass du Lust auf einen Mann hast, Jacinthe.«

Seine Partnerin quittierte den Spruch mit einem herzhaften Lachen und rutschte auf den Fahrersitz. Victor rauchte seine Zigarette zu Ende, während Jacinthe im Wagen eifrig ihre Textnachrichten bearbeitete.

Samuel Martineaus Wohnung lag in der Rue Elm im Stadtbezirk Lachine. Auf der Fahrt dorthin versuchte Victor, ihren Besuch telefonisch anzukündigen, konnte Martineau aber nicht erreichen. Eine Hand am Steuer zog Jacinthe den Beutel mit Rohkost unter ihrem Sitz hervor, klemmte ihn zwischen die Beine und futterte gierig drauflos. Nachdem sie sich einige Broccoliröschen in den Mund gestopft hatte – nicht ohne bei jedem Bissen zu betonen, wie ›trocken und ekelhaft‹ sie schmeckten – holte sie einen Augenblick lang Luft und deutete mit dem Finger auf das Handschuhfach an der Beifahrerseite.

»Guck mal rein, da muss noch eine Art Gemüsedip drin sein.«

Als Victor den Deckel herunterklappte, entdeckte er eine Sprühdose. Er nahm sie heraus und schüttelte sie heftig.

»Meinst du das hier?«

»Ja, gib her.«

Den Blick auf die Straße gerichtet, streckte ihm Jacinthe die geöffnete Hand hin. Victor las, was auf dem Etikett stand und verzog keine Miene.

»Aber … aber das ist doch kein Dip. Das ist Schlagsahne!«

»Ist ja nur, damit der Broccoli nach was schmeckt. Und besser rutscht.«

Belustigt warf ihr Victor einen zweifelnden Blick zu, aber sie ließ sich nicht aus der Fassung bringen.

»Hör mal, woraus werden Dips deiner Meinung nach hergestellt, hm? Natürlich aus Mayonnaise oder Sahne. Oder was hast du gedacht? Vielleicht noch hydriertes Öl, okay, aber das ist ja bekanntlich krebserregend. Da macht ein bisschen Schlagsahne auf dem Gemüse ja wohl keinen großen Unterschied, unter uns gesagt.«

Sie schnippte ungeduldig mit den Fingern.

»Schieb rüber, los.«

Victor konnte sich ein Grinsen nicht verkneifen. Die Fülle an Kenntnissen, die seine Partnerin in den letzten Monaten in puncto Ernährung erworben hatte, war zwar recht eindrucksvoll, aber er hatte seine Zweifel, ob es sich um vertrauenswürdige Quellen handelte.

Er unterdrückte ein Lachen und heuchelte den Verantwortungsbewussten.

»Hm, ich weiß jetzt wirklich nicht, ob ich dir was Gutes tue, wenn ich dir das hier gebe. Denk doch nur an deine Diät.«

»Hey, Lessard, geh mir nicht auf den Zeiger.«

»Tut mir echt leid«, sagte er zutiefst betroffen, »aber das kann ich dir einfach nicht antun, Jacinthe. Das wäre ja so, als würdest du mir eine Flasche Gin zum Geburtstag schenken.«

Victor nahm die Flasche, schüttelte sie erneut und spritzte sich den Sahneschaum direkt in den Mund.

»Du Mistkerl! Gib endlich her, Lessard! Das ist meine Sprühsahne!«

»Mmmh … schmeckt wirklich gut.«

Er gönnte sich noch eine Portion Sahne, und der Wagen geriet ins Schlingern, als Jacinthe wild mit dem ausgestreckten Arm herumfuchtelte, um die Sprühdose aus der Hand ihres schallend lachenden Partners zu reißen.

38.

SAMUEL MARTINEAU

Mit einem Blick auf das GPS seines Handys erklärte Victor:

»Ah, hier ist es.«

Jacinthe parkte den Wagen, und sie stiegen aus. Vor ihnen lag ein gepflegtes Wohnhaus aus rotem Backstein, an der gegenüberliegenden Straßenseite befand sich eine Lagerhalle für Fahrzeuge, ein grünes drei Stockwerke hohes Wellblechgebäude, das sich die ganze Straße entlangzog. Die beiden Ermittler schritten auf dem mit Begonien gesäumten Weg zum Haus und stiegen in den dritten Stock hinauf. Victor lächelte noch, als er die letzte Stufe erreichte. Auf der Fahrt hatte Jacinthe die Sprühsahne schließlich nach hitzigem Kampf erobert und sich großzügig bedient.

Etwas kurzatmig stand sie jetzt hinter ihm auf dem Treppenabsatz und bemerkte sarkastisch:

»Die ideale Wohnung, wenn man auf Verkehrslärm steht.«

Er wandte sich nach links und sah vom offenen Treppenhaus aus direkt auf den nur fünfzig Meter entfernten Zubringer zur A 20, von dem der dichte Verkehr dumpf zu ihnen herüberdröhnte.

Victor drückte auf die Klingel und klopfte dann an die Tür, als sich nichts rührte. Er versuchte, in die Wohnung zu spähen, aber der Vorhang hinter der Glastür war vollkommen blickdicht.

»Tja, Blätter, die im Wind rauschen, sind da schon angenehmer.«

Jacinthe verdrehte die Augen.

»Werd jetzt bloß nicht poetisch, Lessard … Mann, das dauert vielleicht lange.«

Sie klopfte ungeduldig gegen die Tür. Victor zuckte die Achseln.

»Gib ihm ein bisschen Zeit. Wenn er krank ist, schläft er wahrscheinlich.«

Aber Geduld gehörte nicht zu Jacinthes hervorstechendsten Eigenschaften, und sie hämmerte mit der Faust an die Tür. Victor hatte inzwischen etwas Auffälliges bemerkt und hatte sich neben dem Abtreter vor der Tür niedergekniet. Vorsichtig berührte er mit der Fingerspitze einige dunkle Tropfen.

Jacinthe beugte sich vor und beäugte die Stelle ebenfalls.

»Ist das Blut?«, fragte sie.

Er hob den Kopf.

»Schwer zu sagen, die Flecke sind eingetrocknet.«

Er erhob sich und öffnete den Briefkasten, in dem zwei Briefe lagen. Er überprüfte Adresse und Namen darauf.

»Jedenfalls sind wir hier richtig.«

Er klingelte erneut, aber auch diesmal rührte sich nichts. Victor spürte, wie sich sein Herzschlag beschleunigte.

Jacinthe zog ihre Dienstwaffe.

»Gehen wir rein?«

Sie war schon im Begriff, sich mit der Schulter an der Tür in Position zu bringen, als Victor ihr ein Zeichen gab, zu warten. Er zog die Latexhandschuhe aus seiner Tasche, streifte sie über und drückte vorsichtig die Klinke nach unten. Die Tür, an deren Rahmen Victor jetzt eine Reihe von Sicherheitsriegeln bemerkte, war nicht verschlossen und schwang lautlos auf.

»Monsieur Martineau? Hier ist die Polizei von Montréal. Wir möchten Ihnen ein paar Fragen stellen.«

Jacinthe zog sich ebenfalls Latexhandschuhe an, während der Sergent-Détective einen Schritt nach vorn trat und mit gerecktem Hals in die ungewöhnlich dunkle Wohnung spähte. Er schaltete die Taschenlampe seines Handys ein und zog die Waffe. Jacinthe benötigte etwas länger, um ihre Taschenlampe am Handy zu betätigen, tat es ihm dann aber gleich. Mit gezückter Pistole traten sie lautlos ein paar Schritte vor und gaben sich gegenseitig Deckung. Victor überlegte, dass der Raum, in dem er stand, eigentlich das Wohnzimmer sein müsste, er sah jedoch kein einziges Möbelstück.

»Monsieur Martineau? Samuel Martineau? Polizei!«

Victor bewegte sich rasch zur Wand hinüber, knipste mehrmals den Lichtschalter aus und an, aber das Zimmer blieb in tiefes Dunkel getaucht. Er trat ans Fenster. Ein kompakter schwarzer Filzvorhang war an den Rahmen getackert und zusätzlich mit Duct Tape verklebt, damit kein Lichtstrahl durch die Ritzen drang.

»Hier ist es, das ist unser Mann, ich spür's«, murmelte Jacinthe.

Victor lief es kalt über den Rücken. Er hatte denselben Eindruck wie seine Partnerin.

»Geh zum Auto und fordere Unterstützung an.«

»Spinnst du? Die Party hier lass ich mir nicht entgehen. Geh doch selbst.«

Mit pochendem Herzen und stockendem Atem bewegte sich der Sergent-Détective weiter vorwärts. Er ging voraus, Jacinthe folgte ihm auf dem Fuß und sorgte für Rückendeckung.

»Monsieur Martineau?«

Sie betraten die Küche, auch hier drückte Victor vergeblich auf den Lichtschalter. Gab es in dieser Wohnung denn überhaupt kein Licht? Wer konnte so leben, in vollständiger Dunkelheit? Um ganz sicherzugehen, öffnete Victor die Tür des Kühlschranks, aber sogar diese Glühlampe war entfernt worden. Dabei fiel ihm auf, dass das größte Fach des Kühlschrankes ausschließlich mit rechteckigen, säuberlich aufeinandergestapelten Plastikschalen gefüllt war. Er warf einen Blick in die anderen Fächer: Im einen befanden sich angebrochene Tofu-Packungen und im Gemüsefach lagen grüne Äpfel. Das Tiefkühlfach schließlich enthielt nur Bananen mit brauner Schale.

Victor zwickte sich in die Nase, um ein Niesen zu unterdrücken und rief wieder:

»Monsieur Martineau? Polizei Montréal!«

Er leuchtete mit der Taschenlampe in die Schränke hinein, allesamt vollständig leer bis auf eine Metallkiste mit Deckel. Auf dem Herd stand eine Metallteekanne, die sich kalt anfühlte, als er prüfend die Hand darauf legte. Rasch und lautlos öffnete er den Küchenschrank, in dem Gläser und ein paar Teller standen. In einem anderen Fach entdecke er unzählige Konservendosen, alle von derselben Marke, die Etiketten akkurat in eine Richtung gedreht. Im letzten Schrank fand sich schließlich kistenweise schwarzer Tee mit Zitrone.

Alles war streng symmetrisch angeordnet und hinterließ den Eindruck geradezu klinischer Sauberkeit und Ordnung, beinahe so, als befänden sie sich in einem Labor. Der Besitzer der Wohnung führte offenbar ein Leben in klösterlicher Disziplin.

Auf ein Handzeichen Victors hin setzten sie ihre Erkundungstour fort. Zuerst kamen sie an einem spartanisch eingerichteten Badezimmer vorbei und erreichten dann eine verschlossene Tür.

Jacinthe blieb wie angewurzelt stehen.

»Ich hab was gehört.«

Victor hatte ebenfalls ein Geräusch im Zimmer vernommen, ein leises Kratzen hinter der Tür. Er legte die Hand auf die Klinke und warf seiner Partnerin einen auffordernden Blick zu, die ihre Dienstwaffe zückte. Auf ein Zeichen Jacinthes hielt er den Atem an und riss die Tür auf. Beide zitterten. Eine verängstigte Katze schoss an ihnen vorbei aus dem Zimmer und jagte zur Eingangstür hinaus, die sie hatten offen stehen lassen.

Jacinthe atmete tief aus.

»Uff, Schwein gehabt! Ich hatte schon Angst, gleich würde einer losballern.«

Victor entspannte sich und begann wieder zu atmen. Sie betraten das Zimmer, das einzige, in dem sie noch nicht gewesen waren. Auch hier war ein blickdichter Vorhang vor dem Fenster gespannt, und eine Matratze, direkt auf dem Boden und mit weißem absolut faltenfrei bezogenen Bettzeug, diente offenbar als Bett. In einem Regal an der Rückwand waren Bücher, Zeitschriften und einige mit Gummiband zusammengehaltene Papierstöße. Am Fenster stand ein Tisch mit daruntergeschobenem Stuhl. Eine Kommode rundete die spärliche Einrichtung ab.

Als sie sich im Zimmer umsahen, zuckten die beiden Ermittler plötzlich zusammen. Die Wände waren von oben bis unten mit Zeitungsausschnitten und Fotografien bedeckt. Im Näherkommen stellten sie fest, dass es in den Artikeln, die in französischer, englischer und spanischer Sprache verfasst waren, ausschließlich um Morde ging. Grob geschätzt mussten mindestens hundert Totschläge aufgelistet sein, vermutete Victor. Die Aufnahmen ließen keine Zweifel: Sie zeigten verzerrte Leichen, deren qualvolle Haltung noch den Abgebrühtesten zurückschrecken lassen würde.

Jacinthe, die inzwischen überzeugt war, dass sich niemand in der Wohnung befand, stieß hervor:

»Bingo! Das reinste Horrormuseum.«

Victor hatte einen regelrechten Niesanfall, und der Schlag, den er auf den Kopf bekommen hatte, löste mit jeder Salve stärkere Schmerzen aus.

»Das heißt noch nicht unbedingt, dass er unser Mörder ist«, sagte er, als er sich erholt hatte.

»Das ist unser Mann, das spüre ich. Und du weißt es auch, Lessard.«

Unter der Tür des Einbauschrankes nahm Victor jetzt einen dünnen rötlichen Lichtstrahl wahr. Er öffnete sie; in dem kleinen, kammerähnlichen Raum waren alle Regale herausgenommen worden. An der Rückwand hing ein beleuchtetes Kreuz, unter dem ein kleiner Altar aufgebaut war. Auf dem weißen Tuch, das den Boden bedeckte, lagen eine Bibel, ein Rosenkranz und zwei Steine, jedes auf einem Stück Karton. Victor zog die Kartons hervor, las, was darauf stand und reichte sie dann Jacinthe.

Auf jeden war ein Name geschrieben. Jacinthe runzelte die Stirn.

»Louis und Patrick? Wer sind die beiden?«

Victor richtete sich auf und hob die Schultern. Er hatte nicht den blassesten Schimmer. Er drehte sich um und ging rasch zum Tisch hinüber. Ein Glas, mit Stiften gefüllt, eine Uhr mit zerrissenem Armband, eine Schere, einige Klebestifte, weiße Papierbögen und mehrere Röhrchen Ibuprofen waren darauf angeordnet. Der Sergent-Détective öffnete ein Röhrchen nach dem anderen. Die angebrochenen Packungen enthielten tatsächlich Ibuprofen-Tabletten. Unter dem Glas lag ein Stapel Plastikkarten: American Express Aeroplan, Hôpital Saint-Luc, Croix Bleu, las Victor, alle ausgestellt auf den Namen Samuel Martineau. Auf der letzten Karte, der des YMCA, war ein Foto abgebildet.

Victor fuhr zusammen und drehte sich zu seiner Partnerin um.

»Ich glaube, das hier reicht für einen Haftbefehl.«

Er reichte ihr die Karte. Sie betrachtete sie im Licht ihrer Taschenlampe und rief aus:

»Verdammte Scheiße! Das ist ja der Typ mit den schwarzen Haaren. Der, den Loïc fotografiert hat.«

MAXIME

Der Todeskampf der Frau dauerte lange. Der Weihnachtsmann und Maxime verließen das Haus am Berg erst spät in der Nacht. Auf der Rückreise stellte Maxime Fragen an den Weihnachtsmann wegen eines Buches, das dieser ihm gegeben hatte. Genauer gesagt wollte er den Sinn eines berühmten Zitats von Friedrich Nietzsche verstehen: »Gott ist tot.«

Ohne die Augen von der Straße abzuwenden, deklamierte der Weihnachtsmann den gesamten Auszug:

»Gott ist tot! Gott bleibt tot! Und wir haben ihn getötet! Wie trösten wir uns, die Mörder aller Mörder? Das Heiligste und Mächtigste, was die Welt bisher besaß, es ist unter unsern Messern verblutet – wer wischt dies Blut von uns ab? Mit welchem Wasser könnten wir uns reinigen? Welche Sühnefeiern, welche heiligen Spiele werden wir erfinden müssen? Ist nicht die Größe dieser Tat zu groß für uns? Müssen wir nicht selber zu Göttern werden, um nur ihrer würdig zu erscheinen?«

Er wandte sich dem verblüfften Jungen zu.

»Es gibt keinen Gott, Maxime. Gott ist eine Fiktion, eine Erfindung des Menschen, um sich selbst zu helfen und in seinem Tun fortzufahren, ohne es zu hinterfragen, ohne über die Grundlagen des Lebens nachzudenken. Manche Menschen haben eben das Bedürfnis, die Leere, die die Absurdität und Belanglosigkeit des Lebens erzeugt, mit etwas auszufüllen. Sie verspüren den Drang, an etwas Größeres als an sich selbst zu glauben und klammern sich an die Religion, um die Wirklichkeit zu ordnen.«

Im Morgengrauen trafen sie zu Hause ein. Der Weihnachtsmann setzte Tee auf und servierte ein üppiges Frühstück. Während sie die Crêpes aßen, setzten sie ihre Unterhaltung fort. Anschließend zog sich Maxime zum Schlafen in sein Zimmer zurück. Es war vollständig abgedunkelt, die metallenen Fensterläden ließen keinen Lichtstrahl durch. Jedes Mal, wenn er sein Zimmer betrat, hallte die Stimme des Weihnachtsmannes in seinem Kopf wider:

»Vergiss nicht, Maxime, wer einmal in die Dunkelheit des schwarzen Zimmers eingetaucht ist, kann nie mehr zurück.«

Maxime wartete, bis seine Augen sich an die Dunkelheit gewöhnt hatten und öffnete dann eine Schublade. Er nahm eine Kiste mit Tischtennisbällen heraus, ein Geschenk des Weihnachtsmannes. Er hielt einen Ball zwischen den Fingern und schrieb mit Filzstift die Initialen seines letzten Opfers darauf.

Dabei kam ihm in den Sinn, was der Weihnachtsmann gesagt hatte, als er ihm die Bälle schenkte. Er hatte einen davon in die Hand genommen und ihn mit Daumen und Zeigefinger zusammengepresst.

»Jedes Leben, das du nimmst, ist nichts weiter als ein Tischtennisball, den du zwischen deinen Finger zerdrückst.«

Maxime tastete unter seiner Matratze und holte die Bibel und eine Taschenlampe hervor, die er dort versteckte. Als er das Buch aufschlug, rutschte ein Karton heraus, und er beugte sich vor, um ihn aufzuheben. Sich voll und ganz auf die Worte zu konzentrieren, die er vor einigen Wochen aufgeschrieben hatte, verschaffte ihm ein intensives Gefühl des Trostes. Er vertiefte sich von neuem in den Brief des Paulus an die Galater, als ihm unversehens Tränen in die Augen stiegen. Er legte das Buch neben die Matratze und fing an, leise zu schluchzen.

Auf dem Karton stand immer dieselbe, unendlich oft, bis zum Überdruss wiederholte Zeile:

»Der Weihnachtsmann ist der Ursprung des Bösen ...«

39.
DIE HÖHLE
DES TEUFELS

Victor warf einen Blick aus dem Fenster, dessen blickdichten Vorhang sie zurückgezogen hatten. Die zur Verstärkung angeforderten Einsatzkräfte waren inzwischen eingetroffen und sicherten den Umkreis des Wohnhauses in der Rue Elm. Die Spurensicherung hatte sich ebenfalls auf den Weg hierher gemacht, und Nadja hatte die Wohnung Grant Emersons verlassen und würde in Kürze dazustoßen und ihnen bei der Durchsuchung der Wohnung helfen. Die Fahndung nach Samuel Martineau war eingeleitet.

Jacinthe hatte an der Tür der darunterliegenden Wohnung im Erdgeschoss geklopft, aber offenbar war niemand zu Hause. In der CRPQ-Datenbank hatten sie die Eigentümerin des Hauses ermittelt, und Jacinthe hatte sie in seinem Büro kontaktiert und gebeten, so schnell wie möglich in die Rue Elm zu kommen.

Victor ging zur Kommode hinüber und machte sich daran, den Inhalt der Schubladen durchzugehen, während seine Partnerin die Fotos und Zeitungsausschnitte an der Wand genauer in Augenschein nahm. Victor hob die spärlichen, farblich geordneten Kleiderstapel an, unter denen jedoch nichts versteckt war, und die geradezu asketische Lebensweise Martineaus erstaunte ihn von neuem.

Ohne sich umzudrehen brach Jacinthe das Schweigen.

»Also eins kapiere ich irgendwie nicht.«

Er hob den Kopf und blickte fragend in ihre Richtung.

»Hmm?«

»Warum hat Martineau die Tür nicht abgeschlossen, als er wegging?«

Victor schloss eine Schublade und zog die nächste auf, in der auffallend viele Socken und weitere Röhrchen mit Ibuprofen lagen.

Er überlegte.

»Vielleicht weil er sofort wieder zurückkommen und nur rasch was besorgen wollte?«

»Oder vielleicht hat ihn jemand gewarnt? Und wer könnte das gewesen sein? Die Leiterin des AIM?«

Beide dachten einen Augenblick lang schweigend nach. Schließlich zog Victor die letzte Schublade der Kommode auf. Leicht verblüfft entdeckte er darin Zeitungsausschnitte, die sich auf die aktuelle Ermittlung bezogen. Beinahe sämtliche Artikel über die Morde an Tanguay, Mardaev und Wood waren hier zusammengetragen. Victor blätterte sie durch und stellte fest, dass ein Foto von ihm selbst auf einer der Titelseiten prangte. Und noch etwas machte ihn neugierig: In der Schublade befanden sich außerdem auch mehrere Schachteln mit Tischtennisbällen. Das kam ihm insbesondere deswegen seltsam vor, weil etliche Schachteln bereits alt und vergilbt aussahen, andere hingegen wie neu wirkten.

Er nahm eine davon heraus und war gerade im Begriff sie zu öffnen, als Jacinthe ihm zurief:

»He, Lessard, sieh dir das mal an.«

Ihrer aufgeregt klingenden Stimme nach zu urteilen musste sie auf etwas gestoßen sein. Victor trat neben sie.

»Seit ich mir anschaue, was Martineau an die Wand geklebt hat, macht mich etwas stutzig, und jetzt ist der Groschen endlich gefallen.«

Sie wies auf die Fotos.

»Siehst du's?«

Victor schüttelte den Kopf.

»Geh ein paar Schritte zurück und guck noch mal richtig hin.«

Er gehorchte, fingerte dabei allerdings, ohne sich dessen bewusst zu sein, ständig nervös am Deckel der Schachtel mit Tischtennisbällen in seiner Hand herum.

»Fällt dir immer noch nichts auf?«

Statt einer Antwort folgte eine Niessalve Victors. Seine Augen brannten.

»Verdammte Katze!«

Er zwickte sich in die Nase und brauchte einen Augenblick lang, bis er sich erholt hatte.

»So auf die Schnelle fällt mir wirklich nichts auf.«

»Komm schon, streng dich ein bisschen an. Es geht um die Anordnung der Fotos und Zeitungsausschnitte.«

Er kniff die Augen zusammen und gab sich redlich Mühe. Schließlich bemerkte er vorsichtig: »Alles ist im Halbkreis angeordnet?«

»Oh Mann, du warst ja wohl nicht das Mathegenie in der Schule. Geometrie!! Die sind nicht im Halbkreis, sondern im Kreis aufgehängt.«

Nach diesem Fingerzeig seiner Partnerin war die Kreisform plötzlich ganz deutlich zu erkennen, und Victor nickte.

»Sehr schön. Im Mittelpunkt des Kreises siehst du jetzt bestimmt auch, dass die Zeitungsschnitte um einen zentralen Punkt, um eine Art Kern gruppiert sind.«

Victor strich nachdenklich über die Bartstoppeln, die an seiner Wange sprießten.

»Einen Kern? Was meinst du denn damit? Welcher Kern denn?«

Seufzend bequemte sich Jacinthe zur Wand hinüber und deutete auf eine dicht beieinander hängende Reihe von Zeitungsausschnitten. Victor hatte mittlerweile und ohne nachzudenken mechanisch den Deckel der Schachtel abgehoben und einen Ball herausgenommen.

Er trat jetzt ebenfalls an die Wand und überflog den Artikel, auf den sie deutete: Darin ging es um die Entführung dreier Kinder in Montréal am 18. Dezember 1981, eine Woche vor Weihnachten.

Victor erinnerte sich noch an die Geschichte. Patrick Thivierge, elf Jahre alt, und sein Freund Louis Caron, neun Jahre alt, waren seinerzeit in Verdun gekidnappt worden. Einige Wochen später hatte man die Leiche des kleinen Louis auf einem unbebauten Grundstück im Viertel Hochelaga-Maisonneuve gefunden. Das Kind war brutal zusammengeschlagen und erwürgt worden. Zwei Monate später hatte man Patricks Leiche in einem verlassenen Ferienhaus in den Laurentiden entdeckt. Auch er war misshandelt und erwürgt worden. Das dritte Kind, das am selben Tag verschwunden war, hatte man in der Nähe der Wohnung seiner Mutter entführt, Rue Rachel, auf dem Plateau-Mont-Royal. Der kleine Maxime Rousseau, damals sechs Jahre alt, war und blieb seither spurlos verschwunden.

»Hast du das da unten gesehen?«

Direkt unter dem Artikel stand in roter Schrift ein Satz an der Wand, und Victor musste ein paar Schritte zurücktreten, um ihn lesen zu können:

»Der Weihnachtsmann ist der Ursprung des Bösen ...«

Noch während sein Gehirn diese neuen Informationen verarbeitete, bemerkte Victor, dass auf dem Tischtennisball, den er zwischen den Fingern drehte, mit schwarzem Filzstift ein Datum und Initialen vermerkt waren.

40.
INITIALEN

Victor legte die Hände im Nacken zusammen und dehnte ächzend den Hals. Er konnte vor Müdigkeit und Erschöpfung kaum noch die Augen offen halten. Was er jetzt ganz dringend brauchte, waren ein Kaffee und frische Luft. Jacinthe hatte vorhin die Besitzerin des Wohnhauses getroffen, die im Erdgeschoss wohnte. Besonders viel war allerdings nicht dabei herausgekommen: Samuel Martineau war ein ruhiger, zurückgezogen lebender Mieter und zahlte seine Miete seit Jahren mit vordatierten Schecks, weswegen sie so gut wie nie ein Wort mit ihm gewechselt hatte. Ansonsten wusste sie weder von Freunden noch Familienangehörigen.

Victor drehte sich um und beobachtete einen Augenblick lang seine Partnerin und Nadja, die gemeinsam die Zeitungsausschnitte an der Wand studierten. Dann senkte er den Kopf und blickte auf seine Füße: Sie hatten die Tischtennisbälle auf einem Handtuch angeordnet. Insgesamt gab es einundzwanzig davon, allesamt mit Datum und Initialen versehen. Die älteste Eintragung stammte aus dem Jahr 1982, die letzte aus dem laufenden Jahr.

Recht schnell hatten die Ermittler festgestellt, dass Daten und Initialen auf einigen Bällen anscheinend einen Bezug zu den Mordfällen hatten, um die es in den Zeitungsausschnitten ging. Auf einem der Bälle, beispielsweise, der das Datum 11. Januar 1982 trug, standen die Initialen L. C.; ein zweiter, vom 25. Februar 1982, war mit P. T. beschriftet.

Anschließend kam es ihnen logisch vor, zunächst einmal von

der Hypothese auszugehen, dass es sich bei diesen Initialen um die der beiden Jungen Louis Caron und Patrick Thivierge handelte, deren Leichen ungefähr zu diesem Zeitpunkt gefunden worden waren. Und sie hatten rasch eine dritte Übereinstimmung festgestellt. Ein Ball, datiert auf den 15. April 2000, trug die Initialen M. C. und konnte sich auf einen Artikel beziehen, der den Mord eines jungen Mannes namens Martin Côté betraf, den man an diesem Tag tot aufgefunden hatte.

Victor machte ein paar Schritte, um seine Beine zu lockern. Von diesem Zimmer ging etwas äußerst Beklemmendes aus. In seinem Kopf wirbelten die Fragen durcheinander.

Falls tatsächlich ein Zusammenhang zwischen den Morden und den beschrifteten Tischtennisbällen bestehen sollte, wofür standen die letzteren dann? Und wenn ja, weshalb befanden sie sich in Martineaus Besitz?

Der Sergent-Détective ließ den Blick durchs Zimmer wandern und versuchte sich vorzustellen, wie Martineau an dem mit Zeitungsausschnitten bedeckten Schreibtisch saß, wie er die Artikel ausschnitt, wie er aufstand und sie an die Wand klebte.

Louis Caron, Patrick Thivierge, Maxime Rousseau. Drei Kinder, im Dezember 1981 in Montréal entführt, zwei davon tot aufgefunden. Warum hatte Martineau in seinem Wandschrank einen Altar errichtet und Steine auf Kartons angeordnet, auf denen die Namen dieser beiden Jungen standen? Und was war mit dem dritten Jungen? War er ebenfalls tot?

Victor zog die Stirn kraus. Mit einem Mal beschlichen ihn Zweifel, und er fragte sich, ob es ihnen überhaupt je gelingen würde, diesen Fall zu lösen.

Den Informationen in der CRPQ-Datenbank zufolge musste Martineau vierzig Jahre alt sein. Seinerzeit, als Louis und Patrick gewaltsam ums Leben kamen und der kleine Maxime spurlos verschwand, war er also acht Jahre alt gewesen. Hatte er die beiden Jungen gekannt, als er selbst noch ein Kind war? Bestand möglicherweise eine Verbindung zwischen den drei Kindern, der Mordserie und Martineau?

In Victors Hirn reifte allmählich eine wilde Vermutung, so entsetzlich, dass er sich gar nicht erst mit ihr auseinandersetzen wollte.

Nadja schnippte mit den Fingern.

»Ich glaub, ich hab da noch was gefunden, Jacinthe.«

Die Ermittlerin baute sich mit verschränkten Armen vor dem Handtuch auf, wo die Tischtennisbälle in Reih und Glied lagen. Jede Querverbindung, die sie entdeckten, notierten sie auf einem Post-it und klebten es auf den Boden vor dem dazugehörigen Ball.

»Okay, lass hören.«

»Der 7. Mai 1999, die Initialen lauten S. B.«

Vornübergebeugt und die Hände auf die Schenkel gestützt, musterte Jacinthe die Bälle.

»Hab ihn. Gib mir mal ein Post-it, Lessard.«

Victor nahm den Block aus der Tasche und zückte seinen Kugelschreiber, während Nadja fortfuhr:

»Gut, also der Name des Opfers ist Sylvie Bernard, vierunddreißig Jahre alt. Sie wurde erschlagen.«

Gedankenverloren kritzelte der Sergent-Détective die Information auf ein Post-it und reichte es seiner Partnerin, die es vor dem entsprechenden Ball befestigte.

Jacinthe schüttelte fassungslos den Kopf.

»Einundzwanzig Bälle … soll das etwa heißen, es gab einundzwanzig Morde? Pass bloß auf, bis wir dich in die Finger kriegen, Freundchen, dann machen wir dir die Hölle heiß.«

»Als Louis und Patrick ermordet wurden, war Maxime gerade mal acht Jahre alt«, wandte Nadja ein. »Die Bälle müssen eine andere Bedeutung haben. Im Übrigen ist er nicht der Erste mit einer Schwäche für Gruselkabinette. Denk nur mal an den Fall Runberg.«

Sie hatte recht, manche Menschen fühlten sich unwiderstehlich von allem Morbiden angezogen. Bei einem früheren Fall hatten sie im Haus einer ermordeten Frau ein ganzes Sammelsurium an Objekten gefunden, die an die Morde von Charles Manson erinnerten, mit dem die Ermordete offenbar im Briefwechsel gestanden hatte. Obwohl Jacinthe zögernd zustimmte, zeigte ihre skeptische Miene deutlich, dass sie keineswegs überzeugt war.

Nach kurzem Schweigen ergriff Nadja wieder das Wort.

»Außerdem ist mir noch was aufgefallen: Ist es nicht merkwürdig, dass auf keinem der Bälle Datum und Initialen der Opfer unserer Mordserie stehen?«

Jacinthe wischte die Bemerkung beiseite.

»Lessard hat in der Schublade Zeitungsausschnitte gefunden, die sich auf die Morde an Tanguay, Mardaev und Wood beziehen. Wahrscheinlich hat Martineau einfach noch keine Zeit gehabt, um sie aufzuhängen, und dasselbe gilt auch für die Bälle. Vielleicht hat er …«

Victor hatte mit einem Mal endgültig genug und schnitt seiner Partnerin mit gepresster Stimme, die seine Ungeduld kaum verbarg, das Wort ab.

»Schluss jetzt, wir hören auf. Was wir hier machen, bringt überhaupt nichts.«

»Ach ja? Und warum?«, fragte Jacinthe störrisch.

»Wir können noch Stunden damit verbringen, Bälle und Morde zuzuordnen, aber beim Stand der Ermittlungen beruht das nur auf Indizien, auf Vermutungen. Es beweist nicht, dass Martineau die Morde begangen hat. Und es löst vor allem nicht unser größtes Problem.«

»Und was genau ist unser größtes Problem, mein Lieber?«

»Wir müssen Martineau finden und diese Mordserie beenden, keine ungelösten Fälle aufklären.«

Jacinthe verschränkte trotzig die Arme.

»Sehe ich nicht so. Die Lösung des Rätsels kann sich direkt hier befinden, vor unserer Nase.«

Victor schlug mit der Faust in seine Hand.

»Wir haben ein Beweisfoto, das Martineau vor Emersons Haus zeigt, und zwar zum Zeitpunkt der Ermordung Emersons. Das ist was Handfestes. Wir müssen ihn unbedingt festnehmen, ehe Myriam …«

Er beendete den Satz nicht, stattdessen trat eine bedeutungsschwere Stille ein, die seine Partnerin schließlich brach.

»Na schön, was schlägst du vor, Schätzchen?«

»Wir sind uns immer noch darüber im Unklaren, welches Motiv die Opfer der Mordserie miteinander verbindet. Wenn wir das herausgefunden haben, würde sich unsere Chance, Martineau aufzuspüren, erheblich vergrößern.«

Jacinthe wies zur Wand hinüber.

»Das möchte ich ja auch gern, aber wir haben nur diese eine Spur.«

Plötzlich trat ein rätselhafter Ausdruck auf Victors Gesicht.

»Das stimmt nicht. Es gibt noch eine zweite.«

Im Flur waren Schritte zu hören, und alle drei wandten sich gleichzeitig um. Mit einem Verband um den Kopf trat Loïc ein und ließ zur Begrüßung lautstark eine Kaugummiblase platzen.

»Was ist los?«, rief er, als er die verblüfften Mienen seiner Kollegen sah. »Ihr habt doch nicht im Ernst gedacht, dass diese Party ohne mich stattfindet?«

41.
DIE WAHRHEIT IST
NUR DIE WAHRHEIT

Ermittler Lachaîne von der Internen kam mit der Haltung eines Mannes, der in den Krieg zieht, in den Parc de la Paix gestiefelt.

»He, ihr zwei, habt ihr sie noch alle? Von wegen, ich soll mich hier mit euch treffen, sonst würde ich es bereuen … Was soll die SMS? Wollt ihr mir drohen?«

Der Park, unweit der SPVM-Zentrale im Rotlichtbezirk am Boulevard Saint-Laurent gelegen, war Treffpunkt von Drogensüchtigen, Prostituierten, Obdachlosen und anderen Randexistenzen. Jacinthe und Victor saßen auf einem Mäuerchen im Schatten der Bäume, die um den Platz standen. Der Sergent-Détective rauchte eine Zigarette. Hinter ihnen lag ein Mann ausgestreckt auf den Granitplatten, die den Boden bedeckten. Am Rand des Parks setzte sich eine junge Frau einen Schuss in die Daumenwurzel. Wolken verschleierten die Sonne.

Mit dem Kinn deutete Victor unmissverständlich auf den Platz zu seiner Rechten.

»Setz dich, François.«

Stattdessen pflanzte sich Lachaîne vor ihm auf. Schweißränder verunzierten sein Hemd unter den Achseln. Jacinthes Blick wanderte zur anderen Straßenseite. Im Wagen hatten sie ausgemacht, dass Victor das Gespräch führen sollte.

»Ich setze mich, wenn ich Lust dazu habe! Also, wo brennt's? Wollt ihr mich einschüchtern? Ist euch klar, dass ich euch um euren Job bringen kann, alle beide?«

Lachaîne zog die Sonnenbrille ab und starrte den Sergent-

Détective an. Er versuchte, sich aufzuplustern, aber Victor las Angst in seinen Augen.

»Ich muss dir was zeigen. Ich denke, es wäre besser, wenn du dich setzt.«

»Bist du taub oder was? Weißt du, was es heißt, sich mit der Internen anzulegen?«

Lachaîne trat einen Schritt auf ihn zu, als wollte er ihm einen Stoß versetzen. Victor hob langsam den Kopf und erwiderte, jede Silbe betonend:

»Ich sage es dir nur einmal: Wenn du mich anrührst, garantiere ich dir, dass du den Platz nicht auf deinen zwei Beinen verlässt.«

Er hielt kurz inne und zog an seiner Zigarette.

»Jetzt setz dich.«

Der Ermittler von der Internen schnaufte tief durch, ehe er der Aufforderung nachkam. Victor streckte ihm die Hand hin, mit der Handfläche nach oben.

»Dein Handy.«

Lachaîne weigerte sich.

»Gib mir dein Handy.«

Victor trat mit dem Absatz seine Kippe aus, nahm das Handy, das der andere ihm widerstrebend hinhielt, zog den Akku heraus und gab es Lachaîne zurück.

»Es wäre keine gute Idee von dir, unser Gespräch aufzunehmen.«

»Du bist komplett irre, Lessard. Du bist ja noch schlimmer als alles, was in deiner Akte über dich steht.«

»Über mich reden wir später, okay? Jacinthe?«

Ohne einen Blick in ihre Richtung zog die Polizistin einen Umschlag aus ihrem Rucksack und gab ihn Victor, der ihn an Lachaîne weiterreichte.

»Was ist das?«, fragte der.

»Wirf einen Blick drauf, wird dich interessieren.«

Lachaîne öffnete den Umschlag und zog einen Stapel Fotos heraus. Er wurde immer bleicher, je mehr er sich davon ansah. Darauf zu sehen war das geschwollene Gesicht seiner Exfrau. Die Fotos konnten ihm eine Strafanzeige wegen häuslicher Gewalt, einen Prozess und die Entlassung einbringen.

»Wo habt ihr die her?«, brüllte der Ermittler der Internen.

»Die Frage ist nicht, woher wir sie haben, sondern was wir damit machen.«

»Habt ihr sie von ihr?«

»Sie hat nichts damit zu tun.«

»Ich könnt so oder so nichts damit anfangen«, tönte Lachaîne. »Zum einen ist es zu lange her, zum andern hat es nie eine Anzeige gegeben.«

Den Blick weiterhin in die Ferne gerichtet, sagte Jacinthe wie aus dem Nichts:

»Wie heißt noch mal deine beste Freundin, Lessard? Die Journalistin von *La Presse*, deren Namen ich ständig vergesse?«

»Virginie Tousignant.«

Lachaîne riss die Augen auf.

»Ihr seid ja ekelhaft«, rief er empört. »Es ist nur einmal passiert. Sie hatte mich betrogen.«

Victor durchbohrte ihn mit seinem Blick.

»Willst du mir weismachen, dass es ekelhaft ist, seine Arbeit zu tun, nicht aber, seine Frau zu verprügeln?«

Lachaîne steckte die Fotos in den Umschlag zurück und vergrub das Gesicht in den Händen. Ein Obdachloser torkelte an ihnen vorbei.

»Was wollt ihr?«

»Den Teil der Akte Tanguay, den ihr aussortiert habt.«

Lachaîne lachte.

»Ihr habt Einblick in die vollständige Akte bekommen. Wir haben nicht mehr.«

Er log. Victor wusste es, und Lachaîne wusste, dass er es wusste. Der Sergent-Détective stand auf, und Jacinthe folgte seinem Beispiel.

»Na schön, François. Wie du willst.«

Er deutete auf den Umschlag, den der andere auf das Mäuerchen gelegt hat.

»Die kannst du behalten. Wir haben eigene.«

Lachaîne hob die Hände, um sie zurückzuhalten.

»Warte, Lessard! Warte.«

Sie hockten sich wieder auf das Mäuerchen. Lachaîne fasste sich an den Kopf.

»Du weißt nicht, worauf du dich da einlässt, Lessard. Wenn das rauskommt! Niemand darf erfahren, dass du es von mir hast. Das musst du mir versprechen.«

Zum ersten Mal seit Beginn des Gesprächs wandte Jacinthe den Kopf.

»Du bist nicht in der Position, Bedingungen zu stellen, du mieses …«

Victor legte ihr eine Hand auf den Unterarm, bevor sie ausfällig werden konnte. Er sah Lachaîne durchdringend an.

»Mein Wort muss dir genügen.«

Der andere schüttelte den Kopf und holte tief Luft, um sich Mut zu machen.

»Gegen Tanguay ist wegen Zuhälterei ermittelt worden.«

Victor musste den Schock erst mal verdauen, bevor er weiterfragte.

»Wann?«

»Von 2003 bis 2005.«

»Und danach? Ist das alles?«

Lachaîne zögerte, aber jetzt konnte er keinen Rückzieher mehr machen.

»Ich war damals noch nicht bei der Internen, aber ich habe gehört, dass die Untersuchung nie zum Abschluss gebracht wurde. Deswegen ist die Akte sehr lückenhaft geblieben.«

»Und das ist der Teil, den Masse und du entfernt haben?«

»Ich habe ihn entfernt. Masse weiß davon nichts.«

»Hat Piché es von dir verlangt?«

Lachaîne nickte.

»Warum hast du eingewilligt?«

»Ich hatte keine Wahl. Ich war ihm was schuldig.«

Victor überlegte einen Moment.

»Hat das damit zu tun, dass deine Ex dich nie angezeigt hat?«

Lachaîne kniff die Augen zusammen. Es sah aus, als durchlebte er in der Erinnerung noch einmal schwierige Momente.

»Sagen wir mal so: Marc hat mir damals ziemlich geholfen.«

Mit verhaltener Wut in der Stimme fragte Victor:

»Was weißt du noch, François? Für überflüssiges Gelaber haben wir keine Zeit mehr.«

Der Mann starrte auf seine Schuhspitzen. Hinter ihnen lachte und phantasierte die junge Frau, die sich vorhin einen Schuss gesetzt hatte, mit geschlossenen Augen. Lachaîne hob wieder den Kopf.

»Was ich euch jetzt sage, ist nirgends schriftlich festgehalten. Ich habe es gerüchteweise gehört.«

Er warf einen Blick in die Runde, dann fuhr er mit leiser Stimme fort:

»Hast du mal gegen Jacques Mongeau ermittelt, Lessard?«

»Den früheren Schatzmeister der Liberalen Partei? Was hat er damit zu schaffen?«

»Hast du schon mal von den ›Kungelabenden‹ gehört?«

Das Wort versetzte Victor weit in die Vergangenheit zurück. Im Jahr 2005 hatte er den Mord an Mongeau untersucht, einen engen Mitarbeiter des früheren Premierministers, der für handverlesene Gäste aus Politik und Wirtschaft Swingerabende organisiert hatte. Bei der Befragung durch Victor hatte eine Teilnehmerin ausgesagt, sie sei dort mehreren hochrangigen Polizeibeamten begegnet. Der Sergent-Détective hatte den Mord aufgeklärt, doch Tanguay, damals sein Vorgesetzter, hatte ihn dazu überredet, in Sachen »Kungelabende« von weiteren Nachforschungen abzusehen.

Victor antwortete, dass er im Bilde sei. Lachaîne fuhr fort:

»Tanguay hat Mongeau die Damen für diese Abende besorgt. Genauer gesagt: Er hat den Kontakt zwischen ihm und den Red Blood Spillers hergestellt, die sie rangeschafft haben.«

Victor zuckte zusammen. In seinem Kopf bildeten sich Verknüpfungen, und bislang nebulöse Grauzonen lichteten sich.

»Valeri Mardaev …«, sagte er leise.

Lachaîne zog die Stirn kraus.

»Wer?«

Victor ignorierte die Frage.

»2003 haben Jacinthe und ich im Mordfall Nelson Rodriguez ermittelt, ein kleiner Ganove aus Centre-Sud, der sich als Zuhälter verdingt hat. Bei einer Observierung, die einem tatverdächtigen Partner von Rodriguez galt, wurden zwei meiner Männer von den Red Blood Spillers ermordet. Sagt dir das was?«

»Ja, ich erinnere mich an die Geschichte.«

»Wir haben einen Informanten, der behauptet, dass Tanguay ihnen unser Versteck verraten hat. Weißt du was darüber?«

Lachaîne schwor, nichts darüber zu wissen.

»Hast du eine Idee, aus welchem Grund uns Tanguay verraten haben könnte?«

Der andere zuckte mit den Schultern.

»Habt ihr den Mörder von Rodriguez geschnappt?«

»Nein.«

»Na ja, vielleicht hat Rodriguez den Red Blood Spillers Konkurrenz gemacht, und sie haben ihn deswegen aus dem Weg geräumt. So was kommt öfter vor. Und Tanguay hat es mit der Angst bekommen, weil er mit den Spillers zusammengearbeitet hat. Vielleicht hatte er das Gefühl, dass ihr ihm auf die Spur kommt.«

Victor blickte zu seiner Partnerin. Sie kochte vor Wut. Ein Glück für Maurice Tanguay, dass er schon tot war.

Das Gespräch zog sich noch ein paar Minuten hin, ohne dass etwas Nennenswertes dabei herauskam. Als alles gesagt war, standen Victor und Jacinthe auf. Bevor sie Lachaîne den Rücken kehrten, beugte sich Victor zu ihm hinunter und raunte ihm mit ausdruckloser Stimme ins Ohr:

»Eins noch: Wenn deiner Ex heute, morgen, in zehn Tagen oder in zwanzig Jahren etwas zustößt, egal was, werde ich mich persönlich um dich kümmern.«

Lachaîne schloss die Augen und seufzte. Und dann schob Victor, jedes einzelne Wort betonend, noch hinterher:

»Du kannst mir glauben. Wie du selbst vorhin gesagt hast: Ich bin komplett irre.«

Der zivile Dienstwagen raste auf der Autoroute 20 in Richtung Samuel Martineaus Wohnung. Victor hatte mehrmals vergeblich versucht, Duvalier Joseph zu erreichen. Sie waren fast am Ziel, als Jacinthe das Schweigen brach.

»Und? Was denkst du?«

Victor sortierte seine Gedanken. Ein Tablett mit Kaffeebechern balancierte in labilem Gleichgewicht auf seinen Knien. Neben seinen Füßen stand eine Tüte mit Muffins und anderem Gebäck.

»Das Ganze ist wie ein Puzzle. Was für ein Bild ergibt sich, wenn wir die Teile, die wir gerade in der Hand halten, aneinanderzufügen versuchen?«

Jacinthe zuckte ratlos mit den Schultern. Er fuhr fort:

»Was uns Lachaîne gerade verraten hat, stellt die Verbindung zwischen zwei Opfern her. Erster Block: Tanguay und Mardaev.«

»Dann gehst du also davon aus, dass Mardaev Tanguays Kontaktmann bei den Spillers war?«

Victor warf die Hände in die Höhe.

»Wer sonst? Zweiter Block: Wood und Emerson, die durch

Myriam miteinander verbunden sind. Der eine hat die Tochter des anderen gefangen gehalten. Was uns fehlt, ist das Verbindungsstück zwischen diesen beiden Blöcken. Darüber hinaus wissen wir von der Direktorin des AIM, dass sich Tanguay und Martineau über das Hilfswerk kannten, was auch für Martineau und Myriam gilt.«

Jacinthe nickte und fügte hinzu:

»Und Myriam könnte dort schon Tanguay begegnet sein.«

»Richtig. Wenn wir jetzt noch mal auf Lachaînes Aussage zurückkommen, was haben wir erfahren?«

»Dass Tanguay als Vermittler zwischen Mongeau und Mardaev fungiert hat, um die Swingerabende mit Damen zu versorgen.«

»Genau. Und worin besteht die logische Verbindung zwischen ihnen auf der einen Seite und Wood auf der anderen?«

Jacinthe überlegte einen Moment und antwortete dann, ohne den Blick von der Straße zu wenden:

»Das besagte Verbindungsstück? Na ja, Wood hat Myriam in einem Bunker gefangen gehalten. Er war ein Sexualverbrecher. Normalerweise wird so ein Typ nicht von heute auf morgen zum Täter. Vielleicht haben ihm Tanguay und Mardaev vorher schon Damen zugeführt?«

Victor rutschte tiefer in seinen Sitz und feuerte die letzte Salve ab:

»Du hast es eben gesagt: Myriam wurde gefangen gehalten. Mit Escort-Service hat das nichts zu tun. Wie nennt man das, wenn man den Gedankengang weiterverfolgt? Womit haben wir es zu tun, wenn Mardaev und Tanguay auf der einen Seite verkaufen und Wood auf der anderen kauft?«

Jacinthe parkte den Wagen vor Martineaus Wohnung. Sie blieben beide reglos im Wagen sitzen und überlegten angestrengt. Dann drehte sich Jacinthe zu Victor hinüber.

Entsetzen stand ihr ins Gesicht geschrieben.

»Menschenhandel.«

42.
FEHLENDE TEILE

Das Gespräch hatte sich in die Wohnung Samuel Martineaus verlagert. Damit sie den Kriminaltechnikern nicht im Weg standen, hatten die Ermittler den Küchentisch samt Stühlen in das leere Zimmer geschafft. Jetzt saßen alle am Tisch bis auf Jacinthe, die lieber stand und mit verschränkten Armen an der Wand lehnte. Loïc fischte sich einen Karotten-Muffin aus der Tüte, die Victor mitgebracht hatte. Bevor er hineinbiss, entfernte er das Papierförmchen und klebte sein Kaugummi hinein. Derweil schwollen dem allergiegeplagten Sergent-Détective die Augenlider an. Er musste ständig niesen, schimpfte auf die Katze.

Um die Neugier Jacinthes zu befriedigen, die felsenfest davon überzeugt war, dass sich die Mühe lohne, hatten sie vor dem Treffen mit Lachaîne vereinbart, dass Loïc und Nadja weiter versuchen sollten, die in den Zeitungsartikeln geschilderten Mordfälle mit den Tischtennisbällen in Verbindung zu bringen.

Jetzt informierte Nadja die anderen, was dabei herausgekommen war.

»Bislang ist es uns gelungen, zwölf Artikel mit ebenso vielen Bällen in Verbindung zu bringen. Mehrere Artikel beziehen sich auf Morde, die im Ausland begangen wurden: in den Vereinigten Staaten, in Mexiko und sogar in Südamerika. Eine weitere Erkenntnis: Die Anzahl der in den Artikeln behandelten Morde ist viel größer als die der Bälle.«

Sie sahen einander an, und jeder überlegte, was sich daraus folgern ließ.

»Außerdem hat die Analyse der neben der Fußmatte gefundenen Flecken ergeben, dass es sich tatsächlich um Blut handelt.«

Als sie fertig war, richteten sich alle Blicke auf Victor, und er berichtete von dem Gespräch mit Lachaîne, fasste die Überlegungen zusammen, die Jacinthe und er zuvor im Wagen angestellt hatten, und präsentierte die Schlussfolgerungen, die sie gezogen hatten.

Loïc schüttelte skeptisch den Kopf.

»Du glaubst wirklich, dass Mardaev und Tanguay Myriam an Clark Wood verkauft haben?«

Victor presste die Zähne aufeinander. Er hätte die Frage liebend gern verneint, doch sein Kollege hatte auf den Punkt gebracht, was er dachte.

»Möglich, dass ich mir irre, Loïc. Aber wenn meine Theorie stimmt und Tanguay einer der führenden Köpfe eines Menschenhändlerrings war, dann stellte der AIM für ihn die ideale Plattform dar: Er konnte sich als großer Philanthrop gebärden und in der Deckung bleiben. Der AIM war für ihn ein regelrechter Frischfleischlieferant. Wie lief das konkret zwischen Tanguay und Mardaev ab? Hat Tanguay Umschläge verteilt, damit Polizisten vor bestimmten Aktivitäten die Augen verschlossen, und Mardaev hat das operative Geschäft von Handel und Beschaffung gemanagt? Im Moment bewegen wir uns noch im Bereich von Vermutungen.«

Betroffene Stille legte sich über die Gruppe. Dann bemerkte Nadja:

»Wenn Tanguay und Mardaev tatsächlich Menschenhandel betrieben haben und Wood ihr Kunde war, dann drängt sich doch der Gedanke auf, dass er nicht der einzige war, oder?«

Victor schnäuzte sich geräuschvoll. Diesen Aspekt hatte er auch schon bedacht und einen Schlachtplan entworfen.

»Du hast recht. Wir müssen mit der Direktorin des AIM reden und ihre Unterlagen mit den Vermisstenfällen in der CRPQ-Datenbank vergleichen. Die Frage lautet: Wie viele verschwundene Mädchen wurden bereits durch das Hilfswerk geschleust?«

»Ich kümmere mich drum«, stieß Loïc mit vollem Mund hervor.

Nadja schüttelte den Kopf. Offensichtlich hatte sie Bedenken.

»Was für mich nicht ins Bild passt, ist der Mord an Emerson. Er war der perfekte Täter. Erst recht nach dem, was du angesprochen hast. Mardaev und Tanguay hat er umgebracht, weil sie seine Tochter verkauft haben, und Wood, weil er sie missbraucht und gefangen gehalten hat. Gar nicht davon zu reden, dass ihn das in die Lage versetzt hat, Myriam zu befreien.«

Unter dem neidvollen Blick Jacinthes, die begehrlich die Tüte mit dem Gebäck beäugte, angelte sich Loïc ein Croissant. Bevor er es zum Mund führte, sagte er:

»Damit hätten wir auch eine plausible Antwort auf eine andere offene Frage: Emerson hat Mardaev gefoltert und so aus ihm herausgepresst, wo seine Tochter war.«

Nadja überlegte ein paar Sekunden.

»Und was wird aus der Hypothese, wonach wir es möglicherweise mit zwei Mördern zu tun haben? Lässt sich die noch aufrechterhalten?«

»Ich halte es für ratsam«, antwortete Victor, »im Moment noch nichts auszuschließen.«

Nadja erhielt einen Anruf. Sie stand auf, um ihn etwas abseits entgegenzunehmen. Jacinthe trat einen Schritt vor und vergrub die Hände in den Hosentaschen.

»Mir ist noch nicht ganz klar, wie Martineau in die ganze Geschichte passt.«

Victor pustete auf seinen Kaffee, trank einen Schluck und stellte ihn auf den Tisch zurück.

»Vielleicht hat er Tanguay und Mardaev von innen heraus geholfen und Mädchen vom AIM für sie geködert.«

»Kann gut sein, Partner, aber denk an die Zeitungsausschnitte und die Tischtennisbälle: Der Kerl hat das Profil eines Serienmörders. Mir scheint er nicht der Typ zu sein, mit dem man sich zusammentun will. Und warum Tanguay und Mardaev umbringen, wo er doch mit ihnen zusammenarbeitet?«

Nadja nahm wieder Platz und steckte mit beunruhigter Miene ihr Handy weg. Victor sah sie fragend an.

»Was ist los?«

»Ich habe gerade die Resultate der Recherche bekommen, um die du mich gebeten hast. Du hattest recht.«

Jacinthe runzelte die Stirn.

»Was für eine Recherche?«

Vor dem Treffen mit Lachaîne hatte Victor Nadja zur Seite genommen und ohne Wissen der anderen gebeten, einem bestimmten Punkt nachzugehen.

Sie drehte ihren Kaffeebecher in den Händen.

»Es geht um die Identität Samuel Martineaus. Meine Nachforschungen haben ergeben, dass er die Identität eines Kindes angenommen hat, das 1973 geboren wurde und 1977 verschwunden ist.«

»Was?«, platzte Jacinthe heraus. »Soll das heißen, Samuel Martineau hat unter einer falschen Identität gelebt?«

Nadja nickte.

»Und wie heißt er richtig?«, fragte Jacinthe.

Victor hoffte, sich zu täuschen, doch die Information, die Nadja erhalten hatte, gab auf einmal Anlass zu einer kühnen Hypothese, die ins Auge zu fassen er bisher nicht gewagt hatte.

Er wandte sich Jacinthe zu.

»Wir schreiben das Jahr 1981. Drei Kinder verschwinden am selben Tag. Zwei von ihnen werden mehrere Wochen später tot aufgefunden …«

Kopfschüttelnd vervollständigte Jacinthe:

»Aber das dritte niemals. Maxime … Samuel Martineau ist Maxime Rousseau.«

Victor zuckte mit den Schultern.

»Selbstverständlich ist das nur eine Vermutung, und sie geht davon aus, dass ein und dieselbe Person die drei Kinder entführt hat, aber ich halte sie für plausibel. Maxime war sechs Jahre alt, als er verschwunden ist. Das bedeutet, dass er 1975 geboren wurde. Einen Sechsjährigen für einen Achtjährigen auszugeben scheint mir machbar.«

Jacinthe ging jetzt im Raum auf und ab.

»Jedenfalls würde das erklären, warum Martineau keinen Karton mit dem Namen Maxime in seinem Schrank hatte.«

»Demnach«, fasste Loïc zusammen, »hätte der Entführer Maxime behalten und ihm eine andere Identität verschafft?«

Victor nickte beifällig. Seine Gedanken klärten sich, ohne dass er groß überlegen musste. Er hörte sich sagen:

»Ich würde noch weiter gehen. Wir haben stichhaltige Gründe für die Annahme, dass Martineau ein Mörder ist. Welche Hypothese können wir daraus ableiten? Warum hat er ein kleines Mausoleum errichtet und die Namen der beiden toten Jungen auf einen Karton geschrieben?«

Loïc gab seine Einschätzung zum Besten:

»Es ist einfach eine Art Hommage an seine Leidensgefährten. Oder er hat Schuldgefühle, weil er als Einziger verschont geblieben ist.«

Victor nickte, aber seine Miene verriet, dass er nicht das Gleiche dachte.

»Das ist eine Möglichkeit, Kid. Aber leider gibt es noch eine andere, erschreckendere. Vergiss nicht, dass Martineau auch Tischtennisbälle mit den Initialen von Louis Caron und Patrick Thivierge bei seinen Sachen hatte. Was ist, wenn er aus einem ganz anderen Grund Schuldgefühle hatte? Was meinst du: Wie wird ein Junge, der in Gefangenschaft aufwächst, zum Mörder?«

Jacinthe hatte begriffen, noch bevor er die Frage stellte. Sie senkte den Blick und antwortete mit granitharter Stimme:

»Er ist von seinem Entführer zum Töten abgerichtet worden.«
Loïc rutschte ungläubig auf seinem Stuhl zurück und hob die
Hände.

»Jetzt aber mal halblang! Ihr wollt behaupten, der Täter hätte
die drei Kinder entführt und dann Maxime gezwungen, die beiden anderen umzubringen?«

Victor verstand, dass Loïc Vorbehalte hatte. Auch er kam sich
vor wie in einem schlechten Film. Wer konnte sich vorstellen,
dass ein sechsjähriger Junge imstande gewesen sein sollte, zwei
andere zu töten, die kaum älter waren als er selbst? Doch genau
das war es, worauf er hinauswollte.

»Noch sind es nur Vermutungen«, sagte er in entschiedenem
Ton, »aber die Zeitungsausschnitte an der Wand legen den Ver-
dacht nahe, dass Maxime alias Samuel mehrere Menschen getö-
tet hat, und die Tischtennisbälle deuten darauf hin, dass Louis
Caron und Patrick Thivierge zu seinen Opfern gehörten. Ob die
Tötung der beiden Jungen als Initiation gedient hat? Und das
Foto, das du von Martineau gemacht hast, zeigt ihn dabei, wie er
am Abend von Emersons Ermordung aus dessen Haus kommt.
Das bringt ihn direkt mit unserer Mordserie in Verbindung.«

Jacinthe schüttelte den Kopf und stierte ins Leere, als sähe sie
Bilder an sich vorüberziehen.

»Ich verstehe nicht, wieso er das alles ganz offen an die Wand
gepinnt hat.«

Victor antwortete erst nach kurzem Schweigen:

»Vielleicht war es ihm egal, ob er erwischt wird. Denkt an
die Graffiti und die Botschaften. Es ist, als ob er Anerkennung
suchte, als ob er möchte, dass wir wissen, was er getan hat.«

Jacinthe zog einen Flunsch.

»Und wer ist nach deiner Theorie der Entführer?«

Victor schüttelte bedächtig den Kopf. Mit dieser Frage hatte
er gerechnet.

»Vorhin im Wagen habe ich gesagt, das Ganze sei wie ein Puzzle. Welches Teil liegt noch auf dem Tisch, welches haben wir als einziges noch nicht verwendet? Denk an die Botschaft, die du mir gezeigt hast, in roter Farbe an die Wand gesprüht, unter dem Zeitungsartikel über das Verschwinden der drei Jungen. Denk an das letzte Opfer, das er in seinen Botschaften ankündigt.«

Jacinthe ballte so fest die Fäuste, dass die Knöchel weiß hervortraten, und stieß hervor:

»… der Weihnachtsmann wird der Letzte sein.«

Eine gespannte Stille trat ein.

»Es gibt noch eine andere Möglichkeit«, sagte Nadja schließlich, »die wir nicht außer Acht lassen dürfen. Vielleicht ist es der Kidnapper selbst, besagter Weihnachtsmann – sofern sie identisch sind – der die beiden Jungen und all die anderen getötet hat. Samuel Martineau ist möglicherweise nur der Erbe der Bälle und des Archivs. Oder meinetwegen auch ein Sammler des Makabren, wie Runberg einer gewesen ist.«

Victor hatte von seinem Styroporbecher ein Stück abgerissen und zerrieb es jetzt zwischen den Fingern. Er nickte.

»Das stimmt, du hast recht. Und ich wiederhole, was ich vorhin beim Thema Menschenhandel gesagt habe: möglich, dass ich mich irre.«

Die Ermittler sahen einander an. Dann fragte Loïc:

»Wenn deine Vermutung stimmt, Chef, dann würde das bedeuten, dass der Weihnachtsmann Martineau in die Freiheit entlassen hat, als seine ›Abrichtung‹ abgeschlossen war.«

Victor legte das Stück Styropor auf den Tisch und fixierte es weiter.

»Es mag unvorstellbar erscheinen, und trotzdem halte ich es für das Plausibelste.«

»Der Weihnachtsmann«, sagte Jacinthe nach kurzem Überlegen, »ist damit ein enormes Risiko eingegangen. Martineau konnte ihn jederzeit anzeigen.«

Victor hob den Kopf und blickte in die Runde.

»Würdet ihr jemanden anzeigen, wenn ihr selbst schon mehrere Morde auf dem Gewissen habt? Und wer weiß, vielleicht hat Martineau das Töten lieben gelernt.«

»Durchaus möglich«, stieß Loïc betroffen hervor, »wenn du nie etwas anderes kennengelernt hast.«

Sorgenfalten legten sich auf Nadjas Stirn.

»Wir dürfen das Stockholm-Syndrom nicht vergessen. Möglicherweise hat Martineau Empathie für seinen Entführer entwickelt, ein positives emotionales Verhältnis zu ihm aufgebaut.«

Die anderen nickten.

»Womit ich noch mal auf Martineaus Motiv zurückkommen möchte«, fuhr Nadja fort. »Ich kann nachvollziehen, warum du Tanguay und Mardaev verdächtigst, Menschenhandel betrieben und Myriam verkauft zu haben. Und trotz gewisser Vorbehalte kann ich mich auch mit der Theorie anfreunden, dass Martineau von seinem Entführer zum Töten erzogen wurde. Aber worin besteht die Verbindung? Und vorausgesetzt, Martineau ist unser Mörder: Warum sollte er Tanguay, Mardaev, Wood und Emerson umbringen? Weil er Myriam, die er kannte, helfen wollte?«

Victor stellte sich dieselben Fragen. Er wagte eine Erklärung, obwohl er sich nicht sicher war, ob sie greifen würde:

»Diese Möglichkeit muss unbedingt in Betracht gezogen werden. Und ich möchte Folgendes hinzufügen: Wenn Maxime entführt worden ist und der sogenannte Weihnachtsmann einen Mörder aus ihm gemacht hat, als er noch ein Kind war, dann hat er ihn nicht nur gezwungen, Grausamkeiten zu begehen, sondern wahrscheinlich auch missbraucht. Und was Tanguay, Mardaev und Wood angeht, so übt Maxime möglicherweise Rache, indem er Männer attackiert, die sich an jungen Menschen vergangen haben, Männer, die, wie er möglicherweise entdeckt hat, über den AIM mit Tanguay verkehrt haben. Und sein letztes Opfer, das logischste, wird derjenige sein, der ihn als Mörder in die Welt gesetzt hat.«

Nadja sah ihn traurig an und sagte leise:

»Der Weihnachtsmann ist der Ursprung des Bösen …«

Victor nickte zustimmend, doch seine Geliebte wandte ein:

»Deine Theorie passt zu den ersten drei Morden, aber sie erklärt nicht, warum Martineau Emerson umgebracht haben soll.«

Jacinthe trat mit dem Fuß so kräftig gegen die Wand, dass Putz abplatzte.

»Vielleicht hat Emerson auch seine Tochter missbraucht … Wie auch immer, mir kommt jedenfalls das Kotzen.«

Sekunden später verdrückte sie mit zwei Bissen den Energieriegel, den sie sich für den Nachmittag aufgehoben hatte.

MAXIME

Sie standen beide an der Tür. Der Weihnachtsmann zückte seine Brieftasche, entnahm ihr mehrere Geldscheine und hielt sie dem jungen Mann hin.

»Ich werde dich jeden Monat besuchen kommen und dir dein Taschengeld geben, Samuel, bis du dein Studium beendest.«

Der junge Mann senkte stumm den Kopf.

»Es ist sehr wichtig, dass du dir Mühe gibst und das College erfolgreich abschließt. Einen Beruf zu erlernen und nach außen hin ein normales Leben zu führen ist die beste Art, nicht aufzufallen. Jedenfalls hast du auf der Schule deine Sache bisher sehr gut gemacht.«

Samuel hob den Kopf.

»Und wenn ich wieder Migräne bekomme?«

Der Weihnachtsmann deutete mit dem Finger auf die Plastiktüte, die er auf den Tisch gestellt hatte.

»Ich habe dir einen Vorrat Ibuprofen gekauft. Damit er dir nicht ausgeht, kaufst du sicherheitshalber jedes Mal, wenn ein Röhrchen leer ist, zwei neue nach.«

Der junge Mann zögerte, denn er wusste nicht, wie der Weihnachtsmann reagieren würde. Er war unberechenbar, und sein Mitgefühl konnte innerhalb von Sekunden in blinde Wut umschlagen.

»Ich wäre lieber noch eine Weile zu Hause geblieben.«

Der Weihnachtsmann legte ihm eine Hand auf die Schulter und sagte mit beruhigender Stimme:

»Ich werde da sein, wenn du etwas brauchst, egal was. Aber jetzt musst du lernen, allein zurechtzukommen, und in die Praxis umzusetzen, was ich dir beigebracht habe.«

Bevor der Weihnachtsmann die Wohnung in der Rue Elm verließ, deren Miete er für den Rest des Jahres in bar bezahlt hatte, schloss er den jungen Mann, den er elf Jahre zuvor entführt hatte, kurz in die Arme.

43.
AUTOFRIEDHOF

Die Ermittlungen waren an einem toten Punkt angelangt. Victor und seine Kollegen hatte zwar vielversprechende Fortschritte gemacht, aber noch fehlte eine konkrete Spur, die es ihnen ermöglicht hätte, Samuel Martineau ausfindig zu machen, und so suchten sie weiter nach einer Verbindung zwischen den Tischtennisbällen und den Morden, über die in den Zeitungsartikeln berichtet wurde. Mangels besserer Alternative hofften sie, dort einen Hinweis zu finden, der sie zum Mörder führte. Loïc hatte unterdessen wiederholt versucht, die Direktorin des AIM zu erreichen, um die Vermisstenakten durchzugehen, doch bislang vergebens: Ghislaine Corbeil antwortete nicht auf die Nachrichten, die er auf ihre Mailbox gesprochen hatte. Und Victor, der es in Martineaus Wohnung nicht mehr aushielt, da seine Allergie schlimmer wurde, war auf die Straße gegangen, um sich ein wenig die Beine zu vertreten. Nadja hatte vorgeschlagen, ihn zu begleiten, doch er hatte es vorgezogen, allein zu gehen. Er brauchte ein wenig Zeit und Ruhe, um seine Gedanken auf die Reihe zu bringen, die neuen Erkenntnisse zu sortieren und, vor allem, die nächsten Schritte zu planen.

Er schlenderte an der Umfassungsmauer des Autoteilelagers gegenüber Martineaus Wohnung entlang und steuerte langsam auf das Ende der Rue Elm zu. Viele Gedanken gingen ihm durch den Kopf. Er wusste aus Erfahrung, dass man sich, wenn man nicht weiterwusste, auf das Wesentliche besinnen musste. Und dass man sich, was noch wichtiger war, von vermeintlichen Widersprüchen nicht beirren lassen durfte. So galten seine Überlegungen jetzt hauptsächlich folgenden einfachen Fragen: Hatten sie etwas übersehen, obwohl es direkt vor ihrer Nase war? Hatten sie eine Spur vernachlässigt? Hatten sie in Samuel Martineau den wahren Schuldigen oder folgten sie einer falschen Fährte?

Mit zunehmender Zahl der Tatorte wurde ihre Aufgabe immer schwieriger. Und was erschwerend hinzukam: Mit jeder Minute, die verstrich, rückte die Frist, die ihnen der Direktor gesetzt hatte, näher. War sie abgelaufen, würde er Paul Delaney, ihren Vorgesetzten, aus dem Urlaub zurückbeordern. Daran wollte Victor gar nicht denken. Nicht dass er das Urteil seines Chefs fürchtete. Der hatte schon Schlimmeres erlebt. Da er aber wusste, wie viel Delaney diese Reise bedeutete, würde er es sich nie verzeihen, wenn er sie seinetwegen würde abbrechen müssen. Im Übrigen hatte er Jacinthe und Loïc, die die ganze Nacht durchgearbeitet hatten, vorgeschlagen, nach Hause zu fahren und ein paar Stunden zu schlafen, was sie jedoch vehement abgelehnt hatten. Im Moment lief das Team Gefahr, Müdigkeit und Frust zu erliegen. Die Kollegen verließen sich darauf, dass Victor ihnen die Richtung vorgab. Er durfte sie nicht enttäuschen.

Er holte tief Luft und zupfte, um sich etwas Kühlung zu verschaffen, an seinem Polohemd, das ihm schweißnass am Körper klebte. Dann griff er in die Tasche und zog sein Handy heraus, um noch einmal zu versuchen, Duvalier Joseph zu erreichen. Der Bandenchef hatte zwar abgestritten, Genaueres über die Kontakte zwischen Tanguay und den Red Blood Spillers zu wissen, doch im Lichte von Lachaînes Enthüllungen wollte er ihn nach der Beziehung fragen, die der Commandant und Mardaev unterhalten hatten. Vor allem aber wollte er ihn über seine mögliche Verwicklung in den Menschenhandel ausquetschen.

Denn die Drohungen, die der Mörder am Telefon gegen Duvalier ausgestoßen hatte, bekamen im aktuellen Zusammenhang eine ganz neue Bedeutung.

»Macht mit allem Schluss … Wenn ihr weitermacht, bringe ich dich um.«

War die Warnung eine Aufforderung Martineaus an Duvalier und die Spillers, den Menschenhandel zu beenden? Hatte Duvalier gelogen, als er behauptete, nicht zu wissen, was mit der Drohung gemeint sei? Wenn ja, und wenn er selbst die Finger im Spiel hatte, lag der Verdacht nahe, dass er zu den nächsten Opfern des Mörders zählen würde.

Victor wählte die Nummer des Bandenchefs. Nach fünfmaligem Klingeln brach die Verbindung ab. Sauer und mit seiner Geduld am Ende, steckt er das Handy wieder ein.

Er ging weiter die leere Straße entlang. Der kleine Maxime Rousseau, heute Samuel Martineau, beschäftigte nun seine Gedanken. Ein wehrloser, sechsjähriger Junge, den ein Geistesgestörter entführt, eingesperrt und möglicherweise zum Töten erzogen hat. Fragen schwirrten ihm durch den Kopf und schnürten ihm die Kehle zu. Wenn die Hypothesen, die er den Kollegen unterbreitet hatte, sich als begründet erwiesen und Maxime als Kind vom Weihnachtsmann indoktriniert worden war, musste man dann in dem Erwachsenen, der er heute war, ein Monster sehen, das Opfer eines Monsters oder beides zugleich? Ohne seine Schritte zu drosseln, blickte Victor zum Himmel, als suchte er dort nach Antworten. Hatte der kleine Maxime eine Wahl gehabt, das zu werden, was er heute war, oder war er in einem Alter gebrochen worden, in dem er sich dem Einfluss des Weihnachtsmanns unmöglich entziehen konnte? Und was war mit dem, der er heute war, dem Mörder Samuel Martineau? Konnte man jederzeit selbst entscheiden, was aus einem wurde? Gab es immer einen Augenblick, an dem man umkehren, einen anderen Weg einschlagen und neu anfangen konnte? Er schüttelte aufgewühlt den Kopf. Auch wenn manchmal mildernde Umstände vorlagen, gab es in seinen Augen keine Rechtfertigung dafür, dass man einem anderen Menschen das Leben nahm.

Nachdenklich blieb Victor vor dem Hof der Autoteilehandlung stehen und zog seine Zigaretten heraus. Er steckte sich eine an, nahm einen Zug und betrachtete die Wracks auf dem Autofriedhof. Beim Anblick eines verbeulten und verrosteten alten Toyota Corolla musste er lächeln. Seiner hatte vor ein paar Jahren den Geist aufgegeben. Er wollte gerade weitergehen, da bemerkte er eine Sprühdose, die unter dem Hinterrad des Wagens klemmte. Die Dose war offenbar über den Boden gerollt und dort liegen geblieben. Verwirrt trat Victor näher. Als er den Kopf hob, bemerkte er das Graffiti an der Seitenwand des Gebäudes.

Es war von der Straße aus nicht zu sehen und identisch mit dem, das seine Kollegen und er auf dem Marmorfußboden in der Eingangshalle von Clark Woods Haus entdeckt hatten. Nur mit dem Unterschied, dass bei diesem hier die Züge des ersten Schattens klar zu erkennen waren. Es handelte sich um einen Mann mit schwarzen Haaren, der Ähnlichkeit mit Samuel Martineau hatte. Fäden, die von Martineaus Kopf und Armen ausgingen, liefen in der Hand des Schattens zusammen, der hinter ihm aufragte wie ein Puppenspieler. Diesmal hielt das Skelett mit den smaragdgrünen Augen nichts in den Händen, dafür trug der Puppenspieler eine Kopfbedeckung, die durch ihre Form unverwechselbar war: eine Weihnachtsmannmütze.

Kurzatmig und mit klopfendem Herzen eilte der Sergent-Détective von Auto zu Auto, spähte durch die Scheiben und leuchtete mit der Taschenlampe seines Handys ins Wageninnere. Wenn der Kofferraum einen Spalt offen stand, nahm er auch den in Augenschein. Obwohl er wusste, was er entdecken würde, kroch Angst in ihm hoch.

Er brauchte fünf Minuten, um die Leiche zu finden. Sie lag hinten in einem Transporter.

44.

ZURÜCK AUF NULL

Der Tote war zusammengerollt wie ein Fötus und hatte kein Gesicht mehr. Der Schädel war eingeschlagen, das schwarze Haar mit einer grauen Substanz verklebt, und Blutspritzer verunzierten die getönten Scheiben, den Wagenhimmel und die Sitzbänke. Ein Kriminaltechniker kauerte im Fond und sammelte Fasern. Jacob Berger zog das Opfer vorsichtig zu sich her, schob ihm den Arm unter den Rücken, tastete seine Taschen ab, fischte nach mehreren vergeblichen Versuchen seine Brieftasche hervor und reichte sie Victor, der, mittlerweile mit Gummihandschuhen ausgestattet, etwas Abstand wahrte, um die Leiche nicht ansehen zu müssen. Er inspizierte den Inhalt der Brieftasche und gab sie dann Nadja, die neben ihm stand.

Sie nahm die verschiedenen Karten in Augenschein und klappte sie wieder zu.

»Scheiße ... das ist tatsächlich Martineau.«

Victor nickte. Berger, der die Hände des Toten untersuchte, schaute zu ihnen auf.

»Er ist hier getötet worden. Er wurde mit einem harten Gegenstand, einem Hammer oder etwas Ähnlichem erschlagen. Ich sehe keine Abwehrverletzungen. Als hätte er es geschehen lassen, ohne einen Versuch, die Schläge zu parieren.«

Während der Gerichtsmediziner die Untersuchung fortsetzte, kam dem Sergent-Détective unwillkürlich der Gedanke, dass Martineau seinen Tod möglicherweise wie eine Erlösung empfangen hatte. Berger drückte die Kiefer des Toten auf, fischte einen Plastikbeutel aus seinem Mund und gab ihn Victor. Der öffnete ihn, faltete den Zettel vorsichtig auseinander und las laut vor:

»Samuel Martineau wurde verurteilt und am 24. Juli um 4.35 Uhr hingerichtet. Tanguay war der Erste, Mardaev der Zweite, Wood der Dritte, Martineau der Vierte, und der Weihnachtsmann wird der Letzte sein.«

Der Sergent-Détective zog die Stirn kraus und wandte sich seiner Geliebten zu.

»Der Puppenspieler in dem Graffiti – das Ding auf seinem Kopf ist doch eine Weihnachtsmannmütze, oder?«

Nadja nickte. Da der Puppenspieler eine solche Mütze trug und an den Fäden zu ziehen schien, die mit Martineaus Kopf und Armen verbunden waren, äußerte Victor die Vermutung, dass es sich um den Weihnachtsmann handele und dass er folglich das nächste Opfer sein werde.

»Aber«, fügte er hinzu, »der Mörder liefert keinen Hinweis auf die Mordserie. Wird sie aufhören oder weitergehen?«

Nadja seufzte verzweifelt.

»Und Grant Emerson erwähnt er in seiner Botschaft auch nicht.«

Victor faltete den Zettel wieder zusammen und schob ihn in den Beutel zurück.

»Der Mörder hat von Anfang an für jeden Mord die Verantwortung übernommen. Wenn er Emerson getötet hätte, warum hätte er in seinem Fall davon abweichen sollen?«

Nadja antwortete nicht. Sie fuhr sich mit der Hand über die Stirn. Victor wandte sich an den Pathologen.

»Jacob, hältst du den Todeszeitpunkt für glaubhaft?«

Berger zog die Gummihandschuhe aus.

»Absolut.«

»Dann«, überlegte Victor laut, »ist Martineau nur wenige Stunden nach Emerson gestorben.«

Sie sahen einander an. Langsam dämmerte ihnen, welche Tragweite die Entdeckung von Samuel Martineaus Leiche für sie hatte. Victor massierte sich die Schläfen. Er spürte, dass eine Migräne im Anzug war.

»Das heißt, wir sind wieder bei null. Wir haben einmal mehr auf der ganzen Linie falsch gelegen.«

»Nicht auf der ganzen Linie«, widersprach Nadja sanft, aber bestimmt. »Wir haben das Foto, das Loïc gemacht hat, und das Material, das wir in Martineaus Wohnung gefunden haben und das darauf hinweist, dass er andere Morde begangen hat. Deshalb können wir, glaube ich, weiter davon ausgehen, dass er es war, der Emerson ermordet hat. Außerdem bin ich der festen Meinung, dass der Mörder uns zeigen wollte, dass Maxime, der später zu Samuel wurde, eine Marionette des Weihnachtsmanns war. Deine Theorie, wonach dieser den Jungen zum Töten erzogen hat, ist also nach wie vor schlüssig.«

Victor zündete sich eine Zigarette an.

»Wenn Martineau Emerson getötet hat, würde das in der Tat die unterschiedlichen Vorgehensweisen erklären, nicht aber, welche Rolle er in dieser Geschichte gespielt hat und auf wessen Konto die anderen Opfer gehen.«

Nadja zuckte mit den Schultern: Dieser Teil des Problems blieb ein Rätsel. Sie nahm den Beutel, den Victor ihr hinhielt, und ließ ihn in eine Tüte für die Beweisstücke gleiten.

»Womit wir wieder bei unserer Theorie wären, dass es zwei Mörder sind. Wir müssen den Mann finden, der Loïc und dich niedergeschlagen hat.«

In diesem Moment trat Jacinthe aus dem Hauptgebäude, das die Büros der Autoteilehandlung beherbergte, und näherte sich mit Loïc im Schlepptau. In der einen Hand hielt sie ihren zu einem Zylinder zusammengerollten Notizblock und in der anderen eine Flasche Wasser.

»Es gibt keine Überwachungskameras. Die Mitarbeiter haben

nichts Verdächtiges bemerkt. Das Graffiti kann noch nicht lange da sein.«

»Und wegen der getönten Scheiben«, ergänzte Loïc, »konnte man nicht unbedingt in die Kiste hineinsehen.«

Victor setzte sie von ihren letzten Schlussfolgerungen in Kenntnis. Sie diskutierten eine Weile über das Graffiti und seine Bedeutung.

Dann sagte Jacinthe:

»Wenn man bedenkt, was der Weihnachtsmann Maxime angetan hat – warum sollten wir auch nur den kleinen Finger für so einen Dreckskerl rühren? Wir sollten den Mörder einfach seinen Job zu Ende bringen lassen.«

Victor durchbohrte sie förmlich mit seinem Blick.

»Warum?«, brauste er auf. »Darf ich dich daran erinnern, dass wir bis zum Beweis des Gegenteils davon ausgehen müssen, dass der Mörder Myriam Cummings festhält und dass er, solange er frei herumläuft, auch andere als den Weihnachtsmann töten könnte, und dass es unsere Pflicht ist, dem Morden ein Ende zu machen. Ob dabei Dreckskerle sterben oder nicht, geht uns nichts an. Da hast du dein Warum!«

Er nahm einen letzten Zug von seiner Zigarette und schnippte sie fort. Von seinem Wutausbruch keineswegs beeindruckt, kippte sich Jacinthe das restliche Wasser aus ihrer Flasche über den Kopf und den Nacken, um sich abzukühlen.

»Jedenfalls haben wir jetzt keinen Verdächtigen mehr, mein Lieber.«

Victors Handy vibrierte in seiner Tasche. Der Name Simon Tanguay leuchtete auf dem Display auf. Victor ging ein paar Schritte Richtung Straße, ehe er den Anruf entgegennahm. Er hörte den Jungen am anderen Ende der Leitung weinen.

Zwischen zwei Schluchzern fand Simon die Kraft, ein paar Worte zu sprechen.

»Ich habe Sie angelogen, Monsieur Lessard. Was den Unfall

angeht, der mich 2003 meine Beine gekostet hat. Der Mann auf dem Foto hat den Wagen gefahren, der mich erfasst hat.«

Victor stockte das Herz.

»Wer? Valeri Mardaev?«

»Ja … und es war noch ein anderer bei ihm. Ein großer Métis mit einer langen Narbe unterm Auge.«

Victor ballte die Fäuste. Dumpfe Wut regte sich in seiner Magengrube.

45.
KNACKPUNKT

Victor kochte innerlich, als er zu den anderen zurückkehrte, bemühte sich aber, es zu verbergen. Als Jacinthe ihn fragend ansah, log er und behauptete, Duvalier Joseph habe ihn angerufen und wolle sich mit ihm treffen, da er weitere Informationen über Mardaev für ihn habe.

Seine Partnerin erbot sich, ihn zu dem Treffen zu begleiten, doch er verzog das Gesicht.

»Vielleicht besser nicht, Jacinthe. Wir dürfen nicht riskieren, dass die Sache aus dem Ruder läuft. Ich würde lieber Loïc mitnehmen, er kennt das Milieu.«

Seine Argumente trafen ins Schwarze.

»Wahrscheinlich hast du recht, Partner. Wenn ich die Visage sehe, könnte es schlecht ausgehen.«

Victor bat Loïc, einmal durch die Straße im Nobelvorort Dollard-des-Ormeaux zu fahren, in der Duvalier Joseph wohnte. Das zweistöckige Steinhaus des Chefs der Red Blood Spillers besaß Garagentore aus massivem Holz. Der Zugang erfolgte über einen geschwungenen Pflasterweg, den Blumenkübel säumten. Auf der Straßenseite gegenüber parkte ein weißer Van.

Victor hatte gesehen, was er sehen wollte, und forderte Loïc auf, an der Ecke der Querstraße zu parken, von wo man freie Sicht auf das Haus hatte. Loïc schaltete die Zündung aus und drehte sich zu ihm hinüber. Eine Mischung aus Besorgnis und Panik stand ihm ins Gesicht geschrieben.

»Du hast gar keine Verabredung mit Duvalier, stimmt's?«

Victor antwortete nicht. Loïc musterte ihn genauer, und was er sah, erschreckte ihn.

»Sag jetzt nicht, dass du da reingehen willst, Chef. Die Typen sind Killer, die werden uns ohne Zögern umlegen. Und was noch schlimmer ist, sie werden guten Grund dazu haben. Ist dir klar, dass das Hausfriedensbruch ist?«

In wenigen Sätzen berichtete der Sergent-Détective seinem Kollegen von dem Telefongespräch mit Simon Tanguay. Loïc traute seinen Ohren nicht.

»Nein! Verarschst du mich? Mardaev soll Tanguays Sohn absichtlich über den Haufen gefahren haben? Aber das ...«

Victor schnitt ihm das Wort ab.

»Siehst du Überwachungskameras am Haus?«

Die Frage schockierte Loïc. Er geriet erneut in Wallung.

»Es gibt bestimmt eine bessere Lösung. Wir müssen nur überlegen. Wir könnten ein Sondereinsatzkommando anfordern.«

»Siehst du den Typ in dem weißen Van gegenüber dem Haus? Das ist der Aufpasser. Deswegen gibt es keine Überwachungskameras.«

Loïc fuchtelte mit den Händen.

»Warte, uns fällt was anderes ein.«

»Hör zu, Loïc. Du weißt, dass wir eigentlich einen Durchsuchungsbeschluss brauchen, um da reinzugehen, und dass es zu lange dauert, bis wir einen bekommen. Da draußen läuft ein Mörder herum, und der Typ in dem Haus da, der meine Anrufe ignoriert, weiß etwas.«

Loïc öffnete den Mund, um zu protestieren, doch Victor ließ ihn nicht zu Wort kommen.

»Und das ist noch nicht alles. 2003 sind zwei von meinen Leuten, zwei Freunde und Familienväter, vor meinen Augen gestorben, umgebracht von vier Spinnern der Red Blood Spillers.«

Seine Stimme versagte, seine Miene verdüsterte sich.

»Und ich konnte es nicht verhindern …«

»Du hattest einen Pistolenlauf im Mund, Chef.«

Victor nickte. Bilder, getrübt von der Zeit, zogen an ihm vorüber. Nach einer kurzen Pause wandte er sich dem Kollegen zu.

»Ich bin ihnen die Wahrheit schuldig, verstehst du? Und ich glaube, dass Duvalier die Wahrheit kennt.«

Loïc sah ihn regungslos an. Dann nickte er.

»Okay, Chef, gehen wir rein. Hast du einen Plan?«

»Ich werde allein gehen, Loïc.«

Der junge Ermittler zog ein Gummiband aus der Tasche und band sich die langen blonden Haare zusammen.

»Kommt nicht infrage. Ich musste Nadja versprechen, auf dich aufzupassen, damit du keine Dummheiten machst.«

Victor sah ihn durchdringend an und wedelte mit dem Zeigefinger Zentimeter vor seiner Nase.

»Du bleibst hier, Loïc. Du wartest auf mich und hältst dich startklar. Wenn ich in einer halben Stunde nicht zurück bin, rufst du Verstärkung.«

Sein Ton, seine Stimme, seine Haltung, nichts an ihm duldete Widerspruch. Loïc sah ein, dass er ihn nicht von seinem Entschluss abbringen konnte. Victor deutete mit dem Kinn nach unten.

»Gib mir deine Socken.«

»Was?«

»Deine Socken, Kid. Her damit. Mach schon.«

Während Loïc der Aufforderung nachkam, zog Victor seine eigenen aus und schlüpfte dann wieder in seine roten Converse. Er öffnete das Handschuhfach, nahm eine Rolle Klebeband und Kabelbinder heraus. Schließlich drückte er die Patronen aus seinem Magazin und legte sie ins Ablagefach.

Loïc kaute nervös an seiner Unterlippe.

»Du willst da ohne Munition reingehen? Du bist total übergeschnappt!«

Ein Grinsen umspielte die Lippen des Sergent-Détective, als er das leere Magazin einrasten ließ.

»Wenn ich mit einer geladenen Waffe da reingehe, werde ich ihn erschießen.«

Er holte tief Luft und stieg aus. Die Pistole am langen Arm, schlenderte er los wie ein Vorstadtbewohner, der einen Spaziergang machte. Loïc beobachtete vom Wagen aus, wie er auf den weißen Van zusteuerte. Kopfschüttelnd ergriff er das Kreuz, das er am Hals trug, und küsste es.

Eine Klappe öffnete sich in der Tür von Duvalier Josephs Haus. Das feiste Gesicht eines schwarzen Hünen erschien in der Öffnung. Er betrachtete verdutzt den Fahrer des weißen Vans, der auf der Eingangstreppe von einem Bein auf das andere trat.

»Was willst du?«

»Lass mich rein. Ich glaube, das thailändische Essen ist mir nicht bekommen. Ich muss aufs Klo, sonst scheiße ich mir in die Hosen.«

»Du kennst die Regel. Du darfst deinen Posten nicht verlassen. Wenn Duvalier dich …«

Der Fahrer schnitt ihm das Wort ab.

»Es dauert nur zwei Minuten.«

Der Hüne überlegte kurz, dann seufzte er und öffnete. Die Tür drehte sich noch in den Angeln, da bekam der Fahrer von hinten einen Schlag gegen den Kopf und stürzte zu Boden. Bevor der Hüne reagieren konnte, drückte ihm Victor den Lauf seiner Pistole an die Stirn und nahm ihm seine Waffe ab.

»Keinen Laut, sonst blas ich dir das Hirn weg.«

»Du bist ein toter Mann.«

Victor sah ihn scharf an. Die Angst schnürte ihm den Magen zusammen, das Herz hämmerte ihm in der Brust, und ein schrilles Pfeifen bohrte sich ihm ins Trommelfell, doch äußerlich wirkte er ruhig und selbstsicher.

»Früher oder später sterben wir alle.«

Victor hatte den Fahrer des Vans überrumpelt, entwaffnet und ihm mit einem Kabelbinder die Hände auf dem Rücken gefesselt. Durch Quetschen bestimmter Druckpunkte hatte er ihm die Zunge gelöst und in Erfahrung gebracht, dass außer Duvalier Joseph noch drei Männer im Haus weilten, die über die Sicherheit des Anführers wachten. Dann hatte er ihn instruiert, von der Plastikfessel befreit und mit der Waffe in Schach gehalten, während er mit dem Hünen verhandelte.

Jetzt deutete Victor auf den am Boden liegenden Mann, der gerade stöhnend wieder zu sich kam.

»Hilf ihm auf und bring ihn in die Toilette. Und versuch ja nicht, den Helden zu spielen.«

Er folgte den beiden Männern in die Toilette, zog die Tür hinter sich zu, fesselte sie an Händen und Füßen, knebelte sie mit den Socken und verschloss ihnen mit Klebeband den Mund. Schließlich entfernte er noch die Akkus aus ihren Handys.

Die Pistole im Anschlag, kehrte er in die Diele zurück. Vor ihm führten mit Perserteppich belegte Treppenstufen in den ersten Stock. Er drückte sich an die Wand zu seiner Linken und warf vorsichtig einen Blick in den Raum. Das große Wohnzimmer mit Gipsdecke war geschmackvoll eingerichtet. Ein großer Bücherschrank nahm einen Teil der Wand ein, und in der Mitte thronte ein Flügel. Niemand war zu sehen. Er huschte rechts um die Treppe herum in den dunklen Flur. Dann erstarrte er. Aus dem rückwärtigen Teil des Hauses waren Stimmen zu hören. Er schlich weiter und gelangte in die Nähe der Küche, in der sich zwei Männer gelöst unterhielten. Er drückte sich wieder an die Wand und schob langsam den Kopf vor, bis er die beiden sehen konnte. Der eine sprach mit osteuropäischem Akzent, der andere war mit Sicherheit südamerikanischer Herkunft. Sie standen an einer Arbeitsplatte und bereiteten sich einen Imbiss zu.

»Mit Desharnais als erstem Center gewinnst du keinen Blumentopf, Mann. Zu klein.«

»Bist du krank? Das ist einer unserer besten Spieler! Ich glaube an Bergevin. Und mit Price, Gallagher und P. K. mischen wir ganz vorne mit.«

Der Sergent-Détective schwenkte auf dem linken Bein herum, stand plötzlich in der Küche und brachte die Pistole in Anschlag.

»Es riecht nach Sieg, wie?«

Die beiden Männer erstarrten für eine Sekunde, dann stürzte einer zu der Maschinenpistole, die auf der Anrichte lag. Victor war bereits einige Schritte weitergegangen und nur noch wenige Meter von ihnen entfernt.

»Finger weg, wenn du die nächste Siegesfeier erleben willst.«

Zu spät: Der Südamerikaner ignorierte die Warnung und griff nach der Waffe. Instinktiv sprang Victor nach vorn. Mit erhobenen Fäusten versuchte der andere Gangster, ihm den Weg zu versperren und seinem Kollegen die nötigen Sekunden zu verschaffen, um die Maschinenpistole an sich zu reißen. Victor wich einem Haken des Mannes aus, packte seine Pistole am Lauf und schmetterte dem Mann den Griff an die Schläfe. Er sank wie ein nasser Sack auf die Fliesen. Inzwischen hatte der Südamerikaner die Waffe ergriffen, und Victor hörte das Klicken des Sicherungshebels. Ohne Zögern warf er sich mit dem Kopf voran auf den Gangster und rammte ihm die Schulter in den Solarplexus. Dem Mann blieb die Luft weg, die Maschinenpistole fiel zu Boden. In dem folgenden Handgemenge behielt Victor die Oberhand. Er schob dem unter ihm liegenden Südamerikaner den Lauf seiner Pistole in den Mund und hielt den Atem an. Er konnte nur hoffen, dass der Lärm niemanden alarmiert hatte. Er spitzte die Ohren, dann atmete er auf. Im Haus herrschte Friedhofsstille. Minuten später lagen die beiden Männer auf dem Küchenboden, mit Socken geknebelt, an Händen und Füßen gefesselt. Victor hatte ihnen dieselbe Behandlung zuteilwerden lassen wie ihren Kollegen.

Anschließend checkte er jedes Zimmer im Erdgeschoss und im ersten Stock, ohne die geringste Spur von Duvalier Joseph zu finden. Vorsichtig stieg er die Treppe in den Keller hinab. Er verharrte einen Moment, bis sich seine Augen an das Halbdunkel gewöhnt hatten, dann durchquerte er den Hauptraum, der als Muckibude genutzt wurde. Hanteln reihten sich in Regalen, die um eine Trainingsbank herum montiert waren. In der Ecke stand ein Crosstrainer.

Er ging zu der gepolsterten Tür am anderen Ende des Raums, presste das Ohr daran und verstand. Der Boss der Red Blood Spillers sah im Heimkino fern. Victor öffnete die Tür und schlüpfte hinein. Ein riesiger Bildschirm nahm die komplette hintere Wand ein. Kopf und Schultern des Bandenchefs ragten hinter der Lehne eines Ledersofas hervor. Victor glitt lautlos über den dicken Teppichboden und drückte dem Gangster den Pistolenlauf an den Hinterkopf.

Der Chef der Red Blood Spillers zuckte zusammen, fuhr aber nicht herum. Er hatte offensichtlich starke Nerven. Victor umkurvte das Sofa, trat an ihn heran und tastete ihn ab, um sich zu vergewissern, dass er keine Waffe bei sich trug. Der Métis wirkte erleichtert, als er den Sergent-Détective erkannte.

»Du hättest klingeln können, Lessard.«

Zufrieden, dass der andere unbewaffnet war, trat Victor einen Schritt zurück und schaltete den Fernseher aus.

»Komfortable Hütte, Duvalier.«

»Nicht übel, wie? Soll ich mit dir einen Rundgang machen?«

»Danke, aber den hab ich schon hinter mir.«

Ein Schatten der Besorgnis huschte über das Gesicht des Métis.

»Meine Jungs?«

»Sind alle oben und wohlauf.«

»Brichst du jetzt zum Zeitvertreib in Häuser ein?«

Der Sergent-Détective rang sich ein Lächeln ab.

»Ich habe dich mehrmals angerufen, aber du bist nicht rangegangen.«

Duvalier schlug sich an die Stirn und rief spöttisch:

»Scheiße! Ich hab vergessen, den Handy-Akku aufzuladen.«

Auf einem Couchtisch vor dem Sofa standen eine Flasche Jack Daniels, ein Eiskübel und ein halb volles Glas.

»Willst du?«

Victor lehnte ab.

»Was kann ich für dich tun, Lessard?«

Duvaliers Gelassenheit überraschte Victor nicht. Jedes Mal, wenn sie einander begegneten, vollführten sie dieses Katz-und-Maus-Spiel, das darin bestand, dem anderen zu zeigen, wie unbeeindruckt man von ihm war.

»Wir wär's, wenn du mir von Simon Tanguay erzählst, dem Sohn des Commandant? Dem Jungen, den ihr angefahren habt, du und Mardaev, und der seitdem querschnittsgelähmt ist.«

Überraschung trat in Duvaliers Züge, doch er fand augenblicklich seine Fassung wieder.

»Warum sollte ich mit dir über ihn oder sonst was reden, Lessard? Ein Anruf von mir genügt, und deine Kollegen setzen dich an die Luft.«

»Wie du willst, Duvalier. Aber ich garantiere dir, dass dann innerhalb von einer Stunde die Sitte vollzählig mit Durchsuchungsbeschluss hier anrückt. Und eins kannst du mir glauben: In puncto Menschenhandel verstehen die keinen Spaß.«

Die beiden Männer starrten einander einen Moment lang an, dann sah Duvalier weg und stieß einen tiefen Seufzer aus. Er nahm die Drohung ernst.

»Ob du mir glaubst oder nicht, aber zum damaligen Zeitpunkt wusste ich nicht, dass es Tanguays Sohn war. Ich war ein einfacher Soldat und habe für Mardaev gearbeitet, der in der

Hierarchie über mir stand. Er hatte mir nur gesagt, dass er jemand einschüchtern wollte. Er ist gefahren, aber es war nicht beabsichtigt, den Jungen schwer zu verletzen.«

Victor zog einen Sessel heran, nahm Duvalier gegenüber Platz und legte sich die Pistole auf die Knie. Der Chef der Red Blood Spillers schien bereit auszupacken, ohne dass Gewalt angewendet werden musste.

»Wann hast du erfahren, dass er Tanguays Sohn war?«

»Das weiß ich nicht mehr. Jahre später.«

»Und hast du gewusst, wen Mardaev einschüchtern wollte und warum?«

»Auch das habe ich erst später erfahren. Am Anfang wusste ich nur, dass Mardaev Tanguay zwingen wollte, bestimmte Dinge zu tun.«

»Wie zum Beispiel einen Menschenhändlerring auf die Beine zu stellen.«

»Nicht direkt.«

»Also, was genau hast du erfahren?«

Duvalier zögerte. Mit einem Achselzucken angelte Victor sein Handy aus der Tasche und tat so, als ob er eine Nummer wählte.

Der Métis schluckte seinen Ärger hinunter und antwortete zähneknirschend:

»Die Idee, einen Menschenhandel aufzuziehen, stammte von Tanguay. Durch seine Kontakte zu einem ehemaligen politischen Funktionär besaß er eine Liste mit potenziellen Kunden, Leuten, die sich eventuell dazu bereitfinden würden, ein Mädchen zu kaufen.«

»War dieser Funktionär Jacques Mongeau, den er mit Callgirls für Swingerpartys versorgte?«

»Genau. Als Mardaev gemerkt hat, dass Tanguay ihn hintergehen und alles ohne seine Hilfe auf die Beine stellen wollte, ist er in Panik geraten. Er wollte sich seinen Anteil am Profit sichern. Anfang 2003 hat Tanguay damit begonnen, sich bei einem Hilfswerk für sozial benachteiligte Jugendliche namens AIM zu engagieren. Er glaubte, auf Mardaev verzichten zu können, wenn er selbst Mädchen organisierte. Der AIM war dafür eine ideale Drehscheibe. Ein Reservoir an jungen Mädchen, die fast alle am Rande der Gesellschaft lebten, mittellos, ohne familiäre Bindung. Anders gesagt, leicht zu täuschen. Einer der Mitarbeiter war selbst involviert: Er rührte für ihn die Werbetrommel.«

Victor kniff die Augen zusammen. Samuel Martineau, dachte er. Er hütete sich, es auszusprechen, aber der Métis hatte ihn soeben über die Rolle einer Schlüsselfigur in dem Fall aufgeklärt.

»Als Mardaev merkte, dass ihm Tanguay entglitt«, fuhr der Métis fort, »wollte er ihm eine Warnung zukommen lassen.«

»Dehalb der ›Unfall‹, dem Simon zum Opfer fiel. Aber sag mir, warum hat uns Tanguay an Santiago Montoya verraten?«

Ein freudloses Lächeln brachte Duvaliers Narbe zum Zucken.

»Als Montoya von der Verbindung zwischen Tanguay und Mardaev erfuhr, wurde er fuchtig, weil Valeri das Geschäft aufziehen wollte, ohne mit ihm darüber zu reden. Und als ihm klar wurde, wie viel Potenzial in der Sache steckte, wollte er unbedingt mit einsteigen. Tanguay hatte bereits den kleinen Zuhälter Nelson Rodriguez als Geschäftspartner ausgeguckt. Santiago ließ ihn kurzerhand aus dem Weg räumen, um seinen Platz einzunehmen. Als ihr angefangen habt, den Mord an Rodriguez zu untersuchen, hat Tanguay befürchtet, die Spur könnte euch zu ihnen führen, was das ganze Projekt in Gefahr gebracht hätte. Und als Santiago ihn nach eurem Versteck gefragt hat …«

Victor nahm die Information auf und überlegte ein paar Sekunden.

»Der Anschlag auf Simon, der Mord an Rodriguez und meinen Männern … Erklär mir mal eins: Wenn jemand bereitwillig solche Risiken eingeht, muss doch eine Menge Geld im Spiel sein. Nur kann ich mir nicht vorstellen, dass der Handel mit ein paar Mädchen in Montréal so lukrativ ist.«

Duvalier sah ihn entgeistert an.

»Was heißt hier Montréal? Das läuft weltweit. Mardaev und Tanguay haben eine Online-Plattform geschaffen, auf der Mädchen versteigert werden. Glaub mir, mit den Provisionen für jede Transaktion haben die mehr Kohle gemacht als mit den Mädchen, die sie selbst in das System eingeschleust haben.«

Victor schüttelte den Kopf und versuchte, seine Gedanken zu ordnen.

»Willst du mir erzählen, dass Händler in aller Welt auf der von ihnen eingerichteten Plattform Mädchen versteigern?«

Duvalier nickte.

»Haben die beiden auch nach Simons Unfall noch zusammengearbeitet?«

»Es ging um zu viel Geld. Tanguay war skrupellos.«

»Und du? Was für eine Rolle hast du dabei gespielt?«

Der Bandenchef nahm sein Glas Whiskey vom Tisch. Die Eiswürfel klirrten, als er einen Schluck trank.

»Ob du mir glaubst oder nicht, aber ich hatte nie damit zu tun. Das war eine separate Operation. Alles lief schon, bevor ich aufgestiegen bin. Das war eine der Bedingungen, die mir Mardaev für seine Unterstützung gestellt hat, als ich Chef geworden bin: Ich musste ihm garantieren, dass er das Geschäft parallel zu unseren anderen Aktivitäten weiterführen konnte. Wir haben einen Anteil ausgehandelt, den er jährlich an uns ausgeschüttet hat. Das war alles.«

»Ich möchte die Namen der Plattformbetreiber und ihre Kundenliste.«

Duvalier lachte.

»Du kapierst nicht, Lessard. Ich kenne die Betreiber nicht, und eine Kundenliste gibt es nicht. Alles ist anonym und findet im Darknet statt. Dort werden die Mädchen versteigert.«

Victor schüttelte ernüchtert den Kopf. Das Darknet, von manchen auch Deep Web genannt, bezeichnete den verborgenen Teil des Internets, in dem illegale Geschäfte abgewickelt wurden. Er hatte im Zusammenhang mit anderen Untersuchungen schon damit zu tun gehabt.

»Wie bekommt man Zugang?«

»Selbst wenn ich es wollte, wüsste ich nicht, wie ich auf die Plattform gelange. Die ist tief im Darknet verborgen und supergeheim.«

»Aber die Kunden ... woher wissen die denn von der Existenz der Seite?«

»Alles läuft ausschließlich über Einladung, über Mundpropaganda. Es gibt Zulassungsregeln wie bei einer Geheimgesellschaft. Tanguay hat jeden potenziellen Kunden unter die Lupe genommen. Das war für ihn ein Leichtes, weil er Zugriff auf die Datenbanken der Polizei hatte.«

Victor dachte an die Namensliste, die Yves Gagné ihm gegeben hatte. Waren die Personen, über die Tanguay Auskünfte von ihm hatte haben wollen, potenzielle Kunden der Plattform?

»Um zu beweisen, dass man es ernst meinte«, fuhr Duvalier fort, »musste man einhunderttausend Dollar als Sicherheit hinterlegen. Und glaub mir, wer sich ein oder mehrere Mädchen für dreißigtausend, vierzigtausend oder mehr leisten kann, der bringt auch mühelos die Kaution auf. Einmal hat Mardaev sogar damit geprahlt, dass ein Mädchen für dreihunderttausend weggegangen war. Eine zwölfjährige Jungfrau.«

Ein metallischer Geschmack machte sich in Victors Mund breit. Die Enthüllungen des Métis erfüllten ihn mit Schwindel und Ekel. Dass ein so komplexes und durchorganisiertes System existierte, das junge Frauen zu Sexsklavinnen machte, überstieg seine Vorstellungskraft.

»Kann ich mich auf das verlassen, was du mir hier erzählst, oder ist es auch nur Bullshit?«

Ein maliziöses Lächeln umspielte Duvaliers Lippen.

»Ich habe dich nicht angelogen, als wir uns auf der Straße

unterhalten haben. Ich habe dir nur nicht die ganze Wahrheit gesagt.«

Victor sah den Métis durchdringend an.

»Da wir schon dabei sind, Duvalier: Warum hast du mir eigentlich erzählt, dass Tanguay uns verraten hat? Du musstest doch befürchten, dass wir die Spur bis zu dir zurückverfolgen.«

»Ich habe darin eine Chance gesehen. Ich habe mir gesagt, wenn ich dir die Spitze des Eisbergs zeige, hilft dir das dabei, den Mörder zu finden, ohne dass du deine Nase in unsere Angelegenheiten zu stecken brauchst. Ich werde zwar beschützt und bin durchaus in der Lage, auf mich selbst aufzupassen, aber ich mag es nicht besonders, wenn ich Morddrohungen erhalte. Im Übrigen sieht es ganz so aus, als müsste mein Sicherheitssystem auf den Prüfstand.«

»Als der Mörder dich aufgefordert hat, Schluss zu machen, hast du da das Gefühl gehabt, er meint damit die Auktionsplattform?«

»Das liegt doch auf der Hand.«

Der Sergent-Détective seufzte frustriert.

»Ist dir klar, dass wir Leben hätten retten können, wenn du mir von Anfang an reinen Wein eingeschenkt hättest?«

Duvalier zuckte mit den Schultern.

»Ich weiß nicht, ob es dir schon aufgefallen ist, aber ich leite keinen Wohltätigkeitsverein.«

Als er das Gefühl hatte, dass aus dem Chef der Red Blood Spillers nichts mehr herauszuholen war, stand Victor auf, schnappte sich die Flasche Jack Daniels und verließ den Raum, ohne noch ein Wort zu sagen. Er hatte erwogen, Duvalier davor zu warnen, Vergeltungsmaßnahmen gegen ihn ins Auge zu fassen, weil er gewaltsam in sein Heim eingedrungen war, war aber zu der Überzeugung gelangt, dass sich das erübrigte.

Er hatte fast die Haustür erreicht, als hinter ihm die Stimme des Métis ertönte.

»He, Lessard.«

Er drehte sich um, darauf gefasst, dass der Gangster eine Waffe in der Hand hielt. Doch das war nicht der Fall.

»Falls du irgendwann mal einen Job brauchst, sag mir Bescheid. Typen wie dich kann ich immer gebrauchen, Typen mit Eiern.«

Victor legte zum Gruß zwei Finger an seine geschwollene Augenbraue.

»Ich schicke dir meine Bewerbung.«

Er drehte sich um und öffnete die Tür. Draußen stieg er die Stufen hinunter und blieb auf der Straße stehen. Er entkorkte die Flasche, führte sie an die Lippen und legte den Kopf zurück. Dann warf er die Flasche auf den Rasen und schlug den Weg zum Wagen ein.

Im Gehen wog er das Für und Wider ab. Er hatte die Wahl: entweder in den Abgrund springen oder an seinem Rand entlangbalancieren und jeden Tag mit aller Kraft dagegen ankämpfen, in die Tiefe gezogen zu werden. Er dachte an Nadja, an Ted, der im Krankenbett dahinvegetierte, und an seine Kinder, dann spuckte er den Schluck Whiskey wieder aus, den er im Mund behalten hatte. Loïc war ausgestiegen, um ihn zu begrüßen, und sah ihn an, wie man den einzigen Überlebenden eines Flugzeugabsturzes ansieht.

»Alles in Ordnung?«

Victor nickte und stieg in den Wagen. Bevor Loïc losfuhr, schielte er zu ihm hinüber, doch er begriff, dass sein Chef noch Zeit brauchte. Mit leerem Blick kämpfte der Sergent-Détective gegen das Zittern seiner Hände an. Sie waren schon mehrere Minuten in Richtung von Samuel Martineaus Wohnung gefahren, als er schließlich das Schweigen brach:

»Ich schulde dir ein Paar Socken, Kid.«

46.
AM SCHEIDEWEG

Hundemüde hatten sich die Ermittler noch einmal um den Tisch in Martineaus Wohnung versammelt. Victor hatte, nachdem er Loïc das Versprechen abgenommen hatte, kein Wort darüber zu verlieren, wie er in Duvalier Josephs Haus gelangt war, den anderen soeben von seiner Unterhaltung mit dem Bandenchef berichtet. Endlich klärte sich das Bild: So bestand jetzt kein Zweifel mehr, dass die Opfer des Serienmörders alle miteinander in Verbindung gestanden hatten. Tanguay, Mardaev und Martineau waren in unterschiedlichem Ausmaß in den Menschenhandel verwickelt gewesen; Clark Wood war ihr Kunde und Grant Emerson der Vater eines der versteigerten Mädchen gewesen.

Nur die Rolle des letzten, vom Mörder angekündigten Opfers blieb im Dunkeln. Da jedoch Grund zu der Annahme bestand, dass der Weihnachtsmann Maxime Rousseau entführt hatte, gingen die Ermittler davon aus, dass er wahrscheinlich ein Kunde des Händlerrings war. Außerdem hatte Victor versucht, Ghislaine Corbeil, die Direktorin des AIM, zu erreichen, die Loïc noch immer nicht zurückgerufen hatte. Da der Menschenhandel offensichtlich eine zentrale Rolle bei der Mordserie spielte, hofften sie, dass die Identifizierung anderer verschwundener Mädchen, die den AIM durchlaufen hatten, sie auf eine neue Spur bringen würde.

Und nun, da sie wussten, warum ihre Kollegen 2003 umgebracht worden waren, tobte Jacinthe:

»Maurice Tanguay war wirklich ein Dreckschwein!«

Victors Handy klingelte. Er entfernte sich vom Tisch und nahm den Anruf entgegen, während seine Partnerin hinter ihm weiter ihrer Empörung Luft machte. Ghislaine Corbeil war am anderen Ende der Leitung.

»Verzeihen Sie, aber ich habe Ihre Nachricht und die Ihres Kollegen Blouin-Dubois gerade erst gelesen. Ich musste die Asche meines Vaters im Bestattungsinstitut abholen. Und als ich wieder ins Büro kam, ging hier alles ein wenig drunter und drüber.«

»Mein herzliches Beileid zum Verlust Ihres Vaters.«

»Er war schwer krank. Es war eher eine Erlösung.«

Victor dachte an Ted, der ans Krankenbett gefesselt war, und bekam Schuldgefühle, weil er seit seinem letzten Besuch keine Gelegenheit mehr gefunden hatte, bei ihm vorbeizuschauen. Dann verbannte er den Gedanken aus seinem Kopf. Für Reue war jetzt keine Zeit.

Er wollte zur Sache kommen, doch die Direktorin war schneller.

»Es trifft sich gut, dass Sie angerufen haben, denn ich wollte ohnehin mit Ihnen sprechen.«

Neugierig geworden, beschloss Victor, sie erst einmal anzuhören.

»Worüber?«

»Bei unserer letzten Begegnung haben Sie mich gefragt, ob ich jemanden mit dem Spitznamen Weihnachtsmann kenne.«

Victor, der im Flur auf und ab ging, blieb abrupt stehen und hielt den Atem an.

»Bitte fahren Sie fort.«

»Heute Nachmittag hatten wir im Zentrum eine Veranstaltung mit Jugendlichen, und ich habe die Gelegenheit genutzt, um sie danach zu fragen. Unter ihnen war ein Mädchen namens Juliette Lavoie-Evans, die damit etwas anfangen konnte. Ihr zufolge handelt es sich wahrscheinlich um den Spitznamen von Édouard Mayrand, einem pädagogischen Begleiter unseres Hilfswerks. Ich habe mir gedacht, das könnte Sie interessieren.«

Victor setzte sich wieder in Bewegung. Sein Herz schlug schneller.

»Sie meinen, ein Betreuer?«

»Nein, zusätzlich zu den Betreuern haben wir ein Netz von pädagogischen Begleitern, die wir ›Leuchttürme‹ nennen. Sie fungieren als Mentoren für unsere Jugendlichen. Monsieur Mayrand ist pensionierter Lehrer. Er hat am Cégep Philosophie unterrichtet, wenn mich mein Gedächtnis nicht trügt.«

»Haben Sie seine Adresse und Telefonnummer?«

»Ja, in den Akten.«

Eine gewisse Nervosität hatte Victor erfasst, doch er zwang sich zur Ruhe.

»Ich brauche sie so schnell wie möglich. Und dieses Mädchen, ist sie zu sprechen?«

»Juliette? Jetzt?«

Victor bejahte.

»Können Sie mir erklären, was eigentlich los ist, Monsieur?«

»Jetzt nicht, nein.«

Verdutzt über die schroffe Antwort, brauchte die Direktorin einen Moment, ehe sie reagierte.

»Warten Sie, das kann ein paar Minuten dauern. Ich lege Sie in die Warteschleife. Ich muss runter in den großen Saal, vielleicht ist Juliette noch da.«

Victor spürte, wie sich ein Knoten in seinem Magen bildete. Er kehrte zu den anderen zurück. Mit müden Gesichtern saßen sie noch am Tisch und schmiedeten Hypothesen. Er berichtete ihnen, was er soeben von der AIM-Direktorin erfahren hatte. Spürbare Erregung erfasste das Team, und die wenigen Minuten, die verstrichen, bis sie sich wieder meldete, kamen ihnen wie eine Ewigkeit vor.

»Monsieur Lessard? Juliette ist hier bei mir. Ich habe auf Laut-sprecher gestellt.«

Victor setzte sich und stellte sein Handy auch auf Lautspre-cher, damit die anderen mithören konnten.

»Guten Tag, Juliette. Mein Name ist Victor. Alles klar?«

»Hallo.«

Der Ton des Mädchens ließ keinen Zweifel daran, dass sie jetzt lieber woanders wäre.

»Was kannst du mir über den Weihnachtsmann sagen?«

Juliette zögerte ein paar Sekunden und räusperte sich dann.

»Na ja … manchmal nimmt uns Samuel zu einem Monsieur mit, den wir den ›Weihnachtsmann‹ nennen.«

Als der Name Samuel fiel, tauschten die Ermittler einen Blick. Victor fragte:

»Samuel Martineau?«

»Ja.«

»Und warum nennt ihr ihn ›den Weihnachtsmann‹?«

Das Mädchen kicherte.

»Weiß auch nicht. Alle nennen ihn so. Vielleicht, weil er ihm ein wenig ähnlich sieht. Er hat einen langen Bart und ganz wei-ße Haare.«

»Und was macht ihr bei ihm?«

»Wir reden, hören Musik, baden im Pool. Er wohnt in einem großen Haus in Westmont. Er ist sehr nett. Und der intelligen-teste Mensch, dem ich je begegnet bin.«

Victor legte Jacinthe, die vor Ungeduld zappelte, die Hand auf den Unterarm.

»Und sag mir, Juliette, kennst du Myriam Cummings?«

»Das Mädchen, das verschwunden ist? Ja, ein wenig …«

»Was kannst du mir über sie sagen?«

Erneutes Zögern des Mädchens.

»Äh … nicht viel …«

»Hat sie euch zum Weihnachtsmann begleitet?«

»Also … das weiß ich nicht mehr.«

Der Sergent-Détective trommelte gereizt mit den Fingern. Die phlegmatische Art des Mädchens ging ihm langsam auf die Nerven.

»Hatte sie enge Freunde?«

»Äh … nicht wirklich … oder, na ja, vielleicht Dante …«

»Dante? Dante und wie weiter?«

»Äh … Dante … Salvador. Ja, Dante Salvador.«

»War er Myriams Freund? Oder nur ein Kumpel?«

»Keine Ahnung, ob er ihr Freund war, aber sie haben sich echt gut verstanden.«

»Dante ist neunzehn Jahre alt«, schaltete sich Ghislaine Corbeil ein. »Er ist als Vierjähriger aus Mexiko gekommen, zusammen mit seiner Mutter, die ihn später wegen ihrer Drogenprobleme abgegeben hat. Er lebt in einer selbstständigen WG aus fünf Jugendlichen, denen wir die Wohnung stellen und die wir entsprechend unterstützen, wie ich Ihnen erzählt habe. Der Junge ist einer der schönsten Erfolge unserer Organisation.«

Victor legte die Hände auf den Tisch und beugte sich zum Handy vor, um sicherzugehen, dass er klar verstanden wurde.

»Juliette … war Dante schon mal bei Monsieur Mayrand?«

Während er das Gespräch führte, blätterte Nadja in ihren Papieren. Der Name des jungen Mannes kam ihr bekannt vor.

»Ja, er war mehrere Male mit Samuel dort. Der Weihnachtsmann hat ihm oft Bücher gegeben.«

»Was für Bücher?«

»Na ja, hauptsächlich Philosophiebücher … Freud, Nietzsche, solche Sachen eben. Einmal hat er ihm auch ein Buch über Perversion geliehen. Ich weiß noch, dass ich das voll krass fand.«

Nachdem Nadja ein paar Seiten überflogen hatte, fand sie, was sie suchte, und zwar im Ermittlungsbericht über das Verschwinden von Myriam Cummings. Sie legte das Blatt vor Victor auf den Tisch und deutete auf einen Absatz. Bei der Befragung durch die Verfasser des Berichts hatte Dante Salvador behauptet, die junge Frau nicht zu kennen.

»Juliette, hast du Dante heute gesehen? Oder Sie, Madame Corbeil?«

Gemurmel drang aus dem Telefon, dann die Stimme Ghislaine Corbeils.

»Juliette sagt, nein. Und ich habe ihn seit mehreren Tagen nicht mehr gesehen. Aber die fünf jungen Leute sind weitgehend selbstständig. Sie bekommen nur einmal die Woche Besuch von ihrem Betreuer.«

»Und wer ist der für Dante zuständige Betreuer?«

»Samuel.«

Wieder blickten die Ermittler sich an.

»Madame Corbeil, ich brauche so schnell wie möglich die Adressen von Dante Salvador und Édouard Mayrand.«

Jacinthe setzte ungeduldig noch einen drauf:

»Und so schnell wie möglich bedeutet, in den nächsten fünf Minuten, Madame.«

Während die Direktorin ihre Tastatur bearbeitete, schaltete der Sergent-Détective sein Handy auf stumm.

»Ich bin mir sicher«, sagte Jacinthe mit leiser Stimme, »dass Salvador der Freund der Kleinen ist …«

Victor antwortete nicht, aber er wusste sofort, was in ihrem Kopf vorging. Sie hatten bereits die Möglichkeit in Betracht gezogen, dass Grant Emerson Tanguay, Mardaev und Wood getötet hatte, um seine Tochter zu befreien. Und Jacinthe kannte er so gut, dass er ohne weiteres erriet, was sie dachte: Was, wenn es nicht der Vater, sondern der Geliebte Myriams war, der sie aus den Klauen ihres Peinigers befreit hatte? Während sie darauf warteten, dass Ghislaine Corbeil die Adressen durchgab, musste der Sergent-Détective daran denken, was für ein Gefühl er bei seinem Besuch in Emersons Wohnung gehabt hatte. Er hätte schwören können, dass jemand in der Dunkelkammer war.

29.
EIN AUFGEBRACHTER VATER (2)

»Mal unter uns, Sie tappen also völlig im Dunkeln, oder?«

»Es ist ein sehr komplexer Fall. Mehr kann ich Ihnen dazu nicht sagen«

Dante und Myriam erstarrten in der Dunkelkammer und hielten den Atem an. Die junge Frau hatte gerade eine Entwicklerspule zu Boden gestoßen, wie sie beim Entwickeln von Filmen benutzt wurde.

»Sind Sie allein?«

»Ja, warum?«

»Was ist hinter dieser Tür dort?«

Dante lud seine Pistole durch, wobei er das Klicken mit der hohlen Hand dämpfte.

»Meine Dunkelkammer. Ich entwickele meine Filme noch selbst, wie in den guten alten Zeiten.«

»Haben Sie nichts gehört?«

Myriam biss sich in die Faust. Sie hatte sich nur am Tisch abstützen wollen.

»Ich habe die Katze dort eingesperrt, bevor ich Ihnen geöffnet habe. Ein wahrer Satansbraten. Hätte ich sie hier gelassen, würde sie jetzt ihre Krallen an Ihrer Jeans wetzen. Sie würden in Unterhosen wieder hier rausspazieren.«

Die beiden jungen Leute beruhigten sich erst, als Minuten später die Stimmen verstummten und die Wohnungstür hörbar ins Schloss fiel. Da brach Myriam in Schluchzen aus und schmiegte sich zitternd in Dantes Arme. Nun, da die Gefahr vorüber war, wagte sie wieder zu hoffen, dass die Schatten verschwanden, dass der Albtraum ein Ende fand.

Grant Emerson wartete noch zehn Minuten, nachdem der Polizist gegangen war, dann öffnete er die Tür zur Dunkelkammer und befreite Dante und Myriam aus ihrem Gefängnis.

»Das war knapp! Aber was ist denn passiert?«

Myriam schlug die Augen nieder.

»Das war mein Fehler. Ich bin gegen eine von deinen Spulen gestoßen.«

Grant legte seiner Tochter zärtlich die Hand auf die Wange.

»Hier könnt ihr nicht bleiben. Die Polizei könnte wiederkommen.«

Dante steckte die Pistole in seinen Gürtel.

»Wir gehen zu mir.«

Myriam sah ihn entsetzt an.

»Und wenn Samuel in deiner Wohnung aufkreuzt?«

Dante ergriff ihre Hand, um sie zu beruhigen.

»Hab keine Angst. Ich werde mich um Samuel kümmern.«

Grant packte Myriam und Dante im Genick und zog sie zu sich heran.

»Um den kann ich mich kümmern. Ihr solltet fliehen, solange noch Zeit dazu ist, meine Kinder.«

Dante schürzte die Lippen und schüttelte den Kopf.

»Wir werden verschwinden, aber vorher muss ich zu Ende bringen, was ich angefangen habe. Bald ist es geschafft.«

»Was zu Ende bringen? Du hast Myriam befreit und die Monster beseitigt, die ihr diese schrecklichen Dinge angetan haben. Geht. Ich werde mich der Polizei stellen und alles auf mich nehmen. Ich bin alt. Mir bleibt nicht mehr viel Zeit. Aber ihr, ihr habt das Leben noch vor euch.«

Myriam ging auf ihren Vater zu.

»Was redest du da, Dad? Du wirst noch sehr lange leben!«

Grant Emerson nahm seine Tochter in die Arme. Ihre Augen schwammen in Tränen.

»Geht, ich nehme alles auf meine Kappe.«

Grant meinte es ernst. Er war zu diesem Opfer bereit. Jeden Tag durchlebte er noch einmal die Kämpfe, die seine Kameraden und er auf Zypern ausgefochten hatten. Er hatte es damals nie an Mut fehlen lassen, und er würde heute nicht damit anfangen. Die Taten, die Dante begangen hatte, waren an und für sich barbarisch, doch er hatte sie begangen, um seine Tochter, seine kleine Myriam, zu retten. Der junge Mann hatte geschafft, was ihm selbst nicht gelungen war. Und die Männer, die er umgebracht hatte, hatten den Tod verdient. Aus diesem Grund war Grant bereit, sein Leben für ihn hinzugeben.

»Kommt nicht infrage, dass Sie sich der Polizei stellen, Monsieur Emerson. Ich werde untertauchen.«

Dante hatte die drei Monster getötet, um Myriam zu befreien. Deshalb konnte Grant ihn nicht guten Gewissens bitten, sich der Polizei zu stellen, aber er gab ihm die Karte, die ihm der Ermittler dagelassen hatte.

»Sollte es mal nötig sein, kannst du mit diesem Polizisten reden. Ich halte ihn für einen Menschen, dem man vertrauen kann.«

Myriam hatte die Entscheidung gefällt, Dante zu folgen. Im ersten Moment hatte sich Grant gesagt, dass er sie unmöglich mit einem Mörder gehen lassen könne. Dann hatte er beschlossen, sich ihr nicht in den Weg zu stellen. Nicht nach dem, was der junge Mann für sie getan hatte. Doch bevor sie gingen, wollte er sie unbedingt fotografieren. Und als Dante und Myriam dann nebeneinander vor ihm standen, griff er auf einen alten Fotografentrick zurück, um sie zum Lächeln zu bringen: Er steckte sich seine Zigarre ins Ohr. Und als er seine Tochter übers ganze Gesicht strahlen sah, empfand er ein Gefühl unaussprechlicher Dankbarkeit, und sein Herz floss über vor Glück.

Er machte mehrere Fotos von den beiden jungen Leuten, und während er den Auslöser betätigte, rollten ihm Tränen über die Wangen. Die Freude, Myriam wiedergefunden zu haben, vermischte sich mit der Trauer darüber, dass sie ihn nun wieder verließ, ohne dass er wusste, ob er sie bald wiedersehen würde.

Als er den Apparat sinken ließ, warf sich Myriam in seine Arme, und zwischen Schluchzern murmelte sie ihm ins Ohr:

»Ich liebe dich, Papa. Ich liebe dich, und ich entschuldige mich für all den Stress, den wir dir bereitet haben.«

Als Myriam und Dante gingen, blieb Grant allein und mit gebrochenem Herzen in seiner Wohnung zurück. Dann löste er sich aus seiner Erstarrung, und der Anflug eines Lächelns erschien auf seinen Lippen. Er hatte sie auf seinem Film verewigt. Diese Fotos, so schwor er sich, würde er bis zu seinem Tod in Ehren halten. Und er hatte auch seine Erinnerungen, eingebrannt in sein Gedächtnis, und er würde sie für immer behalten. An seiner Zigarre kauend, marschierte er in die Dunkelkammer, um die Negative zu entwickeln. Während er seine Vorbereitungen traf, dachte er bei sich, dass Myriam und Dante zwar schreckliche Dinge erlebt hatten, dass ihre Geschichte aber auch etwas Tröstliches hatte: Sie hatten einander gefunden.

I.

SPRICH NICHT SO LAUT
ZU MEINEM HERZEN

Im diffusen Licht der Stadt schritt der junge Mann ruhig durch die feuchte Rue Saint-Urbain, die zu dieser Abendstunde verlassen dalag. Einen Karton unterm Arm, betrat er die U-Bahn-Station Place-d'Armes, zog seine Karte über den optischen Abtaster und stieg zum Bahnsteig hinunter, wo er die letzte Metro des Tages nehmen wollte. Unter den wenigen Leuten, die warteten wie er, bemerkte er eine alte Frau, die vergeblich versuchte, zwei große Tüten mit Lebensmitteln in einem Einkaufstrolley zu verstauen.

Der junge Mann steuerte ohne Zögern auf sie zu.

»Lassen Sie mich Ihnen helfen, Madame.«

Die alte Frau schaute auf und musterte ihn skeptisch: kahl geschorener Kopf, die Lider mit schwarzem Kajal umrandet, ein Piercing in der Augenbraue und smaragdgrüne Augen, schwarze Leggins, Camouflage-Jacke, ein grauer Hoodie, um die Taille geknotet, und Armeestiefel. Doch das strahlende Lächeln, das er ihr schenkte, bewegte sie dazu, sich von ihm helfen zu lassen. Vorsichtig stellte er den Karton auf den Boden, räumte die Gegenstände um, die sich bereits in dem Trolley befanden, und ließ die beiden Tüten hineingleiten.

Die alte Frau lächelte zurück.

»Tausend Dank, junger Mann.«

Der Boden erzitterte, die Metro kam. Er stieg ein, setzte sich und legte den Karton auf den Sitz neben sich. Die Farbsprühdosen klirrten, als er seinen Rucksack auf den Boden stellte. Er sah sich im Wagen um. Ein Liebespaar döste aneinandergelehnt.

Weiter hinten las ein Mann die Zeitung *Métro* verkehrt herum und gab unverständliche Worte von sich. Der Zug setzte sich in Bewegung. Eine U-Bahn, die in entgegengesetzter Richtung vorbeifuhr, rüttelte den Wagen durch.

Der junge Mann schloss die Augen und lehnte den Kopf an die Fensterscheibe. Dann dachte er an Myriam, und Erinnerungen stiegen in ihm auf.

Es war Valentinstag, und er wartete nervös in dem Starbucks, in dem sie sich verabredet hatten. Sie hätte schon längst da sein müssen, und er spähte unablässig zu der Wanduhr hinter der Theke, denn spätestens in einer halben Stunde musste er gehen. Er hatte der Direktorin des AIM versprochen, mit ein paar Journalisten über seinen ungewöhnlichen Werdegang und die Erfahrungen zu sprechen, die er mit dem Projekt Selbstständiges Wohnen des Hilfswerks gemacht hatte. Und wenn Dante etwas versprach, dann hielt er es auch.

Myriam und er hatten sich im Jahr zuvor im AIM kennengelernt, und es hatte eine Weile gedauert, bis er ihr aufgefallen war. Vielleicht weil er etwas kleiner war als sie. Aber egal. Sie hatten sich angefreundet. Doch an diesem Valentinstag hatte er beschlossen, ihr zu gestehen, dass sie für ihn mehr als eine Freundin war.

Als Myriam endlich kam, machte sein Herz wieder einen Sprung. Sie trug einen schwarzen Wollmantel, passend zur Farbe ihrer großen Augen, und das braune Haar wehte ihr um den Kopf. Myriam war wunderschön, und er liebte alles an ihr: ihr kristallklares Lächeln, ihre warme Stimme, ihren Gang und wie sie sich zur Seite lehnte und die Wange auf Zeige- und Mittelfinger stützte, wenn sie ihm zuhörte.

Sie kam lächelnd an den Tisch.

»Entschuldige, ich komme viel zu spät. Mal wieder mein Vater. Ich werde es dir erklären.«

Als sie sich setzte, hatte er noch kein Wort gesagt. Er begnügte sich damit, sie anzusehen und zu lächeln. Schließlich brach sie in Lachen aus.

»Was ist? Hast du deine Zunge verschluckt, Dante Salvador?«

Er hatte aus einer Zeitschrift das Foto eines Rosenstraußes ausgeschnitten. Und darunter hatte er mit schwarzem Filzstift geschrieben:

»Mein Herz schlägt für dich.«

Dante schob das Blatt vor Myriam hin. Nachdem sie das Foto betrachtet und seine Worte gelesen hatte, suchte sie seinen Blick und lächelte.

»Du bist echt total süß!«

Daraufhin stand er auf, ging um den Tisch herum und beugte sich zu ihr hinab. Er nahm ihr Gesicht in beide Hände, sah ihr direkt in die Augen, näherte sich ihr langsam und drückte seine Lippen auf ihre. Er verlor jedes Zeitgefühl. Dieser erste Kuss erschien ihm flüchtig und unvergänglich zugleich. Myriam hatte noch die Augen geschlossen, als er sich aus der Umarmung löste und ihr ins Ohr flüsterte:

»Ich muss gehen. Treffen wir uns später bei mir?«

Auf dem Weg zum Ausgang drehte er sich noch einmal um. Myriam schaute ihn an, und da begriff er, dass sie ihn jetzt mit anderen Augen sah, dass dieser Kuss genügt hatte, um ihre Wahrnehmung zu ändern: Von nun an würde sie nicht mehr nur einen Freund in ihm sehen. Und dieser Gedanke ließ ihn vor Freude strahlen. Er formte mit den Fingern ein Herz vor seiner Brust. Myriam blies ihm einen Kuss zu. Als er auf die verschneite Straße hinaustrat, schnitt ihm die Kälte ins Gesicht.

Die Hände in den Manteltaschen vergraben, stapfte er schnellen Schrittes über den Gehweg, und der Streusplitt knirschte unter seinen Füßen. Im Gehen dachte er an einen Roman, den sie im Französischunterricht gelesen hatten: *Der Garten der Finzi Contini.* Soweit er sich erinnerte, hatte sich der Erzähler in eine junge Frau verliebt und bereute es bitterlich, dass er sie nicht geküsst hatte, als er die Gelegenheit dazu hatte, als alles noch möglich war. Leider hatte er es nicht getan, und seitdem glaubte er, dass dieser Augenblick möglicherweise sein Schicksal und das der geliebten jungen Frau besiegelt hatte.

Und als Dante Salvador jetzt fröstelnd zu seinem Termin in der Redaktion des *Journal du Montréal* eilte, hatte er genau das gleiche eigenartige Gefühl. Nämlich dass der Kuss zwischen ihm und Myriam etwas ganz Besonderes, Einzigartiges, Unwiderrufliches war, dass dieser Augenblick möglicherweise die Weichen für seine und ihre Zukunft gestellt hatte und ihrem weiteren Weg die Richtung gab. Und dass ein einziger Kuss ein Leben verändern konnte.

In dieser Nacht wartete er in seiner Wohnung vergeblich auf Myriam. Nur der dünne Faden dieses ersten Kusses hatte sie miteinander verbunden, als die junge Frau verschwunden war.

Die Erinnerung brach abrupt ab. Dante öffnete die Augen und fand sich in der Metro wieder. Das Liebespaar vor ihm war aufgewacht. Der Mann mit der Zeitung war offenbar an der letzten Station ausgestiegen. Der Zug drosselte das Tempo und blieb schließlich stehen. Dante schulterte seinen Rucksack und nahm den Karton vom Sitz. Er stieg an der Station Sherbrooke aus und ging den Rest der Strecke zu Fuß, bis zur Bäckerei in der Avenue Duluth.

Commandant Tanguay hatte ihm nicht sagen können, wo Myriam war. Aber er hatte ihn angefleht, seinen Partner, Valeri Mardaev, anzurufen, und beteuert, dass der den Namen des Käufers kenne. Wenige Sekunden später hatte er den Commandant enthauptet. Von Mardaev wusste er bereits. Der Weihnachtsmann hatte ihm den Namen zusammen mit dem des Polizisten gegeben.

Dante biss die Zähne zusammen, als er die Rue Saint-Denis entlangging. Valeri Mardaev würde ihm den Namen des Käufers verraten.

Dann würde er seine Liebste befreien.

47.
DAS REICH DES WEIHNACHTSMANNS

In der Eingangshalle von Édouard Mayrands Villa im Forden Crescent war die ruhige und sanfte Stimme eines jungen Mädchens zu vernehmen:

»Nehmen Sie die Waffen runter. Sie sind fort.«

Sie saß in einem bequemen Sessel, an Händen und Füßen mit Klebeband gefesselt. Victor steckte seine Pistole in das Holster zurück, drehte sich um und bat Jacinthe und die sie begleitenden Streifenpolizisten, die restlichen Zimmer im Haus zu sichern. Das Ermittlerteam hatte sich geteilt, nachdem ihnen die AIM-Direktorin die Adressen des Weihnachtsmanns und Dante Salvadors durchgegeben hatte. Jetzt, in diesem Augenblick, drangen Loïc, Nadja und Angehörige des Sondereinsatzkommandos in die Wohnung des jungen Mannes ein.

Das junge Mädchen war barfuß, trug eine Jogginghose und ein T-Shirt mit dem Konterfei Humphrey Bogarts auf der Brust. Ihr blondes Haar war auf der rechten Kopfhälfte geschoren, und ein Tattoo von Heath Ledger, als Joker geschminkt, zierte ihre Haut. Beim Nähertreten sah Victor, dass neben ihr auf dem Fußboden eine Zwei-Liter-Wasserflasche stand, versehen mit einem Trinkschlauch, der mit Klebeband so an ihrem Nacken und ihrer Wange befestigt war, dass sie mit dem Mund dran kam.

Das Mädchen lächelte ihn an. Sie wirkte überhaupt nicht verängstigt.

»Sind Sie der Ermittler Lessard?«

Er bejahte, überrascht, dass sie seinen Namen kannte.

»Und wie heißt du?«

»Lili.«

»Okay, Lili, eine Sekunde, dann mach ich dich los.«

Er holte in der Küche ein Messer und durchtrennte vorsichtig das Klebeband an Händen und Füßen.

»Alles in Ordnung? Bist du verletzt?«

Lili stand auf und schüttelte die steifen Beine.

»Alles klar. Ein Typ war hier und hat mich aus dem Zimmer befreit, in dem ich eingesperrt war. Anschließend hat er mir etwas zu essen gegeben und gesagt, dass Sie bald kommen würden.«

»Hat er dir seinen Namen genannt?«

»Dante soundso.«

»Salvador?«

Das Mädchen rieb sich die wunden Handgelenke.

»So was in der Art. Ich weiß nicht mehr genau, ob er seinen Nachnamen überhaupt gesagt hat.«

Der Sergent-Détective deutete mit dem Finger in Richtung obere Stockwerke.

»Ist noch jemand im Haus? Mädchen, Kinder?«

»Nein, ich glaube nicht.«

»Was hat Dante noch gesagt?«

Lili fuhr sich mit der Hand durchs Haar, strich es nach hinten und überlegte ein paar Sekunden.

»Dass er was erledigen muss und mich deshalb jetzt nicht gehen lassen kann. Dann hat er mich gefesselt und mir den Schlauch angeklebt, damit ich trinken konnte. Er hat gesagt, dass ich nichts zu befürchten hätte und dass er mir spätestens in ein paar Stunden Hilfe schicken würde.«

»Hat er gesagt, was er vorhatte und wo er hin wollte?«

»Nein, aber er hat mir etwas für Sie gegeben.«

Sie griff in die Hosentasche, brachte einen vierfach gefalteten Zettel zum Vorschein und reichte ihn ihm.

387

»Er hat gesagt, dass Sie dort finden werden, was Sie suchen.«

Victor sah dem Mädchen fest in die Augen.

»Hat dir Mayrand …«

»Wer?«

Er biss auf die Zähne und fing noch einmal an.

»Ich meine den Weihnachtsmann.«

»Nein. Er hat mich hier seit mehreren Tagen gefangen gehalten, aber getan hat er mir nichts. Wir haben uns nur über echt abgefahrene philosophische Sachen unterhalten. Das war ziemlich interessant.«

Victor schüttelte ungläubig den Kopf. Das arme Ding, wenn sie wüsste, dass das alles kein Spiel war und dass sie nur knapp einem schrecklichen Ende entgangen war.

»Hat dich Samuel Martineau hierhergebracht?«

Lili sah ihn überrascht an.

»Woher wissen Sie das? Hat er es Ihnen gesagt?«

Er nickte. Es brachte nichts, ihr Angst zu machen. Später würde er mit ihr reden und ihr die Wahrheit sagen müssen. Aber nicht jetzt.

»Weißt du, wo der Weihnachtsmann hin ist?«

»Dante hat ihm die Hände auf den Rücken gebunden und ihn mit einer Pistole bedroht. Sie sind durch die Garage raus. Der Weihnachtsmann hat aus dem Mund geblutet.«

»Sie sind schon lange fort?«

»Seit ungefähr zwei Stunden.«

Victor faltete den Zettel auseinander und warf einen Blick darauf. Im selben Moment tauchte Jacinthe hinter ihnen auf und sagte kurzatmig:

»Sonst niemand da, das Haus ist leer.«

Sie stellte sich auf die Zehenspitzen und spähte ihrem Partner über die Schulter.

»Was ist das für eine Zeichnung?«

Victor gab ihr den Zettel.

»Lies, was in der rechten oberen Ecke steht, neben dem Wappen der Stadt Montréal.«

»Scheiße! Das ist ein Plan der Abwasserkanäle.«

Victor überprüfte, ob die Taschenlampe auch richtig an seiner Schutzweste angebracht war, und rückte sein Headset zurecht. Dann testeten Jacinthe und er ein letztes Mal die Funkgeräte, um sich zu vergewissern, dass sie auch gut funktionierten. Sie hatten Lili in der Obhut der Streifenpolizisten gelassen und waren mit heulender Sirene zu der Stelle gerast, die auf dem Plan markiert war.

Mit dem Kinn deutete Jacinthe auf die Öffnung.

»Hältst du es wirklich für eine gute Idee, ganz allein da runterzusteigen? Willst du nicht lieber Verstärkung anfordern? Es könnte eine Falle sein.«

Er rauchte seine Zigarette bis zum Filter, dann warf er sie weg und trat sie sorgfältig mit seinen roten Converse aus.

»Wenn es eine Falle ist, genügt es, wenn einer von uns hineintappt.«

Er holte tief Luft.

»Okay, dann mal los.«

Bevor er sich an den Abstieg machte, wühlte Jacinthe in ihrem Rohkostbeutel und hielt ihm einen Zitronenschnitz hin.

»Nimm. Das hilft gegen den Gestank. Viel Glück, Partner.«

Victor biss hinein und kletterte mit der Zitrone zwischen den Zähnen die Sprossen hinunter. Bald war er in der dunklen Unterwelt verschwunden. Am Boden des Kanals angekommen, knipste er die Taschenlampe an und zückte die Glock. Angst überkam ihn, schnürte ihm die Eingeweide zusammen. Doch auch diesmal würde er ihr trotzen.

Jenseits von
Gut und Böse

Wer mit Ungeheuern kämpft, mag zusehn, dass er nicht dabei zum Ungeheuer wird. Und wenn du lange in einen Abgrund blickst, blickt der Abgrund auch in dich hinein.

FRIEDRICH NIETZSCHE

49.

DAS SCHWARZE ZIMMER (4)

»Wir kommen mit der Illusion auf die Welt, dass wir alle etwas werden können, wenn wir nur fest daran glauben und sehr hart arbeiten, Dante. Und wir wissen alle von Anfang an, dass das reiner Schwachsinn ist. Wir wissen, dass manche, die Glücklicheren, bei guter Gesundheit in eine wohlhabende Familie hineingeboren werden, andere mit unheilbaren Krankheiten in Familien, die nicht einmal genug zu essen haben. Wir wissen es, und dennoch tun wir unseren Kindern weiter diese Lügen an.«

»Trotzdem gibt es eine gewisse Form von Gleichheit. Am Ende sterben alle.«

»In der Natur, im Urzustand, gibt es keine Gleichheit. Nur die Stärksten überleben. Doch die Zivilisation hat in ihrer ganzen Anmaßung die Naturgesetze durch eigene Spielregeln ersetzt. Die Gesellschaft, ihre Verbote, Recht und Ordnung, Moral, Religion, all das steht im Dienst des kollektiven Zusammenhalts, eines relativen sozialen Friedens und wird beherrscht von dem Gedanken, dass es einen Kampf zwischen dem Guten auf der einen und dem Bösen auf der anderen Seite gibt. Und wir leben in einer ständigen Zerrissenheit, hervorgerufen durch Schuldgefühle, die uns bedrücken, die uns innerlich auffressen. Warum? Weil wir böse sind? Gott, der Teufel, das Gute, das Böse … Nichts davon existiert in der Natur. Wen idealisieren wir? Diejenigen, denen es gelungen ist, ihre Triebe zu beherrschen. Den Papst, den Dalai Lama … Wir sollten all die Gurus abschaffen. Wer tötet, wer plündert, wer seine Triebe in der Wirklichkeit auslebt, handelt nach den Naturgesetzen. Wir sind nichts. Wir sind nur die Illusion einer Illusion im Kosmos, ein Programmierfehler der Natur, die in ihrer großen Weisheit beschlossen hat, den Menschen gleichzeitig das Gift und das Gegengift mitzugeben. Das Gift ist das Bewusstsein und mithin das Vermögen, zu sublimieren und unsere Triebe zu zähmen, unglücklich zu sein und sich schuldig zu fühlen, und das Gegengift ist die Fähigkeit, wirklich man selbst zu werden, sich von allem loszusagen, alles in die Luft zu sprengen. Und genau dazu wird es am Ende kommen. Der Mensch wird alles zerstören, angefangen bei sich selbst. Nur die Stärksten werden überleben.«

»Sie reden wirklich nur Unsinn. Aber das ist wohl nicht verwunderlich von einem ehemaligen Philosophie-Lehrer, der sich ›Weihnachtsmann‹ nennen lässt.«

»Aber ganz im Gegenteil, junger Freund. Ganz im Gegenteil. Der Weihnachtsmann ist ein Schwindel, die schlimmste Lüge, die man Kindern auftischen kann, eine besonders niederträchtige Verzerrung der Realität. Man nährt diese Illusion in den Köpfen der unschuldigsten Wesen, man korrumpiert sie schon in jungen Jahren mit grotesken Ködern, und zu welchem Zweck? Nur zu dem Zweck, sie von ihrer wahren Natur abzulenken und der Gnade des Konsumismus zuzuführen, um ihrem noch jungfräulichen Geist am Ende die Ideale einzupflanzen, deren die Gesellschaft bedarf, um zu triumphieren. Für jemanden, der sein Leben der Suche nach der Wahrheit gewidmet hat, da werden Sie mir gewiss zustimmen, ist das eine Option, die der Komik nicht entbehrt.«

»Wenn Sie das unbedingt glauben wollen.«

»Und nun? Haben Sie genug davon, Dante?«

»Sie glauben, dass ich genug davon habe? Bilden Sie sich bloß nicht ein, ich hätte nicht begriffen, was Sie versuchen. Vergewaltigen und Morden ermöglicht Ihnen, Ihren Todestrieb auszuleben und zu befriedigen, und rechtfertigt Ihre Art zu leben.

Für Sie ist die ultimative Erfahrung, die diesen Trieb befriedigen kann, die Vorstellung, dass Sie von einem Menschen getötet werden, den Sie selbst ausgewählt haben. Die bloße Beschwörung dieses Gedankens wird für Sie zum berauschenden Genuss. Und in Ihrem Unbewussten wollen Sie, dass ich Sie töte, denn das wäre die Bestätigung Ihrer Weltsicht, der Beweis, dass Sie recht haben. Wohingegen, wenn ich Sie nicht töte, Ihr ganzes Wirklichkeitskonstrukt, Ihr ganzes Weltverständnis in sich zusammenfällt.«

»Sie haben sehr gut auf den Punkt gebracht, worum es geht. Aber die Frage bleibt unbeantwortet: Wie können Sie im Augenblick der Tat sicher sein, dass Sie aus freiem Willen handeln? Wird es Ihnen gelingen, sich davon zu überzeugen, dass Ihre Triebe nichts damit zu tun haben, dass Sie kein Mörder sind, kein Monster?«

»Eins ist sicher: Ich versuche nicht, Sie zu überzeugen.«

»Der Neurotiker, Opfer seiner Triebe, versucht, das Loch in der Realität zu stopfen. Deshalb hat er sich eine Massenpsychose ausgedacht: die Religion. Oder die Einhaltung der Regeln des gesellschaftlichen Zusammenlebens, die sich auf die Werte gründen, die Christentum, Buddhismus oder Islam vermitteln, was auf dasselbe hinausläuft. Die Mehrheit glaubt daran und macht auf die eine oder andere Art mit. Der Psychopath oder Perverse hält sich heraus; er sieht zu, wie die anderen sich etwas vormachen. Auch er stellt fest, dass es das Loch gibt, aber er verspürt nicht das Bedürfnis, es zu stopfen: Diese Leere erfüllt ihn. Tatsächlich sieht er darin eine Spielwiese. Er wird nach Wegen suchen, es zu seinem Vorteil zu nutzen, es zu umgehen, das Leid und die Verdrängung, die es erzwingt, zu vermeiden. Er wird der eigenen Lust den Vorzug geben vor der der Masse. Er ist bereit, in den Abgrund zu blicken, es macht ihm nichts aus, darin zu versinken. Er findet Vergnügen daran. Und je tiefer er in den Abgrund sinkt, desto näher kommt er der Wahrheit.«

»Genau das wollen Sie, nicht wahr? Dass ich Ihnen helfe, in den Abgrund zu stürzen.«

»Vielleicht. Als ich mich Ihnen geöffnet habe, Dante, als Sie erkannt haben, dass ich ein Mörder bin, warum haben Sie da nicht die Polizei angerufen und mich angezeigt? Sie haben unsere Gespräche geliebt, sie haben Sie fasziniert, geben Sie es zu! Sie sind danach aus freien Stücken wiedergekommen. Sie wussten, dass ich den Entschluss fassen konnte, über Sie herzufallen, Sie zu töten.«

»Ich hatte keine Angst vor Ihnen, aber Sie haben mich instrumentalisiert.«

»Ein instrumentalisierter Freidenker? Wohl kaum. Ich glaube eher, dass Sie das Risiko liebten. Sie liebten den Nervenkitzel, den es Ihnen verschaffte, wenn Sie sich an den Rand des Abgrunds wagten und den Hals reckten, um einen Blick in die Tiefe zu werfen. Sie behaupten, Sie hätten Myriam im Namen übergeordneter Interessen gerettet, im Namen der Liebe und der Gerechtigkeit. Sie halten sich für einen Erlöser, aber das sind Sie nicht. Sie haben lediglich eine egoistische Befriedigung gesucht. Sie waren nicht gezwungen, sie zu töten. Schlimmer noch, Sie sind nach Myriams Verschwinden zu mir gekommen. Um mich um Rat zu fragen. Als ich Ihnen gesagt habe, dass mir Samuel alles über seine Geschäfte erzählt hatte und dass Maurice Tanguay, Valeri Mardaev und er hinter ihrem Verschwinden steckten, hätten Sie sich an die Polizei wenden und der Gerechtigkeit ihren Lauf lassen können. Sie haben es nicht getan. Warum nicht?«

»Weil ich keine Beweise hatte. Mein Wort hätte gegen das eines Polizisten gestanden. Und Sie selbst haben gesagt, dass man der Hydra Kopf und Schwanz abschlagen muss, damit es nicht wieder von vorn anfängt. Ich wollte sichergehen, dass Myriam freikommt und kein anderes Mädchen diesen Männern zum Opfer fällt.«

»Das reden Sie sich ein, um das Loch in der Realität zu stopfen, Dante. Sie müssen glauben, dass alles einen berechtigten Grund hat, also haben Sie sich Rechtfertigungen ausgedacht. Sie haben sie aus guten Gründen getötet. Aus übergeordneten Erwägungen! Im Namen der Gerechtigkeit, im Namen der Liebe! Unsinn! Die Justiz hätte Ihnen helfen können, und dennoch haben Sie Selbstjustiz geübt! In unseren Gesellschaften liegt das Rachemonopol beim Staat. Sie haben die Rache selbst in die Hand genommen. Nichts anderes haben Sie getan. Und das war auch gut so!«

»Die Behörden haben Myriam nicht gefunden. Ich schon. Mehr habe ich nicht getan. Das war mein einziges Ziel.«

»Unsinn! Sie sind ein Perverser, Dante. Um sich reinzuwaschen, haben Sie sich auf den Graffiti, von denen Sie mir Fotos gezeigt haben, mit einer Weihnachtsmannmütze in der Hand dargestellt. Wollten Sie damit andeuten, ich hätte Sie zum Handeln gezwungen? Dabei wissen wir doch beide, dass das völlig falsch ist. Sie selbst haben in voller Kenntnis der Sachlage den Entschluss zum Töten gefasst. Sie sind ein Monster. Sie haben einen Weg gefunden, das Loch in der Realität zu stopfen. Sie haben die Regeln umgangen, um Ihre Triebe auszuleben. Es hat Ihnen Lust bereitet, Rache zu üben, es hat Ihnen Lust bereitet, sie zu töten. Sie haben es genossen und würden gern weitermachen. Denn hat man sich einmal auf diesen Weg begeben, ist man einmal die Treppe hinabgestiegen, die in das schwarze Zimmer führt, gibt es kein Zurück mehr, Dante.«

»Sie täuschen sich. Ich handle aus freiem Willen.«

»Sie versinken im Abgrund, Dante. Sie können die Existenz dieses Abgrunds nicht mehr leugnen. Und wenn Sie mich töten, obwohl ich nichts damit zu schaffen habe, was Tanguay, Mardaev, Samuel und die anderen Myriam angetan haben, dann habe ich recht. Sie haben dafür keine Rechtfertigung.«

»Doch. Ich verhindere, dass Ihnen andere zum Opfer fallen. Und ich habe die Liste. Ihre Liste ...«

»Sie haben verloren, Dante. Sie könnten mich der Polizei ausliefern und ihr diese Liste geben. Welchen Grund haben Sie, mich zu töten? Ich habe nichts mit Myriams Entführung zu tun. Außerdem habe ich Ihnen verraten, wer für ihr Verschwinden verantwortlich war, und Ihnen dadurch überhaupt erst ermöglicht, sie zu finden. Aber Sie ziehen es vor, weiter zu töten und zu genießen. Sie hatten von Anfang an vor, mich zu töten. Das ist die Wahrheit.«

»Ich töte Sie, weil ich mich bewusst dazu entschlossen habe. Ich töte sie, weil ich von meinem freien Willen Gebrauch mache.«

»Ich glaube kein Wort davon, aber wie Sie wollen, Dante. Gestatten Sie mir trotzdem eine letzte Frage … Ich habe irgendwann mal zu Ihnen gesagt, dass Sie, um die Spuren zu verwischen, den Ermittlern von der Polizei eine außergewöhnliche Inszenierung geboten haben. Sie haben sie so lange verwirrt, dass Sie Ihr Vorhaben verwirklichen konnten. Aber … warum haben Sie beschlossen, mich ans Kreuz zu schlagen?«

»Oh … die damit einhergehende Ironie wird Ihnen gefallen. Sie glauben nicht an Gott, aber wir Christen gedenken an Weihnachten der Geburt Jesu. Wie Sie wissen, hat der Coca-Cola-Weihnachtsmann den ursprünglichen Sinn dieses Festes verdreht zugunsten eines hemmungslosen Konsums. Also bringe ich den, der zu Unrecht zur Symbolfigur für Weihnachten geworden ist, einfach dorthin zurück, wo er hingehört: ans Kreuz …«

»Ich habe auf dich gewartet, Dante. Ich habe immer auf dich gewartet.«

»Hohoho, hier kommt der Weihnachtsmann.«

50.

AUF DEM MONT ROYAL

Starker Regen klatschte auf den matschigen Pfad, den Jacinthe und Victor hinaufstapften. Ihre durchnässte, schwere Kleidung bremste ihre Bewegungen. Dann endlich kam die mächtige Silhouette des Mont-Royal-Kreuzes in Sicht. Die weißen Lichter des Monuments blinzelten durch den Regenvorhang und brachen sich in einem blendenden Widerschein. Victor kniff die Augen zusammen. Ihm war, als hätte man ihm Salbe auf die Pupillen gestrichen. Zwar konnte er unter diesen Bedingungen kaum weiter als ein paar Meter sehen, doch auf den ersten Blick erschien ihm alles normal. Ja, soweit er es beurteilen konnte, war hier oben kein Mensch.

Sie gingen weiter, die Pistolen in der Hand, bereit, beim leisesten Anzeichen von Gefahr zu reagieren. Doch je näher sie dem Kreuz kamen, desto größer wurden Victors Zweifel. Hatte er sich womöglich geirrt? Hatte er das Graffiti falsch gedeutet?

»Ich sehe nichts, Partner. Und du?«

Victor verneinte. Nach gut zehn Schritten hob er die Hand, blieb abrupt stehen und zwang seine Partnerin, das Gleiche zu tun.

»Was ist?«

Der Wind peitschte in ihre Gesichter. Victor verharrte einen Moment schweigend. Hatte er geträumt? Hatte ihm seine Phantasie einen Streich gespielt?

Er drehte sich zu Jacinthe um.

»Hast du nichts gehört?«

Sie lauschte ein paar Sekunden lang und schüttelte dann den Kopf. Sie setzten ihren Weg fort. Ein Stück weiter blieb Victor abermals stehen. Verdutzt deutete Jacinthe in Richtung Kreuz. Sie hielt eine Hand an den Mund und flüsterte:

»Da, ich höre was. Was ist das? Ein Tier?«

Eine Art Grunzen drang durch das Prasseln des Regens. Doch erst als sie fast am Kreuz waren, begriffen sie, dass dieses tiefe, rasselnde Geräusch einer menschlichen Kehle entstammte. Da lachte jemand aus vollem Hals. Ein Lachen, das einem das Blut in den Adern gefrieren ließ, ein irres Lachen, das beinahe wie ein Todesschrei klang. Sie hoben die Köpfe und spähten zum Kreuz hinauf. Victor beschirmte seine Augen mit der Hand, damit ihm die Regentropfen nicht hineinfielen. Er glaubte, auch wenn sie kaum auszumachen war, eine menschliche Gestalt zu erkennen.

»Da«, rief er Jacinthe zu und deutete mit dem Finger darauf.

Ein Blitz durchzuckte den Himmel und erhellte die Szene für den Bruchteil einer Sekunde. Und dieser kurze Augenblick genügte ihnen, um zu erkennen, dass ihre Sinne sie nicht trogen: Wie in einem Traum leuchtete die gespenstische Gestalt eines Mannes mit langem weißen Bart und ausgebreiteten Armen zwischen den Regenschwaden auf. Triefend vor Nässe, lachte und heulte er gleichzeitig und schien mehrere Meter unter den Kreuzarmen in der Luft zu schweben.

»Ist das Mayrand, da am Kreuz, Partner?«

Victor steckte die Pistole weg und rannte so schnell er konnte zu dem Vorsprung, auf dem das riesige Stahlkreuz stand. Dort angekommen, stellte er fest, dass die Tür in dem Zaun, der den Steinsockel des Kreuzes umgab, aufgebrochen war und halb offen stand. Und er bemerkte eine Seilwinde mit Handkurbel, die offensichtlich dazu benutzt worden war, den Mann nach oben zu hieven. Im Schein seiner Taschenlampe versuchte Victor, die Kurbel nach unten zu drücken, um das Stahlseil abzuwickeln, doch vergebens. Entweder klemmte der Mechanismus, oder er machte etwas verkehrt. Der Weihnachtsmann über ihnen schrie weiter.

Jetzt kam auch Jacinthe angehechelt.

»Hilf mir«, rief ihr Victor zu. »Wir müssen ihn schleunigst runterholen.«

Murrend trat sie zu ihm.

»Verdammt rutschig in dem Matsch hier!«

Er versuchte weiter verbissen, die Winde in Gang zu setzen.

»Weg da, Lessard, lass mich mal ran.«

Plötzlich erstarrten die beiden Polizisten. Der Weihnachtsmann stieß ein langes, tiefes Heulen aus, dann fiel ihm der Kopf auf die Brust. Gleichzeitig erhellte wieder ein Blitz den Himmel, und sie sahen, wie die Arme und Beine des Mannes zuckten.

»Schnell«, schrie Victor gegen das Prasseln des Regens an. »Sonst kratzt er uns ab.«

Mit geschickter Hand bediente Jacinthe die Winde und ließ den Holzbalken, an den der Weihnachtsmann mit ausgebreiteten Armen festgeschnallt war, bis zum Boden herunter. Als der leblose Körper auf ihrer Höhe ankam, stellte Victor fest, dass der alte Mann, den man »den Weihnachtsmann« nannte, eine blutende Wunde am Hals hatte und dass sein Hemd, obwohl weiter vom Regen gewaschen, eine rosa Farbe angenommen hatte. Victor drehte den Kopf weg. Trotz des Regens stieg ihm der metallische Geruch von Blut in die Nase. Den aufkommenden Würgereiz unterdrückend, legte er zwei Finger auf die Halsschlagader des Alten, um festzustellen, ob er noch einen Puls hatte.

»Das kannst du vergessen, Partner. Er ist tot.«

Victor nickte und riss den Blick von dem Toten los. Mayrand war vor ihren Augen gestorben. Er streifte seine Gummihandschuhe über und trat zu der Leiche.

»Ich glaube, er hat was in der Hosentasche.«

Er beugte sich vor und zog den Gegenstand heraus. Ein Buch.

»*Das Unbehagen in der Kultur*. Sigmund Freud.«

Die beiden Ermittler tauschten einen kurzen Blick. Ein boshaftes Funkeln trat in Jacinthes Augen. Sie kicherte.

»Tja, unser Weihnachtsmann ist am Kreuz ohnmächtig geworden, nicht in einem Schornstein. Das will was heißen.«

Victor warf einen Blick auf Mayrands Gesicht. Er hätte es nicht mit Bestimmheit sagen können, doch wie ihm schien, war sein blutverschmierter Mund zu einem Grinsen erstarrt. Der Polizist empfand nichts, nicht die geringste Spur von Mitleid. Und wenn er über den Tod des Mannes, den sie verdächtigten, eine blutrünstige Bestie gewesen zu sein, auch keine Träne vergoss, so war er sich doch auch darüber im Klaren, dass die perversen Abartigkeiten, die in Mayrands Fleisch und Blut geschlummert hatten, niemals ganz ausgemerzt werden würden. Sieben Milliarden Menschen auf dem Planeten: Sie erwachten jeden Tag zu neuem Leben, immer und immer wieder.

Er zog die Handschuhe aus, als Jacinthe mit dem Finger in Richtung Weg deutete:

»Da! Hinter dem Baum hat sich was bewegt!«

Winde, Stahlseil und Flaschenzug in einem Rucksack tragend, hatte Dante Édouard Mayrand auf den Mont Royal geführt, ohne dass dieser den geringsten Widerstand geleistet hätte. Oben angekommen, fesselte er seine Handgelenke und Unterarme mit Kabelbindern an einen Holzbalken, den er einige Tage zuvor in einem Haufen Bauschutt bei der Berghütte gefunden und in der Nähe im Unterholz versteckt hatte. Dann griff er, kurz bevor er sein albernes »Hohoho« rief, nach dem Perlmuttheft seines Messers und schnitt dem Weihnachtsmann mit einer schnellen Bewegung aus dem Handgelenk die Halsschlagader durch. Mayrand warf den Kopf zurück, verdrehte die Augen und stieß einen kehligen Schrei aus. Blut spritzte aus der Wunde auf seinen Hals und sein Hemd. Dante schob dem Mann ein Buch, das er ihm geliehen hatte, in die Hosentasche. Dann hievte er den Balken und den Gekreuzigten mit Hilfe von Winde und Flaschenzug, die er im Schutz des Regens an der Stahlkonstruktion des Mont-Royal-Kreuzes angebracht hatte, nach oben. Er wollte gerade zum Weg zurückkehren und wieder hinabsteigen, als er zwischen den Bäumen Taschenlampen aufblitzen sah. Er hatte sich kaum versteckt, da waren die Polizisten auf der Bildfläche erschienen.

Victor kniff die Augen zusammen. Eine Gestalt war hinter dem Baum aufgetaucht und rannte schnell den Weg entlang. Ohne nachzudenken, stürmte er los. Die Sohlen seiner roten Converse rutschten im Schlamm weg, und er wäre fast der Länge nach hingeschlagen, doch es gelang ihm, das Gleichgewicht zu halten. Ohne das Tempo zu drosseln, zückte er die Glock. Die Gestalt vor ihm blieb auf dem Weg und hatte schon einen beachtlichen Vorsprung herausgelaufen. Der Sergent-Détective spürte, wie sich sein lädiertes Bein verkrampfte, legte aber trotzdem einen Zahn zu. Obwohl er das Gefühl hatte, dass er den Abstand etwas verringerte, verlor er den anderen wegen des Regens und der Bäume aus den Augen. Er rannte einige Meter auf gut Glück weiter, dann erspähte er den Flüchtigen wieder. Überzeugt, dass er ihn nicht einholen konnte, blieb er stehen und ging in Schussposition. Er nahm den anderen ins Visier und rief so laut, dass seine Stimme den auf sie niederprasselnden Regen durchdrang:

»Dante Salvador! Stehen bleiben, oder ich schieße!«

Der junge Mann gelangte an einen Drahtzaun, hinter dem ein mit Sträuchern bewachsener Hang steil nach unten zur Straße führte. Er blieb jäh stehen und drehte sich langsam um. Der Sergent-Détective war zwölf, höchstens fünfzehn Meter von ihm entfernt. Dante wusste, dass er auf diese Entfernung nicht unbedingt ein leichtes Ziel bot, doch ihm war auch klar, dass er sich in Schussweite befand. Sein Blick suchte den des Polizisten und heftete sich auf ihn. Victor legte den Sicherungshebel der Glock um, dann den Zeigefinger an den Abzug. So verharrten die beiden Männer keuchend ein paar Sekunden lang und beobachteten sich gegenseitig im Nichts der stehen gebliebenen Zeit. Dann hob Dante die Hand wie zum Gruß, wirbelte herum und setzte zum Sprung über den Zaun an. Wenn Victor auf ihn schießen wollte, dann jetzt oder nie. Doch statt abzudrücken, ließ er die Pistole sinken.

Dante verschwand hinter dem Zaun, verschluckt von der Nacht.

Als Jacinthe schließlich atemlos zu ihm stieß, hatte Victor die Pistole weggesteckt und rauchte, mit dem Rücken an einen Baum gelehnt, eine Zigarette.

»Ist er dir entwischt?«

Er richtete sich auf und antwortete mit heiserer Stimme:

»Keine Chance. Zu schnell.«

»Hast du nicht versucht zu schießen?«

»Er war schon zu weit weg.«

Seine Partnerin verzog das Gesicht. Ihr Schweigen ging im Gepladder des Regens unter. Bleich im Gesicht, fügte Victor nach kurzer Pause hinzu:

»Ich habe seine Beschreibung an alle Streifenwagen durchgegeben. Mit etwas Glück werden wir ihn schnappen. Heute oder in ein paar Tagen.«

Jacinthe wischte sich mit dem Unterarm das Gesicht ab.

»Wenigstens ist es vorbei.«

Sie blickte zu dem illuminierten Kreuz, und ihre Stimme wurde ernst.

»... der Letzte wird der Weihnachtsmann sein.«

Victor nahm einen letzten Zug von seiner Zigarette und ließ sie auf den Boden fallen. Er hatte gerade seine Partnerin angelogen, und die ließ sich nichts vormachen. Er hätte Dante Salvador niederschießen können, doch er hatte ihn entkommen lassen. Obwohl er die Taten, die der Junge begangen hatte, in keiner Weise guthieß. Warum hatte er sich dafür entschieden? In dem Moment, als er hätte abdrücken müssen, hatte er instinktiv gehandelt. Doch später, wenn er mit Abstand darüber nachdachte, sollte er sich immer fragen, ob er in diesem entscheidenden Moment nicht irgendwo in seinem Unterbewusstsein zu dem Schluss gelangt war, dass der junge Mann eine Chance verdient hatte, sich mit der Frau, die er liebte, in Sicherheit zu bringen.

ZWÖLFTER TAG

(FREITAG, 26. JULI)

51.

GRABUNGEN

An diesem trüben, frühen Morgen war auf dem Grundstück Édouard Mayrands eine Durchsuchung im Gange. Im Garten hinter dem Haus suchten Kriminaltechniker jeden Quadratzentimeter ab, während andere unter starken Scheinwerfern mit kleinen Schaufeln und Präzisionswerkzeugen im Boden gruben. Jede ihrer Bewegungen hatte Methode, war wohlüberlegt und zielgerichtet. Von Zeit zu Zeit durchbrach das Ploppen eines Blitzlichts die Stille.

Victor näherte sich einem der Techniker. Der kühle Wind ließ ihn frösteln. Der Regen in der Nacht hatte die Quecksilbersäule um mehrere Grad sinken lassen.

»Wie viele bis jetzt?«

Der Mann antwortete, ohne den Blick zu heben.

»Zwei Leichen. Zwei Frauen.«

Der Sergent-Détective dankte ihm und steuerte, einen Aktenordner unter dem Arm, auf das Haus zu, um Jacinthe aufzusuchen.

Neben der Großfahndung nach dem immer noch flüchtigen Dante Salvador liefen inzwischen drei Sonderermittlungen, die man auf den Korridoren des SPVM jetzt als den »Sprayer-Fall« bezeichnete.

Zunächst sollte eine Ermittlergruppe versuchen, Licht in die von Samuel Martineau begangenen Morde zu bringen. Sie sollte also zu Ende bringen, was Victor und sein Team begonnen hatten, und übernahm darüber hinaus die unangenehme Aufgabe, mit den Angehörigen und der Mutter des kleinen Maxime Rousseau zu sprechen und sie ins Bild zu setzen.

Victor blieb neben dem Swimmingpool stehen und ließ den Blick durch den Garten schweifen. Er mochte sich nicht vorstellen, welchen Schock diese Mutter erleiden musste, wenn sie erfuhr, dass ihr 1981 verschwundener Sohn bis vor wenigen Tagen noch gelebt hatte und zu einem der schlimmsten Serienmörder in der Geschichte Québecs geworden war.

Eine Libelle schwirrte ruckweise über die Wasseroberfläche, leistete ihm ein paar Sekunden Gesellschaft und verschwand. Er meinte sich zu erinnern, dass die Begegnung mit einem solchen Insekt ein Omen war, er wusste nur nicht mehr, wofür.

Eine zweite Gruppe sollte eine ähnliche Untersuchung zu Édouard Mayrand durchführen, alias »der Weihnachtsmann«, der nicht nur im Verdacht stand, Samuel Martineau »abgerichtet«, sondern auch selbst einige der Morde begangen zu haben, von denen in den Zeitungsausschnitten die Rede war. Außer den Leichen im Garten hatten die Kriminaltechniker tatsächlich auch mit Daten und Initialen versehene Tischtennisbälle bei den Sachen des alten Mannes gefunden. Im Zuge ihrer Ermittlungen sollten diese beiden Teams herausfinden, wie viele Mädchen, die den AIM durchlaufen hatten, sich unter ihren Opfern befanden.

Einem interdisziplinären Team unter Leitung der Abteilung Computerkriminalität und der Sitte oblag die schwere Aufgabe, die Betreiber und Nutzer der Plattform für den von Mardaev und Tanguay organisierten Menschenhandel zu überführen. Im Übrigen war Duvalier Joseph zu diesem Thema bereits verhört worden. Und es wurde gemunkelt, dass die internen Ermittlungen gegen Tanguay wieder aufgenommen werden sollten.

Was Victors Ermittlergruppe anging, so sollte sie sich zur Verfügung halten, um Fragen zu beantworten und bei Bedarf den Teams der Spezialisten zu helfen, doch mit dem Tod Édouard Mayrands war ihre Arbeit getan.

Den Aktenordner an sich gedrückt, setzte Victor seinen Weg zum Haus des ehemaligen Philosophielehrers fort. Im Vorbeigehen grüßte er einen Kriminaltechniker, der mit Leichensäcken zu den Grabungsstellen unterwegs war.

Gleichzeitig wurde Dantes Wohnung durchsucht. Am Abend von Mayrands Tod waren Nadja und Loïc hingefahren und hatten sie leer vorgefunden. Auf dem Küchentisch hatten sie einen Umschlag entdeckt, der an den »Ermittler Lessard« adressiert war und ein umfassendes Geständnis enthielt. Dante schilderte darin, wie er sich in seiner Verzweiflung über das Verschwinden Myriams dem Weihnachtsmann bei einem Besuch in dessen Haus anvertraut hatte. Und wie ihn Mayrand haarklein über den Menschenhandel aufgeklärt hatte, den Tanguay, Mardaev und Martineau, dessen »Meister« und zugleich Vertrauter er gewesen war, betrieben hatten.

Außerdem legte er dar, in welchem Verhältnis Martineau zum Weihnachtsmann gestanden und wie ihn dieser vor über dreißig Jahren entführt, indoktriniert und zu einer Tötungsmaschine gedrillt hatte. Dieses Geständnis bestätigte die Ermittler in der Annahme, dass Martineau in seiner Eigenschaft als AIM-Betreuer dem Menschenhändlerring und dem Weihnachtsmann junge Leute zugeführt und als Schnittstelle zwischen allen Beteiligten fungiert hatte. Im Übrigen versuchte Dante in keiner Weise, sich zu entlasten, indem er etwa behauptete, von Mayrand beeinflusst worden zu sein. Er übernahm die volle Verantwortung für seine Taten.

Zum Schluss lieferte er noch die Bestätigung, dass Samuel Martineau den Mord an Grant Emerson begangen hatte. Er schilderte, wie er Martineau in seiner Küche in der Rue Elm überrascht habe, als dieser nach der Tat nach Hause gekommen sei. Nachdem Martineau vom Weihnachtsmann erfahren habe, dass er eines der nächsten Opfer sein würde, habe er ihn, Dante, zwingen wollen, einen Fehler zu begehen und sich zu erkennen zu geben, damit er ihn beseitigen könne. Dank dieser Aussage hatte die Ermittlergruppe die letzte Lücke im Puzzle schließen können.

Victor betrat das Haus durch die Balkontür. Jacinthe telefonierte in der Küche gerade mit einem der Ermittler, die Dantes Wohnung durchsuchten. Er wartete geduldig, bis sie aufgelegt hatte, und sagte dann:

»Ich wäre so weit.«

Jacinthe senkte den Kopf und schürzte die Lippen. Nach kurzem Schweigen sagte sie seufzend:

»Bist du dir sicher? Was kann ich tun, damit du es dir anders überlegst?«

Er sah sie eindringlich an und zeigte den Anflug eines Lächelns.

»Du kannst nichts tun. Wirklich.«

Der zivile Streifenwagen rollte, von Jacinthe gesteuert, mit durchschnittlicher Geschwindigkeit über die Autobahn Ville-Marie. Den Kopf an die Kopfstütze des Sitzes gelehnt, trommelte Victor mit den Fingern auf den Ordner. Er hätte jetzt lieber seine Ruhe gehabt, doch seine Partnerin war zum Reden aufgelegt.

»Am Ende ist es eine einfache Geschichte. Die eines Jungen, der ein Mädchen liebt und der, um sie aus den Klauen eines Peinigers zu befreien, diesen und die Leute umbringt, die sie verkauft haben: einen Polizisten, ein Bandenmitglied und einen Jugendhelfer. Danach beschließt er, auch noch den Mann zu beseitigen, der ihm die Namen der Schuldigen verraten hat, einen ehemaligen Philosophielehrer, der zwar nicht in den Menschenhandel verwickelt war, aber einen Serienmörder großgezogen hat. Kommt das ungefähr hin?«

Victor schmunzelte. Jacinthe nahm es nicht übermäßig genau. Sie hatte unter den Tisch fallen lassen, dass der Serienmörder

und der Jugendhelfer ein und dieselbe Person waren, nämlich
Samuel Martineau alias Maxime Rousseau, der vor dreißig Jahren als kleiner Junge von Édouard Mayrand entführt worden
war. Und dass dieser Martineau, wie letzte Analysen bestätigten,
tatsächlich der Mörder Grant Emersons war.

Er wollte gerade eine entsprechende Bemerkung machen, als
sie fortfuhr:

»Weißt du was? Ich sage nicht, dass ich Mord gutheiße, aber
ich kann verstehen, warum Salvador so gehandelt hat. Mein
Rechtsempfinden verletzt es nicht sonderlich. Deines?«

Victor hätte beinahe geantwortet, dass die Mittel, mit denen
sich Dante Gerechtigkeit verschafft habe, inakzeptabel seien,
doch er beließ es bei einem Achselzucken. Er hatte keine Lust,
sich auf eine Diskussion mit Jacinthe einzulassen.

»Weißt du«, fuhr sie fort, »Samuel Martineaus Geschichte hat
mir zu denken gegeben. Du nimmst einen sechsjährigen Wurm
und bringst ihm das Töten bei. Dieser kleine Junge ist als guter
Mensch auf die Welt gekommen, und Mayrand hat ihn verdorben, sind wir uns da einig?«

»In seinem Fall schon. Allerdings glaube ich nicht, dass man
unbedingt als guter Mensch auf die Welt kommt. In jedem von
uns ist die Fähigkeit zum Töten und Zerstören angelegt. Jeder
Mensch verfügt über ein Gewaltpotenzial.«

Jacinthe wandte kurz den Blick von der Straße und sah ihn
prüfend an.

»Hast du das Patricia Chávez im Verhörraum ins Ohr geflüstert, als sie gestanden hat, ihren Mann mit über hundert Messerstichen getötet zu haben?«

Müdigkeit zeichnete Victors Gesicht, als er mit leerem Blick
nickte.

»Das sogenannte Böse steckt in jedem von uns. Und das Einzige, was zwischen Chaos und sozialem Frieden steht, ist die
Gesellschaft, die uns mit ihren Gesetzen und Regeln ein relativ

harmonisches Leben ermöglicht. Aber manchmal schlüpfen Individuen mit einem von der Norm abweichenden Verhalten durch die Maschen des Netzes. Leute wie der Weihnachtsmann.«

Jacinthe schüttelte den Kopf.

»Interessant. Das erinnert mich an meinen Philosophieunterricht. Eine schöne Erinnerung.«

Der Sergent-Détective musste grinsen.

»Du hast auf Philosophie gestanden?«

»Aber klar! Ich hab dafür geschwärmt, obwohl Philosophie am Cégep Pflichtfach war.«

Er schlug mit der flachen Hand auf das Armaturenbrett.

»Jetzt wird mir alles klar«, spöttelte er. »Dann hast du also dort die großen Denker der Menschheit entdeckt, wie etwa Ellen DeGeneres!«

Jacinthe versetzte ihm einen Knuff gegen die Schulter.

»He, lass das Geblödel.«

Den Rest der Strecke legten sie schweigend zurück.

Jacinthe parkte den Wagen vor der SPVM-Zentrale in der Rue Saint-Urbain. Victor bedankte sich fürs Bringen und wollte gerade aussteigen, da hielt sie ihn am Arm zurück.

»Ich würde mich gern in aller Form entschuldigen, Partner.«

Er sah sie verdutzt an und runzelte die Stirn.

»Dich entschuldigen? Wofür denn?«

Jacinthe schlug die Augen nieder und verdrehte die Finger.

»Dafür, dass du 2003 den Tod Picards und Gosselins auf deine Kappe genommen hast und unter den Folgen zu leiden hattest. Du hast damals deinen Job in der Abteilung Kapitalverbrechen verloren, deine Frau hat dich verlassen, du hast zu trinken angefangen. Und ich, ich war so von deiner Schuld überzeugt, dass ich total sauer auf dich war und nicht für dich da war in dieser Zeit, in der du meine Hilfe am dringendsten gebraucht hättest. Kurz und gut, ich möchte dir damit sagen, dass es nicht dein

Fehler war. Du hast dir nichts vorzuwerfen. Dieser Tanguay hat uns reingelegt. Ich bitte dich um Entschuldigung, Partner.«

Victor holte tief Luft und drückte die Tränen weg, die ihm in die Augen stiegen. Er dankte ihr mit einem Kloß im Hals.

»Eine letzte Sache noch«, sagte sie. »Du weißt, dass du mich alles fragen kannst, klar? Das ist es doch, was Partner ausmacht. Das ist was fürs Leben.«

Er dankte ihr noch einmal und langte nach dem Türgriff. Er musste aus dem Wagen raus, bevor ihn seine Gefühle übermannten.

»Also dann, pass auf dich auf, Lessard.«

Victor drehte sich zu ihr um. Sie umarmten sich, und Jacinthe flüsterte ihm mit vor Rührung bebender Stimme ins Ohr:

»Ich mag dich, mein Lieber.«

Sie hatte so leise gesprochen, dass er sich hinterher immer wieder fragen sollte, ob er auch richtig verstanden hatte.

Die Sekretärin, mit der Victor bei seinem letzten Besuch im Büro Marc Pichés aneinandergeraten war, trat vor ihn hin und schenkte ihm ihr schönstes Lächeln.

»Der Direktor wird Sie jetzt empfangen. Sind Sie sicher, dass Sie keinen Kaffee wollen?«

»Ganz sicher. Vielen Dank.«

Er stand auf, ergriff den Ordner, den er auf den Beistelltisch gelegt hatte, und schritt durch die Tür, die ihm die Sekretärin aufhielt, in das Büro. Während sie sie hinter ihm schloss, erhob sich der Direktor und kam ihm, die Freundlichkeit in Person, mit ausgestreckter Hand entgegen.

»Ah! Lessard … Kommen Sie, setzen Sie sich.«

Statt die Hand seines Vorgesetzten zu drücken, hielt Victor ihm den Ordner hin. Piché stutzte irritiert, die Hand in der Schwebe, dann griff er danach.

»Mein Bericht, Monsieur.«

Der Direktor deutete auf die beiden Sessel, die einander gegenüberstanden, und bedeutete Victor, Platz zu nehmen.

»Ich möchte lieber stehen bleiben.«

Um Fassung bemüht, flüchtete der Direktor hinter seinen Schreibtisch.

»Meinen Glückwunsch, Lessard. Ihr Team und Sie haben hervorragende Arbeit geleistet. Ich habe nie daran gezweifelt, dass Sie den Fall aufklären würden.«

Victor kostete es Mühe, ihm nicht die Faust ins Gesicht zu rammen.

»Es ist uns nicht gelungen, den Verdächtigen zu verhaften.«

»Seine Beschreibung wird in den Medien verbreitet. Es ist nur eine Frage von Stunden, bis er gefasst wird.«

»Was meinen Bericht angeht, Monsieur ... Es ist alles da. Nicht nur, was den Menschenhändlerring angeht, den Maurice Tanguay aufgezogen hat, sondern auch die Behinderung der Ermittlungen durch die innere Dienstaufsicht. Hätten wir von Anfang an gewusst, dass der Commandant bereits Gegenstand von Ermittlungen wegen Zuhälterei gewesen war, wären zweifellos Menschenleben verschont geblieben und der Verdächtige säße möglicherweise schon hinter Schloss und Riegel.«

Der Direktor schnippte einen Fussel von der Tischplatte.

»Man hat mich davon unterrichtet, ja. Das ist in der Tat höchst bedauernswert.«

Victor bemühte sich, Ruhe zu bewahren.

»Ist Ihnen bewusst, dass diese Ermittlungen wegen Zuhälterei nie abgeschlossen wurden? Dies gibt Anlass zu der Vermutung, dass Maurice Tanguay von seinen Vorgesetzten gedeckt wurde.«

Marc Piché machte ein betroffenes Gesicht.

»Das sind sehr schwere Anschuldigungen, die Sie da erheben, Lessard. Können Sie mir Namen nennen oder Beweise vorlegen? Wenn ja, verspreche ich Ihnen, dass der Sache nachgegangen wird.«

Victor blinzelte. Er stand kurz vorm Explodieren, riss sich aber zusammen.

»Ich überlasse es Ihnen, die Angelegenheit so zu regeln, wie Sie es für richtig halten. Im Übrigen können Sie mit meinem Bericht verfahren, wie es Ihnen beliebt. Es steht Ihnen frei, die Seiten zu entfernen, die Ihnen missfallen, denn das scheint ja zu den Gepflogenheiten in diesem Haus zu gehören. Ich könnte mir vorstellen, dass das in die berühmte Grauzone fällt, die Sie für akzeptabel halten, Monsieur.«

Dem Direktor entglitten die Gesichtszüge.

»Mir gefällt weder Ihr Ton noch Ihr Benehmen, Lessard. Wollen Sie andeuten, dass ich die Anweisung gegeben habe, Teile aus der Akte Tanguay zu entfernen?«

»Ich deute nichts an, Monsieur, ich behaupte es. Nur habe ich dafür keine Beweise.«

Pichés Augen wurden zu Schlitzen.

»Ihnen ist doch klar, dass ich Sie wegen Insubordination vom Dienst suspendieren lassen könnte, Lessard?«

»Das wird nicht nötig sein. Mein Entlassungsgesuch liegt der Akte bei.«

Victor zückte seine Dienstwaffe und legte sie mit feierlicher Geste auf den Tisch, zusammen mit der Dienstmarke, die er über zwanzig Jahre lang mit Stolz getragen hatte.

»Ich kann nicht länger in einem Polizeidienst arbeiten, der strafbare Handlungen der eigenen Mitarbeiter deckt.«

Piché nickte bedächtig. Damit hatte er ganz offensichtlich nicht gerechnet.

»Nicht so hastig, Victor. Überlegen Sie es sich noch mal. Sie haben eine nervenaufreibende Untersuchung hinter sich, Sie handeln aus einem Impuls heraus. Lassen Sie sich ein paar Tage Zeit, um darüber nachzudenken. Anschließend nehmen wir uns zusammen die Probleme vor, eins nach dem anderen. Ich brauche Männer wie Sie.«

»Ich habe es mir gut überlegt. Mein Entschluss steht fest.«

Piché hob beschwichtigend die Hände. Und mit einem Mal schien er bereit, mehr Entgegenkommen zu zeigen.

»Was müsste passieren, damit Sie bleiben?«

»Was passieren müsste? Ganz einfach, Monsieur: Sie müssten Ihren Abschied nehmen.«

Victor drehte sich um, durchmaß das Büro und verließ es entschlossenen Schrittes. Vor dem Schreibtisch der Sekretärin machte er noch einmal kehrt und steckte den Kopf durch die halb offene Tür. Piché saß noch reglos auf seinem Stuhl.

»Nur am Rande: Ich habe eine Kopie meines Berichts an einem sicheren Ort hinterlegt, Monsieur.«

52.

EIN LÄCHELN

Vom matten Schein einer Straßenlaterne vor dem Fenster nur schwach erleuchtet, lag das Wohnzimmer in Halbdunkel getaucht. Victor hatte sich im Fernsehen gerade *Pulp Fiction* angeschaut und fläzte sich in seinem Sessel. Nadja hatte ihm eine Weile Gesellschaft geleistet und sich dann zum Lesen ins Schlafzimmer zurückgezogen. Es war schon spät, und Victor war müde, doch er hatte einfach nicht mehr die Kraft, aufzustehen und sich ins Badezimmer zu schleppen, um vor dem Schlafengehen noch die Zähne zu putzen.

Er hatte Nadja von seiner Kündigung erzählt. Sie war davon nicht begeistert, hatte ihm aber ihre volle Unterstützung zugesagt. Auch wenn sie glaubte, dass er seine Entscheidung später bereuen würde, konnte sie seine Beweggründe vollauf verstehen. Sie kannte ihn und wusste, dass er sich, auch wenn er gelegentlich die Vorschriften umging, um ans Ziel zu gelangen, immer moralisch einwandfrei und integer verhalten hatte.

Um ihn auf andere Gedanken zu bringen, hatte sie ihn zum Sushi-Essen in das Restaurant Mikado in der Avenue Monkland eingeladen. Sie verbrachten dort einen schönen Abend, lachten mehr als sonst und sprachen darüber, eine Woche Urlaub am Meer zu machen. Als sie ihn fragte, was er in Zukunft zu tun gedenke, machte er ein düsteres Gesicht und empfand eine große Leere.

Er hatte nicht die leiseste Idee. Polizist zu sein war immer sein Leben gewesen. Er konnte nichts anderes. Damit sie sich keine

Sorgen machte und vielleicht auch, um sich selbst ein wenig zu beruhigen, sprach er die Möglichkeit an, einen ehemaligen Kollegen anzurufen, der jetzt als Sicherheitschef im Casino de Montréal arbeitete. Und um sie zum Lachen zu bringen, hätte er beinahe das »Jobangebot« erwähnt, das ihm Duvalier Joseph gemacht hatte, hatte es dann aber gelassen, weil er fürchtete, er müsste ihr dann die Umstände erklären, die den Gangsterboss dazu veranlasst hatten.

Jetzt endlich riss er sich zusammen und stand mühsam vom Sessel auf. Er schlurfte in Richtung Badezimmer, als das Handy in seiner Tasche vibrierte. Da es eine anonyme Nummer war, hätte er den Anruf fast ignoriert, doch seine Neugier war stärker.

»Monsieur Lessard?«

Das Herz hämmerte ihm in der Brust. Sie hatten noch nie miteinander gesprochen, doch er wusste sofort, wer am anderen Ende der Leitung war.

»Guten Abend, Dante.«

»Bitte entschuldigen Sie, dass ich Sie um diese Zeit störe. Monsieur Emerson hat mir Ihre Karte gegeben.«

Victor kehrte ins Wohnzimmer zurück und pflanzte sich wieder in den Sessel.

»Es gibt noch mehr, Monsieur Lessard.«

»Ich weiß. Die Abteilung Computerkriminalität wird versuchen, die Betreiber und Nutzer der Auktions-Website ausfindig zu machen. Das könnte lange dauern, aber ich bin zuversichtlich, dass sie es schaffen.«

»Die meine ich nicht. Samuel war nicht das einzige Kind, das der Weihnachtsmann abgerichtet hat. Es gibt noch drei andere. Sie haben überall in Amerika gemordet.«

Er spürte ein Ziehen zwischen den Schulterblättern, und sein Verstand fuhr Karussell. Was der junge Mann sagte, erschien ihm unwirklich und erschreckend zugleich.

»Weißt du, wer sie sind?«

»Ja …«

»Wenn du es mir sagst, verspreche ich dir, dass ich mich persönlich um sie kümmern werde.«

Dante schien einen Moment zu zögern.

»Nein, das übernehme ich. Ich kann nicht mehr zurück. Jetzt nicht mehr.«

Victor begriff sofort, was der andere vorhatte. Er überlegte, wie er es ihm ausreden konnte, doch ihm fiel nichts ein. Nach einer Weile fuhr Dante fort:

»Hätte ich Sie früher gekannt, hätte ich vielleicht anders gehandelt.«

Victor versuchte, Ordnung in seine Gedanken zu bringen. Er brauchte unbedingt die Namen der Mörder.

»Lass es sein, Dante. Gib mir die Namen der drei Leute und sieh zu, dass du mit Myriam verschwindest.«

Der junge Mann wechselte das Thema.

»Ich habe Monsieur Emerson nicht getötet. Martineau war es. Er wollte mich zwingen zu reagieren. Er hat es getan, um an mich heranzukommen.«

»Ich weiß. Ich hab dein Geständnis gelesen.«

Dante machte eine Pause. Victor hörte ihn flüstern, und Victor vermutete, dass Myriam bei ihm war.

»Hatte ich denn eine andere Wahl, als das zu tun, was ich getan habe? Ich meine … sie haben sie verkauft und vergewaltigt, Monsieur Lessard. Manchmal mehr als zwanzig Männer gleichzeitig. Ich spreche nicht nur von perversen Psychopathen wie Samuel Martineau oder dem Weihnachtsmann. Ich spreche von Geschäftsmännern, gebildeten Leuten, die viel Geld haben. Ich hoffe, Sie werden sie alle finden.«

Victor wiederholte, dass die Ermittlungsgruppen schon bei der Arbeit seien.

»In den Straßen von Ciudad Juárez, wo ich geboren wurde«, fuhr Dante fort, »fordern sich Straßengangs gegenseitig mit

Graffiti heraus. Ich habe mich hingesetzt, ihnen beim Sprühen zugesehen und es dabei gelernt. In meinem Land verschwinden jeden Monat Hunderte von Frauen. Sie werden vergewaltigt und halb tot in Straßengräben geworfen. Ich konnte das hier nicht zulassen. Verstehen Sie?«

Ohne eine Antwort abzuwarten, sprach er weiter.

»Frauen schenken Männern das Leben. Wie kann man dulden, dass sie ihnen später Gewalt antun?«

Victor schüttelte den Kopf. Das Ausmaß der Gewalt und Grausamkeit von Männern gegen Frauen deprimierte ihn, aber es überraschte ihn nicht. Er musste an die junge Frau denken, die, fraglos fürs Leben gezeichnet, der Auslöser für diese ganze Geschichte gewesen war.

»Sag mir, Dante … wie geht es Myriam?«

Der junge Mann ignorierte die Frage, doch Victor glaubte, eine tiefe Verletzlichkeit in seiner Stimme zu hören, als er weitersprach.

»Es gibt Ungeheuer, die aus Vergnügen töten, andere, die vergewaltigen, und es gibt Ungeheuer, die Ungeheuer töten. Nietzsche sagt: ›Wer mit Ungeheuern kämpft, mag zusehn, dass er nicht dabei zum Ungeheuer wird.‹ Ich habe gedacht, ich könne dem entgehen, ich habe mich für einen Erlöser gehalten, aber ich bin auch zum Ungeheuer geworden. Ich hatte gleich zu Beginn beschlossen, den Weihnachtsmann zu töten, weil ich fand, dass er eine Strafe verdiente. Doch am Ende habe ich ihn zum Spaß umgebracht.«

In Victors Augen gab es keine Rechtfertigung für Mord. Doch dies war weder die Zeit noch der Ort, um sich in moralischen Überlegungen zu diesem Thema zu verlieren. Daher erwiderte er einfach nur:

»Manchmal handelt man aus guten Gründen, tut aber das Falsche.«

Dante schwieg.

»Ihr wart in der Dunkelkammer, Myriam und du, als ich deinem Vater einen Besuch abgestattet habe, stimmt's?«

»Ja. Myriam hat etwas vom Tisch gestoßen, und Sie haben das Geräusch gehört. Wir hatten Angst, entdeckt zu werden.«

Victor schüttelte den Kopf. Er hatte sich also nicht getäuscht.

»Aber sag mir … warum bist du anschließend in Emersons Wohnung zurückgekehrt?«

»Als ich erfuhr, dass Samuel Martineau ihn getötet hatte, bin ich hin, um die Fotos zu holen, die Monsieur Emerson von Myriam und mir gemacht hatte. Der Film war noch im Apparat, aber ich hatte Angst, Sie könnten ihn finden und mich identifizieren, bevor ich mit dem, was ich zu tun hatte, fertig war.«

Ein Punkt bereitete Victor noch Kopfzerbrechen. Um seine Neugier zu befriedigen, fragte er:

»Und warum hast du zehn Tage gewartet, bis du dir Mardaev vorgenommen hast?«

»Der Mann war gefährlich. Ich brauchte einen guten Vorwand, um ihn in Faustins Haus zu locken. Ich habe tagelang sein Kommen und Gehen beobachtet. Ich wollte keinen Fehler machen.«

Wieder hörte Victor leises Gemurmel. Dante räusperte sich.

»Übrigens, es tut mir sehr leid, dass ich Sie niedergeschlagen habe. Und Ihren Kollegen. Aber mir blieb nichts anderes übrig. Er hat mich überrascht, als ich gehen wollte.«

Victor betastete den Bluterguss in seinem Gesicht. Einige Stellen waren noch empfindlich, doch der Schmerz hatte deutlich nachgelassen.

»Außerdem wollte ich mich noch bei Ihnen bedanken, Monsieur Lessard.«

»Bedanken? Wofür?«

»Dass Sie mich haben entkommen lassen. Sie hätten mich erschießen können.«

Seit der Nacht auf dem Mont Royal hatte sich Victor immer

wieder gefragt, warum Dante das Graffiti in der Kanalisation gesprüht hatte, sodass sie genau wussten, wo sie ihn und den Weihnachtsmann finden würden. Es gab nur einen logischen Schluss,
der im Licht der darauffolgenden Ereignisse ein merkwürdiges
Paradox in sich barg: Während alles dafür sprach, dass der junge
Mann verhaftet werden wollte, hatte der Sergent-Détective, ob
bewusst oder unbewusst, die Entscheidung getroffen, ihn laufen
zu lassen.

»Bedanke dich nicht bei mir, Dante, ich bin ein miserabler
Schütze.«

»Nein, ich danke Ihnen. Und sollte mich jemals jemand finden, dann hoffe ich, dass Sie es sein werden.«

Victor beschloss, aufs Ganze zu gehen.

»Gib mir die Namen, Dante. Und dann verschwindet, möglichst weit weg, und kommt nie wieder.«

»Ich kann nicht.«

Er hätte gern etwas Bedeutsames gesagt, den anderen davon
überzeugt, das Richtige zu tun, doch er musste der Wahrheit ins
Auge sehen: Es würde ihm nicht gelingen, ihn zur Vernunft zu
bringen.

»Du weißt, wo du mich findest, falls du deine Meinung än-
derst.«

»Ich werde jetzt auflegen. Auf Wiedersehen, Monsieur Lessard.«

»Pass auf dich aus, Dante. Und pass auf Myriam auf.«

Lange nach dem Gespräch stand Victor auf und betrachtete am
Fenster den wolkenbetupften Himmel. Er sinnierte darüber, dass
dies alles war, dass in der relativen Ordnung der Dinge nichts
mehr die geringste Bedeutung hatte und dass nur die Menschen
glaubten, sie seien etwas und nicht nichts. Er dachte auch, dass
er zwar nicht wusste, was er jetzt, wo er kein Polizist mehr war,
mit dem Rest seines Lebens anfangen sollte, dass er aber morgen

in aller Frühe Ted im Krankenhaus besuchen würde. Und anschließend würde er etwas Zeit mit Charlotte verbringen und Martin anrufen, um ihn zu fragen, wie es ihm gehe. Schließlich fasste er den Vorsatz, sich in den nächsten Wochen ins Zeug zu legen und die Wohnung vollends zu renovieren. Und vielleicht würde er Yves Gagné noch einmal das Angebot machen, ihn zu den Anonymen Alkoholikern zu begleiten.

Obwohl er von einer Riesenlast befreit war, seit er wusste, dass nicht er 2003 den Tod seiner Männer verschuldet hatte, schwor er sich, wieder zu dem Psychologen zu gehen, den er nach der Tragödie damals konsultiert hatte. Jahrelange Konditionierung ließ sich nicht so einfach ausradieren. Er würde sich deprogrammieren, sich von seiner Wut und Verbitterung befreien müssen. Vor allem aber würde er lernen müssen, die Schuldgefühle zu unterdrücken, die ihn, eingebrannt in seine Neuronen, so viele Jahre lang tagtäglich beherrscht hatten.

Er ging ins Schlafzimmer zu Nadja. Sie schaute von ihrem Buch auf, als er eintrat, und lächelte ihn an, und da begriff er, dass ihn dieses Lächeln mit dem Rest der Welt verband. Nein, er wusste nicht, was er mit seinem restlichen Leben anfangen sollte, aber morgen würde die Sonne wieder ihren Platz am Himmel einnehmen. Und danach wieder. Jetzt lächelte auch er.

Das war alles.

NACHWORT, DANKSAGUNG UND BLABLABLA

Auch wenn ich mir hier und da gewisse Freiheiten herausgenommen habe, basiert dieser Roman bedauerlicherweise in allzu hohem Maße auf einer greifbaren Realität. Menschenhandel ist eine Geißel, von der auch die Stadt Montréal nicht verschont bleibt.

Gleichwohl war die Niederschrift des Romans ein Abenteuer, das begleitet war von beglückenden Begegnungen und erfolgreicher Zusammenarbeit. Zahlreiche Menschen haben mir wertvolle Hilfe geleistet, und ich möchte mich an dieser Stelle bei ihnen bedanken. Zuallererst gilt mein Dank dem großartigen Verlagsteam von Éditions Goélette, Ingrid, meiner hervorragenden Lektorin, und Alain, dem Boss des Ladens, nicht zu vergessen Marilou, Bérénice, Kevin und all die anderen, die ich hier aus Platzgründen nicht nennen kann. Danke, dass ihr mich jedes Mal bis zur Ziellinie begleitet. Ich könnte mich auch bei Benoît Bouthillette bedanken, indem ich sein großes Talent als literarischer Leiter und seine Großzügigkeit herausstreiche, doch meine Dankbarkeit geht über solche Worte hinaus. Danke für deine Freundschaft und dafür, dass du mir geholfen hast, besser zu werden, Bro. Ein Anruf von Natalie Dion, meiner Pressesprecherin, ist stets eine große Freude. Sie bringt mich zum Lachen, verteidigt meine Bücher wie eine Mutter ihre Kinder und versteht es, mit meinen unzähligen Ängsten klarzukommen. Hut ab, Miss. Ich habe das Glück, dass ich mich von Anfang an auf die starke und verlässliche Schulter von Patricia Juste stützen konnte, deren Talent als Korrektorin nur von ihrem Arbeitselan und ihrem Engagement übertroffen wird. Einen Roman ohne deine Hilfe zu schreiben, ginge über meine Kräfte, Patricia. Und neu im Team Martin Duclos, der die Gelegenheit genutzt und gleich einen Treffer gelandet hat. Ein dickes Lob, Dude. Dank auch an Olivier Dionne, Philosophie-Dozent am Collège Bré-beuf und Mannschaftskamerad in meinem Hockey-Team, der mir freundlicherweise dabei half, die Grundlagen für das Welt-bild des Weihnachtsmanns zu legen. Ebenso Dank an meinen guten Freund Marc Bertrand, der mir wie immer geholfen hat, die Fäden dieser Geschichte aufzudröseln, als sie erst noch in groben Zügen in meinem Kopf existierte. Dank an die Buch-händler, Journalisten, Blogger und Kolumnisten, die meine Bü-cher bekannt gemacht haben. Und Dank vor allem an meine Familie, meine Frau und meine Kinder, die mir trotz meiner Wahnsinnsarbeitszeiten Tag für Tag ihre ganze Liebe und Unter-stützung schenken. Ich liebe euch grenzenlos.

Für eventuelle Fehler in diesem Text bin selbstverständlich ein-zig und allein ich verantwortlich.

Für die Musikliebhaber: Folgende Stücke gehören zu den mar-kantesten, die mich bei der Niederschrift und Überarbeitung des Romans begleitet haben: Victor (Prinze George), Prisoner (The Jezabels), Modern Jesus (Portugal. The Man), The River-bed (Owen Pallett), Hamburg (Random Recipe), No Darkness (Broken Twin), I See My Mother (Poliça), Empty's Theme Park (Matthew Good), Turn Away (Beck), Night By Candlelight (Afghan Whigs), Comrade (Volcano Choir), Rejoins-moi (Alex-andre Désilets), O (Coldplay), The Messenger (Daniel Lanois), Lose Yourself (Eminem), Dernier jour (Hôtel Morphée) und Circles (Incubus).

Schließlich noch ein paar Worte an Sie, liebe Leser, ohne die dies alles nicht möglich wäre. An die neuen wie an die alten: Ihre Begeisterung rührt mich, Ihre Leidenschaft nährt mich, und ich betrachte es als ein Privileg, dass ich durch meine Bücher bei Ihnen sein darf. Zögern Sie nicht, mir zu schreiben und mich auf meiner Facebook-Autorenseite zu besuchen. Sie ist ein Ort des Austauschs, an dem auch viel gelacht wird. Doch, doch!

Herzlichst

M

www.facebook/martinmichaudauteur
www.michaudmartin.com

Martin Michaud
Aus dem Schatten des Vergessens
Victor Lessard ermittelt. **Band 1**
Aus dem kanadischen Französisch
von Anabelle Assaf und Reiner Pfleiderer
640 Seiten, Klappenbroschur
ISBN 978-3-455-01007-7
Hoffmann und Campe Verlag

Montreal, heute: Am Tag vor Weihnachten wird Judith Harper, eine renommierte Psychologin, auf grausame Weise umgebracht. Zur gleichen Zeit verschwindet Nathan Lawson, ein angesehener Anwalt, nachdem er in Panik Dokumente auf einem Friedhof vergraben hat. Wenig später stürzt sich ein Obdachloser von einem Wolkenkratzer. Im Mantel des Obdachlosen: die Brieftaschen von Harper und Lawson. Als Sergent-Détective Victor Lessard, der selbst ein Getriebener ist, gemeinsam mit seiner Partnerin Jacinthe Taillon die Ermittlungen aufnimmt, wird den beiden eine verstörende Aufnahme zugespielt, auf der die Stimme von Lee Harvey Oswald zu hören ist, dem Mann, der einst J. F. Kennedy erschoss und der jetzt aus dem Grab zu ihnen spricht. Lessard und Taillon stehen vor einem Fall, der sie in die dunkelsten Abgründe sowohl der menschlichen Seele als auch der amerikanischen Geschichte führt.

»Ein Buch für Krimifans, die Lust auf neue Orte
und Ermittlerkulturen haben und für alle, die einen
intelligenten, packenden Thriller schätzen!«
Katharina te Uhle, WDR2 Lesen